학교폭력예방 및 학생의 이해

이병환 · 김경선 공저

교육과학사

순천대학교 교연비 사업에 의하여 연구되었음
This work was supported by a Research promotion program of SCNU

서문

학교폭력 예방의 이론과 실제 초판이 발간된 지 벌써 8년이 지났다. 그동안 학교폭력 관련 정책의 변화 추세를 반영하여 2판과 3판을 연이어 발간하였다. 전국 교원양성기관의 교직소양 과목으로 운영되기 때문에 예비교사들의 호응이 컸었다. 지난 8년간 학교폭력 관련 각종 법령이나 정책적 대처 방식도 많이 변하였다. 이러한 변화를 반영하여 이제 학교폭력예방 및 학생의 이해라는 책 이름으로 새롭게 집필할 필요성이 생겨났다.

이번 신간 학교폭력예방 및 학생의 이해에서는 학교폭력을 둘러싼 최근의 쟁점들을 근간으로 각종 수치와 대처 방식을 최신 내용으로 집필하였으며, 특히 나날이 그 심각성을 더해가면서 사회문제로 부각되고 있는 아동학대 관련 내용과 보호처분 대상 학생의 교육지원 내용을 본문에 수록한 점에서 그 특징을 찾을 수 있다.

오늘날 학교폭력은 과거에 비해 흉포화, 집단화의 경향이 강하게 나타나고 있으며, 피해학생의 입장에서는 목숨을 끊을 정도로 심각한 정서적 충격을 가져다준다. 하지만 가해학생들이 대부분 죄의식을 갖고 있지 않은 데 그 문제의 심각성이 크다. 이제 학교폭력 문제에 대해서 우리 사회의 구성원 모두가 나서야 한다. 단순히 학교의 문제로만 돌려서도 안 될 것이며 일방적으로 피해학생 개인의 나약함이나 가해학생의 불우한 환경의 탓으로 돌려서도 안 된다.

이런 관점에서 이 책에서는 학교폭력에 관련된 여러 이론들을 토대로 실제 문제해결 위주의 내용으로 편성하였다. 학교폭력 문제가 심각한 만큼 예비교사들에게 사전에 적극적인 대처 능력을 함양하는 일이 중요하다. 이 책에서는 예비교사의 다양한 학교폭력 사례에 대한 대처 능력을 함양하는 데 필요한 소양을 키우고자 각종 사례와 자료들을 다양하게 제시하였다.

최근에는 교원양성 단계에서 학교폭력에 대한 사전 이해가 요구되고 있다는 현실적인 필요에 의해 교육대학과 사범대학 및 교직과정의 교직소양 과목으로 「학교폭력예방 및 학생의 이해」라는 강좌가 개설되도록 관련 법령을 개정하였다. 이제 전국의 모든 예비교사들이 「학교폭력예방 및 학생의 이해」라는 강좌를 수강할 수 있게 되었다.

이 책에서는 무엇보다 학교폭력의 예방을 강조한다. 엎질러진 물을 닦는 것보다는 물이 엎질러지지 않도록 주의하는 것이 더 중요하다. 또한 학교폭력의 다양한 양상과 원인에 대한 이해를 토대로 실효성이 높고 합리적인 대처방안을 제시하였다.

학교폭력예방 및 학생의 이해는 심오한 교육학 관련 이론을 탐색하는 과목이라기보다는 예비교사가 갖추어야 할 학교폭력의 예방과 대처 기술을 습득하는 과목이라는 점을 집필 내내 염두에 두었다. 따라서 초·중등 교사를 꿈꾸는 예비교사들에게 학교폭력의 임상적 이해가 배가되도록 학교 현장의 각종 실천 사례를 중심으로 편성되었다. 이런 관점에서 본다면 학교 현장에서 직접 학생들을 지도하고 있는 현직 교원들의 학교폭력 대처 능력 향상에 더 적합한 책이라는 생각이 막상 탈고한 후에 들기도 한다.

이 책이 초·중등 교원양성기관 교육과정 운영의 일환으로 채택됨은 물론 현직 교원들의 연수교재로 많이 읽히기를 기대한다.

이 책은 특히 다음과 같은 몇 가지 측면에서 노력을 기울였다.

첫째, 교직 수행에 실제 필요한 내용으로 구성하였으며 특히 각종 법규와 제도가 자주 바뀌는 현실적인 특성을 감안하여 가급적 최신 자료를 제시하도록 노력하였다.

둘째, 교직을 수행하는 데 요구되는 학교폭력에 대한 임상적 경험을 실질적으로 이해하고 이를 수행할 수 있도록 현장 업무 매뉴얼이나 장학 자료를 활용하였다.

셋째, 이 책에서는 학교폭력의 이론을 토대로 실천 사례를 다양하게 제시하여 실제 학교 현장의 다양한 학교폭력 상황에 능동적이고 적절하게 대처하는 능력을 함양하도록 사례 중심으로 구성하였다.

이 책을 통하여 예비교사들이 학교폭력의 심각성을 이해하고 실질적인 대처 능력이 함양되는 데 도움이 되기를 기대한다. 끝으로 이 책의 출간을 기꺼이 허락해 주신 교육과학사의 한정주 사장님과 이정호 편집실장님께 깊이 감사드린다.

2023년의 무더운 여름날 전남 순천의 향림골에서

저자 일동

차례

표차례

그림차례

CHAPTER 01

학교폭력의 개념과 유형

1. 학교폭력의 개념

학교폭력 문제가 대단히 심각한 상황이라는 사실은 누구나 인정하고 있지만 그 대책들은 저마다 다르게 제시하고 있어서 혼란이 가중되고 있다. 다시 말해 학교폭력이 갈수록 흉포화·조직화 경향을 보이고 있지만 이에 따른 대책은 여전히 단기 처방에 그치거나 미온적인 수준을 벗어나지 못하고 있다. 정부에서도 학교폭력 문제가 대단히 심각한 수준임을 인식하고 다양한 대책을 제시하고 있으며 여러 관련 연구단체에서는 학교폭력 문제 해결을 위한 프로그램 개발이나 정책 제안을 위한 연구를 시행해 온 바 있다.

학교폭력 문제에 대한 일반인들과 혹은 학교관계자들의 인식은 개인의 성장 과정에서 나타나는 우발적이고 필연적인 상황이라는 점과 문제의 원인에 대해서 당사자 스스로 해결하는 것이 조만간 경험할 사회의 원만한 적응을 위해서 바람직하다는 입장을 견지하는 등 다소 안일한 태도를 보이고 있다. 학교폭력 문제가 발생해도 단위학교 차원에서 해결하려 하거나 외부에 제대로 알리지 않으려고 하는 폐쇄적인 태도가 학교폭력을 더 심각한 상황으로 키운다는 점을 명확히 인식할 필요가 있다. 이제 학교폭력에 대한 근원적인 대책 마련이 절실한 실정에 있다.

학교폭력에 대한 정의는 학교폭력예방 및 대책에 관한 법률 제2조에 구체적으로 규정되어 있다. 이 조항에서 학교폭력이란 학교 내·외에서 학생을 대상으로 발생한 상해, 폭행, 감금, 협박, 약취·유인, 명예훼손·모욕, 공갈, 강요·강제적인 심부름 및 성폭력, 따돌림, 사이버 따돌림, 정보통신망을 이용한 음란·폭력 정보 등에 의하여 신체·정신 또는 재산상의 피해를 수반하는 행위를 말한다. 이 실정법상의 학교폭력에 대한 정의는 학생 상호 간에 힘의 불균형 상황에서 발생하는 언어적·심리적·물리적·관계적 폭력을 의미한다. 학교폭력은 다음과 같은 행위들을 특징으로 하는 행위이다.

위 개념에서 제시하는 유형은 예시적으로 열거한 것으로, 신체·정신·재산상의 피해를 수반하는 모든 행위는 학교폭력에 해당한다.

서울행정법원 판례 2014구합250 판결에 따르면 학교폭력은 폭행, 명예훼손·모욕 등에 한정되지 않고 이와 유사한 행위로서 학생의 신체·정신 또는 재산 피해를 수반하는 모든 행위를 포함한다.

1) 타인을 괴롭히려는 의도를 가지고 신체적 구타를 하거나 힘껏 밀어붙이는 행위
2) 흉기 등을 이용해 신체적인 상해를 가하는 행위
3) 의도적으로 집단 활동에서 따돌리거나 제외시키는 행위
4) 주변의 다른 친구들의 접근과 도움을 제한하는 행위
5) 부적절한 언어로 별명이나 호칭을 부르며 놀리는 행위
6) 악의적으로 소문을 퍼뜨리는 행위
7) 돈이나 물건을 강제로 빼앗는 행위
8) 원하지 않는 부당한 행위를 강요하는 행위
9) 신체적인 위협을 가하거나 협박하는 행위
10) 욕설이나 저급한 언어를 사용해서 빈정거리거나 조롱하는 행위
11) 휴대전화나 이메일을 통해 협박, 비난, 위협하는 행위
12) 원하지 않는 성적, 신체적 접촉을 강요하는 행위

위에 언급된 내용에 따르면 학교폭력은 신체, 정신, 재산상의 피해를 수반하

는 모든 행위를 말한다. 최근 법원의 판례에 의하면 학교폭력은 폭행, 명예훼손, 모욕 등에 한정되지 않고 이와 유사한 행위로써 신체・정신・재산상의 피해를 수반하는 모든 행위로 보고 있다.

학교폭력은 일반폭력과 다르다. 우선, 일반폭력은 모르는 사람 사이에서 주로 발생하며, 특정한 장소가 정해져 있지 않으나, 학교폭력은 같은 학교・학급이라는 같은 공간 내에 있는 학생들 사이에 발생하므로 사건 발생 이후에도 일정 기간 가해자, 피해자가 마주치게 된다는 점에서 다르다. 둘째, 일반폭력은 폭력의 당사자 외에는 제3자가 알기 어려우나, 학교폭력은 당사자 외에도 같은 학교・학급에 있는 다른 친구들에게 쉽게 알려지게 되므로 추가적인 정신적 고통을 받는 경우가 많다. 셋째, 일반폭력은 연속성이 없으나, 학교폭력은 학교 내에서 끊임없이 특정 학생에 대해 행해지고, 문제의식 없이 학생들 사이에 학교 내 하나의 잘못된 문화처럼 형성될 수 있다.

2. 학교폭력의 유형

학교폭력의 유형은 신체폭력, 언어폭력, 금품갈취, 강요, 따돌림, 성폭력, 사이버 폭력 등으로 분류될 수 있다.

우선, 신체폭력은 학교 내외에서 다른 학생에 대하여 직접 또는 간접적인 힘을 이용하여 난폭한 행동을 행사하거나 다른 학생의 몸에 상처를 내어 해를 끼치는 행위를 말한다.

1) 신체를 손, 발로 때리는 등 고통을 가하는 행위(상해, 폭행)
2) 일정한 장소에서 쉽게 나오지 못하도록 하는 행위(감금)
3) 강제(폭행, 협박)로 일정한 장소로 데리고 가는 행위(약취)
4) 상대방을 속이거나 유혹해서 일정한 장소로 데리고 가는 행위(유인)
5) 장난을 빙자한 꼬집기, 때리기, 힘껏 밀치기 등 상대학생이 폭력으로 인식하는 행위

둘째, 언어폭력은 학교 내외에서 선후배나 동료들을 상대로 하는 놀림이나 조롱, 심한 욕설, 비난 등의 행위로서 타인에게 욕설을 한다거나, 상대가 갖고 있는 신체상의 특징이나 약점을 확대, 과장, 선전하거나 행동·성격상의 약점을 이용하여 별명을 부르거나 놀리고 조롱함으로써 피해학생의 자존심을 상하게 하여 정신적 피해를 주는 행위를 말한다.

1) 여러 사람 앞에서 상대방의 명예를 훼손하는 구체적인 말(성격, 능력, 배경 등)을 하거나 그런 내용의 글을 인터넷, SNS 등으로 퍼뜨리는 행위(명예훼손)

   ※ 내용이 진실이라고 하더라도 범죄이고, 허위인 경우에는 형법상 가중처벌 대상이 됨.

2) 여러 사람 앞에서 모욕적인 용어(생김새에 대한 놀림, 병신, 바보 등 상대방을 비하하는 내용)를 지속적으로 말하거나 그런 내용의 글을 인터넷, SNS 등으로 퍼뜨리는 행위(모욕)
3) 신체 등에 해를 끼칠 듯한 언행("죽을래" 등)과 문자메시지 등으로 겁을 주는 행위(협박)

셋째, 금품갈취(공갈)는 학생에게 공갈 협박하여 돈이나 물품을 빼앗거나 불법한 이익을 취득하는 행동을 말한다.

1) 돌려줄 생각이 없으면서 돈을 요구하는 행위
2) 옷, 문구류 등을 빌린다며 되돌려주지 않는 행위
3) 일부러 물품을 망가뜨리는 행위
4) 돈을 걷어 오라고 하는 행위

넷째, 강요는 폭행 또는 협박으로 상대방의 권리행사를 방해하거나 해야 할 의무가 없는 일을 강제로 하게 하는 행위를 말한다. 속칭 빵 셔틀, 와이파이 셔틀, 과제 대행, 게임 대행, 심부름 강요 등 의사에 반하는 행동을 강요하는 행위(강제적 심부름)는 강요에 해당한다.

다섯째, 따돌림은 학교 내외에서 2명 이상의 학생들이 특정인이나 특정 집단의 학생들을 대상으로 지속적이거나 반복적으로 신체적 또는 심리적 공격을 가하여 상대방이 고통을 느끼도록 하는 일체의 행위를 말한다.

1) 집단적으로 상대방을 의도적이고, 반복적으로 피하는 행위
2) 싫어하는 말로 바보 취급 등 놀리기, 빈정거림, 면박 주기, 겁주는 행동, 골탕 먹이기, 비웃기 등의 행위
3) 다른 학생들과 어울리지 못하도록 막는 행위

여섯째, 성폭력이란 상대방의 의사에 반하여 개인의 성적 자율권을 침해하는 정신적, 언어적, 신체적 폭력을 포함한다.

1) 폭행・협박을 하여 성행위를 강제하거나 유사 성행위, 성기에 이물질을 삽입하는 등의 행위
2) 상대방에게 폭행과 협박을 하면서 성적 모멸감을 느끼도록 신체적 접촉을 하는 행위
3) 성적인 말과 행동을 함으로써 상대방이 성적 굴욕감, 수치감을 느끼도록 하는 행위

일곱째, 사이버 폭력은 인터넷, 휴대전화 등 정보통신기기를 이용하여 학생들이 특정 학생들을 대상으로 지속적, 반복적으로 심리적 공격을 가하거나 특정 학생과 관련된 개인정보 또는 허위사실을 유포하여 상대방이 고통을 느끼도록 하는 일체의 행위를 말한다.

1) 사이버 언어폭력, 사이버 명예훼손, 사이버 갈취, 사이버 스토킹, 사이버 따돌림, 사이버 영상 유포 등 정보통신기기를 이용하여 괴롭히는 행위
2) 특정인에 대해 모욕적 언사나 욕설 등을 인터넷 게시판, 채팅, 카페 등에 올리는 행위 특정인에 대한 저격 글이 그 한 형태임
3) 특정인에 대한 허위 글이나 개인의 사생활에 관한 사실을 인터넷, SNS 등을 통해 불특정 다수에 공개하는 행위
4) 성적 수치심을 주거나, 위협하는 내용, 조롱하는 글, 그림, 동영상 등을

정보통신망을 통해 유포하는 행위

5) 공포심이나 불안감을 유발하는 문자, 음향, 영상 등을 휴대폰 등 정보통신망을 통해 반복적으로 보내는 행위

전통적인 폭력과 달리 사이버 폭력은 시공간을 초월하여 발생하고 손쉽게 폭력을 행사할 수 있기 때문에 매우 빠르게 확산되는 추세에 있다. 비가시적인 형태로 진행되기 때문에 신체폭력과 비교하여 조기에 파악하기 어려운 점도 있다. 또한 사이버 폭력은 디지털 매체에 대한 기술적응력이 높은 청소년들 사이에서 많이 발생하기 때문에 기술적응력이 상대적으로 떨어지는 성인들이 이를 감시하고 통제하는 것에 어려움이 존재한다. 이러한 사이버 폭력의 특징을 정리하면 〈표 1-1〉과 같다(오인수 외, 2014).

〈표 1-1〉 사이버 폭력의 특징

특징	설명
가해행위의 집단성	사이버 공간은 "접근의 용이성과 비대면성, 익명성"의 속성을 가져, 다수의 가해자가 손쉽게 폭력 행위에 가담
빠른 전파성	인터넷, SNS의 빠른 전파성과 무한 복제성으로 피해자를 공격하는 소문, 허위사실 등이 빠르게 확산되어 피해를 확대
시공간 제약 없는 가해	시공간 경계가 없는 사이버 공간의 특성으로 24시간 장소의 구애 없이 사이버 폭력에 노출
피해 기록의 영속성	인터넷상에 노출된 사이버 폭력의 내용은 삭제가 어려워 평생 피해 기록에 대한 두려움에 시달림
은밀한 폭력방식	현실의 대면 공간에서 발생하는 물리적 폭력 행위에 비해 비대면 사이버 공간에서의 사이버 폭력은 사적이고 은밀하게 발생

출처: 한국인터넷진흥원(2013).

이러한 사이버 폭력의 유형을 정리하면 〈표 1-2〉와 같다(오인수 외, 2014).

〈표 1-2〉 사이버 폭력의 유형

<table>
<tr><th colspan="2">유형</th><th colspan="2">설명</th></tr>
<tr><td colspan="2">모욕</td><td colspan="2">인터넷상에서 특정인에 대하여 모욕적인 언사나 욕설 등을 하는 행위</td></tr>
<tr><td colspan="2">명예훼손</td><td colspan="2">비방을 목적으로 인터넷상에 구체적인 내용의 허위 또는 사실이 유포되어 피해를 입은 경우</td></tr>
<tr><td colspan="2">성폭력</td><td colspan="2">인터넷을 통해 성적 수치심이나 혐오감을 일으키는 말이나 음향, 글이나 사진 · 그림, 영상 등을 받은 경우</td></tr>
<tr><td colspan="2">스토킹</td><td colspan="2">공포심이나 불안감을 일으키게 하는 음성, 문자, 화상 등을 반복적으로 받아 피해를 입은 경우</td></tr>
<tr><td rowspan="7">사이버 따돌림</td><td rowspan="5">카카오톡 왕따 (카따)</td><td colspan="2">카따란 ‘카카오톡 왕따’를 뜻하는 10대들의 은어로, 오프라인에서의 왕따 행위를 모바일 공간으로 옮겨와서 자행하는 것</td></tr>
<tr><td>떼카</td><td>채팅방에서 피해학생에게 단체로 욕을 퍼붓는 것</td></tr>
<tr><td>카톡 방폭</td><td>채팅방에 피해학생을 초대한 뒤 한꺼번에 나가버려 피해학생만 카톡방에 남게 하는 것</td></tr>
<tr><td>카톡 감옥</td><td>피해학생을 계속 채팅방으로 초대하여 괴롭히는 것</td></tr>
<tr><td>기타</td><td>• 채팅방에서 피해학생의 말만 무시하며 유령 취급하는 행위
• 피해학생을 초대한 뒤 일제히 의미 없는 메시지를 던져서 휴대폰을 마비시키는 행위</td></tr>
<tr><td>와이파이 셔틀</td><td colspan="2">스마트폰의 ‘테더링’ 기능을 이용하여 피해학생의 스마트폰을 와이파이 공유기처럼 사용하는 것으로, 무선데이터 갈취를 통해 금전적 피해를 주는 것</td></tr>
<tr><td>하트 셔틀</td><td colspan="2">게임(애니팡 등)을 하기 위해 필요한 ‘하트’를 피해학생에게 상납받는 아이템 갈취 행위</td></tr>
</table>

출처: 한국인터넷진흥원(2013).

■ 사이버 모욕

사이버 모욕이란 사이버 공간에서 게시판, 대화방 또는 이메일, 쪽지 등을 이용해서 어떤 사람에게 상스러운 욕설을 하거나 인격을 모욕하는 글을 보내는 등의 행위를 말한다. 특정 사람을 대상으로 한 것이 아니더라도 인터넷 게시판에 욕설로 도배를 하는 언어폭력도 사이버 모욕으로 볼 수 있다. 사이버상의 모욕도 엄연히 심각한 사이버 폭력에 해당되는 범죄행위이다. 인터넷의 공개된

게시판 등에 저속한 욕설을 하거나 상대방을 모욕하는 등의 글을 게시하는 행동에 대해서는 형법의 모욕죄로 처벌받을 수 있다.

■ 사이버 명예훼손

사이버 명예훼손이란 단순히 타인을 비방하려는 목적으로 정보통신망을 통해 그릇된 정보를 작성해 타인의 명예를 훼손하는 행위를 의미한다. 작성한 글이 사실이라 해도 공개적인 포털게시판이나 댓글 등에 올려 타인의 명예를 훼손한 경우에도 사이버 명예훼손에 해당된다. 사이버 명예훼손은 일반 개인 또는 연예인이나 스포츠선수와 같은 공인, 기업체, 공공기관, 학교 등 법인이나 단체에 대한 비방내용을 포털사이트 게시판 등 많은 사람들이 볼 수 있는 공간에 게시하면 해당된다. 이와 같은 사이버 명예훼손을 한 사람은 「정보통신망 이용촉진 및 정보보호 등에 관한 법률」 제70조에 따라 처벌을 받게 된다.

■ 사이버 성폭력

사이버 성폭력이란 원치 않는 성적인 언어, 외모와 성적 취향, 음담패설 등의 이미지를 사용함으로써 위협적, 적대적, 공격적인 통신환경을 조성하여 상대방의 통신환경을 저해하거나 현실공간에서의 피해를 유발한 경우를 말한다. 또한 명시적으로 성적인 접근이나 제안이 아니더라도 성적인 은유나 암시로 상대방으로 하여금 불쾌감을 느끼게 한 경우도 사이버 성폭력이라 할 수 있다.

인터넷상에서 만난 사람을 현실에서 직접 만나 신체적인 접촉을 시도하지 않더라도 인터넷상에서 상대방에게 성적인 모욕감이나 두려움, 위협감 등의 정신적인 피해를 입혔다면 사이버 성폭력에 해당되는 것이다. 디지털카메라, 휴대전화 카메라 등을 이용하여 다른 사람의 신체를 허락 없이 촬영하거나 그 사진을 공개하거나 돈을 받고 파는 등의 행위도 사이버 성폭력에 해당된다.

■ 사이버 스토킹

사이버 스토킹이란 사이버 공간을 이용한 스토킹을 말한다. 여기서 스토킹이란 말에 대하여 제15대 국회에 제출된 바 있던 스토킹 처벌에 관한 처벌 특례법

안 제2조에서는 "특정한 사람을 그 의사에 반하여 반복적으로 미행하거나, 편지, 전화, 모사전송기, 컴퓨터 통신 등을 통해 반복하여 일상적으로 말이나 글 또는 사진이나 그림을 전달함으로써 심각한 공포심이나 불안감을 유발하는 행위"라고 규정되었던 바 있다. 미국의 캘리포니아주법 제646조에서는 "의도적이고 악의를 가지고 타인에 대해 반복적으로 추근대거나 괴롭히는 것"이라는 요소가 나타나 있다.

국내에서도 적어도 특정 행위를 스토킹으로 규정하기 위해서는 다음의 3가지 요건이 필요하다는 견해가 있다.

① 상대의 의사와는 전혀 관계없는 일방적 행위일 것, ② 원치 않는 일련의 접촉이 지속적, 반복적이고 의도적일 것, ③ 통상의 판단능력을 가진 사람이라면 누구나 자신 또는 가족의 생명, 신체의 안전위협을 느낄 만한 행동일 것.

이러한 스토킹행위는 구체적으로는 끈질긴 구애전화 또는 음란전화 등 전화폭력, 지속적인 따라다님, 집 또는 직장 앞에서 기다림, 껴안기 또는 추근거림, 선물공세 등으로 나타나며 나아가 신체적 폭행이나 감금을 가하는 경우도 있을 수 있다.

사이버 스토킹이나 사이버 성폭력이 비록 물리적인 접촉은 없지만 현실공간에서의 성폭력과 마찬가지로 피해자의 '자아'에 충격을 가하는 심각한 피해를 유발하는 행위라는 점을 고려하여야 한다.

미국 법무장관의 사이버 스토킹 보고서에도 이러한 점은 나타나 있다. 사이버 스토킹이 신체적 접촉을 포함하고 있지 않다는 사실로 인하여 사이버 스토킹이 현실의 스토킹보다 가벼운 것이라는 오해가 생길 수 있다. 그러나 그렇지 않다. 인터넷이 우리의 개인적, 직업적 영역에서 매우 중요한 부분을 차지함에 따라서, 스토커들도 개인정보에 관한 접근을 많이 할 수 있고 이러한 통신의 편의를 이용할 수 있게 되었다. 또한 인터넷 통신의 비대면적·몰개성적·익명적 성질 때문에 이를 이용하는 경우에는 사이버 스토킹을 억제하는 요소도 그만큼 약화될 수 있다. 잠재적 스토커가 피해자를 직접 혹은 전화상으로 대면하는 것을 꺼려하거나 할 수 없다고 할지라도, 피해자를 괴롭히거나 위협하는 전자적 통신을 전송하는 데에는 두려움이 없을 것이기 때문이다. 결국 현실세계의 스토킹과 마찬가지로 온라인상에서의 괴롭힘이나 협박행위는 신체적 폭력을 포함한 것보다 더욱더 중한 범죄 행위가 될 수 있게 된다.

■ 사이버 따돌림

사이버 따돌림이란 형태에 따라 크게 신체적 불링(Physical Bullying), 언어적 불링(Verbal Bullying), 인간관계적 불링(Relational Bullying), 사이버 불링(Cyber Bullying) 등으로 나눌 수 있다. 신체적 불링은 일종의 구타행위로 볼 수 있는 위험한 행동이다. 피해학생을 때리고 물건을 뺏거나 손상시키는 등의 공격적인 신체적 가혹행위를 가하는 것이다. 언어적 불링과 인간관계적 불링은 놀리고 욕하며 모욕적인 언행, 그리고 집단적인 따돌림을 통해서 공동체의 일원이 아닌 소외된 사람으로 만듦으로써 정신건강에 악영향을 미치게 만드는 행위이다.

3. 학교폭력의 가해자

1) 학교폭력 가해행동의 구분

또래 괴롭힘은 힘의 불균형으로 인해 발생하는 공격적인 행동의 범주로서, 한 학생이 반복적, 지속적으로 한 명 이상의 학생들로부터 부정적 행동을 당하는 것으로 정의된다. 학교폭력에서 피해학생에게 다양한 방식으로 피해를 주는 가해 당사자가 학교폭력의 가해자이다.

가해학생의 특성을 구분한다는 것은 매우 어려운 일이다. 1970년대 말까지 이뤄진 연구에 따르면, 가해행동을 하는 이유는 물리적 이득을 얻기 위한 목적이 주가 되었으나, 요즘에는 또래 간의 우월성을 드러내 보이고, 또래 지지를 통해 다른 동료에 대한 지배력을 강화, 유지하기 위한 수단으로 가해행동을 하는 것으로 나타났다. 이러한 가해자들은 주로 도발적 공격자(proactive aggressor)로 설명될 수 있으며, 이들이 공격적인 행동을 할 경우 또래로부터 배척되거나 소외되기보다는 오히려 일반 학생들보다 더 큰 영향력을 갖거나 심지어 인기를 끄는 경우도 있다.

우리나라의 연구결과에서도 가해 주동 집단의 경우, 다른 사회관계보다도 친구와의 관계가 비교적 만족스럽고 정상 집단 아동과 비슷한 정도의 인기를 지닌다는 연구결과가 존재한다(이춘재 · 곽금주, 2000). 최근에는 학교 수행평가 점수가 학교 성적에 반영되는 비율이 높아짐에 따라 자신의 숙제를 대신 시키는 가해행동이 확산되고 있으며, 이 때문에 얼핏 보아서는 성적이 좋거나 학업상 큰 문제를 보이지 않는 학생도 가해학생에 포함되기도 한다. 따라서 가해학생에 대해 이해하기 위해서는 그들이 어떻게 보이는지에 주목하기보다는, 그들이 어떻게 행동하는지에 초점을 맞추는 것이 중요하다. 가해행동이 의도적이든, 갑작스럽게 나타난 것이든 혹은 그 행동이 은밀하게 이루어지든 아니면 공공연하게 이뤄지든, 한 명이 가해행동을 하든 집단으로 그 행동을 하든, 학교폭력은 네 가지 기본적 특성을 가지고 있다(Coloroso, 2003).

첫째, 힘의 불균형이다. 가해자들은 피해학생에 비해 나이가 더 많거나, 키가 더 크거나, 힘이 더 세거나, 언어적으로 더 능숙하거나, 사회적 지위가 더 높거나, 인종이 다르다. 가해자로 함께 묶일 수 있는 집단의 숫자가 이러한 힘의 불균형을 만들어 내기도 한다.

둘째, 의도적인 상처 주기이다. 가해자들은 정서적으로나 신체적으로 고통을 주려는 의도를 가지고, 상대방에게 상처를 줄 수 있는 행동을 하며, 상대가 고통을 받는 것을 보면서 즐거움을 느낀다.

셋째, 공격에 대한 위협이다. 가해자와 피해자 모두, 이런 폭력 행동이 한 번에 그치지 않고 다시 발생할 수 있음을 알 수 있다.

넷째, 극심한 공포와 두려움이다. 학교폭력은 자신의 우월함을 유지하기 위해 상대를 위협하는 체계화된 폭력이다. 피해학생에게 극심한 두려움이 마음속에 자리 잡는다는 것은, 단순히 목적을 위한 수단이 될 뿐만 아니라, 목적 그 자체이기도 하다.

일단 가해자와 피해자의 관계에서 극심한 두려움이 발생하게 되면, 가해자들은 상대가 되받아치거나 앙갚음을 할 것이라는 두려움 없이 가해행동을 계속하게 되며, 피해자들은 너무나 무기력한 상태가 되어 맞서 싸우거나 자신의 억울함을 다른 사람에게 털어놓겠다는 생각을 못 하게 된다. 가해학생들은 방관자로 있는 주변 친구들에게 학교폭력에 참여하거나 적어도 그 행동을 지지하게 될 것이라고 기대하게 되며, 결국 그 행동을 멈출 수 없게 된다. 학교폭력의 악순환이 시작되는 것이다.

〈표 1-3〉 학교폭력의 유형별 예시

유형	예시
언어 · 심리적 유형	• 언어적 모욕 • 별명 부르기 • 험담하기 • 빈정거리거나 조롱하기 • 나쁜 소문 퍼트리기 • 위협적인 행동 • 음란한 눈빛이나 몸짓 • 행동을 사진이나 동영상으로 찍어 수치심을 느끼게 하기 • 인터넷 카페나 학교 게시판에 협박하는 글 올리기 • E-메일이나 스마트폰을 통한 반복적인 협박이나 비난
신체 · 물리적 유형	• 고의적으로 건드리거나 치는 등 시비 걸기 • 때리기 및 폭행 • 장난을 빙자해서 때리거나 힘껏 밀치기 • 하고 싶지 않은 일을 강요하기 • 물건, 흉기 등을 이용해서 상해 입히기 • 침 뱉기 • 돈이나 물건 등을 감추거나 빼앗기
관계적 폭력 유형	• 고의적인 따돌림 • 친구를 도우려는 행위를 막는 것 • 소지품을 버리거나 감추기 • 책상을 숨기는 것

이러한 학교폭력은 크게 언어, 신체 · 물리적 유형, 관계적 폭력 유형 등으로

구분하기도 한다(Prinsloo & Neser, 2007). 세 가지 폭력은 하나만으로도 충분히 파괴적이지만, 언어적 폭력에서 시작해서 신체적 폭력으로 변화해 가거나 또래를 은밀하게 괴롭히는 관계적 폭력이 함께 나타날 수 있다는 점에서 그 심각성이 크다 할 수 있다. 대체로 나이가 어릴수록 때리고 욕하고 힘겨루기를 하는 등 물리적인 방법과 같이 단순한 방식으로 괴롭히지만, 고학년이 될수록 언어적·정신적인 유형이 나타나서 또래를 따돌리는 등 관계적으로 괴롭히는 경향이 나타난다. 이를테면 다음과 같은 것들이 있다.

2) 학교폭력 가해학생의 특성

앞에서 가해행동의 이유를 또래 간의 우월성을 드러내 보이고 또래 지지를 통해 또래에 대한 지배력을 강화, 유지하기 위한 수단으로 가해행동을 하는 경향이 관찰되었다고 했는데, 여기서는 전형적으로 드러나는 가해학생의 징후와 잠재적인 가해학생의 징후를 구분하여 살펴보자.

(1) 전형적인 학교폭력 가해학생의 특징

전형적인 학교폭력 가해학생의 징후나 특성을 살펴보면 다음과 같은 특징이 있다.

- 신체적으로 다른 학생보다 우월한 경우가 많다.
- 폭력을 통해 자신의 위상을 높이려는 과시욕을 가지고 있으며, 다른 학생들에게 자신의 영향력을 발휘하고 억압하려 하며, 힘과 협박을 통해 자신을 증명하고 원하는 것을 얻으려 한다.
- 쉽게 잘 흥분하고 규칙을 지키려 하지 않으며 저항과 분노를 품고 있다.
- 자신이 처한 어려운 상황과 관련하여 또래뿐만 아니라 성인에게도 자신의 분노를 표현하고 의심이 많으며 공격적이다.
- 고집이 세고, 집요하며 전혀 동정심을 보이지 않는다. 자신의 공격적, 폭력적 행동으로 피해를 입은 학생에 대해 죄의식을 갖지 않으며, 감정이입이

잘 일어나지 않는다.

- 사회적으로 도둑질, 물건 파손 등의 위반된 행동을 할 수 있다. 심각한 경우 약물복용이나 흡연, 유흥업소 출입, 마약, 폭력과 같은 비행행동에 연루되는 경우가 많다. 매사에 민감하고 학교에 대한 불평불만이 많다.

(2) 잠재적인 학교폭력 가해학생의 특징

잠재적인 학교폭력 가해학생의 징후나 특성을 살펴보면 다음과 같은 특징이 있다.

- 어떤 특정한 집단에 소속되어 있을 수 있다.
- 폭력적으로 자신의 문제를 해결하고자 하는 경향을 띠고 있다.
- 눈에 띄게 잘 흥분하고 지나치게 활발하다.
- 음주나 흡연, 약물과 같은 기타 문제행동과 관련되어 있을 가능성이 높다.
- 주위 사람들이 자신을 부당하게 취급하고 있다고 생각한다.
- 자신의 행동반경이나 규칙들이 자신을 억압하고 있다고 느낀다.
- 비판에 관해 매우 민감하다.
- 반사회적, 비사회적, 정신병리적 문제가 있는 경우가 있다.

(3) 학교폭력 가해행동으로 인한 결과

반복적인 학교폭력에 노출될 경우 가해학생들은 폭력으로 모든 것을 해결할 수 있다는 왜곡된 가치관을 형성할 수 있으며, 법을 위반하는 행동이 강화되고 다른 비행행동들이 수반되는 등, 반사회적인 규범이 학습된다는 측면에서 개인에게 좋지 못한 영향을 미치게 된다. 학교 상황에서 학업능력의 저하와 사회적응 실패를 경험할 가능성이 높으며, 자아실현의 기회가 상실될 수도 있다.

뿐만 아니라 불안이나 분노, 공격적 충동을 조절하지 못하는 심리적 장애를 가지게 되며, 사회적으로 고립감을 느끼고 현실을 부정하여 반사회적 인격장애로 발전하는 경우도 있다. 잦은 전학으로 인하여 학교생활에 적응하지 못할

뿐만 아니라 교사 및 주변 학생들과의 관계도 악화되며 진솔한 감정이 소통되지 않은 채 피상적인 관계만 주고받는 단절된 대인관계로 인하여 성인이 된 후에도 반사회적 행동이 지속될 수 있다. 가정이나 학교에서 인정받지 못하는 부분을 왜곡된 방식으로 인정받으려는 욕구 때문에 결국 자신의 행동을 책임지지 못하는 사회인으로 성장하게 될 수도 있다.

Olweus(1994)의 연구에 따르면, 청소년기 폭력 가해자들의 ⅓ 이상이 성인기의 범죄자로 낙인찍힌 삶을 살아가게 된다고 한다. 스웨덴에서 이루어진 이 종단연구에 따르면 초등학교 6학년에서 중학교 3학년 때 가해자였던 남학생들의 약 60%가 24세 때 최소한 한 가지 이상의 범죄를 저지른 것으로 보고되었다. 특히 가해학생 중 35~40%에 이르는 학생들이 이후 세 개 이상의 범죄를 저질렀다는 결과를 고려했을 때, 가해자인 아동들이 상대적으로 더 상습적이고 심각한 범죄에 개입된다는 사실을 알 수 있다.

4. 학교폭력의 피해자

1) 학교폭력 피해학생의 유형

일반적으로 한 학생이 반복적이고 지속적으로 한 명 또는 그 이상의 다른 학생들로부터 부정적인 행동을 당하는 것을 학교폭력 피해자로 정의하고 있다. 이 개념은 이후 점점 확장되어 피해자와 가해자 간의 힘의 불균형 상태를 포함하게 되었으며, 언어적, 물리적, 관계적 측면 등에서 괴롭힘의 주요한 대상이 되는 학생을 의미한다.

또래괴롭힘에 지속적으로 노출된 청소년의 경우 다른 또래에 비해 더욱 우울하고, 낮은 자존감을 나타내며, 외로움을 많이 느끼는 등 심리적 적응에 광범위한 어려움을 경험한다.

(1) 피해학생의 유형

Olweus(1994)는 학교폭력의 피해자를 수동적 피해자와 도발적 피해자로 구분하였다. 수동적 피해자는 부모의 지나친 보호를 받으며 자신의 의견보다는 어른들의 생각을 중요시하는 특성을 갖는다. 자신의 감정을 편안하게 드러내지 못하고 지나치게 자기 규제를 하는 경우, 또래들에게서 사회적인 배척을 당하게 되는데 이로 인하여 정상적인 정서적, 신체적 발달을 하지 못하게 된다고 하였다. 반면 도발적 피해자의 경우는 다른 아이들의 괴롭힘 때문에 또다시 공격적 행동을 하게 되는 등, 반항적이고 산만하며 화를 잘 내는 특성을 갖는다. 또래들은 이런 아동들을 일부러 따돌리고 외면하는 경향이 있으며, 이런 상황에서 도발적 피해자들은 언제 폭발할지 모르는 통제 불가능한 분노를 경험하게 된다.

한국에서도 학교폭력의 유형을 크게 두 부류로 나누어서 설명하고 있다. 유약하고 수동적인 태도를 보이는 학생과 잘난 척하고 타인을 무시하는 학생(곽금주, 2006), 자신의 상황에 대한 부정적 인식과 낮은 자존감으로 인해 무기력하고 복종적인 반응을 보이는 학생들은 강한 학생들의 공격 표적이 되고, 이에 적절히 대처하지 못함으로써 폭력의 사이클에서 지속적으로 피해자로 살아가게 된다. 반면, 잘난 척하고 타인을 무시하는 태도를 보이는 피해자들은 타인에 대한 배려심이 부족하고 이기적이며, 자신의 일방적인 태도로 인해 주위와 어울리지 못하고 충돌함으로써 다수에게 외면당하고 있다는 사실을 인식하지 못하는 경우가 많다. 그들이 보이는 경쟁적이고 공격적인 대인관계 패턴이 주변을 자극하여 대결 국면을 형성하게 되며, 피해 상황에서 불안반응과 공격반응을 함께 보이게 된다. 실제 이 피해자들은 피해를 당하면서도 피해 상황에서 빠져나오기 위해서 다른 학생들에게 가해를 하는 가해자이면서 피해자인 집단이 되는 경우가 많다.

(2) 피해유형

피해학생의 유형뿐만 아니라 피해학생들이 지각하는 학교폭력의 유형을 확인하는 것도 중요하다. 황성숙(1998)은 집단따돌림의 유형을 소외형, 협박형, 놀림/조롱형, 심한 장난형, 강제형으로 구분하였으며, 각 피해유형의 특성을 다음과 같이 정의하였다.

〈표 1-4〉 학교폭력 피해유형

유형	내용
소외형 왕따	• 인사를 해도 노골적으로 무시당함 • 노는 데 끼워주지 않음 • 질문을 할 경우 의도적으로 무시당함 • 점심을 같이 먹자고 해도 무시당함 • 다른 친구들과 놀지 못함 • 뒤에서 손가락질을 당함
욕, 협박형 왕따	• 재수 없다는 말을 들음 • 심한 욕을 함 • 꺼져버리라는 말과 협박을 당함
조롱형 왕따	• 신체적 장애, 체형과 관련된 심한 놀림을 당함 • 공부 못한다고 놀림을 당함 • 소심한 성격이라고 놀림을 당함 • 집안 형편으로 놀림을 당함
장난형 왕따	• 체육복, 신발 등을 훼손당함 • 목 조르기, 옷 벗기기, 툭툭 치기, 발로 차기, 꼬집기 등을 당함
강제형 왕따	• 숙제를 강제로 해 준 적이 있음 • 가방을 들어 준 적이 있음 • 시험을 볼 때 답안지를 강제로 보여 준 적이 있음 • 준비물이나 음식 등을 빼앗김

출처: 황성숙(1998).

2) 학교폭력 피해행동으로 인한 결과

학교폭력은 피해자에게 심리적, 발달적, 사회적, 환경적 영향을 미친다. 폭력에 노출된 후 피해자들이 경험했던 불안과 두려움, 심리적 위축, 대인기피 등을 적절한 시기에 치료하지 않는다면 적응장애나 우울장애, 외상 후 스트레스 장애와 같은 심리적 장애를 초래할 수 있다. 우울이나 불안과 같은 심각한 정서적 어려움과 낮은 자아존중감, 반복적인 외로움과 고독감은 궁극적으로 부정적 사건에 대한 자기 비난 경향성을 심화시키게 되며 자신과 관련된 상황을 자기 자신이 통제할 수 없다는 학습된 무기력감마저 경험하게 만든다. 어떤 학생들은 자신을 공격했던 또래나 상황에 대한 반발심으로 야기된 폭력적·공격적 행동 경향성을 보이게 될 수도 있으며, 또래괴롭힘의 악순환으로 인해 또다시 괴롭힘의 표적이 되기도 한다.

폭력의 형태가 심각할수록 그 파생효과도 클 수밖에 없다. 학교에서 친밀한 친구관계를 형성하지 못한 채 또래로부터 지속적으로 배척당하는 학창 시절을 보낼 경우 이후 성인기에 정신장애를 경험할 수도 있다. Gilmartin(1987)의 회고적 연구에서도 대인관계, 특히 이성과의 관계를 어려워하는 이성애자들의 경우 80%가 학교에서 따돌림이나 희롱을 경험했던 적이 있었다고 보고하였다.

한편, 가해자이면서 피해자의 경우도 있다. 최근 한국 상황에서의 왕따 연구에서도 왕따 피해를 많이 경험한 청소년들일수록 왕따 가해 또한 많이 경험한다는 결과가 보고되고 있다. 이는 학대받은 경험이 있는 피해학생들이 공격에 대해 사회적으로 학습한 결과, 일반 학생에 비해 더욱 공격적이며 폭력적인 행동을 하게 됨을 시사한다. 또한 이러한 현상을 왕따 행동이 하나의 공격 모델로 작용하는 동시에 피해에 따른 분노와 좌절감을 다른 학생에 대한 가해행동을 통해 표출하는 악순환이 일어나는 것이라고도 볼 수 있다(곽금주, 2006).

가해자이면서 피해자인 학생의 경우, 자신의 열등감이나 피해의식에서 오는 좌절감을 약한 상대방에게 폭력을 행사함으로써 상쇄하려는 심리상태를 가지고 있는 경우가 많다. 약한 자신이 폭력을 당한 것이 당연한 것처럼, 다른 약한 친구를 괴롭히는 자신의 행동을 당연하게 여기게 되는 것이다.

곽금주(2006)에 따르면, 이들은 단순 피해자 집단이나 가해자 집단에 비해 심리적 위험성이 가장 높다. 주관적인 심리적 불편감이 크고, 스스로에 대한 문제의식도 강한 편으로, 학교 장면뿐만 아니라 가족 내에서도 적응상의 어려움을 겪는 것으로 알려져 있다. 부모나 교사 모두 이들에 대해 비행, 공격성, 외현화 문제가 다른 집단에 비해 높다고 보고하였으며, 학교 장면뿐만 아니라 가정 환경 내에서도 적응상의 어려움을 경험하고 있는 것으로 여겨진다.

피해자이면서 동시에 가해자인 집단은 피해만을 경험하는 집단에 비해 자기효능감이 부족하고, 자기개념 역시 부정적이다(이은주, 2004). 특히 이들이 어려움을 호소하는 영역은 대인관계 상황이다. 다른 사람들을 잘 믿지 못하고 의심하며 타인을 조종하려는 경향이 나타나게 되며, 솔직하게 자신의 속내를 털어놓고 친구를 사귀거나 관계를 유지하는 데 어려움을 보인다. 정신건강적 측면에서도 위축감의 수준이 더 높으며, 신체화 증상, 우울과 불안 등과 같은 심리적 부적응 증상, 행동에 대한 통제력 부족이 보고되고 있다(강은희 외, 2002).

5. 학교폭력의 방관자

1) 방관자의 의미와 분류

학교폭력 문제가 점점 심각해지면서, 이를 해결하기 위한 대책은 주로 가해자나 피해자에 초점을 맞추어왔다. 그러나 피해자나 가해자에 초점을 맞춘 다양한 프로그램이 시행되고 있음에도 학교폭력의 문제는 줄어들지 않는다는 사실은 방관자에 대한 개입의 필요성을 말해주고 있다. 학교폭력이나 또래괴롭힘은 단순히 가해자와 피해자를 중심으로 발생하는 것이 아니라 주변 또래들의 동조에 의해 강화되고 유지되는 경향이 있기 때문에, 학교폭력에 대한 예방과 중재에 있어서 피해자나 가해자 개인에게 초점을 맞춘 개인적 차원의 접근만으로는 한계가 존재한다.

따라서 학교폭력이 발생하는 맥락에 존재하는 주요한 구성원 중 하나인 방관자의 구체적인 특성에 대해서 보다 명확하게 알아야 할 필요가 제기되고 있다.

방관자 집단은 단순히 방관행동만 보이는 단일 집단이 아니라 다양한 행동과 태도를 보이며 괴롭힘을 유지한다는 측면에서 중요한 의미를 지니는 집단이다. 이는 학교폭력이 발생하는 갈등 상황에서 방관자들이 가만히 서서 상황을 지켜보는 수동적 존재가 아니라는 것을 의미한다.

왕따에 참여하는 집단 구성원들은 집단 내부에서 형성된 사회적 기대에 따라 다양한 역할을 하게 된다. Salmivalli 등(1996)의 연구에 의하면, 왕따 참여자들은 가해 조력자(assistants of the bully), 가해 강화자(reinforcers of the bully), 순수한 방관자(bystander), 피해 방어자(defenders of victims)로 나뉠 수 있다. 가해 조력자란 누군가 왕따를 시작하면, 그 활동에 열심히 참여하고 가해자를 도와주는 역할을 하는 사람이다. 가해 강화자는 적극적으로 피해자를 공격하지는 않지만 주위에 서서 지켜본다거나 웃어주는 등의 행위를 통해 가해자에게 긍정적인 피드백을 제공한다. 이 두 집단은 가해자들의 행동을 지지하고 동조하는 집단이라고 할 수 있다. 그리고 대다수의 학생들은 상황에서 떨어져 거리를 유지하고 어느 편에도 가담하지 않으려 하는데, 이들 집단을 외부인이라 할 수 있다. 그들의 의도와는 상관없이 이러한 침묵은 암묵적으로 왕따를 승인함으로써 왕따가 계속 유지되는 데 기여한다. 이들은 순수한 방관자 집단으로 분류된다. 마지막으로 피해 방어자는 피해자 편에 서서 그들을 위로해 주고 또래들이 가해하지 못하도록 제지하는 집단이다. 이렇듯 가해자나 피해자의 중간에 위치한 다른 구성원들이 왕따 상황에서 어떠한 태도와 반응을 보이느냐에 따라 피해자와 가해자의 상황이 달라질 수 있다.

한국 학생을 대상으로 곽금주 등(2006)의 연구가 진행되었는데, 이 연구에서는 방관자 집단을 가해 지지자, 방관자, 방어자의 세 가지 유형으로 분류하였다. 이 연구결과에 따르면 한국 상황에서는 왕따가 발생할 경우 모른 척하거나 피해자를 지지해주는 학생이 가장 많은 것으로 확인되었다.

2) 방관적 태도에 영향을 미치는 요인

(1) 가족문제

가해자를 지지하는 집단의 경우, 부모도식이 가장 부정적인 것으로 나타났으며, 반대로 피해자를 지지하는 집단의 경우에는 가장 긍정적인 부모도식을 가지고 있는 것으로 나타났다. 부모도식이란 청소년이 자신의 부모에 대해 가지고 있는 핵심 신념으로, 자신의 부모가 신뢰롭고 자상하며 공정하다거나 부모를 존경할만하다거나 사랑한다고 믿을수록 긍정적 부모도식이 형성되어 있다고 볼 수 있다.

가해자를 지지하는 방관자 집단의 경우, 가족 내에서 충분히 수용되고 인정받지 못한 경험이 관심에 대한 욕구좌절을 유발하게 되고, 이것이 타인에 대한 공격적 태도로 나타나게 되었다고 볼 수 있다. 뿐만 아니라 부모의 지나친 과잉보호로 인한 독립심 및 사회성 부족이 괴롭힘당하는 또래에게 무관심한 태도로 드러날 수 있다.

(2) 동조

가해자를 지지하는 집단의 경우, 왕따를 앞장서서 주도하기보다 누군가가 왕따를 시작했을 때 이에 동조하거나 지지하는 경향이 가장 강한 것으로 나타났다. 이들은 다른 집단에 비해 또래 압력을 더욱 크게 느끼고 동조하는 경향이 높다.

(3) 자기 방어

방관적 태도를 지니는 학생들은 피해자와 어울리게 됨으로써 자신의 지위를 상실하게 될까 봐 혹은 자신도 피해를 당하게 될까 봐 방관하거나 암묵적으로 묵인하는 태도를 보인다. 자신의 주변에서 벌어지는 괴롭힘에 대해 갈등과 불만이 있다 하여도 주동자가 가지는 권력의 영향력으로 인해 자발적으로 복종하고 피해자를 외면하고 소외시키는 작업에 동참함으로써 가해 행위를 하기도 한다(김현주, 2003). 방관적 태도가 가해자의 보복에 대한 두려움이나 불안 같은 비합리적인 신념과 관련이 있기 때문에 방관자들은 피해자를 도와주면 자신도 이상한 아이로 낙인찍히거나 피해를 당할 것이라는 두려움과 불안 때문에 그 상황을 회피하고 침묵하는 행동을 보이게 된다.

(4) 무관심

무관심이란 괴롭힘 상황 자체에 대해 관심을 보이지 않거나 자신과 상관없는 일이라 생각하고 모르는 척하는 것이다. 김현주(2003)는 이러한 태도를 청소년들의 이기적인 자기 중심화 경향으로 설명하고 있다. 핵가족화 이후 부모의 과잉보호와 학교교육의 과도한 경쟁주의와 입시 위주의 교육 부담 속에서 형성된 자기 이익 추구, 친구관계의 질적 저하 등과 같은 청소년들의 심리적 특성이 방관자적 태도를 보이게 만들었다고 볼 수 있다. 유국화(2011)의 연구에 따르면 이러한 무관심이 방관적 태도를 지니는 학생들의 대표적인 경향이라 설명하고 있으며, 친구들을 수용하는 능력이 약화되어 친구의 고통에 둔감해지는 경향을 시사한다.

기타 요인으로는, 갈등을 스스로 해결할 수 없다는 비합리적 신념이나 낮은 자존감, 이기적인 자기 중심화 경향 등이 있으며, 반사회적 행동과 또래와의 낮은 협력성, 타인 수용능력 결여 및 공감능력 부족 등이 방관적 태도를 촉진하는 것으로 알려져 있다.

3) 방관자 개입의 중요성

폭력에 직접적으로 관련되는 가해-피해학생만 심리적·사회적 위협에 노출되어 있는 것이 아니다. 폭력을 목격한 학생은 폭력행동을 대리학습할 수 있으며, 대인관계에 대해 왜곡된 인식을 가질 수 있다(Eron, 1997). 또한 또래 압력에 의해 자신의 신념과 배치되는 행동을 지속적으로 경험했을 경우, 만성화된 무력감으로 자존감이나 자기효능감이 저하될 수 있다. 그리고 힘 있고 공격적인 모델을 통해 폭력과 긍정적 결과를 연합시킬 경우 그런 행동을 정당화해도 된다는 신념을 발달시킬 수도 있다. 즉, 또래에 대한 폭력을 목격하며 생활하게 되는 방관자 집단은 직접 왕따 행위에 적극적으로 가담하지 않더라도 이후 정상적인 발달을 위협할 수 있는 심각한 위험요인을 갖게 된다.

우리나라에서는 그동안 이들 집단을 일반 집단 혹은 폭력 무경험 집단으로 분류하고 가해 집단이나 피해 집단에 비해 비교적 심리적 요인이나 환경적 문제가 적은 것으로 설명하였다. 그러나 이들 집단 역시 넓은 스펙트럼을 가지고 있으며, 왕따와 같이 또래집단의 역동이 중요한 영향을 차지하는 경우에는, 다수를 차지하는 방관자 학생들의 태도와 행동이 폭력 발생에 핵심적인 역할을 하게 된다. 특히 왕따 문제의 경우, 가해자와 피해자뿐만 아니라 이를 지켜보는 나머지 학생들 역시 문제를 안고 있으며, 가담자로서 일정한 역할을 하게 된다. 그러나 방관자가 피해자 편에 서게 된다면 왕따 현상을 감소시키는 강력한 집단이 될 수 있기 때문에 왕따에 대한 예방 및 중재에 있어서 특히 이들에 대한 접근이 매우 중요하다고 할 수 있다(이병환 · 김경선, 2020).

CHAPTER 02

아동 · 청소년의 학교폭력

1. 청소년의 학교폭력

학교폭력의 주체인 청소년들의 시기적 특성을 잘 이해하게 된다면 현재 심각하게 발생하고 있는 학교폭력에 대해서 효과적인 대처가 가능하다. 청소년기는 아동기에서 성인기로 성장, 발전하는 전환기로서 이 시기에는 신체를 비롯하여 심리적, 사회적, 정신적으로 급격한 변화가 일어난다. 통념적으로는 중학생과 고등학생의 나이에 있는 시기를 청소년기라 생각하겠지만 우리나라 청소년기본법에서는 9세 이상 24세 이하의 나이에 있는 시기를 청소년기라 하고 청소년보호법과 청소년복지지원법에서는 19세 미만의 시기로 규정하고 있다.

청소년기는 정신적, 신체적으로 아동기에서 성인기로 넘어가는 과도기로서 급격한 변화와 성장을 하면서 자아정체성에 대한 혼란을 경험하고 미래에 대한 불안 등으로 질풍노도의 시기를 보내게 된다. 그러다 보니 특히 이 시기에 학교폭력 사안이 많이 일어나게 된다. 과도기의 모호한 위치에서 심리적, 사회적, 정신적, 신체적인 변화를 어떻게 수용하는가에 따라서 향후 성인으로서 사회에의 적응, 인생의 성패가 달려있는 중요한 시기이다.

학교폭력의 모습이 다양할 뿐만 아니라 원인과 관련하여 학자들은 다양하게 설명한다. 하지만 이를 정리하면 크게 행위자의 특성, 즉 행위자의 내재적 특성요인과 행위자를 둘러싸고 있는 상황, 즉 사회문화적 여건이나 환경인 외재적 특성 요인으로 설명되고 있다. 행위자의 내재적 특성 요인에 초점을 두는 입장은 주로 생물학적·심리학적 관점을 따르며, 외재적 특성 요인에 초점을 두는 입장은 사회학적 입장을 따른다. 그 원인을 내적 요인-개인적 요인, 외적 요인-환경적 요인으로 구분할 수 있으며, 내적 요인은 개인적 요인, 외적 요인은 가정적 요인, 학교 요인, 지역사회 요인으로 정리할 수 있다.

이에 이 책에서는 학교폭력의 요인을 청소년 비행과 관련된 개인의 내재적 요인과 외재적 요인(가정배경, 학교생활, 또래집단)으로 구분하고 이 두 가지 요인을 결합하는 요인으로 생태학적 관점을 제시하고자 한다.

1) 개인적·심리적 요인

학교폭력의 원인으로 행위자의 내재적 특성에 초점을 두는 입장은 신체적 특성, 유전적 특성, 성격 특성 등 개인차 요인에서 그 원인을 찾는다. 폭력행위를 하는 학생들에게 가장 잘 나타나는 개인적·심리적 특성은 공격적 성격장애이다. 공격적 성격장애를 가진 학생은 결국에는 공격행동과 폭력행동으로 이어진다. 사람은 누구나 폭력의 경향성을 가지고 있다. 그러나 정상적인 사람들은 양심과 도덕의 기준이 자기 통제력을 강하게 작용시켜 폭력행위를 하지 않는 반면, 폭력적인 성향과 반사회적인 행동특성을 가진 사람들은 반사회적 행동을 하고도 반성하거나 고민하지 않는다. 이러한 학생들은 부정적인 자아개념이 형성되어 자기 자신이 필요 없는 존재이며 무능하고 약한 존재라고 규정하면서 그러한 방향으로 자신의 삶을 이끌어간다. 이들은 아주 작은 문제도 해결하고자 하는 노력은 시도하지 않고 이러한 의식은 결국에는 공격행동과 폭력행동을 낳게 한다.

학교폭력과 관련된 성격 특성으로는 과잉통제적 성격, 성격외부환경에 대한 내부통제자, A형 행동유형, 외향적 성격, 낮은 자기 존중감, 낮은 자기 통제력 등이 거론된다.

학교폭력의 개인 특성 요인으로는 성 문제와 성적인 발달, 우울성, 공격성과 충동성, 자기통제력, 자아개념, 자아존중감, 신체상의 여러 요인들을 들 수 있다. 특히 이들 연구에서는 인간의 사회적 행동의 출발이 개인의 동기체제, 즉 욕구(need)에서 출발하여 외재적 요인에 의해서 통제되지만, 개인 자신의 내적 명령, 지시 또는 자신이 만든 상과 벌에 의해서도 통제되기도 한다는 점을 내포하고 있다. 즉 개인의 행동이 외적 요인에 의해 통제되다가 점차 이러한 통제가 내면화되어 자신에 의해 조절되고 통제된다는 것이다. 특히 낮은 자아존중감은 낮은 학업성적, 우울증, 그리고 학교폭력이나 비행 행동과 같이 부정적인 인간 행동과 관련되는 요인으로 알려져 있다. 예컨대, 자아존중감이 낮은 사람은 일탈행동 또는 장래에 좋지 않은 행동을 할 가능성이 높은데, 이는 자아존중감이 낮거나 자기의 태도에 대해 부정적인 사람은 직면한 상황에 대해 일탈적인 형태로 대응하는 경향이 높기 때문이라는 것이다.

학교폭력 가해행동과 자아존중감과의 상호관계에 관한 이론적인 논의들은 낮은 자아존중감이 비행행동을 유발하는 과정으로 보거나, 역으로 사소한 일탈을 저지르는 청소년에게 가해지는 사회나 부모로부터의 낙인과 비난이 낮은 자아존중감을 갖게 만듦으로써 학교폭력으로 이어지게 되는 것으로 설명하기도 한다.

2) 가정 관련 요인

학교폭력의 원인을 개인의 외재적 요인에 초점을 두는 사회학적 접근에서는 가정적 요인이 청소년 비행에 주는 강력한 영향을 밝히고 있다. 학교폭력과 관련 있는 가정적 요인은 결손, 불화 그리고 빈곤 등과 함께 자녀의 양육방식, 부모의 자녀에 대한 태도 등을 들 수 있다. 이들 요인은 개인의 성격 형성 및 자녀의 발달에 영향을 미친다(이욱범 · 채명수, 2002). 부모의 학력이 높을수록 자녀의 문제행동은 감소하며, 어머니의 교육수준이 높을수록 자녀의 행동에 대한 감독이 강하며 자녀의 비행행동은 감소한다. 또한 가정소득이 낮을수록, 부의 직업이 단순 노무직일수록, 결손가정일수록, 가정불화나 갈등이 많을수록 문제행동을 낳는다(박영신 · 김의철 · 한기혜, 2003).

한편 가정의 구조적(지위적) 환경도 중요하지만 부모와 자녀 간의 상호작용의 중요성, 부부간의 결혼 만족, 훈육의 유형이나 정도 등과 같은 가정의 질적인 요소인 기능적 측면이 비행과 더 강한 관계가 있다고 한다. 부모의 자녀에 대한 부적절한 역할 수행과 의사소통도 문제행동을 낳을 뿐만 아니라, 부모의 부정적 또는 부적절한 양육태도도 문제행동에 영향을 주므로, 부모의 적절한 대화와 감독은 주위환경의 영향을 완충시키며 위험 정도를 감소시킴으로써 비행을 억제하는 효과를 지닌다는 연구결과도 있다.

가족의 유대 또한 청소년이 사회의 관습적 태도와 행동을 내면화할 수 있는 기능을 수행함으로써 일탈행동을 제지하게 된다. 이와는 반대로 부모의 적대, 무관심, 거부적 태도 및 낮은 사회적 지원은 청소년 일탈과 정적인 상관을 지닌다(김의철 · 박영신, 2004).

이와 같이 청소년의 비행은 가정의 낮은 지위적 환경과 과정 환경(사회 · 심리적 환경, 사회적 자본)의 결여와 관련성이 있으며, 또한 낮은 지위적 환경은 과정적 환경 결여로 이어지고 나아가 문제행동과 관련이 있음을 보여주고 있다.

3) 학교 관련 요인

학교가 학생들의 타고난 개인적 특성과 가정배경 특성에 대해 아무것도 할 수 없지만, 학교 관련 요인들은 교육정책과 실제를 통해서 조작될 수 있는 요인들이기 때문에 비행예방의 입장에서 상당한 관심을 받아 왔다. 특히 현대사회에서 성인생활 준비에 중요한 역할을 수행하는 곳이 학교인 만큼 불량가정이나 가정훈육의 부족이 청소년 비행과 관련되어 있는 것과 같이 청소년 비행은 역시 학교교육의 부족이나 학교의 실패에 기인한다고 볼 수 있다. 청소년 비행은 학교생활에의 부적응, 즉 낮은 성취도, 낮은 학교 애착, 학습 무능력, 학교에서의 잘못된 경험 등과 깊은 관계를 지닌다. 특히 성적에 의해서 청소년들이 받게 되는 여러 압력은 그들이 문제화되는 데 많은 영향을 주는 까닭에 학생의 높은 학업성취도와 학교생활 만족도는 문제행동을 경감하는 결과를 가져온다.

학교성적 부진은 자부심을 떨어뜨려 학생들의 문제행동, 즉 학교거부로 이어지게 하며, 교내 활동의 참여 부족은 학교에 대한 동일시(identification)를 약화시켜 심각한 문제행동으로 이어지게 된다. 또한 교사의 적대적 태도도 청소년의 도덕적 일탈을 촉진하게 된다(김의철 · 박영신, 2004). 따라서 학교에 대한 애착, 수용, 참여도가 높을수록, 즉 유대가 높을수록 학교폭력은 그만큼 줄어들게 된다.

학교폭력에 있어서 학교의 환경적 요인은 다른 요인에 비하여 부적응에 미치는 영향이 더 클 것으로 예상된다. 특히 또래와 상호작용하는 공간이기 때문에 가정에서 부모와의 관계나 교사와의 관계보다는 또래와의 관계를 통하여 많은 영향을 받게 된다.

4) 또래문화 요인

청소년들의 친구집단은 그 구성원들이 만들어 내는 집단의 구조와 특성에 따라 또래집단(peer group), 동료집단(clique), 패거리집단(crowd)으로 구분할 수 있다.

또래집단은 놀이친구나 비슷한 연령층의 집단을 말한다. 또래집단은 사회화 과정에서 중요한 역할을 한다. 청소년들은 다양한 연령층으로 이루어진 가족의 위계적인 관계 속에서 살다가, 같은 연령층의 또래집단과 어울리는 시간이 많아지면서 그 중요성을 갖게 된다.

동료(짝패)집단은 2~12명 사이, 보통은 5~6명으로 구성되는 친구집단을 말한다. 이들 청소년집단은 보통은 같은 취미와 비슷한 활동에 관심을 나타내는 남자들이나 여자들끼리만 유지된다. 짝패집단은 구성원들 서로가 깊은 얘기를 나누며, 매일 점심도 한자리에서 먹고, 같은 학원에 다니며 공부도 같이 하고, 경우에 따라 같은 취미를 갖고 음악과 연극에 같이 몰입하기도 한다. 결국 짝패집단은 그 구성원들이 서로가 서로를 잡아당겨서 집단에 머무르게 하는 사회적 환경을 제공해 주는 친구관계를 말한다. 짝패집단 구성원들끼리는 서로 비밀이 없으며, 그로써 서로 안식처가 되기도 하고 편안한 감을 주기도 한다.

패거리집단은 비슷한 성격과 특성을 지닌 청소년들이 비조직화되어 모인 집합을 말한다. 이들은 서로가 의도적으로 모이거나 의견을 같이 나누면서 상호작용을 유지하고 있지도 않다. 그리고 비록 물리적으로 가깝게 모여 있지만 조직화되어 있지도 않다. 이들은 서로의 존재를 의식하며 또한 서로가 서로에 의해 영향을 받는다. 이들은 보통 앞선 얼뜨기(jocks), 범생이(nerds), 책벌레(brains), 인기짱(populars) 등의 집단으로 구분되어 유지된다. 보통은 몇 개의 짝패집단 문화가 함께 어우러져 일정한 패거리집단 문화를 만들어 낸다는 이론도 있다.

청소년들은 친구를 통해 수직적 인간관계가 아닌 수평적 관계에서 가정과 학교에서 얻지 못하는 다양한 정보뿐만 아니라 심리적 안정감을 얻으며 생활 속에서 스트레스에 효과적으로 대처할 수 있는 기술을 얻게 된다.

비행하위문화이론이나 문화전달이론 등은 청소년 비행의 비행적 가치나 태도를 비행교우로부터 얻게 된다고 지적해 왔다. 즉 가정의 애정적 유대와 훈육기능이 약화되고, 학교가 관습적 가치를 적절하게 내면화시키지 못하는 시점에서 학교에서 학생들의 실패는 학생들로 하여금 동료에게서 정서적 동일화를 추구하게 하고, 비행교우와의 접촉 가능성을 증가시켜 비행적 가치의 학습을 통해 비행을 낳게 된다.

반면 통제이론에서는 청소년 비행은 비행의 성향을 지닌 청소년이 비행친구를 찾고 비행을 하게 되는데, 특히 이러한 모습은 자기 통제력이 낮은 청소년들에게 주로 나타난다고 본다. 또 비행친구와 비행행동 사이에 상호 영향을 주고받는 호혜적인 입장에서는 비행친구가 비행의 가능성을 증가시킬 가능성도 있으며 아울러 이는 비행친구와의 접촉 가능성을 높이기도 한다고 본다.

학교폭력 가해학생들은 가정과 학교의 복합적인 요인과 결부되어 자기 반 급우들과 우정을 나누기보다 학교생활에 불만을 가지고 있거나 학교생활에서 소외된 급우들이나 비진학반 교우들을 친구로 사귀며, 학교 밖의 친구들과 어울리는 경우가 많다. 그동안 비행친구와 비행 사이의 관계를 다룬 연구는 청소년들이 동료와의 결속력이 강하여 일탈친구와 빈번하고 밀접한 교제가 일탈행동을 결정하는 중요한 요인이 되며, 이성친구의 유무와 이성고민의 변수도 문제행동을 심각하게 하는 요인이 된다고 하였다.

학교폭력은 불건전한 여가활동에서 비롯된다는 것에서 알 수 있듯이 학교폭력은 주로 여가시간에 일어나며, 여가시간이 많을수록 학교폭력이 많이 발생한다. 또한 청소년의 아르바이트는 장차 직업생활의 선행 경험을 갖는 등의 긍정적인 측면도 있지만 청소년의 비행에도 영향을 준다. 주당 노동시간이나 노동유형, 노동강도는 청소년의 비행과 관련이 있다. 특히 비행 청소년들은 전통적인 일자리보다는 유흥 음식집에서 아르바이트를 하며 유흥비를 벌기도 하고 학교공부를 하기보다는 주위를 쏘다니며 시간을 보낸다.

이상에서 살펴본 바와 같이 학교폭력은 개인의 내재적 요인과 외재적 요인에 포함되는 다양한 요인과 관련된다. 결국 학교폭력은 어느 특정 한두 가지 요인이 결정적인 영향을 주기보다는 개인에 따라 살아가는 삶의 형태에 따라 차이는 있으나 대체로 여러 요인들이 복합적으로 작용하는 것임을 알 수 있다.

5) 생태학적 요인

(1) 생태학과 학교폭력

학교폭력의 실태와 원인 진단은 교육구성원인 학생, 학부모, 교사 등을 대상으로 학생 개인의 특성과 학교의 조직적 환경은 물론 학생과 관련된 사회적 환경들인 가정과 지역사회의 측면들과 심지어 학생의 폭력적 행위에 영향을 미치는 정책 환경까지지도 분석될 필요가 있다. 이러한 주장은 개인의 행위에 대해 개인적 특성과 생태적 환경의 측면에서 접근할 것을 주장한 Bronfenbrenner (1979)의 인간발달 생태학과 밀접한 관련이 있다. Bronfenbrenner는 생태학적 체계를 개인(individual)과 개인을 둘러싼 환경 간의 끊임없는 상호작용으로 미시체계(microsystem), 중간체계(mesosystem), 외체계(exosystem), 거시체계(macrosystem)를 통해 설명하였다.

〈표 2-1〉 Bronfenbrenner의 생태학적 체계와 학교폭력 요인 분석

체계(system) 이름	내용과 예시
개인 (individual)	학생 개인이 지니고 있는 심리적, 사회적 특성들(예: 학생의 공격성, 자부심 등)
미시체계 (microsystem)	학생 개인이 갖는 친구, 교사, 학부모와의 직접적 경험(예: 교실 내의 교우관계, 가정의 심리적・사회적 환경 등)
중간체계 (mesosystem)	학생 개인의 행동에 영향을 미치는 미시체계의 두 집단 이상의 관계와 영향(예: 학부모와 교사와의 관계, 학부모의 교우관계 인지, 교내외 비행학생과의 관계 등)
외체계 (exosystem)	학생 개인과는 관계되지 않지만 학생 개인 행동에 상당한 영향력을 갖는 교육환경 또는 제도(예: 전문상담교사, 학교폭력 신고전화 등)
거시체계 (macrosystem)	학생 개인 및 다른 체계에 간접적으로 관련이 있는 보다 넓은 의미의 사회적 문화와 환경(예: 전통적 윤리관의 붕괴, 폭력적 대중문화 등)

Bronfenbrenner의 학문적 영향은 학교폭력과 학생비행 등이 또래집단, 가정, 학교조직, 제도와 지역사회에 의한 거시적 요인들이 어떻게 관련을 맺고 있고 어느 정도 영향을 미치고 있는가에 대한 연구의 활성화를 가져온 것에 있다. Bronfenbrenner의 생태학적 체계 이론(ecological system theory)은 환경 변인들 간의 상호작용을 분석할 수 있는 효과적인 틀을 제공하여 준다. Bronfenbrenner는 학교폭력과 학생비행 등이 개인으로부터 시작하여 또래집단, 가정, 학교조직, 제도와 지역사회에 의한 요인들과 어떻게 관련을 맺고 있고 어느 정도 영향을 미치고 있는가에 주목한다. Bronfenbrenner의 생태시스템은 두 가지 측면에서 학교폭력에 유용한데, 첫째는 생태시스템 이론이 다양한 요인들을 개인적 특성, 대인 상호관계, 가정환경, 학교환경, 지역사회환경, 사회문화적 환경 등과 같이 여러 단계로서 구분・분석할 수 있으며, 둘째는 학생과

상호 연관되어 영향을 받고 있는 환경에 미치는 영향 분석뿐만 아니라 사회적 환경과의 상호작용 효과를 분석할 수 있다는 점이다.

(2) 생태학적 관점에서의 학교폭력 원인

Bronfenbrenner의 생태학적 관점에서 제시한 학교폭력 원인은 다음과 같다.

① 개인

학생은 자신을 중심으로 세상을 바라보고, 그들의 생태학적 환경과 상호작용한다. 이는 학생의 행동이 단지 그 성향에만 영향을 받으며, 그들이 상호작용하는 생태적 환경도 행동에 영향을 준다는 의미이다. 학생 개인 수준에서의 학교폭력 원인을 제시해 보면 다음과 같다.

- 학교폭력 관련 학생은 자존감이 낮으며, 자아개념이 부정적인 경향이 높으며, 열등감과 우울성향이 강한 경향이 있다.
- 학교폭력 관련 학생은 신체나 힘에 있어서 강하고 우월하다고 생각하며, 공격적 성향이 강한 경향이 있다.
- 학교폭력 관련 학생은 타인에 대한 공감력이 낮으며, 상황통제력 및 자기통제력이 미약하고, 작은 일에도 화를 잘 내는 경향이 있다.
- 학교폭력 관련 학생은 학문적 자아개념이 낮으며 학업적 흥미가 부족한 경향이 있다.

② 미시체계

미시체계는 학생들이 경험하는 인간관계의 패턴을 의미한다. 여기에는 주로 가족 내의 경험, 교사와의 경험, 또래와의 경험 등이 관련된다. 미시체계는 학생 개인이 자기 생활공간 속에서 갖는 친구, 교사, 학부모와의 직접적 경험과 환경 등을 말하는 것으로 교실 내의 교우관계, 부모의 양육태도, 부모와의 상호작용, 가정의 심리적·사회적 환경 등을 말한다. 미시체계 관점에서 본 학교폭력 원인들을 살펴보면 다음과 같다.

- 학교폭력과 관련된 학생들의 학부모 및 가정은 일관성 없는 자녀의 양육 방식을 보인다거나 한부모가정, 조손가정 등 결손가정인 경향이 있다.
- 피해/가해학생 가정은 경제적으로 빈곤하거나 비교적 사회경제적 수준이 낮은 편이다.
- 학교폭력 피해학생들은 급우들과 사이가 좋지 못하고 동료들이 싫어하며, 어려움에 처하게 되었을 때 도와줄 친구가 그다지 많지 않은 경향이 있다.
- 학교폭력 관련 학생은 가정폭력 및 비합리적 체벌에 노출된 경험으로 인해 폭력적인 성향을 갖는 경향이 있다.

③ 중간체계

중간체계는 둘 혹은 그 이상의 미시체계 사이의 상호관계를 말하는데, 학생 개인이 갖는 부모, 친구, 교사와의 직접적 또는 간접적 관계를 의미한다. 예를 들면, 학부모의 학교 참여와 교사와의 대화 수준과 정도, 학교에서 학생 하위집단과의 관계와 친밀성 등은 학생들의 생활에 영향을 미친다는 것이다. 중간체계는 학생 개인과 관련된 미시체계의 두 집단 이상의 관계와 영향을 말하는 것으로 학부모와 교사와의 관계, 학부모의 교우관계 인지 정도, 교내외 비행학생과의 관계 등을 말한다. 중간체계에 관한 학교폭력 원인을 살펴보면 다음과 같다.

- 학교폭력 관련 학생은 술, 담배, 오토바이를 즐기는 등 비행 관련 행동을 보이며, 일진회 등의 폭력서클에 가입되어 있으며, 일진 친구들과 어울리지 못하면 학교폭력 피해를 받는 경향이 있다.
- 학교폭력 관련 학생의 학부모는 자녀 교우관계와 학교생활에 대해서 잘 모르며, 교사와의 대화와 소통이 부족한 경향이 있다.
- 학교폭력은 교사의 처벌권과 개입이 약하거나 교사-학생의 개인적 관계 및 의사소통이 부족한 경우가 발생하는 경향이 있다.

〈표 2-2〉 학교폭력 실태 및 원인에 대한 생태학적 분석

구분	특징
개인 체계	• 학교폭력 관련 학생은 열등감과 우울 성향이 높다. (열등감과 우울 성향) • 학교폭력 관련 학생은 신체나 힘에 있어서 강하고 우월하다고 생각한다. (우월 의식) • 학교폭력 관련 학생은 작은 일에도 화를 잘 낸다. (화를 잘 내는 성향) • 학교폭력 관련 학생은 주로 잘난 척하는 학생이다. (잘난 척하는 성향) • 학교폭력 관련 학생은 공부를 잘 못하는 편이다. (공부를 못하는 경향)
미시 체계	• 가해학생의 부모님은 자녀에 대한 무관심을 갖는 경향이 높다. (자녀에 대한 무관심) • 피해학생들은 급우들과 사이가 좋지 못하며 싫어한다. (급우관계) • 피해학생은 어려움에 처하게 되었을 때 도와줄 친구가 별로 없다. (피해학생의 교우관계) • 피해 또는 가해학생의 부모님들은 서로 자주 싸우는 편이다. (부부싸움) • 한부모가정, 조손가정 학생은 학교폭력과 관련되는 경향이 높다. (한부모가정) • 학교폭력을 야기하는 원인은 가정에 있다. (가정의 폭력발생 책임) • 우리 학교는 폭력으로부터 안전하다. (학교의 폭력에 대한 안전성)
중간 체계	• 가해학생은 일진회 등의 폭력서클에 가입되어 있다. (가해학생의 폭력서클 가입) • 일진 친구들과 어울리지 못해 학교폭력 피해를 받는 경향이 있다. (일진과의 친밀성) • 학교폭력 관련 부모님은 자녀 급우관계에 대해 모르는 경향이 높다. (자녀 급우관계) • 학교폭력 관련 부모님은 교사와의 대화가 부족한 경향이 있다. (부모의 교사와의 관계) • 교사의 처벌과 개입이 부족해서 학교폭력이 발생한다. (교사의 처벌권 약화) • 학교폭력 관련 학생은 술, 담배, 오토바이를 즐긴다. (학생의 비행 관련성) • 학교폭력 피해사실을 공개해도 가정/학교에서 별 소용이 없다. (피해사실 공개 비효과) • 학교폭력 피해를 알리지 못하는 것은 보복이 두려워서이다. (보복의 두려움)
외체계	• 열악한 학군에서 학교폭력이 일어나는 경향이 높다. (열악한 학군) • 피해/가해학생 가정은 비교적 사회경제적 수준이 낮은 편이다. (낮은 사회경제적 지위) • 학교폭력 예방 프로그램이 제공되지 않아서 학교폭력이 발생한다. (폭력예방 프로그램 부재) • 우리 학교는 전문상담교사가 없거나 부족한 것이 학교폭력의 원인이다. (전문상담교사 충원 문제) • 주입식 교육은 학교폭력을 더욱 심각하게 하는 경향이 많다. (주입식 교육)

구분	특징
거시 체계	• 학교폭력의 대상이 되는 학생들은 폭력 대중매체의 영향을 받는다. (대중매체의 영향) • 전통적인 윤리관의 붕괴는 학교폭력을 야기하는 주요 요인이다. (전통적 윤리관 붕괴) • 핵가족화, 맞벌이 부부 등 가정요인은 학교폭력을 야기하는 주요 요인이다. (가족요인) • 학교폭력이 심각해진 것은 사회 전체의 무관심 때문이다. (사회의 무관심) • 퇴폐적 향락문화와 인터넷폭력 게임은 학교폭력을 야기하는 주요 원인이다. (폭력적 문화) • 아이들은 싸우면서 큰다는 어른들의 생각은 학교폭력에 영향을 준다. (학교폭력에 대한 성인 관점) • 언론의 폭력 및 자살보도 등은 학교폭력을 간접적으로 부추긴다. (언론의 보도 영향)

④ 외체계

외체계는 중간체계와 달리 학생들이 직접 관여할 필요는 없지만, 학생의 행동에 직접적으로 영향을 주는 사회적 환경을 의미한다. 예를 들면 학교정책과 제도 등은 학생의 비행에 영향을 미친다는 것을 말한다. 외체계는 학생 개인과는 관계되지 않지만 학생의 행동에 영향력을 미치는 교육환경 또는 제도와 관련되는 것으로 정책적으로 시행되고 있는 전문상담교사의 운영, 학교폭력 신고전화, 학교생활기록부 기재 등을 예로 들 수 있다. 외체계에 관한 학교폭력 원인을 살펴보면 다음과 같다.

- 교내 교육환경이 학교폭력으로부터 안전하지 못하며, 학교 주변의 환경이 학교폭력과 관련한 퇴폐업소와 환경으로 둘러싸여 있거나, 지역사회 및 학군이 비교적 열악한 조건일 경우 학교폭력이 일어나는 경향이 있다.
- 학교폭력은 학교폭력 예방 프로그램, 인성교육 부재, 입시 위주 교육, 전문상담교사, 학교폭력 감시활동 등의 교육 및 사회적 제도에 의해 영향을 받는 경향이 있다.

⑤ 거시체계

거시체계는 신념, 이념, 가치관 체계, 사회적 · 문화적 · 기술적 특성들을 포함하는 것을 말한다. 예를 들면 개인주의, 집단주의, 물질만능주의, 대중문화, 가상세계 등이 학생 행동에 미치는 영향으로 볼 수 있다. 거시체계는 학생 개인 및 다른 체계에 간접적으로 관련이 있는 보다 넓은 의미의 사회문화적 환경과 조건을 말하는 것으로 전통적 윤리관의 붕괴, 폭력적 대중문화 등을 예로 들 수 있다. 거시체계에 관한 학교폭력 원인을 살펴보면 다음과 같다.

- 학교폭력은 전통적인 윤리관의 붕괴로 인해 발생하고 있다.
- 학교폭력은 사회 전체의 무관심 또는 학생폭력에 대한 사회적 인식(어린이들은 싸우면서 큰다)과 관련이 있다.
- 학교폭력은 퇴폐적 향락문화와 인터넷 폭력 게임, 폭력적인 대중매체의 영향에 의해 발생하는 경향이 있다.
- 학교폭력은 핵가족화, 맞벌이 부부, 소외계층 증가 등 가정 및 사회구조의 변화와 관련이 있다(김규태, 2013).

2. 초등학생의 학교폭력

1) 초등학생의 학교폭력 발생 원인 분석

(1) 정신의학적 요인

발달단계상 감정 조절 기능을 담당하는 전전두엽이 발달하는 시기로서 공감능력이 전반적으로 부족하며, 신체-정신의 불균형적 성장으로 인해 감정이 급격하게 변화한다. 그리고 기저에 행동장애, 사회성 발달 장애 등 정신질환이 있거나, 정서적 · 신체적 학대 등 부정적 경험을 축적한 경우 공격적인 행동이 나타날 수 있다.

정신적 장애 학생에 대한 일반학생의 이해가 부족한 경우 학생 간 갈등이 쉽게 증폭될 수 있다. 발달장애(정신지체 등), 충동조절장애(ADHD 등), 사회성 장애(아스퍼거 증후군 등)를 가진 경우 또래가 이해하기 어려운 선별적 집착 등의 행태를 보여 쉽게 고립될 수 있다.

(2) 유해 매체 요인

대중영상매체에 자주 노출될수록, 매체의 폭력·선정성이 높을수록 청소년의 공격성에 유의미한 영향을 미친다. 인터넷, 스마트폰 등의 사용이 증가하면서 사이버 중독 및 폭력적 게임 등 유해물에 대한 노출 빈도가 늘어나 폭력 허용적 태도를 쉽게 습득할 수 있다. 전 학년에 걸쳐 과의존 위험군은 증가하였고 특히 초등 4학년 과의존 위험군이 가장 크게 증가하는 등 과의존 저연령화 추세가 지속되었다. 초등학교 4학년 중 인터넷·스마트폰 과의존 위험군은 71,262명으로 전년(2021년) 대비 3,982명 증가하였다('22 인터넷·스마트폰 이용습관 진단 조사, 여가부).

(3) 가정 요인

부모-자녀 간 깊은 유대감, 부모의 정서적 지지 등이 자녀의 긍정적 성격 형성을 돕고 일탈을 막는 보호요인으로 작용하나, 맞벌이·한부모 가족 등 자녀에 대한 집중적 보호가 어려운 가족 형태가 증가하는 추세로 가정교육을 통한 사회성 함양 경험이 부족하다. 부모로부터의 학대를 경험한 학생이 학교폭력에 노출될 가능성이 높다.

(4) 학교 요인

초등 저학년부터 공감·의사소통 등 사회적 관계유지 능력 배양이 필요하나 발달단계를 고려한 학교폭력 예방교육은 미흡하며, 교사와 학생 간 긍정적 관계가 학생의 공격성 억제 및 학습태도 개선에 미치는 영향이 크나, 초등교원에 대한 학생 생활지도 및 사안처리 방법에 관한 체계적인 교육이 부족하여 충분한 대응이 이루어지지 못하고 있다.

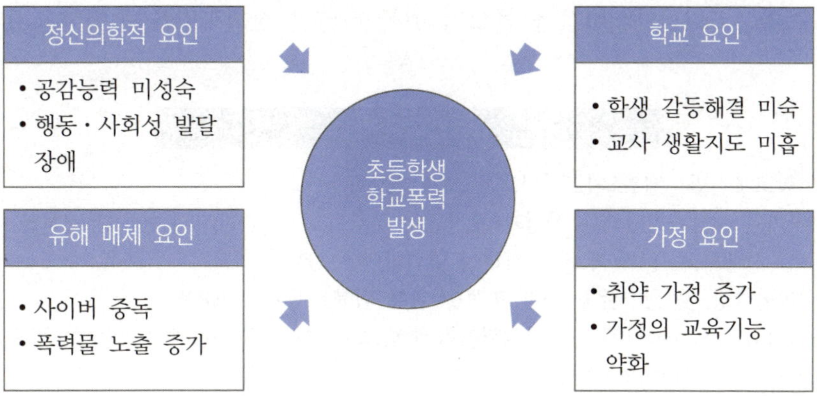

[그림 2-1] 초등학생 학교폭력 발생 원인

2) 주요 중점 과제

(1) 정신의학적 지원 강화

① 위기 의심 학생 조기 감지(교육부)

보건 · 상담교사는 정신건강 상태검사 우선관리군 학생, 학교폭력 가 · 피해학생, Wee클래스 상담 학생 등 위기 의심 학생에 대한 정기상담을 통하여 위기징후 감지, 담임교사에게 생활지도 등을 안내한다.

담임교사는 위기징후가 있는 학생을 대상으로 관찰 · 상담 후 사례회의를 개최하여 학생 행동 변화 정보교환, 보호자 상담, Wee센터 심리검사 의뢰 등을 결정한다.

학생정신건강지원센터는 학생들이 능동적으로 위기를 대처할 수 있는 역량을 기르는 데 중점을 두고 있고, 정신건강을 위해 정책 사업을 개발하며 실행하고 있다. 또한 매년 학생들의 정신건강 현황을 파악하기 위해 정서행동 · 특성

검사 운영을 지원하고 있으며, 일선에서 학생들의 마음을 밀접하게 들여다보고 함께하는 교사들과 학교 정신건강과 관련된 다양한 전문가의 역량강화를 위해 힘쓰고, 소진되거나 심리적 외상 경험으로 인하여 업무에 충실하기 어려운 상황에 있는 교사들의 마음을 돌보기 위한 다양한 정책사업을 수행하고 있다.

법적 근거

- 「학교보건법」 제2조의2, 「학교보건법」 제9조
  국가와 지방자치단체는 학생과 교직원의 건강보호·증진하기 위한 기본계획을 수립·시행하고, 이에 필요한 시책을 마련하여야 한다.
- 「자살예방 및 생명존중 문화 조성을 위한 법률」 제4조, 제8조
  국가와 지방자치단체는 자살위험자를 위험으로부터 적극 구조하기 위하여 필요한 정책을 수립하여야 한다.

② 고위기 학생 선별 및 지원(교육부)

위(Wee) 프로젝트는 학교, 교육청, 지역사회가 연계하여 학생들의 건강하고 즐거운 학교생활을 지원하는 다중의 통합지원 서비스망이다. 학교에는 위(Wee) 클래스, 교육지원청에는 위(Wee) 센터, 교육청에는 위(Wee) 스쿨, 가정형 위(Wee)센터, 병원형 위(Wee) 센터, 학교폭력 피해학생 전담지원기관, 학교폭력 가해학생 특별교육이수기관, 117신고센터 등이 개설되어 있다.

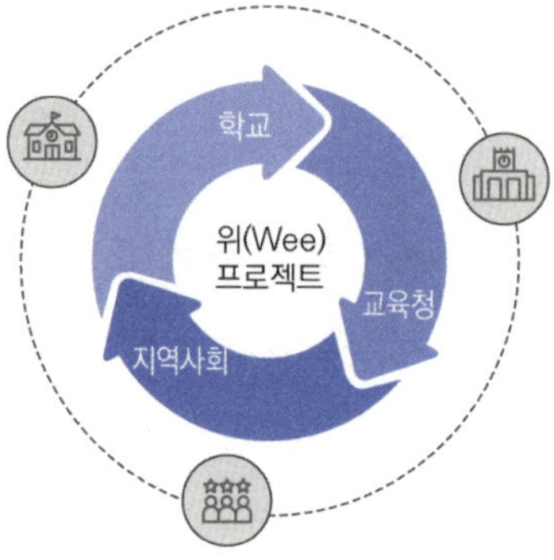

[그림 2-2] Wee 프로젝트

「고위기군 학생 심리치료 이행 표준 매뉴얼」을 개발하여 사례 유형별 정신의학적 치료 연계자료로 활용한다.

[그림 2-3]은 현재 위(Wee)센터 구축현황에 대한 자료이다.

• 위(wee) 센터 구축 현황

구분	2008년	2009년	2010년	2011년	2012년	2013년	2014년	2015년	2016년	2017년	2018년	2019년	2020년	2021년	2022년
일반형	31	80	108	123	135	146	179	187	187	195	191	190	204	206	206
가정형	–	–	1	2	4	4	4	6	12	15	17	17	17	19	19*
병원형	–	–	1	1	1	5	5	5	5	5	5	9	10	13	13
총계	31	80	110	126	140	155	188	198	204	215	213	216	231	238	238*

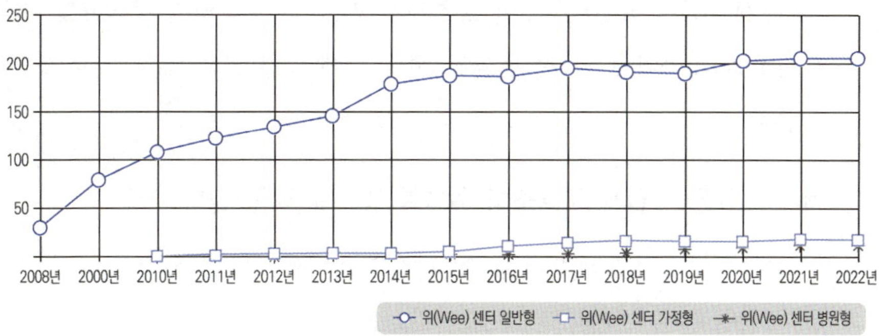

[그림 2-3] Wee 센터 구축현황

출처: Wee센터 홈페이지.

(2) 유해 매체 노출 대책

① 신 · 변종 불법 · 유해매체 효과적 차단을 위한 제도 개선

㉠ 청소년 성매매 주요 통로인 랜덤채팅앱에 대한 대응 강화(방심위, 여가부)

• 불건전 만남 매개 · 조장 랜덤채팅앱으로부터 청소년보호방안 강구 및 제도 개선 방안 검토

㉡ 도박, 마약, 음란물 등 불법 · 유해 사이트 · 영상물 단속 및 심의 강화(방통위, 방심위, 여가부)

• 청소년 유해매체 차단을 위한 애플리케이션 설치율 및 실효성 제고

• 불법 · 유해 정보 신속한 모니터링 및 심의 강화

• 웹하드 사업자의 음란물 유통방지 기술적 조치 점검 강화

• 청소년유해매체물에 대한 성인인증 및 관리·감독 강화

* 성인용 인터넷게임 이용률: ('16)13.1% → ('18)17.8%

㉢ 사회환경 변화에 따른 청소년 보호제도의 실효성 제고를 위한 체계 정비(여가부, 문체부)

• 청소년보호위원회 역할 및 기능 개선방안 마련

* 규제심의 중심 → 청소년 보호정책 발굴 및 모니터링 중심으로 전환

• 청소년 게임이용 및 정책 환경 변화 등에 따른 효과적 제도 운영방안 검토

② 매체물 유통 사업자 자율조치 활성화 및 모니터링 강화

㉠ 인터넷 개인방송 유해성 차단 및 건전한 방송문화 조성을 위한 자율조치 활성화(방통위, 여가부)

• 유해정보 방송에 대한 이용자 실시간 신고 기능 활성화

• 자율적 조치 운영 여부 점검

• 인터넷방송 사업자 대상 청소년보호 업무 이행실태 주기적 점검 실시

㉡ SNS, 유튜브 등 사업자 업무협력 강화(방심위, 여가부)

• 서비스 사용자의 건전한 이용문화 확산 및 미디어 리터러시 함양을 위한 자율적 캠페인 전개 지원

* 트위터, 페이스북, 인스타그램, 유튜브, 포털 사이트, 웹툰플랫폼 등

③ 청소년의 건강한 매체 활용 능력 함양[청소년 맞춤형 미디어 이용역량 강화 교육·프로그램 운영]

㉠ 불법 매체 이용, 사이버 도박·폭력 예방을 위한 윤리의식 교육(방통위)

• 현장 체험형·공감형 인터넷윤리·사이버 폭력 예방 교육 확대

* '19년 1,330개교로 확대

ⓛ 이용자 특성을 반영한 미디어 교육 프로그램 운영(과기부, 문체부, 방통위, 법무부, 사행산업감독위, 여가부)

- 미디어 리터러시 함양을 위한 콘텐츠 개발 및 특성학교 운영 등 교육 확대
- 유아 및 초등생의 몰입도 및 참여도 제고를 위한 체험형 예방교육 강화
  - * 과의존 예방교육: '레몬교실'(기본)과 'WOW 건강한 멘토링'(심화)
  - * 바른인터넷유아학교: 인형극, 디지털교구 등을 통한 올바른 인터넷 이용습관 정립
- 사이버 공간상 문제 행동 및 과의존 예방을 위한 위기·비행청소년(보호관찰소, 청소년비행예방센터 등) 대상 교육 운영
- 청소년성문화센터, 인터넷중독예방센터 등과 협력, 건강한 매체이용·성문화융합 교육 프로그램 개발·보급
  - * 초등 5~6학년 성인용 영상물 이용률: ('18)17.1% → ('23)19.6%
- 온라인상 신종도박 확산에 대응한 청소년 사이버도박 예방교육 확대
  - * 예방교육 대상에 초등학교 고학년까지 포함

ⓒ 학교 내 자치 활동 등을 활용한 효과적 교육 운영(방통위, 과기부, 문체부)

- 건전한 매체이용 확산을 위한 청소년 동아리 활동 지원
  - * 초, 중, 고등학생 대상 '한국인터넷드림단' 활동 지원(연간 10,000명)
- 학교현장을 찾아가는 '청소년 공감 토크콘서트'* 실시
  - * 해당 학교의 스마트폰 사용실태에 대해 교사-학생이 올바른 해결방안을 찾아가는 토론의 장(연간 13개교)
- 학교 현장 교육을 통해 학생 대상 바른 게임 이용 방법 교육

④ 건강한 이용 습관 형성 및 지도자 역량 강화 지원

㉠ 게임과몰입 예방 및 건전한 매체활용 능력 개발 지원(교육부, 문체부, 방통위)

- 디지털 시민의식 등을 주제로 한 교육 홍보물 제작·보급

- 콘텐츠 자가진단 및 연령별 등급 가이드라인*(12세 및 15세)을 통한 게임이용 문화 교육 실시
  * 선정성, 폭력성, 공포, 사행성 등의 평가기준에 따라 게임의 연령등급을 직접 판정하는 체험 교육
- 청소년 스스로 올바른 정보 변별력과 활용능력 함양을 위한 학습 동영상·교재 제작·배포
  * 디지털시대 시민되기(초, 중, 고용), 온비와 함께하는 스마트세상 여행기(동화) 등

㉡ 가정에서부터 건강한 미디어 이용 습관 형성 유도(과기부, 방통위)

- 스마트 미디어를 대체할 여가 경험 제공을 위한 부모와 함께하는 문화체험교육 운영
- 학부모의 올바른 인터넷 사용에 대한 이해와 자녀와의 소통강화를 위한 '밥상머리 인터넷윤리교육' 운영

㉢ 지도자 · 상담사 역량 강화(과기부, 방통위, 여가부)

- 유아의 올바른 스마트미디어 사용 교육을 위한 교사용 콘텐츠 개발·보급
- 스마트폰 과의존 예방 및 불법유해정보 차단을 위한 '사이버 안심존 앱' 및 '스마트안심드림 앱' 보급 확대
- 청소년상담복지센터 내 미디어 전담 상담사 배치 확대 및 역량 강화

㉣ 건강하고 합리적인 미디어 · 콘텐츠 이용 문화 조성 캠페인(과기부, 방통위, 문체부, 여가부)

- 스마트 쉼 문화운동 전개 및 참여기관 지속 확대
- 체험과 교육이 융합된 인터넷윤리체험관 확대('18년 3개 → '20년 4개)
- 공모전, 동요제 등 국민참여형 캠페인 및 생활밀착형 홍보
- 여가 문화로서 균형 있는 게임 문화 조성을 위한 캠페인
- 인터넷·스마트폰 과의존 예방을 위한 홍보·캠페인

⑤ 인터넷 · 스마트폰 과의존 피해 회복지원 및 사후관리 강화

㉠ 게임 및 인터넷 · 스마트폰 과다사용 위험군 청소년에 대한 상담 · 치유 등 서비스 기회 제공 확대(문체부, 과기부, 복지부, 교육부, 여가부)

- 청소년 게임 과몰입에 대한 체계적 치료 및 치유 매뉴얼 개발 보급
- 인터넷 · 스마트폰 이용습관 진단조사 확대 실시
  * 학교 밖 청소년, 방과후아카데미, 지역아동센터, 그룹홈 등 발굴 대상 확대
- 지역사회 내 치유기관* 네트워크 구축 · 운영 활성화
  * 중독관리통합지원센터, 기초정신건강복지센터, 스마트쉼센터, 청소년상담복지센터, 국립청소년인터넷드림마을, 게임과몰입힐링센터, Wee센터(사이버폭력 관련 상담 지원) 등
- 미디어 과다사용 위험 취약계층 대상 가정방문 상담 강화
  * 은둔형 외톨이, 한부모 · 맞벌이 가정 등 취약계층 직접개입, 가정방문 상담
- 게임과몰입 힐링센터 및 건전 게임문화 가족캠프 운영

㉡ 스마트폰 · 인터넷 과다사용 고위험군 청소년 대상 집중 사례지원 강화(여가부)

- 인터넷치유캠프, 가족치유캠프 등 상설기숙치유 프로그램 운영 내실화
  * 대상 특성별(성별, 연령별) 맞춤형 치유프로그램 운영 지속 확대
- 상설인터넷치유기관(국립청소년인터넷드림마을) 권역별 확대 추진

㉢ 위험군 청소년 부모 대상 자녀의 인터넷 · 스마트폰 건전이용 습관 지도(여가부)

- 과의존 위험군 청소년 부모 대상 가정 내 미디어 사용 지도 원리 교육

⑥ 사이버 도박 중독 청소년 발굴 · 치유 지원 강화

㉠ 사이버 도박 등 중독 위험 치유 지원을 위한 관계기관 협력 강화(복지부, 여가부, 사행산업감독위)

- 지역사회 내 치유서비스 상호 연계 지원을 위한 실무협의체* 구성 · 운영
  * 도박중독센터, 청소년상담복지센터, 정신건강복지센터 등
- 정신건강복지센터, 중독통합관리지원센터를 통한 상담 · 치료 연계

㉡ 도박 중독 문제 관련 상담 확대(사행산업감독위, 여가부)

- 도박문제 온라인 상담 플랫폼 운영 및 치유서비스 상시 제공
- 사이버 도박 특성에 대한 이해 증진 및 상담 효과성 제고를 위한 우수 사례 공유
- 미디어 과의존 상담사의 사이버도박 중독 상담 역량 강화
  * 상담 전문인력 양성교육 초급 커리큘럼 내 도박 중독 사례 선별 및 기초 상담기법 반영

출처: 제3차 청소년보호종합대책: 2019~2021.

(3) 가정의 역할 제고

① 가족관계 회복 및 부모역할 교육 확대(여가부)

지자체 및 건강가정지원센터 중심으로 예비부모, 임신 · 출산기 · 영유아기 · 학령기 자녀 부모 등에게 가족갈등 예방 및 해소방법, 부모의 역할, 자녀 이해 및 양육방법 등 부모교육 지원을 활성화한다. 이에 생애주기를 고려한 부모교육 실시 등을 운영한다.

또한 부모교육 대상에 적합한 전문 강사를 선정하여 교육 희망기관 방문을 통해 교육을 실시하며 '찾아가는 방문교육'을 활성화하여 부모교육의 접근성을 제고한다.

② 학부모 소통 활성화 및 체험형 치유 강화(교육부)

학부모가 알아야 할 자녀와의 대화법, 문제징후의 발견과 대처법 등을 뉴스레터, SNS 등을 통해 주기적으로 제공하고, 학부모 개입에 따른 갈등 증폭 우려가 큰 초등학교 폭력 사안에 대해 피해학생·보호자 위로상담, 가족캠프 등을 통한 갈등해소·치유지원을 강화한다.

초등 위기군 학생을 대상으로 하는 가정형 Wee센터를 시범운영한다. 가정형 Wee센터는 가정과 학교에서의 문제로 인해 위기에 처한 청소년을 지원하는 보호·교육·상담 통합지원 센터다. 초등학생을 대상으로 하거나 초·중·고 전부 대상으로 하는 곳도 있다. 주로 중·고등학생의 경우 성별을 분리하여 운영하고 있다.

'가정형 Wee센터'

- 부모이혼, 아동학대, 방임 등 가정적 원인에 의한 학교부적응, 학업중단 위기 학생들에게 돌봄(주거)·상담·치유서비스를 제공하고자 운영

(4) 학교의 예방 및 대응 역량 강화

① 학교폭력 유형별 예방교육 추진(교육부, 민간단체)

디지털 리더십 함양을 통해 공감능력을 제고하고, 웹툰·UCC·역할극 등 체험형 사이버 폭력 예방교육 프로그램을 활성화(12,000명 교육 실시)한다.

그리고 초등학생이 인터뷰 형식으로 어른들의 삶에 대한 동영상을 직접 제작하면서 올바른 언어표현을 내면화하는 '메모로(MEMORO)' 프로젝트를 추진한다.

'메모로' 개요

- 주제: 어른의 사회생활, 직업, 역사적 경험, 유년·학창 시절 위기극복 사례 등
- 방법: 5분 이내의 인터뷰 형식 동영상 제작(초등학교 저학년 학생은 보호자와 동반 제작)
- 활용: 단위학교 우수작품 공모 선정 후 우수작품의 경우 에듀넷 탑재 및 교육용 콘텐츠로 배포 예정

올바른 또래 관계 형성을 위해 사이버예절, 고운말 사용 등 관련 주제를 교육과정과 연계한 온·오프라인 스토킹 예방 프로그램을 개발 및 적용하고, 초등학교 학생을 대상으로 장애영역별 특성, 에티켓, 교우관계 형성 등을 포함한 장애이해교육을 연 2회 이상 실시하고, 통합학급 담당 교사 대상 장애이해 및 장애학생 인권 연수를 연 1회 실시한다.

② 초등학생 발달단계에 맞는 예방교육 강화(교육부, 여가부)

방관자·목격학생들이 학교폭력에 적극 대처하도록 유도하는 체험형 프로그램을 개발·보급하고, 초등학교 저학년 학생의 공감·의사소통 능력 향상을 위한 어울림 프로그램 운영학교를 확대한다.

아울러 올바른 또래문화 형성을 위해 또래상담, 또래조정 등 학생자치활동을 지원하는 학교폭력예방 선도학교(어깨동무 학교)를 확대 지원한다.

어깨동무활동
(한국청소년정책연구원-학교폭력예방교육지원센터)

- 학생이 주체적으로 참여하는 학교폭력 예방활동을 진행하여 안전한 학교문화를 조성하는 활동
  또래활동(또래활동 프로그램, 또래상담), 사이버폭력 예방활동, 언어폭력 및 언어문화개선 활동, 회복적 생활교육 활동, 평화교육 활동, 학교자율적 학교폭력 예방활동 등 학교의 특색 있는 다양한 활동을 지원

③ 담임교사의 학생 생활지도 역량 강화(교육부, 법무부)

보호관찰 처분을 받는 모든 초등학생(10~12세) 대상 1:1 교사 멘토링(담임교사・책임교사 등)을 통해 학교적응 지원 및 학업중단 예방 활동을 추진한다. '교육(지원)청-보호관찰소' 간 정기적 사례 회의를 개최하여 학교생활정보 공유, 보호관찰 기간 조정 등 학교적응 및 교육선도를 지원하며, 교육공무원 승진 규정 개정을 통해 담임교사 승진 가산점(연 0.1점) 신설 추진 및 전보점수 우선 배정을 권장한다.

〈표 2-3〉 과제별 관계부처 및 일정

추진 과제	소관부처	일정
1. 정신의학적 지원 강화		
1 위기 의심 학생 조기 감지	교육부, 보건복지부	계속
2 고위기 학생 선별 및 지원	교육부, 보건복지부	'15.9. ~
3 고위기 학생 치료 지원	교육부, 보건복지부	'15.9. ~
2. 인터넷·휴대전화 등 유해 요인 대책		
1 유해정보 차단을 위한 조치	방통위, 문체부, 교육부	계속
2 인터넷・휴대전화 중독 위험군 상담 및 치유	여가부, 과기부, 보건복지부, 교육부	계속
3 유해요인 예방교육 지원 강화	문체부, 과기부, 교육부	계속
3. 가정의 역할 제고		
1 가족관계 프로그램 및 부모교육 확대	여가부	계속
2 학부모 교육 내실화 및 참여 유도	교육부	계속
4. 학교의 예방 및 대응 역량 강화		
1 학교폭력 유형별 예방교육 강화	교육부	'15.9. ~
2 초등학생 발달단계에 맞는 예방교육 강화	교육부, 여가부	계속
3 담임교사의 학생 생활지도 역량 강화	교육부, 법무부	'15.9. ~
4 초등학교 상담 역량 강화	교육부	'16 ~

④ 초등학교 상담 역량 강화(교육부)

2016년 전문상담교사 정원 증원분의 70%를 초등학교에 우선 배치하고, 교육청 평가 시 전문상담인력 확대 지표에 반영하고, 모든 전문상담교사를 대상으로 교직 생애주기별(임용 전 연수 → 1급 자격 연수) 전국단위 연수과정 표준화 및 위기유형별 맞춤형 연수 정례 운영을 통해 상담역량을 관리・강화한다.

그리고 교・사대 교원양성기관 교육과정*에 학생 정서행동 발달 문제(자폐, ADHD, 충동성・공격성 조절장애 등)에 대한 개념, 대처방법 등을 반영하여 아동・청소년 정신의학적 소양 및 문제행동 대처능력을 배양한다(현 교원양성대학 교육과정에는 전공필수「생활지도와 상담」2학점 반영).

CHAPTER 03

학교폭력예방 및 대책에 관한 법률

1. 학교폭력예방 및 대책에 관한 법률의 이해

1) 학교폭력예방 및 대책에 관한 법률의 목적 및 정의

학교폭력예방 및 대책에 관한 법률(이하 학교폭력법)의 목적은 학교폭력의 예방과 대책에 필요한 사항을 규정함으로써 피해학생의 보호, 가해학생의 선도·교육 및 피해학생과 가해학생 간의 분쟁조정을 통하여 학생의 인권을 보호하고 학생을 건전한 사회구성원으로 육성하는 것이다(학교폭력법 제1조).

학교폭력법에서 말하는 "학교폭력"이란 학교 내외에서 학생을 대상으로 발생한 상해, 폭행, 감금, 협박, 약취·유인, 명예훼손·모욕, 공갈, 강요·강제적인 심부름 및 성폭력, 따돌림, 사이버 따돌림, 정보통신망을 이용한 음란·폭력 정보 등에 의하여 신체·정신 또는 재산상의 피해를 수반하는 행위를 말한다.

여기서 "학교"란 「초중등교육법」 제2조에 따른 초등학교·중학교·고등학교·특수학교 및 각종학교와 같은 법 제61조에 따라 운영하는 학교를 말한다. "따돌림"이란 학교 내외에서 2명 이상의 학생들이 특정인이나 특정 집단의 학생들을 대상으로 지속적이거나 반복적으로 신체적 또는 심리적 공격을 가하여 상대방이 고통을 느끼도록 하는 일체의 행위를 말한다.

그리고 "사이버 따돌림"이란 인터넷, 휴대전화 등 정보통신기기를 이용하여 학생들이 특정 학생들을 대상으로 지속적, 반복적으로 심리적 공격을 가하거나, 특정 학생과 관련된 개인정보 또는 허위사실을 유포하여 상대방이 고통을 느끼도록 하는 일체의 행위를 말한다.

"가해학생"이란 가해자 중에서 학교폭력을 행사하거나 그 행위에 가담한 학생을 말하고, "피해학생"이란 학교폭력으로 인하여 피해를 입은 학생을 의미하며, "장애학생"이란 신체적 · 정신적 · 지적 장애 등으로 「장애인 등에 대한 특수교육법」 제15조에서 규정하는 특수교육을 필요로 하는 학생을 말한다(학교폭력법 제2조).

2) 국가 및 지방자치단체의 책무와 기본계획 수립

학교폭력예방을 위하여 국가나 지방자치단체도 그와 관련된 책무성을 다해야 한다. 그래서 국가 및 지방자치단체는 학교폭력을 예방하고 근절하기 위하여 조사 · 연구 · 교육 · 계도 등 필요한 법적 · 제도적 장치를 마련하고, 청소년 관련 단체 등 민간의 자율적인 학교폭력예방 활동과 피해학생의 보호 및 가해학생의 선도 · 교육활동을 장려하여야 한다. 그리고 청소년 관련 단체 등 민간이 건의한 사항에 대하여는 관련 시책에 반영하도록 노력해야 하며, 이와 관련된 책무를 다하기 위하여 필요한 행정적 · 재정적 지원을 하여야 한다(학교폭력법 제4조).

교육부장관은 이 법의 목적을 효율적으로 달성하기 위하여 학교폭력의 예방 및 대책에 관한 정책 목표 · 방향을 설정하고, 이에 따른 학교폭력의 예방 및 대책에 관한 기본계획을 학교폭력대책위원회의 심의를 거쳐 수립 · 시행해야 한다. 이때, 교육부장관은 관계 중앙행정기관 등의 의견을 수렴하여 다음과 같은 사항을 포함한 기본계획을 5년마다 수립해야 한다.

- 학교폭력의 근절을 위한 조사·연구·교육 및 계도
- 피해학생에 대한 치료·재활 등의 지원
- 학교폭력 관련 행정기관 및 교육기관 상호 간의 협조·지원
- 제14조 제1항에 따른 전문상담교사의 배치 및 이에 대한 행정적·재정적 지원
- 학교폭력의 예방과 피해학생 및 가해학생의 치료·교육을 수행하는 청소년 관련 단체, 또는 전문가에 대한 행정적·재정적 지원
- 그 밖에 학교폭력의 예방 및 대책을 위하여 필요한 사항

아울러, 교육부장관은 교육청의 학교폭력예방 및 대책과 그에 대한 성과를 평가하고, 이를 공표해야 한다(학교폭력법 제6조).

3) 학교폭력대책위원회의 구성

학교폭력의 예방 및 대책에 관한 사항을 심의하기 위하여 국무총리 소속으로 학교폭력대책위원회(이하 "대책위원회")를 둔다(학교폭력법 제7조).

대책위원회는 학교폭력의 예방 및 대책에 관한 기본계획의 수립 및 시행에 대한 평가를 시행하게 된다. 기본계획에는 학교폭력과 관련하여 관계 중앙행정기관 및 지방자치단체장이 요청하는 사항이나 교육청, 학교폭력대책위원회, 학교폭력대책지역협의회, 학교폭력대책심의위원회, 전문단체 및 전문가가 요청하는 사항을 담아야 한다(학교폭력법 제7조 개정 2019. 8. 20.).

대책위원회는 위원장 2명을 포함하여 20명 이내의 위원으로 구성된다. 위원장은 국무총리와 학교폭력 대책에 관한 전문지식과 경험이 풍부한 전문가 중에서 대통령이 위촉하는 사람이 공동으로 되고, 위원장 모두가 부득이한 사유로 직무를 수행할 수 없을 때에는 국무총리가 지명한 위원이 그 직무를 대행한다. 위원으로는 기획재정부장관, 교육부장관, 과학기술정보통신부장관, 법무부장관, 행정안전부장관, 문화체육관광부장관, 보건복지부장관, 여성가족부장관, 방송통신위원회 위원장, 경찰청장은 당연직이 되며, 이 외에 학교폭력 관련 전문가 및 법조인, 의사, 상담심리전문가, 대학 교수, 청소년단체 등 대통령이

위촉하는 사람을 위원으로 한다. 위원장을 포함한 위원의 임기는 2년으로 하되, 1차에 한하여 연임할 수 있다. 위원회의 효율적 운영 및 지원을 위하여 간사 1명을 두되, 간사는 교육부장관이 된다(학교폭력법 제8조).

한편, 지역의 학교폭력 문제를 해결하기 위하여 시도에 학교폭력대책지역위원회를 두고, 특별시장・광역시장・특별자치시장・도지사 및 특별자치도지사는 지역위원회의 운영 및 활동에 관하여 시도의 교육감과 협의해야 하며, 지역위원회는 위원장 1인을 포함한 11인 이내의 위원으로 구성한다. 지역위원회 및 제2항에 따른 실무위원회의 구성・운영에 필요한 사항은 대통령령으로 정한다(학교폭력법 제9조).

지역위원회는 기본계획에 따라 지역의 학교폭력예방 대책을 매년 수립한다. 지역위원회는 해당 지역에서 발생한 학교폭력에 대하여 교육감 및 지방경찰청장에게 관련 자료를 요청할 수 있고, 교육감은 학교폭력에 관해 지역위원회의 의견을 들어 상담・치료 및 교육을 담당할 상담・치료・교육 기관을 지정하여야 한다. 교육감은 학교폭력에 따른 상담・치료・교육 기관을 지정할 때에는 해당 기관의 명칭, 소재지, 업무를 인터넷 홈페이지에 게시하고, 그 밖에 다양한 방법으로 학부모에게 알릴 수 있도록 노력해야 한다.

그리고 학교폭력예방 대책을 수립하고 기관별 추진계획 및 상호 협력・지원 방안 등을 협의하기 위하여 시・군・구에 학교폭력대책지역협의회를 둔다. 지역협의회는 위원장 1명을 포함한 20명 내외의 위원으로 구성한다. 그 밖에 지역협의회의 구성・운영에 필요한 사항은 대통령령으로 정한다(학교폭력법 제10조).

4) 교육감의 임무

교육감은 시도교육청에 학교폭력의 예방과 대책을 담당하는 전담부서를 설치・운영하여야 하는데, 교육감은 학교장으로 하여금 학교폭력의 예방 및 대책에 관한 실시계획을 수립・시행하도록 해야 한다. 또한 심의위원회가 처리한 학교의 학교폭력 빈도를 학교의 장에 대한 업무수행 평가에 부정적 자료로 사용하여서는 아니 된다(학교폭력법 11조 개정 2019. 8. 20.).

그리고 교육감은 학교폭력의 실태를 파악하고 학교폭력에 대한 효율적인 예방대책을 수립하기 위하여 학교폭력 실태조사를 연 2회 이상 실시하고 그 결과를 공표해야 하며, 학교폭력 등에 관한 조사, 상담, 치유프로그램 운영 등을 위한 전문기관을 설치·운영할 수 있다.

교육감은 관할 구역에서 학교폭력의 예방 및 대책 마련에 기여한 바가 큰 학교 또는 소속 교원에게 상훈을 수여하거나 소속 교원의 근무성적 평정에 가산점을 부여할 수 있고, 학교폭력예방과 사후조치 등을 위하여 다음과 같은 사항을 조사·상담할 수 있다.

- 학교폭력 피해학생 상담 및 가해학생 조사
- 필요한 경우 가해학생 학부모 조사
- 학교폭력예방 및 대책에 관한 계획의 이행 지도
- 관할 구역 학교폭력 서클 단속
- 학교폭력예방을 위하여 민간 기관 및 업소 출입·검사
- 그 밖에 학교폭력 등과 관련하여 필요로 하는 사항

5) 학교폭력대책심의위원회의 설치와 기능

학교폭력의 예방 및 대책에 관련된 사항을 심의하기 위하여 「지방교육자치에 관한 법률」 제34조 및 「제주특별자치도 설치 및 국제자유도시 조성을 위한 특별법」 제80조에 따른 교육지원청(교육지원청이 없는 경우 해당 시·도 조례로 정하는 기관으로 한다. 이하 같다)에 학교폭력대책심의위원회(이하 "심의위원회"라 한다)를 둔다. 다만, 심의위원회 구성에 있어 대통령령으로 정하는 사유가 있는 경우에는 교육감 보고를 거쳐 둘 이상의 교육지원청이 공동으로 심의위원회를 구성할 수 있다. 심의위원회는 해당 지역에서 발생한 학교폭력에 대하여 조사할 수 있고 학교장 및 관할 경찰서장에게 관련 자료를 요청할 수 있으며 위원회의 설치나 기능 등에 필요한 사항은 지역 및 교육지원청의 규모를

고려하여 대통령령으로 정한다. 심의위원회는 학교폭력의 예방 및 대책 등을 위하여 다음 각 호의 사항을 심의한다(학교폭력법 제12조 개정 2019. 8. 20.).

- 학교폭력의 예방 및 대책
- 피해학생의 보호
- 가해학생에 대한 교육, 선도 및 징계
- 피해학생과 가해학생 간의 분쟁 조정
- 그 밖에 대통령령으로 정하는 사항

심의위원회는 10명 이상 50명 이내의 위원으로 구성하되, 전체 위원의 3분의 1 이상을 해당 교육지원청 관할 구역 내 학교(고등학교를 포함)에 소속된 학생의 학부모로 위촉하여야 한다. 회의의 일시, 장소, 출석위원, 토의내용 및 의결사항 등이 기록된 회의록을 작성・보존하여야 하며 그 밖의 심의위원회의 구성・운영에 필요한 사항은 대통령령으로 정한다. 심의위원회의 위원장은 다음 각 호의 어느 하나에 해당하는 경우에 회의를 소집해야 한다(학교폭력법 제13조 개정 2019. 8. 20.).

- 심의위원회 재적위원 4분의 1 이상이 요청하는 경우
- 학교의 장이 요청하는 경우
- 피해학생 또는 그 보호자가 요청하는 경우
- 학교폭력이 발생한 사실을 신고받거나 보고받은 경우
- 가해학생이 협박 또는 보복한 사실을 신고받거나 보고받은 경우
- 그 밖에 위원장이 필요하다고 인정하는 경우

6) 전문상담교사 배치 및 학교폭력 전담기구 구성

학교의 장은 학교에 대통령령으로 정하는 바에 따라 상담실을 설치하고, 전문상담교사를 둔다. 전문상 담교사는 학교의 장 및 심의위원회의 요구가 있는 때에는 학교폭력에 관련된 피해학생 및 가해학생과의 상담결과를 보고해야 한다.

학교의 장은 교감, 전문상담교사, 보건교사 및 책임교사(학교폭력문제를 담당하는 교사를 말한다), 학부모 등으로 학교폭력 문제를 담당하는 전담기구를 구성하며, 학부모는 전담기구 구성원의 3분의 1 이상이어야 한다. 학교의 장은 학교폭력 사태를 인지한 경우 지체 없이 전담기구 또는 소속 교원으로 하여금 가해 및 피해 사실 여부를 확인하도록 하고, 전담기구로 하여금 학교장의 자체해결 부의 여부를 심의하도록 한다.

전담기구는 학교폭력에 대한 실태조사와 학교폭력예방 프로그램을 구성·실시하며, 학교의 장 및 심의위원회의 요구가 있는 때에는 학교폭력에 관련된 조사결과 등 활동결과를 보고해야 한다. 피해학생 또는 피해학생의 보호자는 피해사실 확인을 위하여 전담기구에 실태조사를 요구할 수 있다. 이때 국가 및 지방자치단체는 실태조사에 필요한 예산을 지원하고, 관계 행정기관은 실태조사에 협조해야 하며, 학교의 장은 전담기구에 행정적·재정적 지원을 할 수 있다. 그리고 전담기구는 성폭력 등 특수한 학교폭력 사건에 대한 실태조사의 전문성을 확보하기 위하여 필요한 경우 전문기관에 그 실태조사를 의뢰할 수 있다. 이 경우 그 의뢰는 심의위원회 위원장의 심의를 거쳐 학교의 장 명의로 하여야 한다. 그 밖에 전담기구 운영 등에 필요한 사항은 대통령령으로 한다(학교폭력법 제14조 개정 2019. 8. 20.).

7) 학교장의 학교폭력 예방교육

학교의 장은 학생의 육체적·정신적 보호와 학교폭력의 예방을 위한 학생 대상의 교육을 학기별로 1회 이상 실시해야 하며, 학교폭력의 예방 및 대책 등을 위한 교직원 및 학부모에 대한 교육을 학기별로 1회 이상 실시해야 한다. 그리고 학교폭력 예방교육 프로그램의 구성 및 그 운용 등을 전담기구와 협의하여 전문단체 또는 전문가에게 위탁할 수 있다(학교폭력법 제15조). 또한 교육장은 학교폭력 예방교육 프로그램의 구성과 운용계획을 학부모가 쉽게 확인할 수 있도록 인터넷 홈페이지에 게시하고, 그 밖에 다양한 방법으로 학부모에게 알릴 수 있도록 노력하여야 한다. 그 밖에 학교폭력 예방교육의 실시와 관련한 사항은 대통령령으로 정한다.

〈표 3-1〉 학교폭력예방교육 시행

대상	횟수	방법
학생	학기별 1회 이상 (연 2회 이상)	• 학급 단위로 실시함이 원칙(시행령 제17조 제2호) • 강의, 토론, 역할연기 등 다양한 방법 활용(시행령 제17조 제4호) • 교과 및 창의적 체험활동 교육과정을 활용하여 실시
교직원	학기별 1회 이상 (연 2회 이상)	• 학교폭력 관련 법령에 대한 내용, 발생 시 대응요령, 학생 대상 예방프로그램 운영 방법 등을 포함(시행령 제17조 제5호)
보호자	학기별 1회 이상 (연 2회 이상)	• 학교폭력 징후 판별, 발생 시 대응요령, 가정에서의 인성교육에 관한 사항 포함(시행령 제17조 제6호)

[그림 3-1] 학교폭력 종합정보 홈페이지 ‘도란도란’ https://doran.edunet.net

학교폭력 예방교육의 실시 의무는 학교장에게 있으며, 학교폭력 예방교육 프로그램은 '학교폭력 전담기구'에서 구성·실시한다(법률 제14조 제5항). 다만, 전문단체 또는 전문가에게 위탁할 수 있다(법률 제15조 제3항). 학교장은 학생과 교직원 및 학부모에 대한 학교폭력 예방교육을 다음 각 호의 기준에 따라 실시한다.

1. 학기별로 1회 이상 실시하고, 교육 횟수·시간 및 강사 등 세부적인 사항은 학교 여건에 따라 학교의 장이 정한다.
2. 학생에 대한 학교폭력 예방교육은 학급 단위로 실시함을 원칙으로 하되, 학교 여건에 따라 전체 학생을 대상으로 한 장소에서 동시에 실시할 수 있다.
3. 학생과 교직원, 학부모를 따로 교육하는 것을 원칙으로 하되, 내용에 따라 함께 교육할 수 있다.
4. 강의, 토론 및 역할연기 등 다양한 방법으로 하고, 다양한 자료나 프로그램 등을 활용하여야 한다.
5. 교직원에 대한 학교폭력 예방교육은 학교폭력 관련 법령에 대한 내용, 학교폭력 발생 시 대응요령, 학생 대상 학교폭력 예방교육 프로그램 운영 방법 등을 포함하여야 한다.
6. 학부모에 대한 학교폭력 예방교육은 학교폭력 징후 판별, 학교폭력 발생 시 대응요령, 가정에서의 인성교육에 관한 사항을 포함하여야 한다.

8) 피해학생 및 장애학생의 보호

심의위원회는 피해학생의 보호를 위하여 필요하다고 인정하는 때에는 피해학생에 대하여 다음 각 호의 어느 하나에 해당하는 조치(수 개의 조치를 병과하는 경우를 포함한다)를 할 것을 교육장(교육장이 없을 경우 조례로 정한 기관의 장으로 한다. 이하 같다)에게 요청할 수 있다. 학교장은 피해학생의 보호를 위하여 긴급하다고 인정하거나 피해학생의 긴급보호 요청이 있는 경우에는 제1

호, 제2호, 제6호의 조치를 할 수 있다. 이때 학교의 장은 심의위원회에 즉시 보고하여야 한다. 심의위원회는 제1항에 따른 조치를 요청하기 전에 피해학생 및 그 보호자에게 의견진술의 기회를 부여하는 등 적절한 절차를 거쳐야 하며, 이때 교육장은 피해학생 보호자의 동의를 받아 7일 이내에 해당 조치를 하여야 한다(학교폭력법 제16조 개정 2019. 8. 20.).

그리고 누구든지 장애 등을 이유로 장애학생에게 학교폭력을 행사하여서는 안 되며, 심의위원회는 학교폭력으로 피해를 입은 장애학생의 보호를 위하여 장애인 전문 상담가의 상담 또는 장애인 전문 치료기관의 요양 조치를 학교의 장에게 요청할 수 있다(학교폭력법 제16조의2 개정 2019. 8. 20.).

1호. 심리상담 및 조언
2호. 일시보호
3호. 치료 및 치료를 위한 요양
4호. 학급교체
5호. 삭제 〈2012. 3. 21.〉
6호. 그 밖에 피해학생의 보호를 위하여 필요한 조치

그리고 조치 등 보호가 필요한 학생에 대하여 학교의 장이 인정하는 경우 그 조치에 필요한 결석을 출석일수에 산입할 수 있다. 피해학생이 전문단체나 전문가로부터 제1호부터 제3호까지의 규정에 따른 상담 등을 받는 데에 사용되는 비용은 가해학생의 보호자가 부담하여야 한다. 다만, 피해학생의 신속한 치료를 위하여 학교의 장 또는 피해학생의 보호자가 원하는 경우에는 「학교안전사고 예방 및 보상에 관한 법률」 제15조에 따른 학교안전공제회 또는 시도교육청이 부담하고 이에 대한 구상권을 행사할 수 있다(학교폭력법 제16조).

9) 가해학생에 대한 조치

심의위원회는 피해학생의 보호와 가해학생의 선도·교육을 위하여 가해학생에 대하여 다음 각 호의 어느 하나에 해당하는 조치(수 개의 조치를 병과하는 경우를 포함한다)를 할 것을 교육장에게 요청해야 한다. 각 조치별 적용 기준은 대통령령으로 정하며, 퇴학처분은 의무교육과정에 있는 가해학생에 대하여는 적용하지 않는다.

1호. 피해학생에 대한 서면사과
2호. 피해학생 및 신고·고발 학생에 대한 접촉, 협박 및 보복행위의 금지
3호. 학교에서의 봉사
4호. 사회봉사
5호. 학내외 전문가에 의한 특별교육 이수 또는 심리치료
6호. 출석정지
7호. 학급교체
8호. 전학
9호. 퇴학처분

심의위원회가 교육장에게 가해학생에 대한 조치를 요청할 때 그 이유가 피해학생이나 신고·고발 학생에 대한 협박 또는 보복 행위일 경우에는 같은 항 각 호의 조치를 부과하거나 조치 내용을 가중할 수 있다. 그리고 제2호부터 제4호까지 및 제6호부터 제8호까지의 처분을 받은 가해학생은 교육감이 정한 기관에서 특별교육을 이수하거나 심리치료를 받아야 하며, 그 기간은 심의위원회에서 정한다.

학교의 장은 가해학생에 대한 선도가 긴급하다고 인정할 경우 우선 제1호부터 제3호까지, 제5호 및 제6호의 조치를 할 수 있으며, 제5호와 제6호는 부과조치할 수 있다. 이 경우 심의위원회에 즉시 보고하여 추인을 받아야 하고, 심의위원회는 제1항 또는 제2항에 따른 조치를 요청하기 전에 가해학생 및 보호자에게 의견진술의 기회를 부여하는 등 적정한 절차를 거쳐야 한다.

요청이 있는 때에는 교육장은 14일 이내에 해당 조치를 해야 하고, 학교의

장이 조치를 한 때에는 가해학생과 그 보호자에게 이를 통지하여야 하며, 가해학생이 이를 거부하거나 회피하는 때에는 「초중등교육법」 제18조에 따라 징계하여야 한다. 가해학생이 제3호부터 제5호까지의 규정에 따른 조치를 받은 경우 이와 관련된 결석은 학교의 장이 인정하는 때에는 이를 출석일수에 산입할 수 있다.

심의위원회는 가해학생이 특별교육을 이수할 경우 해당 학생의 보호자도 함께 교육을 받게 해야 하며, 가해학생이 다른 학교로 전학을 간 이후에는 전학 전의 피해학생 소속 학교로 다시 전학을 올 수 없도록 해야 한다. 제2호부터 제9호까지의 처분을 받은 학생이 해당 조치를 거부하거나 기피하는 경우 심의위원회는 대통령령으로 정하는 바에 따라 추가로 다른 조치를 할 것을 교육장에게 요청할 수 있다(학교폭력법 제17조 개정 2019. 8. 20.).

10) 행정심판

교육장이 내린 조치에 대하여 이의가 있는 피해학생 또는 그 보호자는 「행정심판법」에 따른 행정심판을 청구할 수 있으며, 가해학생 또는 그 보호자 역시 「행정심판법」에 따른 행정심판을 청구할 수 있다. 행정심판청구에 필요한 사항은 「행정심판법」을 준용한다(학교폭력법 제17조의2 제목개정 및 내용개정 2019. 8. 20.).

11) 분쟁조정 및 학교장의 의무

심의위원회는 학교폭력과 관련하여 피해학생과 가해학생 간 또는 그 보호자 간의 손해배상에 관련된 합의 조정, 그 밖에 심의위원회가 필요하다고 인정하는 사항 등에 대하여 분쟁이 있는 때에는 관계 기관의 협조를 얻어 학교폭력과 관련한 사항을 조사할 수 있다. 심의위원회가 분쟁조정을 하고자 할 때는 이를 피해학생·가해학생 및 그 보호자에게 통보하여야 한다.

시도교육청 관할 구역 안의 소속 교육지원청이 다른 학생 간의 분쟁이 있는 경우에는 교육감이 직접 분쟁을 조정하며, 관할 구역을 달리하는 학교의 학생 간의 분쟁이 있는 경우에는 피해학생을 감독하는 교육감이 가해학생을 감독하는 교육감과의 협의를 거쳐 직접 분쟁을 조정한다(학교폭력법 제18조 개정 2019. 8. 20.).

한편, 학교의 장은 제16조, 제16조의2, 제17조에 따른 조치의 이행에 협조해야 한다. 학교의 장은 학교폭력을 축소 또는 은폐해서는 안 되며, 교육감에게 학교폭력이 발생한 사실과 학교의 장의 자체해결로 처리된 사건, 제16조, 제16조의2, 제17조 및 18조에 따른 조치 및 그 결과를 보고하고, 관계 기관과 협력하여 교내 학교폭력 단체의 결성예방 및 해체에 노력하여야 한다(학교폭력법 제19조 개정 2019. 8. 20.).

12) 학교폭력의 신고의무 및 비밀누설 금지와 과태료

학교폭력 신고에 대해서는 학교폭력 현장을 보거나 그 사실을 알게 된 자는 학교 등 관계 기관에 이를 즉시 신고해야 한다. 신고를 받은 기관은 이를 가해학생 및 피해학생의 보호자와 소속 학교의 장에게 통보해야 하며, 통보받은 소속 학교의 장은 이를 심의위원회에 지체 없이 통보해야 한다.

누구라도 학교폭력의 예비·음모 등을 알게 된 자는 이를 학교의 장 또는 심의위원회에 고발할 수 있다. 다만, 교원이 이를 알게 되었을 경우에는 학교의 장에게 보고하고 해당 학부모에게 알려야 한다(학교폭력법 제20조 개정 2019. 8. 20.).

학교폭력의 예방 및 대책과 관련된 업무를 수행하거나 수행하였던 자는 그 직무로 인하여 알게 된 비밀 또는 가해학생·피해학생 및 신고자·고발자와 관련된 자료를 누설하여서는 아니 된다. 제1항에 따른 비밀의 구체적인 범위는 대통령령으로 정하고 심의위원회의 회의는 공개하지 아니한다. 피해학생·가해학생 또는 그 보호자가 회의록의 열람·복사 등 회의록 공개를 신청한 때에는 학생과 그 가족의 성명, 주민등록번호 및 주소, 위원의 성명 등 개인정보에 관한 사항을 제외하고 공개해야 한다. 한편, 심의위원회의 교육 이수 조치를 따르지 아니한 보호자에게는 300만 원 이하의 과태료를 부과할 수 있다. 과태료는 대통령령으로 정하는 바에 따라 교육감이 부과·징수한다(학교폭력법 제23조 개정 2019. 8. 20.).

13) 학교폭력예방을 위한 학생보호인력의 배치

국가·지방자치단체 또는 학교의 장은 학교폭력을 예방하기 위하여 학교 내에 학생보호인력을 배치하여 활용할 수 있는데, 이때 학생보호인력의 배치 및 활용 업무를 관련 전문기관 또는 단체에 위탁할 수 있다.

학생보호인력의 배치 및 활용 업무를 위탁받은 전문기관 또는 단체는 해당 업무를 위탁한 국가·지방자치단체 또는 학교의 장에게 학생보호인력으로 배치하고자 하는 사람의 범죄경력을 조회할 것을 신청할 수 있다.

출처: 국가법령정보센터(https://www.law.go.kr/).

2. 학교폭력 관련 법

1) 성폭력방지 및 피해자보호 등에 관한 법률

「성폭력방지 및 피해자보호 등에 관한 법률」은 성폭력을 예방하고 성폭력피해자를 보호·지원함을 목적으로 제정되었다. 법률 제5조에 따르면 "국가와 지방자치단체는 청소년을 건전하게 육성하기 위하여 청소년에 대한 성교육 및 성폭력 예방에 필요한 교육을 실시하여야 한다."라고 명시하고 있다.

피해자 등에 대한 취학 및 취업지원에 대한 내용을 살펴보면 국가와 지방자치단체는 피해자나 피해자의 가족구성원이 각급학교의 학생인 경우 주소지 외의 지역에서 취학할 필요가 있을 때에는 다음 내용에 따라 그 취학이 원활히 이루어지도록 지원하여야 한다.

초등학교의 경우에는 보호자가 피해자 등을 주소지 외의 지역에 있는 초등학교에 입학시키려는 경우 초등학교의 장은 피해자 등의 입학을 승낙하여야 한다. 또한 피해자 등이 초등학교에 다니고 있는 경우 그 초등학교의 장은 피해자 등의 보호자 1명의 동의를 받아 교육장에게 그 피해자 등의 전학을 추천하여야 하고, 교육장은 전학할 학교를 지정하여 전학시켜야 한다.

그 밖의 각급학교의 경우 각급학교의 장은 피해자 등이 다른 학교로 전학·편입학할 수 있도록 추천하여야 하고, 교육장 또는 교육감은 교육과정의 이수에 지장이 없는 범위에서 전학·편입학을 거부할 수 없다. 이외 출석일수 산입 등 취학 지원에 필요한 사항은 대통령령으로 정한다(성폭력방지법 제7조 개정 2020. 1. 29.).

불법촬영물 등으로 인한 피해자에 대한 지원 등에 따른 내용으로는 정보통신망에 유포되어 피해를 입은 사람에 대하여 촬영물 등의 삭제를 위한 지원을 할 수 있다(성폭력방지법 제7조의3 개정 2020. 1. 29.). 지원요청을 할 수 있는 자는 지원대상자, 그 배우자(사실상의 혼인관계를 포함한다.), 직계친족 또는 형제자매는 국가에 촬영물 등의 삭제를 위한 지원을 요청할 수 있다(성폭력방지법 제7조 신설 2020. 1. 29.).

촬영물 등 삭제 지원에 소요되는 비용은 「성폭력범죄의 처벌 등에 관한 특례법」 제14조에 해당하는 죄를 범한 성폭력행위자가 부담한다(성폭력방지법 제7조의3 개정 2020. 1. 29.). 만약 국가가 촬영물 등 삭제 지원에 소요되는 비용을 지출한 경우 성폭력행위자에 대하여 구상권(求償權)을 행사할 수 있다. 위 사항에 따른 촬영물 등 삭제 지원의 내용·방법, 구상권 행사의 절차·방법 등에 필요한 사항은 여성가족부령으로 정한다(성폭력방지법 제7조 개정 2020. 1. 29.).

19세 미만의 미성년자를 보호하거나 교육 또는 치료하는 시설의 장 및 관련 종사자는 자기의 보호·지원을 받는 자가 「성폭력범죄의 처벌 등에 관한 특례법」, 「형법」 제301조 및 제301조의2의 피해자인 사실을 알게 된 때에는 즉시 수사기관에 신고하여야 한다(성폭력방지법 제9조).

국가 또는 지방자치단체가 성폭력피해상담소를 설치·운영하려면 특별자치도지사 또는 시장·군수·구청장에게 신고하여야 한다. 신고한 사항 중 여성가족부령으로 정하는 중요 사항을 변경하려는 경우에도 또한 같다(성폭력방지법 제10조).

국가기관 및 지방자치단체의 장, 유치원의 장, 어린이집의 원장, 각급 학교의 장, 「고등교육법」에 따른 학교의 장, 그 밖에 대통령령으로 정하는 공공단체의 장은 대통령령으로 정하는 바에 따라 성교육 및 성폭력 예방교육 실시, 기관 내 피해자 보호와 피해 예방을 위한 자체 예방지침 마련, 사건발생 시 재발방지대책 수립·시행 등 필요한 조치를 하고, 그 결과를 여성가족부장관에게 제출하여야 한다(개정 2021. 1. 12.). 또한 제1항에 따른 교육을 실시하는 경우 성매매 예방교육, 성희롱 예방교육, 가정폭력 예방교육 등을 성평등 관점에서 통합하여 실시할 수 있으며, 예방교육의 참여에 관한 사항을 소속 직원 및 종사자에 대한 승진, 전보, 교육훈련 등의 인사관리에 반영할 수 있다(신설 2021. 1. 12.). 「양성평등기본법」 제3조 제3호에 따른 사용자는 성교육 및 성폭력 예방교육을 실시하는 등 직장 내 성폭력 예방을 위한 노력을 하여야 한다(신설 2021. 1. 12.).

2) 소년법

소년법은 소년의 건전한 육성을 목적으로 하고 있기 때문에, 비행소년에 대한 진실을 발견하고, 소년의 개성에 가장 유효하고도 적절한 보호처분을 하는 것이어야 한다고 보고 있다. 소년법은 현행 소년법전에서 말하는 형식적 의미의 소년법과 소년사건처리에 관해 규정하고 있는 형법, 형사소송법, 소년원법, 보호관찰 등에 관한 법률, 소년경찰집무규칙, 범죄수사규칙 등을 모두 포함하는 실질적 의미의 소년법으로 구분할 수 있다. 소년법의 법적 성격은 범죄소년에 대한 보호사건과 형사사건에서의 특별한 처리를 규정한 특별형사법으로 본다. 소년사건은 크게 보호사건과 형사사건으로 절차상 구분하고 있으며, 소년법은 소년피의사건에 대하여 형사처분으로 할 것인가 또는 보호처분으로 할 것인가의 분배권한을 검사로 하여금 먼저 행사하게 하는 검사선의주의(檢事先議主義)를 채택하고 있다. 따라서 별도의 소년법원이 설치되어 있지 않으며 법원소년부에서 보호사건을 전담하고 형사사건은 형사법원에서 심판하고 있다.

3) 청소년보호법

청소년보호법은 청소년에게 유해한 매체물과 약물 등이 청소년에게 유통되는 것과 청소년들이 유해한 업소에 출입하는 것 등을 규제하고, 청소년 폭력, 학대 등 청소년 유해행위를 포함한 각종 유해한 환경으로부터 보호, 규제함으로써 청소년이 건전한 인격체로 성장할 수 있도록 함을 목적으로 제정된 것이다. 이 법에는 청소년에게 유해약물, 물질, 유해업소의 범위, 친권자 등을 동반한 청소년의 출입 · 허용범위 등에 대해 명시하고 있다. 이 법에서 청소년이라 함은 19세 미만의 자를 말한다.

청소년에 대하여 친권을 행사하는 사람 또는 친권자를 대신하여 청소년을 보호하는 사람(이하 "친권자등"이라 한다)은 청소년이 청소년유해환경에 접촉하거나 출입하지 못하도록 필요한 노력을 하여야 하며, 청소년이 유해한 매체물 또는 유해한 약물 등을 이용하고 있거나 유해한 업소에 출입하려고 하면 즉시 제지하여야 한다. 또한 사회구성원 누구든지 청소년 보호를 위하여 청소년유해환경에 접할 수 없도록 하며 유해한 매체물 또는 유해한 약물 등을 이용하고 있거나 청소년폭력 · 학대 등을 하고 있음을 알게 되었을 때에는 이를 제지하고 선도해야 한다.

4) 학교안전사고 예방 및 보상에 관한 법률

학교안전사고를 예방하고, 학생 · 교직원 및 교육활동 참여자가 학교안전사고로 인하여 입은 피해를 신속하고 적정하게 보상하기 위하여 학교안전사고보

상공제 사업을 실시하는 데 필요한 사항을 규정함을 목적으로 제정되었다. “학교안전사고”라 함은 교육활동 중에 발생한 사고로서 학생 · 교직원 또는 교육활동참여자의 생명 또는 신체에 피해를 주는 모든 사고 및 학교급식 등 학교장의 관리 · 감독에 속하는 업무가 직접 원인이 되어 학생 · 교직원 또는 교육활동참여자에게 발생하는 질병으로서 대통령령으로 정하는 것을 말한다.

CHAPTER 04

학교폭력 사안처리 I: 초기대응

1. 학교폭력 감지 · 인지 노력

학교폭력 사안처리 가이드북(교육부, 2023 개정판)에는 학교폭력에 대한 초기대응 요령이 잘 나타나 있는데, 학교폭력예방 및 대책에 있어 초기대응이 매우 중요하다는 것을 의미하고 있다.

누구라도 학교폭력의 예비 · 음모 등을 알게 된 자는 이를 학교의 장 또는 심의위원회에 고발할 수 있다. 다만, 교원이 이를 알게 되었을 경우에는 학교의 장에게 보고하고 해당 학부모에게 알려야 한다(학교폭력예방법 제20조_학교폭력의 신고의무).

학교의 장이 학교폭력 사태를 인지한 경우 지체 없이 전담기구 또는 소속 교원으로 하여금 가해 및 피해 사실 여부를 확인하도록 하고, 전담기구로 하여금 제13조의2에 따른 학교의 장의 자체해결 부의 여부를 심의하도록 한다(학교폭력예방법 제14조_전문상담교사 배치 및 전담기구 구성).

초기 감지 · 인지가 매우 중요한데, 교사는 학교에서 많은 시간을 학생들과 같이 보내므로, 주의를 기울이면 학교폭력 발생 전에 그 징후를 발견할 수 있는 가능성이 높다. 교사는 학교폭력 상황을 감지 · 인지했을 때, 신속하고 적극적으로 개입해야 한다.

- 감지: 학생들의 행동이나 교실 분위기 등을 보고 학교폭력이라고 느끼는 것
- 인지: 학생 또는 학부모의 신고, 목격자 신고, 제3자 신고, 기관통보, 언론 및 방송보도, 상담 등 혹은 직접 목격함으로써 학교폭력 사안을 알게 되는 것

학교폭력이 감지·인지된 경우, 학교장에게 보고하여야 하며 학교장은 지체 없이 전담기구 또는 소속 교원으로 하여금 사실 여부를 확인하도록 해야 한다(법률 제14조 제4항). 이때 학교는 학교폭력예방을 위해 학교전담경찰관과 협력한다.

교사의 관찰 및 조사 요령은 다음과 같다.

- 피해학생 관찰: 피해학생이 신체적으로 혹은 심리·정서적으로 어려움을 겪고 있는지를 파악하고 관계회복 등 피해학생의 구체적인 욕구를 파악한다.
- 가해학생 관찰: 가해학생이 특정 학생을 괴롭히는지 혹은 다수의 학생들을 괴롭히는지, 가해학생이 반 내에서 다른 학생들과 어떤 관계를 형성하고 있는지 등을 파악한다. 가해학생 간에도 힘의 우위관계가 형성되어 있을 수 있으므로 관계의 역동을 살핀다.
- 주변학생 관찰: 학교폭력과 관련된 학생들은 더 없는지, 학교폭력 사안에 어떻게 연루되어 있는지, 목격학생 및 주변학생들의 심리상태(불안감 등)는 어떠한지 등에 대해 알아본다.
- 학교폭력 조사 요령: 교사가 학교폭력 사안을 인지하고 있다는 것에 대해 말하지 않고, 학교생활이나 교우관계 등을 물어보고 다양한 방식으로 관찰한다. 가해학생 등에게 교사가 학교폭력 사실을 알고 있다는 것을 너무 성급히 이야기하면 다른 학생들을 더 괴롭힐 위험이 있으므로 주의한다. 반장, 회장 등의 학급임원이나 학생회 임원에게 교실 분위기나 관련 학생들에 대해 자연스럽게 물어본다. 다수 또는 다른 학생이 보는 앞에서 피·가해 사실을 조사하지 않고 관련 학생을 개별로 조사한다. 학생들의 진술이 일치하지 않더라도 사실관계를 추궁하거나 대답을 강요하는 행위는 지양하고 객관적 증거를 확인한다.

〈표 4-1〉 학교폭력 감지 · 인지를 위한 학교구성원의 역할 및 책임

유형	내용
학교폭력 실태조사	• 학교폭력 실태조사 실시 • 학교 · 학급단위에서 자체적으로 설문조사 등 수시 실시
교내 학교폭력 신고	• 학교폭력 신고함, 학교홈페이지 비밀게시판, 담임교사의 문자 · 메일 등 다양한 신고체계 마련 • 피해 · 목격학생들이 적극적으로 신고하도록 지도 • 학생, 학부모, 교사 대상 학교폭력 신고방법 안내(예방교육 시)
교사의 관찰 및 상담 실시	• 담임교사 등이 학교폭력 징후를 보이는 학생이 없는지 세심하게 관찰 • 담임교사, 전문상담(교)사 등의 상담
교내 · 외 순찰	• 점심시간, 쉬는 시간, 방과 후 시간 등 취약시간 순찰 • 학부모, 자원봉사자, 학생보호인력, 학교전담경찰관 등과 유기적 협력

학교폭력 징후는 교사뿐 아니라 보호자도 파악할 수 있다. 학교폭력 징후를 통해 학교폭력을 초기에 감지하여 차단할 수 있다. 다만, 어느 한 가지 징후에 해당한다고 해서 학교폭력의 피해 · 가해학생으로 특정 지을 수는 없으며, 여러 가지 상황을 고려하여 판단해야 할 것이다. 최근 사이버폭력의 경우 학교 내외에서 시 · 공간의 제약 없이 발생하기 때문에 주변인의 세심한 관찰과 관심으로 징후를 파악할 수 있도록 해야 한다.

피해학생의 경우 학교와 가정에서 다음과 같은 징후를 보일 수 있다.

■ 피해학생의 징후(예시)

▸ 가정에서

- 표정이 어둡고 평소보다 기운이 없다.
- 이름만 불러도 놀라며 사소한 일에도 크게 반응하고 평소보다 예민하다.
- 학교 가는 것을 싫어하거나 두려워한다.
- 이유 없이 결석을 하거나 전학시켜 달라고 말한다.
- 몸에 상처나 멍 자국이 자주 발견되고 혼자 있고 싶어 한다.
- 절망감(예: 죽고 싶다)이나 복수심(예: 죽어라)을 표현하는 낙서가 있다.

▸ 학교에서

- 친구들이 자신을 험담해도 반발하지 않는다.
- 모둠 활동이나 학급 내 다양한 활동 시 소외되거나 배제된다.
- 쉬는 시간, 점심시간에 친구들을 피해 종종 자신만의 공간(화장실 등)에 머문다.
- 옷이 망가지거나 준비물, 소지품을 잃어버리는 일이 잦다.
- 학교행사나 단체 활동에 참여하지 않으려고 한다.
- 특별한 사유 없이 지각, 조퇴, 결석하는 횟수가 많아진다.

■ 사이버 폭력 피해 징후

- 불안한 기색으로 정보통신기기를 자주 확인하고 민감하게 반응한다.
- 단체 채팅방에서 반복적으로 공격을 당한다.
- 용돈을 많이 요구하거나 온라인 기기의 사용요금이 지나치게 많다.
- 부모가 자신의 정보통신기기를 만지거나 보는 것을 극도로 싫어하고 민감하게 반응한다.
- 문자메시지나 메신저를 본 후에 당황하거나 정서적으로 괴로워 보인다.
- 사이버상에서 이름보다는 비하성 별명이나 욕으로 호칭되거나 야유나 험담이 많이 올라온다.
- SNS의 상태 글귀나 사진 분위기가 갑자기 우울해지거나 부정적으로 바뀐다.
- 컴퓨터 혹은 정보통신기기를 사용하는 시간이 지나치게 많다.
- 잘 모르는 사람들이 자녀의 이야기나 소문을 알고 있다.
- 갑자기 휴대전화 사용을 꺼리거나 SNS 계정을 탈퇴한다.

한편 가해학생의 경우는 학교와 가정에서 다음과 같은 징후를 보일 수 있다.

■ 가해학생의 징후

- 부모와 대화가 적고, 반항하거나 화를 잘 낸다.

- 친구관계를 중요시하며, 귀가시간이 늦거나 불규칙하다.
- 다른 학생을 종종 때리거나, 동물을 괴롭히는 모습을 보인다.
- 문제 행동에 대해서 이유와 핑계가 많고, 과도하게 자존심이 강하다.
- 성미가 급하고, 충동적이며 공격적이다.
- 옷차림이나 과도한 화장, 문신 등 외모를 과장되게 꾸며 또래관계에서 위협감을 조성한다.
- 폭력과 장난을 구별하지 못하여 갈등상황에 자주 노출된다.
- 평소 욕설 및 친구를 비하하는 표현을 자주 한다.
- SNS상에 타인을 비하, 저격하는 발언을 거침없이 게시한다.

학교폭력의 초기대응은 매우 중요하다. 초기대응을 잘하기 위해서는 앞서 살펴본 바와 같이 학교 구성원들이 학교폭력과 관련된 감지·인지에 대한 충분한 사전 지식과 민감성을 가지고 꾸준한 관심으로 초기에 보이는 학교폭력 징후들을 잘 관리해야 할 것이다.

2. 신고 및 접수

학교의 장은 교육감에게 학교폭력이 발생한 사실과 그에 따른 조치 및 그 결과를 보고하고, 관계 기관과 협력하여 교내 학교폭력 단체의 결성예방 및 해체에 노력하여야 한다.

학교폭력 현장을 보거나 그 사실을 알게 된 자는 학교 등 관계 기관에 이를 즉시 신고하고 신고를 받은 기관은 이를 가해학생 및 피해학생의 보호자와 소속 학교의 장에게 통보하여야 한다. 통보받은 소속 학교의 장은 이를 심의위원회에 지체 없이 통보하여야 한다.

누구라도 학교폭력의 예비·음모 등을 알게 된 자는 이를 학교의 장 또는 자치위원회에 고발할 수 있다. 다만, 교원이 이를 알게 되었을 경우에는 학교의 장에게 보고하고 해당 학부모에게 알려야 한다. 누구든지 학교폭력을 신고한 사람에게 그 신고행위를 이유로 불이익을 주어서는 아니 된다.

학교폭력의 예방 및 대책과 관련된 업무를 수행하거나 수행하였던 자는 그 직무로 인하여 알게 된 비밀 또는 가해학생·피해학생 및 신고자·고발자와 관련된 자료를 누설하여서는 아니 된다.

〈표 4-2〉 비밀의 범위

1. 학교폭력 피해학생과 가해학생 개인 및 가족의 성명, 주민등록번호 및 주소 등 개인정보에 관한 사항
2. 학교폭력 피해학생과 가해학생에 대한 심의·의결과 관련된 개인별 발언 내용
3. 그 밖에 외부로 누설될 경우 분쟁당사자 간에 논란을 일으킬 우려가 있음이 명백한 사항

학교폭력 인지 후 48시간 이내에 사안신고를 해야 한다. 학교의 장은 학교폭력 사태를 인지한 경우 지체 없이 전담기구 또는 소속 교원으로 하여금 가해 및 피해 사실 여부를 확인하고, 전담기구로 하여금 학교의 장의 자체해결 부의 여부를 심의하도록 한다.

학교폭력을 신고하는 방법은 크게 교내 신고와 교외 신고로 나뉠 수 있고 그 방법은 다음과 같이 여러 가지가 있다.

■ 교내 신고방법

- 구두
  - 피해학생, 목격학생, 보호자 등이 직접 교사에게 말하는 경우이다.
  - 교사가 개별적인 학생 상담을 통해 파악한 경우이다.
- 신고함
  - 일정한 장소에 학교폭력 신고함을 설치하고 이를 안내한다. 신고 학생이 신고서를 넣는 행위가 목격되는 것을 두려워할 수 있으므로, 이를 고려하여 신고함의 위치를 정한다.

- 설문조사
  - 모든 학생에게 신고 기회를 부여하여 심도 있는 정보를 얻기 위해 설문지 조사를 실시할 수 있다.

〈표 4-3〉 설문조사 유의사항

• 학생들이 설문지를 편안히 작성할 수 있도록 한다. 설문지 작성 시, 학생들을 시험대형으로 앉게 하고, 가림판 등으로 서로 적는 것을 보지 못하도록 한다. 설문지 작성 후에는 설문지를 반으로 접어서 내게 하고, 교사가 직접 회수하면 학생들이 좀 더 편안한 마음으로 설문에 응할 수 있다. • 비밀을 보장한다. 설문결과가 피해·가해학생과 다른 학생들에게 유출되지 않도록 하고, 설문지를 통해 알게 된 사실에 대해서 교사는 비밀을 꼭 지킨다.

- 이메일
  - 담임교사의 이메일, 책임교사의 이메일, 학교명의 이메일 등을 활용한다. 학생들의 이메일로 담임교사가 학교폭력예방과 신고 안내문을 정기적으로 보내는 것도 좋은 방법이다. 이때 신고서를 첨부하여 바로 회신할 수 있도록 한다.
- 홈페이지
  - 학교 홈페이지의 비밀 게시판 등을 활용한다.
- 휴대전화
  - 전담기구 소속교사(교감, 책임교사, 보건교사, 상담교사)의 휴대전화, 담임교사의 휴대전화, 학교 공동 휴대전화(학교 명의의 휴대전화)의 문자, 음성녹음, 통화 등이 있다.
- 포스터 부착
  - 교실 벽에 학교폭력 신고 방법 등을 안내하는 포스터를 붙여 도움을 줄 수 있다.

■ 교외 신고방법

- 112 경찰청
  - 학교폭력 및 사이버폭력 등 긴급 상황 발생 시 긴급범죄 신고
  - 사이버범죄 신고시스템(ecrm.cyber.go.kr)
- 학교폭력신고센터 117
  - 국번 없이 117을 누른다. 신고센터는 24시간 운영하며, 긴급 상황 시에는 경찰 출동, 긴급구조를 실시한다.
- 휴대전화 문자 신고 '#0117'
  - 받는 사람을 #0117로 하여 문자를 보낸다.
- 학교전담경찰관
  - 해당 학교의 담당 학교전담경찰관에게 문자 또는 전화로 신고한다.
- 인터넷 사이트 안전 Dream(또는 검색어 117)으로 신고하거나 117센터에 방문하여 신고·상담한다.

〈표 4-4〉 학생들이 학교폭력을 신고하지 않는 이유

• 첫째, 보복이 두려워서이다. 자신의 신고 사실을 가해학생과 그 친구들이 알게 되면 보복을 당할 수도 있다는 두려움을 학생들은 가지고 있다. 신고자를 절대 노출하지 않아야 하며, 가해학생이 물어도 끝까지 이야기해서는 안 된다. • 둘째, 신고를 해도 교사나 부모들이 학교폭력 사실을 심각하게 받아들이지 않고, 미흡하게 제대로 대처해주지 못할 것이라고 생각하기 때문이다.

위와 같은 이유로 비밀보장에 대해 학생들에게 꼭 알려주어야 한다. 피해학생이나 사안을 인지·목격한 학생이 신고했을 때, 교사들이 꼭 비밀보장을 할 것이며, 최선을 다해서 적절한 대처를 해주겠다는 것을 인식시켜 주어야 한다. 특히 구두, 이메일, 홈페이지, 핸드폰 등으로 신고를 받을 때는 더욱 그러하다.

이제 신고자에 대한 대처방법을 알아보자. 우선 신고자가 보호자인 경우는 어떻게 해야 할까? 폭력 피해 징후를 보호자가 먼저 알아채고 학교로 알려왔을 때, 교사의 입장에서 다음과 같이 대처해야 한다.

우선 보호자를 안심시키고 믿음을 주는 것이 중요하다. 학교폭력 사안을 피해학생의 보호자가 알려왔을 때, 보호자는 심리적으로 상당히 혼란스러울 수 있으므로 교사가 "더욱 관심을 가지고 조사하여 문제를 해결하겠다."라고 보호자를 안심시켜야 한다. 보호자는 신속하고 적극적인 학교의 대처를 원한다. 심리적으로 예민해진 보호자에게 학교에서 미온적인 모습을 보이면 가해학생 편을 든다거나 은폐한다고 오해할 수 있으므로, 중간중간에 진행상황에 대해서 충분히 설명해 준다.

그리고 보호자와 협력관계를 유지하는 것이 중요하다. 학교폭력 사안처리 시, 보호자가 비협조적이거나 학교가 사안처리에 있어 미온적이라고 생각하면 사안처리에 어려움을 겪을 수 있다. 신고 및 접수 시부터 보호자와 협력관계를 잘 유지하는 게 중요하다. 학교폭력 사안처리의 궁극적 목적은 피해·가해학생 모두 안전하게 학교생활을 할 수 있도록 하는 것임을 말해준다.

만약 신고자가 학생인 경우, 학교폭력 피해를 당한 학생이 직접 신고를 하거나 징후를 보이는 경우가 있다. 이런 경우는 어떻게 해야 할까? 우선 피해 상황을 알게 된 교사는 가장 먼저 피해학생의 상태와 신변보호를 생각해야 한다. 학교폭력 사안으로 인해 신체적으로 다친 곳이 없는지 확인하고, 심리적·정신적 상태도 확인한다. 또한 학교폭력의 위험이 계속될 것이라고 판단되면, 귀가 시 하굣길이 비슷한 친구들과 함께 귀가하도록 지도한다. 그리고 위험도가 매우 높은 때에는 경호서비스를 연계하여 안전을 확보한다.

그리고 교사는 사실을 객관적으로 파악하여 방향을 설정하는 해결자로서의 역할을 수행해야 한다. 자칫 피해학생의 주관적인 확인에만 근거해 문제를 지나치게 확대하거나 축소해서는 안 되며, 이야기를 듣고 성급하게 가해학생과 피해학생을 대질시켜도 안 된다. 이런 일이 한번 발생하면 피해학생은 더 이상 말하지 못하고 보복으로 폭력의 강도는 더욱 심해질 수 있다.

뿐만 아니라, 상담자로서의 역할도 병행하는 것이 매우 중요하다. 불안한 피해학생의 마음을 정서적으로 지지하는 따뜻한 상담자로서의 역할을 수행해야 한다. 이때 "많이 힘들겠구나", "선생님에게 얘기하는 것은 고자질이 아니야" 등의 말을 해주면 좋다. 교사는 설령 학생이 말한 학교폭력의 내용이 대수롭지 않게 여겨지더라도 피해학생을 지지해주면서 공감대를 형성하고, 이야기를 꺼낸 학생에게 어떤 결점이 있더라도 해결을 위해 도와주겠다는 의지를 보여주어야 한다. 이를 통해 학생이 교사에 대해 신뢰감을 갖도록 하며, 학생을 안정시킬 수 있다.

신고자가 주변학생일 경우는 어떻게 해야 할까? 학교폭력을 목격하거나 인지한 학생이 용기를 내서 신고를 하는 경우가 있다. 이럴 때 신고한 학생에게 신고 행동에 대해 칭찬을 제공하고, 협력관계를 구축해야 한다. 학교폭력 사안을 인지하거나 목격한 학생이 신고한 경우 그 행동을 칭찬하고, 불안감을 갖지 않도록 지지하고 격려해 준다. 책임교사와 담임교사는 신고를 한 학생과 연락처를 공유하여, 비상시에 대비한다.

그리고 다른 목격학생이 있는지 확인하고, 전체 학생을 대상으로 지도해야 한다. 학교폭력은 가해학생과 피해학생 당사자들만이 아니라 그것을 방관하거나 무관심하게 지켜보는 친구들끼리의 인간관계나 학급 분위기 등에 크게 좌우된다. 따라서 학교폭력 주위에 있는 숨은 학급집단의 구조, 학생들 간의 권력관계를 바로 보아야 한다.

3. 초기대응 요령

학교폭력 발생 시 관련 학생을 안전 조치시키고 바로 보호자에게 연락을 취해야 한다. 그 후 학교폭력 전담기구에서 사안을 조사하고, 피해·가해학생과 상담을 한다. 초기대응은 이처럼 신속하고 명확하게 이뤄져야 한다.

〈표 4-5〉 학교폭력 발생 시 초기대응 순서

그리고 학교폭력 발생 시 학교에서 대처한 내용을 문서로 만들어 두어야 추후 불필요한 분쟁을 예방할 수 있다. 아울러 학교폭력에 효과적으로 대처하기 위해서는 지역의 여러 자원체제를 효과적으로 활용해야 한다. 학기 초 각 학교에서는 안전사고예방대책을 세울 때 학교에서 가까운 거리에 있는 경찰지구대, 병원, 법률기관, 상담기관 등과 업무협약을 맺어 평상시 긴밀한 협조체제를 유지하는 것이 좋다. 특히 성폭력에 대한 즉시 신고, 폭력서클 연계 사안 등을 처리하기 위해 학교전담경찰관(SPO)과 긴밀하게 협력하는 것이 좋다.

〈표 4-6〉 학교폭력 연계 주요 기관

• 117 학교폭력신고센터: 전화로 어디에서나 국번 없이 117을 눌러 신고하며, 24시간 운영함. 긴급 상황 시에는 경찰 출동, 긴급구조를 실시함 • Wee 프로젝트: We(우리들), education(교육), emotion(감성)의 첫 글자를 모은 것으로 청소년들의 고민을 상담해주는 곳. Wee클래스(학교 단위) - Wee센터(교육지원청 단위) - Wee스쿨(시도교육청 단위) • 지역사회 청소년통합지원체계(청소년안전망): 위기청소년에게 적합한 맞춤형 서비스를 제공하는 ONE-STOP 지원센터 • 청소년전화 1388: 청소년의 위기, 학교폭력 등의 상담, 신고 전화 • 푸른나무재단(1588-9128): 학교폭력 관련 전화 및 사이버상담 실시, 학교폭력 피해학생 및 가족 대상 통합지원, 학교폭력 SOS지원단에서는 화해·분쟁조정 지원, 사안처리 진행 자문 및 컨설팅 지원 • 청소년꿈키움센터(법무부 청소년비행예방센터): 학교폭력 가해학생 및 보호자 특별교육, 찾아가는 학교폭력 예방교육 등 운영 • 대한법률구조공단(132): 법률상담, 변호사 또는 공익법무관에 의한 소송대리 및 형사변호 등의 법률적 지원

학교폭력 유형에 따라서 초기대응 요령도 다소 차이가 나는데, 각 유형별로 어떻게 초기대응을 하는지 요령을 살펴보자.

우선 신체폭력의 경우, 교직원의 해당 학생에 대한 신속한 응급조치가 필요하다. 응급상황 발생 시 학교폭력 전담기구 소속교사들(교감, 책임교사, 보건교사, 상담교사 등)을 중심으로 역할을 분담하여 신속하게 조치해야 한다.

〈표 4-7〉 학교폭력 발생 시 학교구성원의 초기 대응 역할

담임교사 또는 교직원	학교폭력 전담기구	학교장 등 관리자
• 보호자 연락: 피해학생 상태 및 병원안내 • 병원 이송 시 동승 • 사안조사에 협조	• 교감: 상황 파악, 지시 • 책임교사: 상황지시, 주위 학생 안정 및 질서유지 지도, 진행상황 육하원칙에 따라 기록 • 보건교사: 응급조치, 병원이송 시 동승, 차량 내에서 요원의 응급처치 도움, 병원에서 피해학생 상태 설명 • 전문상담교사: 피해학생의 심리적 안정 지원	• 전반적인 상황 파악 및 총괄 • 원인 분석 및 재발방지 주력

사안을 가장 먼저 인지한 교직원은 신속히 학교폭력 전담기구 소속교사에게 이를 알리고, 피해학생의 위급상황을 발견한 교직원은 보건교사에게 이를 알리거나 119에 연락하여 도움을 청한다.

보건교사는 119, 1339(응급의료정보센터: 병원의 의료진 및 병상, 의료장비 등을 실시간으로 파악해 환자에게 적합한 병원을 안내함, 구급차 출동, 시도 권역별 설치, 전문상담요원과 상담 의사가 24시간 상주하여 응급처치 지도) 등 응급의료정보센터에 연락하여 응급조치를 취하며, 관리자와 해당 교사에게 이를 알린다. 이때, 현장자료 유지 및 보관이 매우 중요한데, 현장에 있던 모든 증거자료는 섞거나 없애지 말아야 한다. 관련 자료들은 추후 법적, 의료적 분쟁이 있을 시 중요한 근거 자료가 될 수 있으므로 학교에서 응급조치한 내용은 빠짐없이 기록한다.

피해학생에 대해서는 피해를 당한 학생의 마음을 안정시키고 신변안전을 확보하는 것이 급선무이다. 가벼운 상처는 학교 보건실에서 1차적으로 치료하고, 상처 정도가 심해 학교 보건실에서 치료할 수 없을 때는 2차적으로 병원으로 신속히 이송한다. 탈골, 기도 막힘, 기타 위급상황이라고 판단된 경우 자리에서 움직이지 않고 119에 도움을 청한다.

피해학생의 상태가 위중하거나 외상이 심한 경우 가해학생 역시 충격을 받아

예측하지 못한 돌발행동을 할 수 있다. 그러므로 심리적으로 안정될 수 있도록 교사가 계속 주의를 기울이고 신속히 부모에게 연락을 취한다. 이후 가해학생에게 지나친 질책 및 감정적 대처를 하지 않도록 유의한다.

특히 가해학생에 대해 질책이나 지나친 맞장구는 삼가고 중립적으로 가해학생의 입장을 청취한다. 만약 가해학생과 대화가 진행된 경우 가치 판단 없이 가해학생의 입장을 간단히 요약하고, 이후 조사과정에도 협조할 수 있도록 안내한다. 그런데 가해학생이 대화를 원치 않는 경우에는 가해학생의 마음을 존중하고, 이후 조사에는 협조할 수 있도록 안내한다.

보호자에게는 사실을 빠르게 알린다. 연락할 때 보호자들이 지나치게 흥분하거나 놀라지 않도록 연락하고, 학교에 오면 사전에 정해진 장소에 가서 자녀를 만날 수 있도록 안내한다. 사안의 내용과 학교 측의 대처사항에 대해 보호자에게 정확히 알려주어야 한다. 피해・가해학생이 귀가했을 경우, 학생이 가정에서 심리적 안정을 취할 수 있도록 부모에게 안내한다. 특히 피해학생인 경우, 부모가 자녀에게 정서적 지지와 지원을 아끼지 말 것을 당부한다.

폭력을 목격하거나 폭력 현장에 있음으로 인해 심리적・정서적 충격을 받은 간접 피해자도 유사한 문제 반응이 나타날 수 있기 때문에 우선 현장 접근을 통제한 후 충격 수준을 파악한다. 현장에서 폭력에 직・간접적으로 노출되어 힘들어하는 경우 지도 교사가 있는 안전한 공간에서 휴식, 진정할 수 있도록 안내한다. 대상학생에게 상황을 정리하여 전달하고, 사안이 잘 처리될 수 있도록 이에 대한 언급을 자제할 것을 당부한다. 특히, 사안에 관련된 학생들에 대한 낙인을 찍어 따돌리는 일이 없도록 주의시킨다. 학생들이 동요하거나 의구심을 갖는지 등을 모니터링하고, 필요한 경우 학교의 사안처리 과정을 안내하여 불안 요소를 해소한다.

신체폭력의 경우 교직원은 역할을 분담하여 신속하게 응급조치를 진행한다. 이후 사안을 가장 먼저 인지한 교직원은 신속히 학교폭력 전담기구 소속교사에게 이를 알린다. 피해학생의 위급상황을 발견한 교직원은 보건교사에게 이를 알리거나 119에 연락하여 도움을 요청하고, 보건교사는 119 등 응급의료센터에 연락하여 지시대로 응급조치를 취하며, 관리자와 해당 교사에게 이를 알린다. 이때 현장에 있던 모든 증거자료는 섞거나 없애지 말아야 한다. 해당 관련 자료들은 추후 법적, 의료적 분쟁이 있을 시 중요한 근거 자료가 될 수 있으므로 학교에서 응급조치한 내용은 빠짐없이 기록한다.

언어폭력의 경우는 상대방의 명예를 훼손하는 구체적인 말을 하거나 인터넷, SNS, 문자메시지 등으로 퍼뜨리는 행위이므로 증거를 확보해 놓는다.

피해학생에 대해서는 휴대전화 문자메시지로 욕설이나 협박성 문자가 오면 어떠한 응답도 하지 않도록 한다. 그리고 인터넷상에서 게시판이나 안티카페 등에서 공개적인 비방 및 욕설의 내용은 그 자체로 저장해두도록 한다. 아울러 보호자에게 알리고 전문상담사에게 상담을 받도록 권한다.

가해학생에 대한 조치로서는 언어폭력을 했는지 사실 여부와 이유 등을 확인하고, 장난으로 한 욕설이라도 피해학생이 고통받을 수 있음을 인식시키는 것이 좋다.

금품갈취의 경우는 아무리 적은 금액이라도 다른 사람에게 돈을 빼앗겼을 경우에는 반드시 담임교사에게 사실을 알려 피해가 커지지 않도록 평소에 예방교육을 철저히 해야 한다.

피해학생의 경우, 초등학교 저학년 학생은 500원, 1000원을 빼앗겨도 두려워하고 불안해할 수 있으므로 교사는 이를 무시하거나 가볍게 여기지 않고 반드시 도와주겠다는 것을 학생에게 약속하여 학교를 신뢰하도록 한다. 적은 금액을 빼앗겼을 때 피해학생의 경우 교사에게 얘기하기를 주저할 수 있다. 하지만 교사는 금품갈취 금액보다는 금품을 갈취당했다는 사실에 주목하고 이에 대해 학생의 심정을 공감하고 해결을 위해 노력한다.

가해학생에 대해서는 가해학생과의 면담을 통하여 사실을 확인하고, 아무리 적은 금액이라도 남의 돈을 빼앗는 행위는 폭력에 해당한다는 사실을 인식시킨다. 그리고 보호자에게 사실을 알려야 한다. 만일 방임·빈곤아동일 경우, 경제적 도움을 줄 수 있도록 사회복지사나 지역주민자치센터에 연계하여 지원을 돕는다.

강요·강제적 심부름의 경우, 강요 등은 폭력서클과 연계하여 일어날 수 있으므로 즉시 신고하도록 평소에 지도한다. 학생의 행동을 감지하는 것이 매우 중요한데, 친구를 대신하여 심부름이나 과제를 하거나 책가방을 들어주고, 친구에게 음식물을 제공하고 옷 등을 빌려주는 등의 행동 변화가 있을 경우 학생을 불러서 상담하고 부모에게도 확인하는 것이 바람직하다.

이때, 피해학생에 대한 조치는 상담을 통하여 어느 정도 피해를 받았는지, 다른 폭력 피해는 없는지 확인을 하고, 당분간 부모가 등·하굣길에 동행한다.

가해학생에게는 단순가담 학생들은 상담을 통해 지도하고, 보호자에게 알려 재발하지 않도록 지도한다.

따돌림의 문제는 매우 심각한데, 따돌림은 괴롭힘과 함께 이루어지는 경우가 많지만 대부분의 교사들이 학교폭력으로 인식하지 못하는 경우가 많으므로 특별히 주의를 요한다. 이때에는 피해학생 의사에 반하는 피해사실을 공개하는 것을 금지하는 것이 좋다. 피해사실이 확인되고 난 후 이를 바로 공개하면, 피해학생이 당황하고 난처해질 수 있다. 교사는 피해학생과 깊이 있는 상담을 통해 피해학생이 필요로 하는 사항을 파악하여 대처해야 한다. 가해학생을 바로 불러서 야단치면, 가해학생은 교사에게 일렀다는 명목으로 피해학생을 더욱 심하게 괴롭히고 따돌리는 경우가 많다.

그리고 반 전체 앞에서 피해·가해학생의 이름을 지목하며 따돌림에 대해 훈계하면 피해·가해학생 모두에게 낙인이 찍혀 문제해결에 효과적이지 않다.

만약 심각한 피해일 경우, 피해학생을 설득해야 한다. 따돌림 정도가 심한데 피해학생이 보복이 두려워 사안의 공개나 처벌을 반대하면 다음과 같은 이유 등을 예로 들어 피해학생을 설득해야 한다.

- 피해를 당했을 때 아무 조치를 취하지 않으면 폭력은 점점 심해지고 지속된다.
- 따돌리는 학생은 자신이 폭력을 행사하는 줄 모르기 때문에 이를 알려주어야 가해행동이 멈춘다.

그리고 담임교사는 학교폭력 전담기구에 이를 알려 사안을 처리해야 한다. 이때 피해·가해학생은 함께 만나지 않게 해야 한다. 피해·가해학생들을 강제로 한자리에 불러 모아 화해시키거나 오해를 풀도록 하면 안 된다. 학생들끼리 얘기하라고 교사가 자리를 비우는 경우도 있는데 이는 적절치 않다. 따돌린 학생 다수와 따돌림받은 학생 1명이 한 공간에 있게 되면 피해학생은 더욱 심한 공포심과 위압감을 느끼게 된다. 피해학생과 가해학생은 교사가 따로 불러 상담을 한다.

피해학생이 정신적 피해를 심하게 입어 학교에 나오지 못하는 경우, 집에서 휴식을 취하거나, 정신과 진료 또는 상담센터에서 상담을 받도록 해야 한다.

학교에 출석하지 못하는 동안 담임교사는 학생의 학습 상황을 수시로 점검하여 학습능력이 뒤처지지 않도록 신경을 쓴다. 그리고 관련 기관에서 받은 진단서나 상담소견서 등을 교사에게 제출하여 출석으로 인정받을 수 있도록 한다.

가해학생에 대해서는 실제 자신이 무엇을 잘못했는지 모르는 경우가 많으므로 가해학생의 따돌림 행동이 명확한 학교폭력이라는 것을 인식시키고, 담임교사나 상담교사가 수시로 가해학생을 만나 지속적으로 상담을 한다.

이럴 경우는 관계개선 프로그램을 활용하여, 학교폭력 당사자에 대한 교육 및 재활치료와 함께 학교구성원 모두가 방관자에 머물지 않고 학교폭력 문제를 적극적으로 해결하려는 문화를 조성해야 한다. 학교에서는 피해학생 및 가해학생뿐만 아니라, 모든 학생들을 대상으로 공감과 소통능력 향상과 학생의 자기이해, 자존감 향상 등 내적 성장을 지원해야 한다.

사이버 폭력의 경우는 평소 예방교육이 매우 중요한데, 휴대전화 문자메시지로 욕설이나 협박성 문자가 오면 어떠한 응답도 하지 않는다. 인터넷의 게시판이나 안티카페 등에서 공개적인 비방 및 욕설의 내용은 그 자체로 저장하고 모든 자료는 증거 확보를 위해 저장한다.

피해학생은 불특정 다수에게 공개되는 사이버 폭력으로 인해 명예훼손, 모함, 비방 등을 당하여 심각한 정신적 피해를 입을 수 있다. 그러므로 피해학생을 상담교사나 상담센터와 연계하여 상담을 받도록 한다.

아울러 가해학생에 대해서는 교사가 증거를 철저하게 확보한 후, 사이버 폭력을 지속하지 않도록 지도하는 것이 바람직하다.

성폭력의 경우, 성폭력에 대해서 학교장 및 교직원은 즉시 신고할 의무가 있는데, 직무상(학생과의 상담 과정, 학교폭력신고 접수 등) 아동・청소년 대상 성범죄의 발생 사실을 알게 된 때에는 즉시 수사기관(112, 117)에 신고하여야 한다. 피해학생 측의 의사와는 관계없이 반드시 신고하여야 하나, 피해학생 측에 신고의무의 당위성을 설명하고, 신고과정에서도 수사기관에 피해학생 측의 의사를 충분히 전달해야 한다.

이 경우에 피해학생의 비밀보호를 철저히 해야 하는데, 성폭력에 관하여는 피해학생의 프라이버시가 특별히 보호되어야 한다. 따라서 학교장 및 학교폭력 업무 담당교사, 담임교사를 제외하고는 이와 관련된 사실을 알지 못하도록 철저하게 비밀을 보호하여 2차 피해를 방지해야 한다.

피해학생에 대해서는 증거가 소멸되지 않도록 주의하여 가능한 한 빨리 의료기관에 이송시키고, 피해학생이 정신적 피해를 심하게 입어 학교에 나오지 못하는 경우, 관련 상담센터에서 상담을 받도록 한다. 그리고 관련 기관에서 받은 진단서나 상담소견서 등을 교사에게 제출하여 출석으로 인정받을 수 있도록 한다.

한편 가해학생에 대해서는 학교장의 긴급조치를 통해 피해학생과 분리시켜야 한다.

방과 후 피해학생이나 보호자로부터 연락이 왔을 경우, 심리적 안정을 찾을 수 있도록 상담하며 학생의 안전을 확인하여 필요시 병원에 가서 진단 및 치료를 받도록 안내한다. 그리고 상대방의 신원정보(교복, 명찰, 생김새 등 기억)를 최대한 모으고, 피해상황에 대해 사진을 찍어놓는 등 증거자료를 최대한 확보해 두어야 추후 효과적인 대처가 가능함을 알린다. 사안이 긴급한 경우에는 경찰 등 수사기관에 신고할 수 있음을 안내한다. 특히 성폭력 등의 경우에 몸을 씻지 말고 그대로 병의원을 방문할 것을 안내하고, 필요한 경우 해바라기센터 등 도움을 받을 수 있는 기관을 안내한다. 방과 후 학교폭력 발생 시, 긴밀한 연락체계를 구축하고 지속적으로 모니터링을 해야 한다.

CHAPTER 05

학교폭력 사안처리 II: 학교사안조사

1. 학교폭력 전담기구 구성 및 역할

학교폭력 사안처리 가이드북(교육부, 2023년 개정판)에는 학교폭력이 발생하였을 경우 어떤 절차에 의해서 어떤 방법으로 사안을 조사해야 하는지가 잘 정리되어 있다.

학교폭력 사안을 조사하기 위해서 단위 학교별로 학교폭력 전담기구를 설치해야 한다. 학교폭력법 제14조에 따라 학교의 장은 교감, 전문상담교사, 보건교사 및 책임교사(학교폭력 문제를 담당하는 교사), 학부모 등으로 학교폭력 문제를 담당하는 전담기구를 구성하며, 이 경우 학부모는 전담기구 구성원의 3분의 1 이상이어야 한다. 학교폭력 사태를 인지한 경우 학교의 장은 지체 없이 전담기구 또는 소속 교원으로 하여금 가해 및 피해 사실 여부를 확인하도록 하고, 전담기구로 하여금 학교의 장의 자체해결 부의 여부를 심의하도록 한다.

피해학생 또는 피해학생의 보호자는 피해사실 확인을 위하여 전담기구에 실태조사를 요구할 수 있고, 전담기구는 성폭력 등 특수한 학교폭력 사건에 대한 실태조사의 전문성을 확보하기 위하여 필요한 경우 전문기관에 그 실태조사를 의뢰할 수 있다. 이 경우 그 의뢰는 심의위원회 위원장의 심의를 거쳐 학교의 장 명의로 하여야 한다(학교폭력법 제14조 개정 2019. 8. 20.).

전담기구의 역할은 크게 사안접수 및 보호자 통보, 교육(지원)청 보고, 학교폭력 사안조사, 사안조사 결과보고, 학교장 자체해결 부의 여부 심의, 졸업 전 가해학생 조치사항 삭제 심의, 집중보호 또는 관찰대상 학생에 대한 생활지도, 학교폭력 실태조사가 있다.

전담기구는 학교폭력신고 접수대장을 비치하고 117신고센터, 학교장, 교사, 학생, 보호자 등 학교폭력 현장을 보거나 그 사실을 알게 된 자 및 기관으로부터 신고받은 사안에 대해 기록·관리해야 한다.

학교폭력신고 접수대장은 학교장, 교원의 학교폭력 은폐 여부를 판단하는 중요한 기초자료로 활용되므로, 사소한 폭력이라도 신고한 것은 접수하여야 한다. 접수한 사안에 대해서는 즉시 관련 학생 보호자에게 통보하고, 통보일자, 통보방법 등 통보사실 등을 기록한다. 학교폭력 인지 후 48시간 이내에 교육청(교육지원청)으로 사안 보고하는 것을 원칙으로 하며, 긴급하거나 중대 사안(성폭력 사안 등)일 경우 유선으로 별도 보고한다. 여기서 성폭력 사안은 반드시 수사기관에 신고하여야 한다. 신고된 학교폭력 사안에 대한 조사를 실시하고 조사 결과를 보고서로 작성하여 학교장에게 보고하여야 한다.

학교장 자체해결 여부의 심의는 학교장 자체해결의 객관적 요건 충족 여부 및 피해학생과 그 보호자의 학교폭력대책심의위원회 개최 요구 의사를 확인해야 한다.

졸업 전 가해학생 조치사항 삭제 심의는 법률 제17조1항에 따른 가해학생 조치사항 제4호, 제5호, 제6호, 제8호의 삭제 심의를 거쳐야 하며, 심의대상자 조건을 만족할 경우 심의를 통해 졸업과 동시에 삭제한다.

2. 사안조사 절차 및 방법

사안조사 책임자는 학교장이며, 조사 담당자는 학교폭력 전담기구 또는 소속 교원이 된다. 사안의 처리과정은 '학교폭력 사건 발생인지-신고 접수 및 학교장·

교육청 보고(가해자와 피해 학생의 분리, 보호자 통보)-즉시조치(긴급조치)-사안조사-학교장 자체해결 여부 심의' 등의 순이다.

〈표 5-1〉 사안의 '발생-조사-보고' 진행 과정

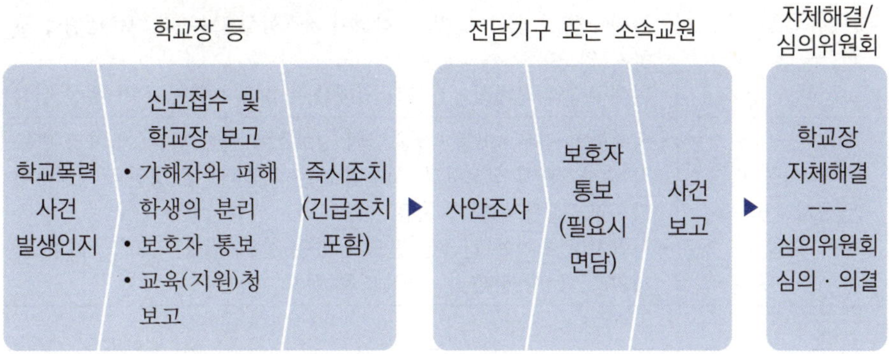

각 과정에 대한 조치사항은 〈표 5-1〉과 같이 구체적이며 체계적으로 진행된다. 이때 전담기구 구성원 각자의 역할을 성실히 수행하며 적합한 사안 처리를 위해 신속히 대응한다. 이때 각 과정별 업무의 효율성과 효과성을 위해서 각 과정별 내용에 부합하는 양식을 함께 활용하는 것이 바람직하다.

〈표 5-2〉 사안의 '발생-조사-보고'의 진행 과정별 조치

과정	처리내용
학교폭력 사건 발생인지	• 117 학교폭력 신고센터로부터의 통보 및 교사, 학생, 보호자 등의 신고 접수 등을 통해서 학교폭력 사건 발생인지
	↓
신고 접수 및 학교장 · 교육청 보고	• 신고 접수된 사안을 학교폭력신고 접수대장〈양식 1-1〉에 반드시 기록 • 학교장 보고 및 담임교사 통보 • 가해자와 피해학생의 분리 • 신고 접수된 사안을 관련 학생 및 그 보호자에게 통보 • 교육(지원)청에 48시간 이내에 보고
	↓

과정	처리내용
즉시조치 (필요시 긴급조치 포함)	• 필요시 피해 및 가해학생 즉시 격리. 가해학생이 눈빛 · 표정 등으로 피해학생에게 영향력 행사 못 하도록 조치 • 관련 학생 안전조치(피해학생-보건실 응급처치 · 119 신고 · 병의원 진료 등, 가해학생-격리 · 심리적 안정 등) • 피해학생 및 신고 · 고발한 학생이 가해학생으로부터 보복행위를 당하지 않도록 조치 • 피해학생의 신체적 · 정신적 피해를 치유하기 위한 조치 우선 실시
즉시조치 (필요시 긴급조치 포함)	• 성폭력인 경우 「아동 · 청소년의 성보호에 관한 법률」에 따라 반드시 수사기관에 신고하고, 성폭력 전문상담기관 및 병원을 지정하여 정신적 · 신체적 피해 치유 • 사안처리 초기에 긴급한 필요가 있는 경우, 법률 제16조 제1항 및 제17조 제4항에 따라 긴급 조치 실시 가능

↓

사안조사	• 피해 및 가해사실 여부 확인을 위한 구체적인 사안조사 실시 - 관련 학생의 면담, 주변학생 조사, 설문조사, 객관적인 입증자료 수집 등 • 피해 및 가해학생 심층면담 • 조사한 결과를 바탕으로 육하원칙에 따라 사안조사 보고서 작성 • 성폭력의 경우, 비밀유지에 특별히 유의 • 장애학생, 다문화학생에 대한 사안조사의 경우, 특수교육 전문가 등을 참여시켜 장애학생 및 다문화학생의 진술 기회 확보 및 조력 제공 • 필요한 경우, 보호자 면담을 통해 각각의 요구사항을 파악하고 사안과 관련하여 조사된 내용을 관련 학생의 보호자가 충분히 이해할 수 있도록 안내

↓

학교장 자체해결 여부 심의	• 법률 13조의2 제1항 제1호~4호의 요건에 해당하는지 여부를 서면으로 확인 - 2주 이상의 신체적 · 정신적 치료를 요하는 진단서를 발급받지 않은 경우 - 재산상 피해가 없거나 즉각 복구된 경우 - 학교폭력이 지속적이지 않은 경우 - 학교폭력에 대한 신고, 진술, 자료제공 등에 대한 보복행위가 아닌 경우

↓	↓
자체해결 요건 충족	자체해결 요건 미충족

과정		처리내용
피해학생 및 보호자의 서면 확인 • 피해학생과 그 보호자의 학교장 자체 해결 동의를 서면으로 확인	→ 부동의	학교폭력대책심의위원회 개최 • 피해 및 가해사실 내용에 관하여 종합적으로 정리하여 학교의 장 및 심의위원회에 보고
↓동의		↓
학교장 자체해결		심의위원회 심의 · 의결

※ 전담기구 심의결과 자체해결 요건에 모두 해당하더라도 피해학생 및 그 보호자가 심의위원회 개최를 요구하는 경우, 반드시 심의위원회 개최를 요청한다.
※ 사안처리의 전 과정에서 필요시 관계회복 프로그램을 운영할 수 있다.

■ 학교폭력이 아닌 사안의 종결처리

사안조사 결과에서 학교폭력이 아닌 것으로 결정되어 제3자가 신고한 사안에 대한 조사결과가 오인신고이거나 학교폭력 의심사안(담임교사 관찰로 인한 학교폭력 징후 발견 등)에 대한 조사결과로 학교폭력이 아니었던 경우 사안에 대한 종결처리를 한다.

이러한 경우에도 학생(학부모)이 심의위원회 개최를 요청할 경우 반드시 심의위원회를 개최하여 처리해야 하며, 심의위원회에서 '학교폭력 아님'으로 결정할 경우 '조치 없음'으로 처리할 수 있다.

■ 가해자가 학생이 아닌 사안의 처리

가해자가 학생이 아닌 학교폭력 사안의 경우, 학교장 자체해결 대상 사안이 아니며, 학교장은 피해학생의 보호를 위해 심의위원회 개최를 요청해야 한다. 다만, 피해학생과 그 보호자가 피해학생 보호조치를 원하지 않을 경우, 학교장은 심의위원회를 요청하지 않을 수 있다(피해학생과 그 보호자의 미개최 동의를 받아 교육지원청에 보고).

〈표 5-3〉 사안조사 절차

사실확인			▶	요구사항 확인	▶	면담일지 및 보고서 작성	▶	사안보고
면담조사	정보수집	정황파악						

전담기구의 역할 중 핵심은 바로 사안조사에 있다. 사안조사를 어떻게 하는가에 따라서 자치위원회의 사안에 대한 조치결정과 방향이 달라질 수 있기 때문이다. 사안 접수 후 가장 중요한 작업이라 해도 과언이 아닐 것이다. 따라서 사안조사 시에는 절대적으로 전문성과 체계성을 필요로 하는데, 그러기 위해서는 특히 사안조사 절차에 따른 유의사항 및 진행과정, 그리고 핵심 요소 등을 잘 이해하는 것이 중요하다.

사안조사의 절차는 크게 사실 확인(면담조사, 정보수집, 정황파악)과 요구사항 확인, 면담일지 및 보고서 작성, 사안보고 순으로 이뤄진다. 그리고 사안조사를 잘 하기 위해서는 〈표 5-4〉와 같은 사항을 유의하는 것이 좋다.

〈표 5-4〉 사안조사 유의사항

- 서면조사, 해당 학생 및 목격자의 면담조사, 사안 발생 현장 조사 등을 통해 종합적인 방법으로 신속하게 증거 자료를 확보한다.
- 면담조사를 하는 경우에는 육하원칙에 근거하여 구체적으로 확인서를 받는다.
- 객관적이고 공정하게 사안조사를 실시한다.
- 피해·가해학생 간의 주장이 다를 경우, 목격학생의 확인을 받거나 증거자료 확보를 통해 적극적으로 사안조사에 임한다.
- 전담기구 소속교사는 학생, 보호자, 목격자, 담임교사 등을 면담조사한 후에 학교폭력 상황 보고서를 작성한다.
- 장애학생에 대한 사안조사의 경우, 특수교육 전문가를 참여시켜 장애학생의 진술 기회를 확보할 수 있도록 지원할 수 있다.
- 한국어 의사소통능력이 부족하거나, 다양한 문화적 배경을 지닌 다문화학생(중도입국·외국인학생 등) 및 탈북학생의 사안조사 시, 통역의 활용 또는 관련 담당교사를 참여시키도록 한다.
- 성 사안의 경우 비밀유지 및 대상자 신변보호, 2차 피해 방지 등에 특별히 유의한다.
- 관련 학생의 소속 학교가 서로 다른 경우에는 학교 간 사안조사 내용 확인을 위해 긴밀하게 협조한다.

사안조사를 위한 첫 단계인 사실 확인부터 살펴보도록 하자. 사실 확인을 위해서는 피해·가해학생과 목격학생을 통해 확인한 것과 주변 정황에 대한 정보 수집과 밝혀낸 결과들이 일치하는지를 파악하고 이에 대해 피해학생(보호자)과 가해학생(보호자)이 상호 인정하는지 확인한다. 다음으로 언급한 진술에서 문맥의 앞·뒤가 서로 모순되지 않고 잘 부합되는지 살피고 면담조사 결과와 목격학생의 확인이 일치하는지 점검한다. 마지막으로 사안의 주변 흔적이나 간접적인 정황이 있는지, 그러한 정황이 있다면 누구의 진술과 더 잘 부합하는지 살펴야 한다.

사실 확인을 위해서 면담조사를 실시하는데, 면담 과정에서 피해학생 및 보호자, 가해학생 및 보호자, 목격자 등에게 신뢰감과 안정감을 주도록 한다. 전문상담교사 등 상담전문가에게 학생의 심리·정서적 상태를 파악하도록 한다. 이때, 학생들의 언행을 주의 깊게 살펴봄으로써 심리·정서적 상태를 파악할 수 있다. 해당 학생의 눈 맞춤, 눈빛, 손 떨림, 목소리 크기 및 높낮이 등을 통해 학생의 불안, 분노, 우울 등을 파악한다.

위급한 심리적 지원이 필요한 경우, 학교 내 전문상담교사를 통해 심리검사 또는 정서적 지원을 받도록 한다.

초등학생의 경우, 서면조사에 무엇을 써야 할지 알지 못해 충분한 내용을 기재하지 못할 수 있으므로, 기재 과정을 세심하게 도와주도록 한다. 면담조사 시 면담자가 녹취를 하는 것은 법적으로 문제가 없으나, 녹취에 대한 사전 동의를 받는 것이 바람직하다.

장애학생의 경우, 장애로 인한 피해를 방지하기 위하여 면담조사 시 특수교육 전문가를 참여시켜 장애학생의 의견진술 기회 확보 및 진술을 조력하도록 한다.

중도입국·외국인학생과 제3국 출생 탈북학생의 경우, 가급적 대면면담을 활용하고, 서면조사 활용 시 한국어로 충분한 내용을 기재하지 못할 수 있으므로 번역된 조사지의 활용 및 모국어 작성을 허용할 수 있다. 모국어로 작성된 서면 조사지는 번역하여 활용한다.

면담 시 전문가를 활용하는 방법도 좋다. 예를 들면, 학교 내 전문상담사(교사), 교육지원청 소속 위(Wee)센터의 상담사 및 전문상담 순회교사에게 지원을 요청하거나, (재)푸른나무, 학교폭력 SOS지원단, 청소년상담복지센터(청소년안전망), 지역사회복지관, 청소년수련관 등의 상담전문가에게 지원을 요청할 수도 있다. 그리고 초기 위기 진단이 필요한 경우 지역사회 및 학교 인근 신경정신과 병원, 정신건강증진센터, 상담소 등의 전문가를 활용할 수도 있다. 그러기 위해서는 사전에 지역사회 유관기관 및 인력 파악, 업무지원 협조를 위한 협약을 체결하는 것이 바람직하다.

사실 확인을 위한 방법으로 정보를 수집해야 하는데, 피해학생에게는 학년, 성별, 인적 사항, 피해학생 수, 교우관계, 장애 유무, 평소 학교생활, 특이사항 등에 관하여 정보를 수집해야 한다. 한편, 가해학생에 대해서는 학년, 성별, 인적 사항, 가해학생 수, 가해 동기, 장애 유무, 다른 피해자 및 유사 사안의 관련 유무 등을 파악해야 한다. 그리고 폭력 유형(신체폭행, 금품갈취, 따돌림 등)과 폭력 형태(집단폭력, 일대일 폭력 등) 및 발생 및 지속기간(1회적·지속적 사안), 발생장소, 발생원인, 치료비, 피해 정도 등에 대한 정보를 수집해야 한다.

마지막으로 사실 확인을 위해서는 반드시 사안발생과 관련한 정황을 파악해야 한다. 이를테면, 피해학생의 심리적·신체적 상태를 파악(대처능력, 적응능력 등)하고, 피해학생(보호자 포함)의 현재까지의 대처상황을 확인해야 한다. 그리고 가해학생(보호자 포함)의 대응방법 및 태도 등을 잘 파악한다. 관련 학생들 사이에 힘의 불균형이 있는지 파악해야 한다. 힘의 불균형은 물리적인 체격·체력은 물론, 언어·표정·심리적 표현 및 인간관계에 의해 유발될 수 있음을 간과해서는 안 된다. 괴롭힘의 대상이 된 아이가 교실에 힘의 불균형이 있다고 느낀다면, 특히 그 주장에 귀 기울여야 한다. 집단폭행 사안의 경우에는 특히 그러하다.

사안조사의 두 번째 과정은 요구사항을 확인하는 것인데, 이는 학생과 보호자의 사안 해결과 관련한 요구사항을 파악하고, 피해·가해 상황에 대한 수용 정도 및 사과, 처벌, 치료비 등에 대한 합의, 재발 방지 요구(설문조사) 등에 대해 파악하는 것을 의미한다.

〈표 5-5〉 학교폭력 행위의 경중 판단 요소

〈학교폭력법 제16조의2, 제17조 제2항〉 • 피해학생이 장애학생인지 여부 • 피해학생이나 신고·고발 학생에 대한 협박 또는 보복행위인지 여부
〈학교폭력법 시행령 제19조〉 • 가해학생이 행사한 학교폭력의 심각성·지속성·고의성 • 가해학생의 반성의 정도 • 해당 조치로 인한 가해학생의 선도 가능성 • 가해학생 및 보호자와 피해학생 및 보호자 간의 화해의 정도
〈기타〉 • 교사(敎唆)행위를 했는지 여부 • 2인 이상의 집단 폭력을 행사한 것인지 여부 • 위험한 물건을 사용했는지 여부 • 폭력행위를 주도했는지 여부 • 폭력서클에 속해 있는지 여부 • 정신적·신체적으로 심각한 장해를 유발했는지 여부

그 다음 과정으로 전담기구는 면담일지 및 보고서를 작성한다. 이때, 관련 학생, 보호자, 담임교사와의 면담 내용을 면담일지에 기록하고, 사안을 종합적으로 판단할 수 있도록 조사 결과를 보고서로 작성한다.

이때, 학교폭력법 제21조에 따라 면담일지나 보고서는 직접적인 정보 공개 대상은 아니기 때문에 비밀이 누설되지 않도록 해야 한다. 다만, 사안 관련 민원이나 쟁송 발생 시 학교 및 교사의 사안처리가 적절했는지 여부를 판단하는 근거가 될 수 있으므로 조사 과정 및 결과를 면담일지에 기록하는 것이 필요하다.

〈표 5-6〉 사안조사 중점파악 요소

폭력유형	중점파악 요소
신체적 폭력	상해의 심각성, 감금·신체적 구속 여부, 성폭력 여부
경제적 폭력	피해의 심각성(액수, 빈도, 지속성), 반환 여부, 손괴 여부, 협박/강요의 정도
정서적 폭력	지속성 여부, 협박/강요의 정도, 성희롱 여부
언어적 폭력	욕설/비속어, 허위성, 성희롱 여부
사이버 폭력	명의도용, 폭력성/음란성, 유포의 정도, 사이버 성폭력 여부

3. 가해자와 피해학생의 분리

학교의 장은 학교폭력사건을 인지한 경우, 대통령령으로 정하는 특별한 사정이 없으면 지체 없이 가해자(교사 포함)와 피해학생을 분리하여야 한다(법률 제16조 제1항).

▪ 분리의 취지

- 가해자를 피해학생으로부터 분리하여 피해학생의 심리적 불안감을 해소하고, 2차 피해를 방지하며 고조된 학교폭력 갈등상황을 완화하고자 한다.

  ※ 관련 학생 쌍방이 서로 피해를 주장하며 분리를 요청하는 경우 양측의 의사를 모두 반영하여 상호분리해야 한다.

▪ 학교의 장이 학교폭력 사건을 '인지'한 경우

- 피해학생 소속 학교에 신고·접수된 학교폭력 사안을 학교장이 보고받아 알게 된 날을 의미한다.

〈표 5-7〉 분리절차

학교폭력 사안 인지(접수)	분리방법 결정 *24시간 이내 처리	가해자 분리
• 피해학생에게 분리의사 확인 ※ 분리 의사 확인서	• 분리 대상, 기간, 공간 등 분리방법 결정 (전담기구 또는 소속교원 협의를 통해 학교장이 결정) ※ 학교장의 판단으로 협의 없이 분리 가능	• 최대 3일을 초과하지 않음 • 가해 관련 학생 및 보호자에게 통보(유선 통화 등)

※ 학교는 분리 시행 전 관련 학생들에게 제도의 취지, 기간, 출결, 이후 사안처리 절차 등에 대해 충분한 설명을 하여야 함

4. 긴급조치

피해학생의 보호조치로 심의위원회는 피해학생의 보호를 위하여 필요하다고 인정하는 때에는 피해학생에 대하여 해당 조치를 취할 것을 교육장(교육장이 없는 경우 제12조 1항에 따라 조례로 정한 기관의 장으로 한다. 이하 같다)에게 요청할 수 있다. 다만, 학교의 장은 피해학생의 보호를 위하여 긴급하다고 인정하거나 피해학생이 긴급보호의 요청을 하는 경우에는 제1호, 제2호 및 제6호의 조치를 할 수 있다. 이 경우 학교의 장은 심의위원회에 즉시 보고하여야 한다.

학교의 장이 제4항에 따른 조치를 한 때에는 가해학생과 그 보호자에게 이를 통지하여야 하며, 가해학생이 이를 거부하거나 회피하는 때에는 초중등교육법 제18조에 따라 징계하여야 한다.

가해학생에 대한 우선 출석정지 등을 살펴보면 법 제17조 제4항에 따라 학교의 장이 출석정지 조치를 할 수 있는 경우는 다음 각 호와 같다.

1. 2명 이상의 학생이 고의적·지속적으로 폭력을 행사한 경우
2. 학교폭력을 행사하여 전치 2주 이상의 상해를 입힌 경우
3. 학교폭력에 대한 신고, 진술, 자료제공 등에 대한 보복을 목적으로 폭력을 행사한 경우

4. 학교의 장이 피해학생을 가해학생으로부터 긴급하게 보호할 필요가 있다고 판단하는 경우

그리고 학교의 장은 제1항에 따라 출석정지 조치를 하려는 경우에는 해당 학생 또는 보호자의 의견을 들어야 한다. 다만, 학교의 장이 해당 학생 또는 보호자의 의견을 들으려 하였으나 이에 따르지 아니한 경우에는 그러하지 아니하다.

긴급조치 범위로는 학내외 전문가에 의한 심리상담 및 조언(1호), 일시보호(2호), 그 밖에 피해학생의 보호를 위하여 필요한 조치(6호)이며 가해학생과 분리 가능한 학교 자체의 특별 보호프로그램을 운영할 수 있다.

긴급조치의 경우 사실관계가 확정되기 이전의 결정사항이므로, 자치위원회에서는 '일부추인' 또는 '추인하지 않음' 결정이 가능하다. 다만, '일부추인', '추인하지 않음'을 결정하였더라도 긴급조치를 결정할 당시에 그 필요성이 인정된다면 '긴급조치'가 문제 되지 않는다.

긴급조치로 '출석정지'를 내렸으나 심의위원회에서 추인하지 않은 경우에는 기타 부득이한 사유로 학교장의 허가를 받아 결석하는 경우로 보아 출석으로 인정할 수 있다. 가해학생 긴급조치로 출석정지를 한 후에 학교장이 사안을 자체해결한 경우, 학교장은 긴급조치를 직권으로 취소하고 긴급조치로 인한 결석기간을 기타 부득이한 사유로 학교장의 허가를 받아 결석하는 경우로 보아 결석기간을 출석기간으로 인정할 수 있다.

학교장이 긴급조치를 한(내부결재 시행) 때에는 가해학생과 그 보호자에게 이를 통지하여야 하며, 가해학생이 이를 거부하거나 회피하는 때에는 초중등교육법 제18조에 따라 징계하여야 한다.

가해학생 우선 출석정지 시 출석정지 기간은 학교 실정에 맞게 기준을 정한다(기간의 제한은 없음). 우선 출석정지 시 가해학생 및 학부모에게 의견제시 기회를 주어야 하고, 출석정지 기간 중 Wee클래스 상담, 자율학습 등 적절한 교육적 조치를 할 수 있다.

5. 상담 시 유의사항

사안조사를 하는 과정에서 상담은 필수적이며 매우 중요한 과정이다. 상담을 제대로 하지 못하는 경우에는 합리적인 해결방안을 모색하는 데 걸림돌이 될 수 있다. 상담과정에서 적절한 요령과 방법으로 진행이 되지 않으면 사안의 진위가 바뀔 수도 있고, 사안의 심각성이 더욱 악화될 수도 있다. 반면에 사안조사 과정 중 상담을 효과적으로 진행한다면 사안의 합리적 해결을 위한 윤활유가 될 수도 있다. 그러기 위해서는 상담자의 역할도 아주 중요하며, 효과적인 상담을 위해서는 상담 시 유의해야 할 사항들을 반드시 숙지하고 염두에 두는 것이 중요하다.

여기서는 학생상담과 보호자상담 시 유의사항을 각각 살펴볼 것이다. 먼저 학생상담을 할 때 유의사항에 관해서 살펴보자. 우선 관련 학생을 한 장소에 모이게 한 후 조사를 하는 것은 피해학생에게 위축감, 불안감을 줄 수 있으므로, 각자 개별적으로 상담하는 것이 좋다. 집단폭행이나 목격학생을 조사할 때에는 관련 학생 모두를 한꺼번에 불러 다른 장소에서 일제히 조사하는 것이 바람직하다. 그렇지 않으면 상황을 조작할 가능성이 있고, 소수 학생의 의견에 다른 학생들이 동조할 위험이 있다.

그리고 2차 피해 예방을 위해 관련 학생 상담 또는 조사 과정 등이 주위에 알려지지 않도록 유의한다. 가해학생을 훈계하거나 평가하는 것은 오히려 역효과를 줄 수 있으므로, 비난하거나 심문하는 태도를 취하지 않는다.

초등학교 저학년, 장애학생, 기타 심리적으로 불안전한 학생 등 상황 전달 및 자기표현이 부족할 수 있는 학생들에 대해서는 안정적인 분위기를 조성하는 등 더욱 세심하게 배려해야 한다.

특히 피해학생과 상담을 할 경우에는 적절한 위로와 지지를 해줌과 동시에 피해 상황과 욕구를 파악한다. 그리고 가해학생으로부터 보복을 당하지 않도록 교사가 책임감을 가지고 지도·관리할 것을 인지시켜 준다. 자치위원회 절차 및 내용, 진행 과정, 준비 사항(확인서, 증거자료 등), 보호 조치 등을 설명해

주어야 한다.

한편 가해학생을 상담할 경우에는 초기 상담과정에서 학생을 낙인찍지 않고, 가해학생의 이야기를 판단이나 충고 없이 경청한다. 그리고 가해학생들이 폭력을 사용하게 된 상황(가정적 요인 포함)에 대해 충분히 탐색한다. 하지만 폭력은 용인되지 않으며 가해학생이 저지른 행동은 잘못된 것이라는 사실을 알려주고 피해학생이 당한 충격과 상처를 이해시킨다. 그리고 조사과정에서 가해학생을 낙인찍거나 체벌하지 않는다. 가해학생들이 폭력을 사용하게 된 상황에 대해 충분히 탐색하고, 가해학생에게 어떤 과정을 거쳐 조치가 내려지는지 알려준다.

추후에 가해행동이 재발되지 않도록 주의를 주고, 재발할 경우 심각한 수준의 처벌을 받을 수 있음을 알려준다.

게다가 목격학생을 상담할 때에는 비밀 보장에 대해 충분히 안내하여 보복에 대한 두려움을 갖지 않도록 하고, 관련 정황을 구체적으로 확인서에 쓰도록 한다. 아울러 목격학생의 심리적 충격 여부를 확인하여 위로 등 적절한 조치를 취하고, 필요시 전문가에게 상담을 의뢰한다.

이제는 보호자를 상담할 때의 유의사항에 관하여 살펴보자. 우선 보호자가 감정적으로 격양되어 있을 경우, 동요하지 않고 침착하게 대응해야 한다. 학교에서 책임감을 가지고 사안을 처리, 학생들을 지도할 것을 알리고, 자치위원회의 결정 전에는 가해·피해학생을 단정 짓지 않는다. 보호자의 심정을 충분히 공감하고 이해하며 경청하고, 당사자의 개인정보(주소, 전화번호 등)를 당사자 동의 없이 상대방에게 알려주지 않는다.

책임을 회피하는 태도, 학생과 가정의 책임으로 돌리는 태도, 사안을 축소하는 태도 등을 지양해야 한다.

특히 피해학생의 보호자와 상담을 할 때에는, 피해학생의 보호자가 자녀의 피해사실에 대하여 놀라고 당황스러워하는 한편 가해학생에 대한 분노와 원망, 억울함, 자신의 자녀에 대한 미안함 등으로 무엇이라도 해주고 싶은 마음이 들 수 있기 때문에 이러한 면을 잘 이해해야 한다.

당사자의 개인정보(주소, 전화번호 등)를 당사자 동의 없이 상대방에게 알려 주지 않는다. 전담기구의 사안조사 결과내용을 알려 줄 수는 없으나 본인 자녀의 확인서는 열람 및 복사가 가능함을 알린다. 장애학생의 보호자가 장애로 인해 의사소통이 어려운 경우에는 특수교육 전문가 등의 참여를 통해 충분한 상담이 이루어질 수 있도록 한다. 다문화학생(중도입국 학생, 외국인 학생 등)의 보호자 중 한국어가 미숙하여 의사소통이 어려운 경우, 통역을 통해 충분한 상담이 이루어질 수 있도록 한다.

그래서 우선 보호자의 감정이 격앙됨을 이해하고 보호자에게 정서적 지지를 보낸다. 확인된 사실을 보호자가 정확히 알고 있는지 오해가 있는지 등에 대해 파악하고, 조사한 사실에 대한 추가 의견이나 자료 여부에 대해 점검한다. 아울러 피해학생과 보호자가 현재 무엇을 원하는지 정확히 묻는다(화해, 사과, 전학, 가해학생 처벌 등). 학교의 공정한 진행 절차에 대해 안내하고, 피해 측이 가해 측과 면담을 요청할 경우, 단독으로 피해 측과 가해 측이 만날 경우 갈등이 심화되거나 다른 문제가 생길 수 있으므로, 교사나 전문가의 입회하에 만날 수 있도록 한다.

무엇보다도 학생의 보호와 안정, 적응을 위해 학교에서 최선의 노력을 다할 것을 약속하고, 피해를 당한 학생의 심리적 안정을 위해 가정에서의 부모역할을 안내하는 것이 중요하다.

〈표 5-8〉 경찰 고소가 이뤄진 상태일 때의 대처

• 보호자가 법적 절차를 밟을 때 학교는 자체적인 조치를 중단하기보다는 피해·가해학생에 대해 학교 차원에서 할 수 있는 보호 및 지도조치를 계속적으로 취하는 것이 좋다. • 피해·가해학생을 격리 조치하고, 피해학생을 보호조치하며 피해학생이 위험상황에 있을 때 담임교사에게 바로 연락할 수 있도록 조치한다. • 법적 절차가 진행되는 동안 피해학생에 대한 가해학생의 공격행동이 재발되지 않도록 주의하고, 가해학생을 상담교사나 지역의 상담기관과 연계하여 지속적으로 상담을 받도록 조치한다.

〈표 5-9〉 피해학생 보호자 상담과정 예시

1단계	피해사실의 확인 단계	가. 학생의 피해사실에 대해 객관적으로 인지한다. (학생의 학교폭력을 언제, 어떻게 알게 되셨습니까?/ 학생은 누구에게, 얼마 동안, 어떤 일이 있었다고 이야기하였나요?/ 혹시 주변에 이 사실을 객관적으로 본 친구가 있나요?) 나. 학생의 피해사실을 구체적으로 메모한다. 다. 학생의 현재 상태에 대해 질문한다. (○○는 현재 어떤 상태인가요?)
2단계	감정의 이해 단계	보호자의 감정을 수용하고 학생의 피해사실에 대해 유감을 표현한다. (많이 속상하셨죠? 저도 걱정이 되고, 몹시 가슴이 아픕니다.)
3단계	사안처리 과정에 관한 설명 단계	가. 추후 처리과정에 대해 설명한다. (앞으로 이 일이 자치위원회에 회부가 되면, …… 식으로 절차가 진행이 됩니다.) 나. 진실과 사실에 근거하여 문제가 해결될 것을 약속한다. (실제 어떤 일이 일어났는가와 그 과정에서 ○○가 어떤 어려움이 있었는지를 객관적으로 조사하여 그에 맞는 조치를 취하게 될 것입니다.) 다. 재심 및 분쟁조정 절차에 관하여 설명(학교폭력법을 활용하여 절차 및 방법 등을 안내)한다.
4단계	신뢰구축 단계	학생의 보호와 안전, 적응을 위해 노력할 것임을 약속한다. (현재 가장 중요한 것은 ○○가 안전하게 학교생활을 하는 것이며, 심리적인 충격 없이 학교에 잘 적응하는 것이라고 생각합니다. 학교에서도 노력하겠습니다.)

가해학생의 보호자를 상담할 경우에도 현명하게 대처해야 한다. 가해학생 보호자 역시 자녀가 다른 학생에게 폭력을 휘둘렀다는 사실에 당황스러움과 혼란스러움, 의심, 미래에 대한 불안감 등을 경험하게 된다. 동시에 잘못을 인정하면 더 큰 피해를 입을지도 모른다는 우려도 할 수 있다. 따라서 교사는 가해학생 보호자를 다음과 같은 사항에 중점을 두어 상담한다. 이를테면, 가해학생의 보호자의 감정을 일단 수용하되, 가해학생의 행위는 정확히 알려주고, 피해학생의 피해 정도 등 학교폭력 상황을 정확하게 알려준다. 그리고 조사한 사실에 대한 추가 의견이나 자료 여부에 대해 점검하며, 학교폭력 사안처리의 진행절

차에 대해 안내한다.

아울러 학교폭력 행위에 대하여 책임과 결과가 따른다는 인식을 갖도록 하고, 가해학생을 낙인찍지 않고 교육적으로 적절한 지도와 선도가 이루어질 것임을 알리며, 가해학생에 대하여 가정에서의 관심과 지도를 부탁하는 것이 좋다.

〈표 5-10〉 가해학생 보호자 상담과정 예시

단계	내용	예시
1단계	감정의 이해 단계	보호자의 감정을 수용하고 학생의 가해사실에 대해 유감을 표현한다. (많이 속상하셨죠? 저도 걱정이 되고, 몹시 가슴이 아픕니다.)
2단계	상대방의 피해 정도 알림 단계	(현재 ○○는 신체적인 피해로는 ______하고 심리적으로는 ______상태로 알고 있습니다.)
3단계	사안처리 과정에 관한 설명 단계	가. 추후 처리과정에 대해 설명한다. (앞으로 이 일이 자치위원회에 회부가 되면, …… 식으로 절차가 진행이 됩니다.) 나. 진실과 사실에 근거하여 문제가 해결될 것을 약속한다. (실제 어떤 일이 일어났는가와 그 과정에서 ○○가 어떤 결과를 초래하였는지를 객관적으로 조사하여 그에 맞는 조치를 취하게 될 것입니다.)
4단계	재심 및 분쟁조정에 관한 설명 단계	재심 및 분쟁조정 절차에 관하여 설명(학교폭력법을 활용하여 절차 및 방법 등을 안내)한다.
5단계	화해 및 학생지도에 관한 조언 단계	가. 궁극적 학생지도 방안에 대해 말한다. (이 문제를 해결하는 데 있어서 가장 중요한 것은 앞으로 우리 학생들이 안전하게 학교생활을 하고 두 학생 모두 심리적인 충격 없이 학교에 잘 적응하는 것이라고 생각합니다. 그러기 위해 한 발짝 뒤로 물러서서 무엇이 문제 해결과 궁극적인 자녀지도에 도움이 될지 어른의 입장에서 함께 생각해보는 것이 좋겠습니다.) → 가해학생 보호자의 경우 자신의 자녀가 피해 보지 않을까 하는 걱정이 많으므로, 담임교사가 객관적인 입장에서 가해학생 역시 걱정하고 있음을 알려주어야 한다. 나. 진심 어린 사과의 중요성을 인지시킨다. (가해 측에서 피해학생의 신체적 · 심리적 후유증에 대해 이해하고 진심으로 사과한다면 피해학생이 안정을 찾는 데 큰 도움이 됩니다.)

지금까지 학교폭력 사안처리 과정으로서 초기대응과 사안조사 과정에 대하여 살펴보았다. 학교폭력 예방과 합리적인 대처를 위해서는 초기대응이 매우 중요하고, 접수된 사안에 대하여 조사하는 과정에서 학교폭력 전담기구의 역할이 매우 중요함을 알 수 있다. 사안조사의 과정에서 효과적이고 합리적인 사안처리를 위해서는 특히 상담과정이 매우 중요하다.

CHAPTER 06

학교폭력 사안처리 III: 학교자체해결제 시행을 위한 학교폭력 사안처리

1. 학교장 자체해결 사안

학교의 장은 법 제13조의2 제1항에 따라 학교폭력 사건을 자체적으로 해결하는 경우 피해학생과 가해학생 간에 학교폭력이 다시 발생하지 않도록 노력해야 하며, 필요한 경우에는 피해학생·가해학생 및 그 보호자 간의 관계 회복을 위한 프로그램을 운영할 수 있다.

피해학생 및 그 보호자가 심의위원회 개최를 원하지 않고, 아래 네 가지 요건에 모두 해당하는 경미한 학교폭력의 경우 학교장 자체해결로 해결 가능하다. 이 경우 학교의 장은 지체 없이 이를 심의위원회에 보고하여야 한다.

〈표 6-1〉 학교의 장의 자체해결

- 2주 이상의 신체적·정신적 치료를 요하는 진단서를 발급받지 않은 경우
- 재산상 피해가 없거나 즉각 복구된 경우
- 학교폭력이 지속적이지 않은 경우
- 학교폭력에 대한 신고, 진술, 자료제공 등에 대한 보복행위가 아닌 경우

이에 따라 사건을 해결하려는 경우 해당하는 절차를 모두 거쳐야 한다. 먼저 피해학생과 그 보호자의 심의위원회 개최 요구 의사의 서면 확인을 한 후 학교

폭력의 경중에 대한 제14조 제3항에 따른 전담기구의 서면 확인 및 심의를 거친다. 그 밖에 학교의 장이 자체적으로 해결하는 데에 필요한 사항은 대통령령으로 정한다.

원칙적으로 피해학생 및 그 보호자는 사안의 학교장 자체해결 이후에는 동일 사안에 대하여 심의위원회 개최를 요구할 수 없으나, 아래 사유에 해당되는 경우에는 학교장에게 서면으로 심의위원회 개최를 요청할 수 있으며, 학교장은 요청서를 첨부하여 교육지원청에 심의위원회 개최를 요청한다.

〈표 6-2〉 종결된 사안에 대한 심의위원회 개최 요청

• 해당 학교폭력 사건으로 피해학생 및 그 보호자가 받은 재산상 손해를 가해학생 및 그 보호자가 복구하기로 약속하였으나 이행하지 않은 경우 • 해당 학교폭력 사건의 조사과정에서 확인되지 않았던 사실이 추가적으로 확인된 경우 • 학교장은 요청서〈양식 3-4〉를 첨부하여 교육지원청에 심의위원회 개최를 요청 ※ 가해자가 학생이 아닌 학교폭력 사안의 경우, 학교장 자체해결 대상 사안이 아니며, 학교장은 피해학생의 보호를 위해 심의위원회 개최를 요청해야 함. 다만, 피해학생과 그 보호자가 피해학생 보호조치를 원하지 않을 경우, 학교장은 심의위원회를 요청하지 않을 수 있음(피해학생과 그 보호자의 미개최 동의를 받아 교육지원청에 보고).

전담기구의 사안 조사 과정에서 피해 관련 학생 및 그 보호자를 상담할 때 학교장 자체해결을 강요하지 않도록 유의한다. 피해학생이 1명이고 가해학생이 여러 명인 경우, 학교장 자체해결 요건을 충족하더라도 피해학생이 가해학생 모두에 대해 자체해결에 동의하는 경우에 한하여 학교장 자체해결이 가능하다. 그러나 하나의 학교폭력 사안에서 피해학생이 여러 명인 경우, 피해학생별로 학교장 자체해결 부의 여부를 판단해야 한다.

전담기구의 심의 결과 학교장 자체해결 요건에 해당하는 사안의 경우, 전담기구에서 객관적으로 판단한 기준에 대해 피해학생 및 그 보호자에게 설명하고, 피해학생과 그 보호자가 심의위원회 개최 요구 의사 확인서를 통해 학교장 자체해결에 동의하면 학교장이 자체 해결할 수 있다. 학교의 장이 자체 해결한 학교폭력 사안에 대해서는 재산상의 피해 복구를 이행하지 않거나 해당 학교폭

력 사안의 조사과정에서 확인되지 않았던 사실이 추가적으로 확인된 경우를 제외하고는 피해학생 및 그 보호자가 심의위원회 개최를 요청할 수 없다는 사실을 반드시 사전에 설명한다.

학교장 자체해결 결재 및 교육(지원)청 보고 시 전담기구의 학교폭력 사안조사 보고서, 전담기구 심의 결과 보고서, 피해학생 및 그 보호자의 학교폭력대책심의위원회 개최 요구 의사 확인서(학교장 자체해결 동의서)를 첨부하여 학교장 자체해결 결과를 교육(지원)청에 보고한다. 가해학생 우선 출석정지 후 학교장 자체 해결의 경우 학교장이 긴급조치를 직권으로 취소하고 기타 부득이한 사유로 학교장의 허가를 받아 결석하는 경우로 보아 출석으로 인정할 수 있으며, 관련 학생 보호자 통보는 서면, 유선, 문자 등이 가능하다.

학교장 자체해결 필요시, 가해학생을 대상으로 담당 교사(상담교사 · 교감) 상담, 캠페인 활동, 교내 · 외 봉사 등 교육 프로그램을 운영할 수 있다. 관련 학생 간 관계개선 의지와 동의 여부에 따라 관계회복 프로그램을 운영할 수 있다.

학교는 신고 접수 등 사건 인지 후 14일 이내에 1) 사안조사, 2) 전담기구 심의, 3) 학교장 자체해결 여부 결정 및 시행, 4) 학교장 자체해결 사안이 아닌 경우, 심의위원회 개최 요청까지 완료하여야 한다. 다만, 필요한 경우 학교장은 해당 절차의 완료를 7일 이내에서 연기할 수 있다.

법 제13조2 제1항 각 호의 요건을 모두 충족하였으나 피해학생과 그 보호자가 학교장 자체해결에 동의하지 않아 심의위원회 개최가 요청된 경우에는 피해학생과 그 보호자가 심의위원회 개최 이전까지 심의위원회 개최 취소 의사를 서면으로 표명하면 심의위원회 개최 요청을 철회한 것으로 본다.

〈표 6-3〉 학교폭력 관련 학생의 소속 학교가 다른 경우

• 학교장 자체해결 여부는 피해학생 소속 학교의 전담기구에서 심의 후 해당 학교장이 결정하며, 가해학생 소속 학교에서는 피해학생 소속 학교의 결정을 따라 전담기구에서 심의한다. 이때, 정확한 사안조사를 위하여 가해학생 소속 학교에서 조사한 사안 내용이 공유될 수 있도록 학교장 승인하에 긴밀하게 협조가 이루어져야 한다.

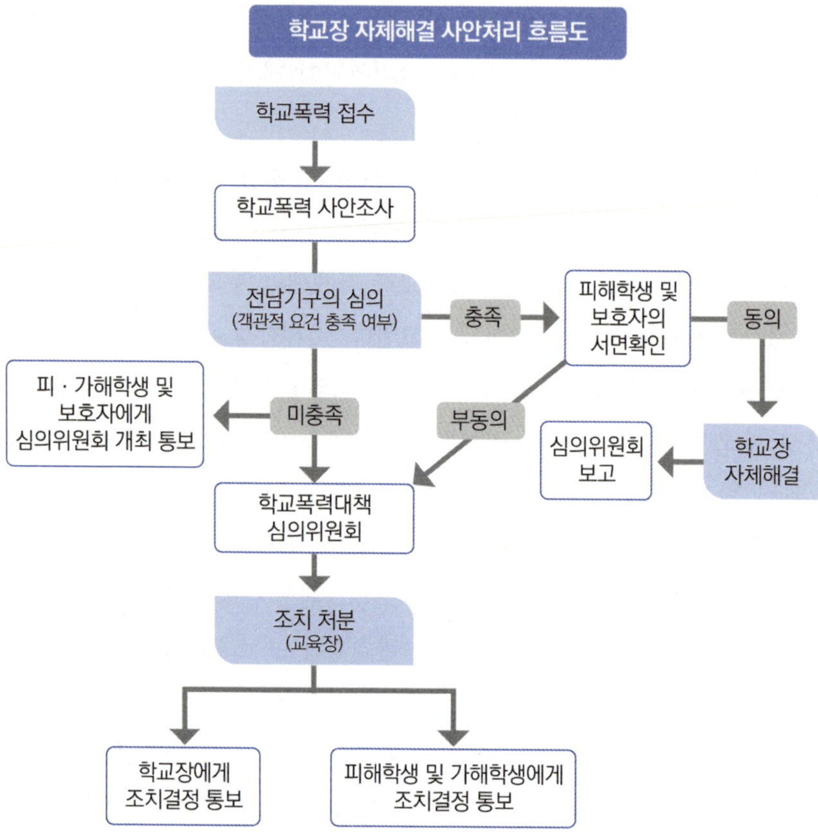

[그림 6-1] 학교장 자체해결 사안처리 흐름도

2. 관계회복

관계회복이란 두 명 이상의 관련 대상자들이 발생 상황에 대하여 이해, 소통, 대화 등을 통해 원래 상태 또는 일상생활로 돌아갈 수 있도록 함께 노력하는 것을 말한다. 관련 당사자 사이에 발생한 사안을 중심으로 개입하여 양측 관계를 회복시키며 상호 이해 및 소통, 대화를 하는 과정을 통해 피해학생 측 입장을 충분히 고려한 진심 어린 사과(화해)와 가해학생 측의 반성에 대한 올바른 인식 정립을 하고 나아가 관계 개선을 통한 회복을 도모한다. 또한 심리 · 정서적

안정 및 학교와 일상생활, 또래(교우) 관계 등의 안정적 적응과 신속한 복귀, 회복을 조력한다. 이때 학교폭력 관계회복은 진행 단계별로 피해학생 측의 의사를 우선적으로 고려하여 동의 여부를 확인하며 진행해야 한다.

학교폭력 사안이 발생한 해당 관련 학생(피해 및 가해 측)을 대상으로 양측의 학생을 개별적으로 면담하여 각각의 욕구와 사안에 대한 해결 방식, 심리·정서적 상태 등을 탐색하고, 양측 학생이 준비와 동의가 되었을 때 관계회복 프로그램(직접대면 및 소통)을 통해 서로 대면하여 소통의 과정을 통해 관계회복을 하도록 조력한다. 학교폭력 관계회복은 일반 학생 또는 불특정 다수의 학생이 아니라 사안이 발생한 관련 학생(피해학생 및 가해학생)을 대상으로 한다.

학교는 사안에 따라 누가 어떠한 역할을 수행할 것인지에 대해 논의한다. 이때 사안에 대한 내용 및 학생들의 상황을 잘 인지하고 있는 교사가 개입하는 것이 효과적이며, 학교의 사정에 맞게 가장 적합한 교사에게 역할을 배정하되 아래의 역할 예시를 참고할 수 있다.

〈표 6-4〉 관계회복 프로그램 운영 시 역할 예시안

교장	• 관계회복 프로그램 운영의 총괄
교감	• 관계회복 프로그램 운영 관리 • 외부 연계가 필요한 경우 진행
담임교사	• 학생 및 학부모에게 안내, 동의 확인 진행 및 협의 • 관계회복 프로그램 이후 사후 관리 진행 및 협의 • 관계회복 프로그램 진행
책임교사	• 사안에 대한 파악 및 공유 • 관계회복 프로그램 진행
상담교사	• 심리·정서적 개입 및 진행 • 기타 정서적 위기 상황에서의 자문 • 관계회복 프로그램 진행

관계회복 진행 시 면담 Tip

① 피해상황에 있는 학생

- 학교폭력 피해로 인한 심리적 어려움에 대해 공감하는 것이 중요하다.
- 피해학생의 각각의 사안과 상태에 따라 개별 맞춤형 접근을 하는 것이 효율적이다.
- 면담 시 신체적·정서적 안정감을 주는 것이 우선되어야 한다.
- 어떤 도움이 필요한지에 대한 탐색을 통해 피해학생이 원하는 것이 무엇인지를 파악한다.
- 피해학생 스스로 폭력의 원인이 자신에게 있다고 생각하는 등 자신을 비난하지 않도록 돕는다.
- 심리적인 피해가 심각한 상황일 경우 필요에 따라 전문상담을 연계하는 등 추가적인 조치를 취하도록 한다.
- 가족(보호자 및 형제 등)의 상태나 상황, 조력하고 도울 수 있는 여부에 대한 확인을 하여 이에 대한 개입도 함께 할 수 있다.

피해학생 면담 예시

"힘들고 속상했겠어요."
"선생님이 최선을 다해 도와줄게요."
"어떤 상황이었는지 이야기해줄 수 있을까요?"
"피해 상황은 절대 우리 친구의 잘못이 아니에요."
"다른 도움이 필요하면 선생님에게 이야기해주세요."

② 가해행동을 한 학생

- 학교폭력 가해행동에 대해 그러한 사실이 있는지에 대한 확인을 하고 반드시 발생한 상황에 대해 확인하는 절차를 가진다.
- 폭력을 왜 가하게 되었는지, 이들이 폭력이라는 방법을 선택하게 된 다양

한 요인들을 면밀히 탐색하는 것이 이후 사안의 해결이나 2차적인 가해행동을 예방하는 데 효과적일 수 있다.

- 행위에 대한 일방적 평가나 훈계는 가해학생에게 저항, 반발심, 무기력 등 역효과를 줄 수 있으므로 비난이나 심문조의 질문은 하지 않는 것이 좋다.

가해학생 면담 예시

"어떤 일이 있었는지 이야기해 줄 수 있나요?"
"○○학생도 당황스러울 수 있을 것 같아요. 선생님은 ○○학생의 진솔한 이야기를 듣고 이 문제를 잘 해결될 수 있도록 도와주려고 하는 거예요."
"폭력적인 행동을 한 것은 잘못된 것이지만 같은 행동을 반복하지 않는 것이 더 중요해요."
"그렇다면 앞으로는 어떻게 행동하는 게 좋을 것 같나요?"

※ 관계회복 프로그램 진행은 사안처리를 갈음하거나 심의위원회의 조치 결과 대신 진행하여 조치 변경 또는 경감 등의 조건부로 진행할 수 없다.

3. 분쟁조정

심의위원회는 학교폭력과 관련하여 분쟁이 있는 경우에는 그 분쟁을 조정할 수 있다. 피해학생과 가해학생 간 또는 그 보호자 간의 손해배상에 관련된 합의조정이나 그 밖에 심의위원회가 필요하다고 인정하는 사항에 대하여 분쟁조정을 해야 하는데, 분쟁의 조정기간은 1개월을 넘지 못한다.

심의위원회는 분쟁조정을 위하여 필요하다고 인정하는 때에는 관계 기관의 협조를 얻어 학교폭력과 관련한 사항을 조사할 수 있다. 심의위원회가 분쟁조정을 하고자 할 때에는 이를 피해학생·가해학생 및 그 보호자에게 통보하여야 한다.

시도교육청 관할 구역 안의 소속 교육지원청이 다른 학생 간에 분쟁이 있는 경우에는 교육감이 직접 분쟁을 조정한다. 관할 구역을 달리하는 시도교육청 소속 학교의 학생 간에 분쟁이 있는 경우에는 피해학생을 감독하는 교육감이 가해학생을 감독하는 교육감과의 협의를 거쳐 직접 분쟁을 조정한다.

피해학생, 가해학생 또는 그 보호자(이하 “분쟁당사자”라 한다) 중 어느 한쪽은 해당 분쟁사건에 대한 조정권한이 있는 심사위원회 또는 교육감에게 분쟁조정 신청인의 성명 및 주소, 보호자의 성명 및 주소, 분쟁조정 신청의 사유를 적은 문서로 분쟁조정을 신청할 수 있다.

심의위원회 또는 교육감은 분쟁조정의 신청을 받으면 그 신청을 받은 날부터 5일 이내에 분쟁조정을 시작하여야 한다. 이때 분쟁당사자에게 분쟁조정의 일시 및 장소를 통보하여야 한다. 통지를 받은 분쟁당사자 중 어느 한쪽이 불가피한 사유로 출석할 수 없는 경우에는 심의위원회 또는 교육감에게 분쟁조정의 연기를 요청할 수 있다. 이 경우 심사위원회 또는 교육감은 분쟁조정의 기일을 다시 정하여야 한다.

심의위원회 또는 교육감은 심의위원회 위원 또는 지역위원회 위원 중에서 분쟁조정 담당자를 지정하거나, 외부전문기관에 분쟁과 관련한 사항에 대한 자문 등을 할 수 있다.

그리고 심의위원회 또는 교육감은 다음 각 호의 어느 하나에 해당하는 사유가 발생한 경우에는 분쟁조정의 개시를 거부하거나 분쟁조정을 중지할 수 있다.

1. 분쟁당사자 중 어느 한쪽이 분쟁조정을 거부한 경우
2. 피해학생 등이 관련된 학교폭력에 대하여 가해학생을 고소·고발하거나 민사상 소송을 제기한 경우
3. 분쟁조정의 신청내용이 거짓임이 명백하거나 정당한 이유가 없다고 인정되는 경우

심의위원회 또는 교육감은 다음 각 호의 어느 하나에 해당하는 사유가 발생한 경우에는 분쟁조정을 끝내야 한다.

1. 분쟁당사자 간에 합의가 이루어지거나 심의위원회 또는 교육감이 제시한 조정안을 분쟁당사자가 수락하는 등 분쟁조정이 성립한 경우
2. 분쟁조정 개시일부터 1개월이 지나도록 분쟁조정이 성립하지 아니한 경우

3. 심의위원회 또는 교육감은 분쟁조정을 거부 또는 중지하거나 분쟁조정을 종료한 경우에는 그 사유를 분쟁당사자에게 각각 통보하여야 한다.
4. 심의위원회의 위원장은 분쟁조정의 결과를 교육감에게 보고해야 한다.

심의위원회 또는 교육감은 분쟁조정의 개시를 거부하거나 분쟁조정을 중지한 경우 또는 분쟁조정을 끝낸 경우에는 그 사유를 분쟁당사자에게 각각 통보하여야 한다.

심의위원회 또는 교육감은 분쟁조정이 성립하면 다음 각 호의 사항을 적은 합의서를 작성하여 분쟁당사자와 피해학생 및 가해학생이 소속된 학교의 장에게 각각 통보하여야 한다.

1. 분쟁당사자의 주소와 성명
2. 조정대상 분쟁의 내용
   가. 분쟁의 경위
   나. 조정의 쟁점(분쟁당사자의 의견을 포함한다)
3. 조정의 결과

합의서에는 심의위원회가 조정한 경우에는 분쟁당사자와 조정에 참가한 위원이, 교육감이 조정한 경우에는 분쟁당사자와 교육감이 각각 서명·날인하여야 한다. 심의위원회의 위원장은 분쟁조정의 결과를 교육감에게 보고하여야 한다. 학교폭력과 관련하여 분쟁이 있는 경우에 심의위원회 또는 교육감이 분쟁을 조정할 수 있다.

심의위원회는 분쟁조정을 위하여 필요하다고 인정하는 때에는 관계 기관의 협조를 얻어 학교폭력과 관련한 사항을 조사할 수 있다.

분쟁조정은 피해 측, 가해 측, 학교 등 각 3주체의 동의가 확인된 후 진행되어야 하며, 조정의 객관성, 공정성, 중립성을 기반으로 전문적인 조정을 위해 관계 기관의 협조를 얻어 진행할 수 있다.

피해학생 측에서 치료비, 위자료 등 금전적 손해에 대한 배상을 요구하는 경우, 가해학생 측에서 치료비, 위자료 등 금전적 손해배상을 통해 합의하고자 하는 경우, 심의위원회의 조치만으로는 해결이 불가능한 갈등이 있는 경우, 제3의 전문기관을 통한 객관적, 전문적, 공정한 개입이 필요한 경우 등에는 분쟁조정을 신청할 수 있다.

분쟁당사자가 신청할 수 있으며 당사자는 분쟁조정 신청서(분쟁조정 신청인의 성명 및 주소, 보호자의 성명 및 주소, 분쟁조정 신청의 사유가 포함되어 있음)를 작성하여 심의위원회나 교육감에게 신청한다. 이를 위해서는 해당 당사자들에게 분쟁조정 제도가 있다는 것을 알리고 분쟁조정에 관련된 절차와 내용에 대해 안내한다.

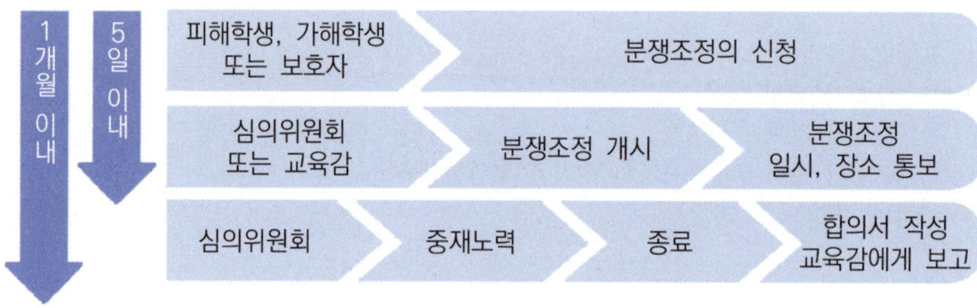

[그림 6-2] 분쟁조정의 흐름

심의위원회 또는 교육감은 분쟁조정의 신청을 받으면 5일 이내에 분쟁조정을 시작하여야 하고, 분쟁의 조정기간은 1개월을 넘지 못한다.

분쟁조정의 관할권에 관해서 살펴보면, 피해·가해학생이 같은 학교일 경우 심의위원회에서 분쟁을 조정한다. 한편, 피해·가해학생이 다른 학교일 경우도 있는데 동일한 시도 관할 구역일 경우는 해당 시도 교육감이 분쟁을 조정하고, 관할구역이 다른 시도일 경우에는 각 지역의 교육감 간에 협의를 거쳐 분쟁을 조정한다.

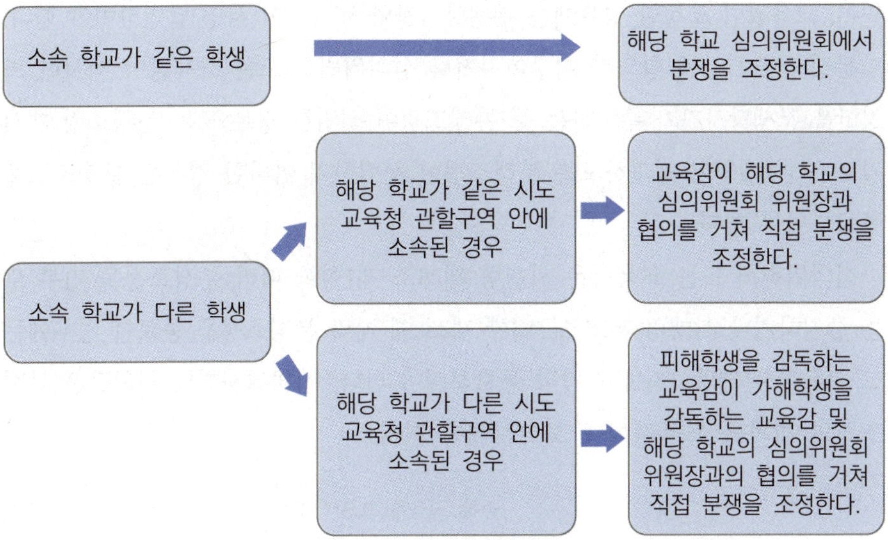

[그림 6-3] 분쟁조정 관할권

심의위원회 또는 교육감은 다음에 해당하는 사유가 발생한 경우에는 분쟁조정의 개시를 거부하거나 분쟁조정을 중지할 수 있다.

- 분쟁당사자 중 어느 한쪽이 분쟁조정을 거부한 경우
- 피해학생 등이 관련된 학교폭력에 대하여 가해학생을 고소·고발하거나 민사소송을 제기한 경우
- 분쟁조정의 신청내용이 거짓임이 명백하거나 정당한 이유가 없다고 인정되는 경우

분쟁조정을 거부하거나 중지할 경우에는 그 사유를 분쟁당사자에게 서면으로 통보하여야 한다.

심의위원회 또는 교육감은 분쟁조정이 성립된 때에는 분쟁당사자의 주소와 명칭, 조정대상의 분쟁내용(분쟁의 경위, 조정의 쟁점), 조정 결과를 적은 합의서를 작성하여 심의위원회의 분쟁당사자와 피해학생 및 가해학생이 소속된 학교의 장에게 각각 통보하여야 한다.

합의서에는 심의위원회가 조정한 경우에는 분쟁당사자와 조정에 참가한 위

원이, 교육감이 조정한 경우에는 분쟁당사자와 교육감이 서명 날인하여야 한다.

분쟁당사자 간에 합의가 이루어지거나 심의위원회 또는 교육감이 제시한 조정안을 분쟁당사자가 수락하는 등 분쟁조정이 성립한 경우 또는 분쟁조정 개시일로부터 1개월이 경과하도록 분쟁조정이 성립하지 아니한 경우는 분쟁조정을 종료하여야 한다.

심의위원회 또는 교육감은 시행령 제28조 제1항에 따라 분쟁조정을 거부 또는 중지하거나 시행령 제28조 제2항 제2호에 따라 분쟁조정을 종료한 경우에는 그 사유를 분쟁당사자에게 각각 통보하여야 한다. 심의위원회의 위원장은 분쟁조정의 결과를 교육감에게 보고하여야 한다.

출처: 교육부(2023). 개정판 학교폭력 사안처리 가이드북.

CHAPTER 07

학교폭력 사안처리 IV: 조치 결정 및 이행

1. 심의위원회의 조치 결정

1) 심의위원회 구성 및 운영

학교폭력의 예방 및 대책에 관련된 사항을 심의하기 위하여 「지방교육자치에 관한 법률」 제34조 및 「제주특별자치도 설치 및 국제자유도시 조성을 위한 특별법」 제80조에 따른 교육지원청(교육지원청이 없는 경우 해당 시도 조례로 정하는 기관으로 한다. 이하 같다)에 학교폭력대책심의위원회(이하 "심의위원회"라 한다)를 둔다. 다만, 심의위원회 구성에 있어 대통령령으로 정하는 사유가 있는 경우에는 교육감 보고를 거쳐 둘 이상의 교육지원청이 공동으로 심의위원회를 구성할 수 있다. "대통령령으로 정하는 사유가 있는 경우"란 학교폭력 피해학생과 가해학생이 각각 다른 교육지원청(교육지원청이 없는 경우 법 제12조 제1항에 따라 조례로 정하는 기관으로 한다) 관할 구역 내의 학교에 재학 중인 경우를 말한다. 심의위원회는 학교폭력의 예방 및 대책 등을 위하여 다음 각 호의 사항을 심의한다.

- 학교폭력의 예방 및 대책
- 피해학생의 보호
- 가해학생에 대한 교육, 선도 및 징계
- 피해학생과 가해학생 간의 분쟁조정
- 그 밖에 대통령령으로 정하는 사항

"대통령령으로 정하는 사항"이란 학교폭력의 예방 및 대책과 관련하여 학교의 장이 건의하는 사항을 말한다. 심의위원회의 설치·기능 등에 필요한 사항은 지역 및 교육지원청의 규모 등을 고려하여 대통령령으로 정한다.

심의위원회는 10명 이상 50명 이내의 위원으로 구성하되, 전체 위원의 3분의 1 이상을 해당 교육지원청 관할 구역 내 학교(고등학교를 포함한다)에 소속된 학생의 학부모로 위촉하여야 하며, 심의위원회의 위원장은 다음 각 호의 어느 하나에 해당하는 경우에 회의를 소집하여야 한다.

- 심의위원회 재적위원 4분의 1 이상이 요청하는 경우
- 학교의 장이 요청하는 경우
- 피해학생 또는 그 보호자가 요청하는 경우
- 학교폭력이 발생한 사실을 신고받거나 보고받은 경우
- 가해학생이 협박 또는 보복한 사실을 신고받거나 보고받은 경우
- 그 밖에 위원장이 필요하다고 인정하는 경우

심의위원회는 회의의 일시, 장소, 출석위원, 토의내용 및 의결사항 등이 기록된 회의록을 작성·보존하여야 한다. 다만, 피해 및 가해학생 또는 보호자가 회의록의 열람·복사 등 회의록 공개를 신청한 때에는 학생과 그 가족의 성명, 주민등록번호 및 주소, 위원의 성명 등 개인정보에 관한 사항을 제외하고 공개하여야 한다. 학교폭력의 예방 및 대책과 관련된 업무를 수행하거나 수행하였던 사람은 그 직무로 인하여 알게 된 비밀 또는 가해학생·피해학생 및 제20조에 따른 신고자·고발자와 관련된 자료를 누설하여서는 아니 된다.

심의위원회는 심의 과정에서 소아청소년과 의사, 정신건강의학과 의사, 심리

학자, 그 밖의 아동심리와 관련된 전문가를 출석하게 하거나 서면 등의 방법으로 의견을 청취할 수 있고, 피해학생이 상담·치료 등을 받은 경우 해당 전문가 또는 전문의 등으로부터 의견을 청취할 수 있다. 다만, 심의위원회는 피해학생 또는 그 보호자의 의사를 확인하여 피해학생 또는 그 보호자의 요청이 있는 경우에는 반드시 의견을 청취하여야 한다. 그 밖에 심의위원회의 구성·운영에 필요한 사항은 대통령령으로 정한다.

심의위원회의 위원은 다음 각 호의 어느 하나에 해당하는 사람 중에서 해당 교육장(교육장이 없는 경우 법 제12조 제1항에 따라 조례로 정하는 기관의 장으로 한다)이 임명하거나 위촉한다.

〈표 7-1〉 심의위원회의 구성 · 운영

1. 해당 교육지원청의 생활지도 업무 담당 국장 또는 과장(법 제12조 제1항에 따라 조례로 정하는 기관의 경우 해당 기관 소속의 공무원 또는 직원으로 한다)
1의2. 해당 교육지원청의 관할 구역을 관할하는 시군구의 청소년보호 업무 담당 국장 또는 과장
2. 교원으로 재직하고 있거나 재직했던 사람으로서 학교폭력 업무 또는 학생 생활지도 업무 담당 경력이 2년 이상인 사람
2의2. 「교육공무원법」 제2조 제2항에 따른 교육전문직원으로 재직하고 있거나 재직했던 사람
3. 법 제13조 제1항에 따른 학부모
4. 판사·검사·변호사
5. 해당 교육지원청의 관할 구역을 관할하는 경찰서 소속 경찰공무원
6. 의사 자격이 있는 사람
6의2. 「고등교육법」 제2조에 따른 학교의 조교수 이상 또는 청소년 관련 연구기관에서 이에 상당하는 직위에 재직하고 있거나 재직했던 사람으로서 학교폭력 문제에 대하여 전문지식이 있는 사람
6의3. 청소년 선도 및 보호 단체에서 청소년보호활동을 2년 이상 전문적으로 담당한 사람
7. 그 밖에 학교폭력 예방 및 청소년보호에 대한 지식과 경험이 풍부한 사람

심의위원회의 위원장은 위원 중에서 교육장이 임명하거나 위촉하는 사람이 되며, 위원장이 부득이한 사유로 직무를 수행할 수 없을 때에는 위원장이 미리

지정하는 위원이 그 직무를 대행한다. 심의위원회 위원의 임기는 2년으로 한다. 다만, 심의위원회 위원의 사임 등으로 새로 위촉되는 위원의 임기는 전임위원 임기의 남은 기간으로 한다. 교육장은 제1항 제2호, 제2호의2, 제3호부터 제6호까지, 제6호의2, 제6호의3 및 제7호에 따른 심의위원회 위원이 제3조의2 각 호의 어느 하나에 해당하는 경우에는 해당 위원을 해임하거나 해촉할 수 있다.

심의위원회의 회의는 재적위원 과반수의 출석으로 개의하고, 출석위원 과반수의 찬성으로 의결한다. 심의위원회의 위원장은 교육지원청 소속 공무원(법 제12조 제1항에 따라 조례로 정하는 기관의 경우 직원을 포함한다) 중에서 심의위원회의 사무를 처리할 간사 1명을 지명하며, 심의위원회의 회의에 출석한 위원에게는 예산의 범위에서 수당과 여비를 지급할 수 있다. 다만, 공무원인 위원이 그 소관 업무와 직접적으로 관련하여 회의에 출석한 경우에는 그렇지 않다. 이 외에 심의위원회 운영 등에 필요한 사항은 교육장이 정한다.

심의위원회의 업무를 효율적으로 수행하기 위하여 필요하면 심의위원회에 소위원회를 둘 수 있다. 소위원회(이하 "소위원회"라 한다)의 위원은 심의위원회의 위원으로 구성한다. 심의위원회는 필요한 경우에 그 심의 사항을 소위원회에 위임할 수 있으며, 이 경우 소위원회에서 심의·의결된 사항은 심의위원회에서 심의·의결된 것으로 본다. 소위원회는 심의가 끝나면 그 결과를 심의위원회에 보고해야 한다. 이 사항 외에 소위원회의 설치·운영에 필요한 사항은 교육장이 정한다.

심의위원회의 위원은 피해학생과 가해학생에 대한 조치를 요청하는 또는 분쟁을 조정할 때 위원이나 그 배우자 또는 그 배우자였던 사람이 해당 사건의 피해학생 또는 가해학생의 보호자 또는 보호자였었던 경우와 위원이 해당 사건의 피해학생 또는 가해학생과 친족이거나 친족이었던 경우 그 밖에 위원이 해당 사건의 피해학생 또는 가해학생과 친분이 있거나 관련이 있다고 인정하는 경우 제척된다.

학교폭력과 관련하여 심의위원회를 개최하는 경우 또는 분쟁이 발생한 경우 심의위원회의 위원에게 공정한 심의를 기대하기 어려운 사정이 있다고 인정할 만한 상당한 사유가 있을 때에는 분쟁당사자는 심의위원회에 그 사실을 서면으로 소명하고 기피신청을 할 수 있다.

심의위원회는 제2항에 따른 기피신청을 받으면 의결로써 해당 위원의 기피 여부를 결정해야 한다. 이 경우 기피신청 대상이 된 위원은 그 의결에 참여하지 못한다. 또한 심의위원회의 위원이 제1항 또는 제2항의 사유에 해당하는 경우에는 스스로 해당 사건을 회피할 수 있다.

심의위원회는 해당 지역에서 발생한 학교폭력에 대한 조사와 자료 제출 및 의견 진술 요청권의 권한을 가지며 학교장에게 심의에 필요한 자료 또는 정보의 제출과 전문가 등 참고인의 의견 진술은 물론 관할 경찰서장에게 관련 자료를 요청할 수 있다. 또한 필요하다고 인정할 때에는 학교폭력이 발생한 해당 학교 소속 교원이나 학교폭력예방 및 대책과 관련된 분야의 전문가 등을 출석하게 하거나 서면 등의 방법으로 의견을 들을 수 있다.

대면 심의를 원칙으로 한다. 즉, 피해 및 가해학생 및 보호자가 심의위원회에 직접 출석하여 진술해야 한다. 다만, 피해 및 가해학생 측의 요구가 있거나 도서지역의 경우 등 특별한 여건을 고려할 필요가 있는 경우 전화, 화상, 서면 등의 심의 방식을 활용할 수 있다. 이 경우 심의의 공정성이 최대한 확보될 수 있도록 주의가 필요하다.

대면 심의를 위해 학생들이 심의위원회에 출석하는 경우, 심의위원회 출석으로 인한 피해 및 가해학생의 학습권 침해를 최소화하도록 하고 기타 부득이한 사유로 학교장의 허가를 받아 결석하는 경우로 보아 출석으로 인정할 수 있음을 학교에 안내하며, 심의위원회 개최 장소에서 피해 및 가해학생의 불필요한 접촉을 방지하도록 피해 및 가해학생의 대기실을 분리·운영한다.

학교폭력 사안 유형에 따라 관련 분야 전문가 및 관련 학교 교원을 출석시켜 의견을 들을 수 있다. 관련 분야 전문가 및 교원 출석에 대한 내용을 심의위원들에게 사전 공지하여 심의위원들이 이를 활용할 수 있도록 지원한다.

심의위원회는 다문화학생과 장애학생이 학교폭력 관련 학생인 경우, 관련 분야의 전문가를 참석시켜 의견을 들을 수 있고, 성(性) 사안과 사이버 폭력 사안의 경우에도 관련 분야의 전문가를 회의에 참석시켜 의견을 들을 수 있으며 필요하다고 판단하는 경우, 피해 및 가해학생이 재학 중인 학교의 교원(관리자, 책임교사, 담임교사 등)을 출석하게 하여 의견을 들을 수 있다. 그 밖에 심의위원회 운영에 관하여 필요한 사항은 교육장이 정한다.

심의위원회는 학교의 요청이 있는 경우, 21일 이내에 개최하는 것을 원칙으로 하되 상황에 따라 7일 이내에서 연장이 가능하다. 다만, 학교의 요청이 있는 경우라 함은 공문으로 심의위원회 개최 요청서가 접수된 시점을 기준으로 한다.

시험 등 학사일정, 사안조사 과정에서 새로운 증거 발견, 관련 학생 및 보호자 의견진술 기회 부여 등 뚜렷한 이유가 있는 경우에 한해 연기가 가능하지만 사실관계 확인이 어려운 사안의 경우(경찰 수사 진행 중인 사건, 성폭력 사건 등)에는 기한 내에 심의위원회를 개최한 후, 심의위원회에서 조치결정을 유보하는 의결이 가능하다.

법률 제13조2 제1항 각 호의 요건을 모두 충족하였으나 피해학생과 그 보호자가 학교장 자체해결에 동의하지 않아 심의위원회 개최가 요청된 경우에라도 피해학생과 그 보호자가 심의위원회 개최 이전까지 심의위원회 개최 취소 의사를 서면으로 표명하면 심의위원회 개최 요청을 철회한 것으로 본다. 심의위원회 개최 취소 요청 후에 학교는 학교장 자체해결 절차에 따라 사안을 처리하고 이를 심의위원회에 보고해야 한다.

※ 심의위원회 개최 취소 요청 절차는 피해학생 및 그 보호자가 해당 학교에 서면으로 심의위원회 개최 취소 의사 표명 → 학교는 교육지원청에 '심의위원회 개최 취소 요청서'를 첨부하여 보고 → 교육지원청은 공문 접수 후 심의위원회 개최 취소 확정

2) 심의위원회 절차에 따른 학교의 역할

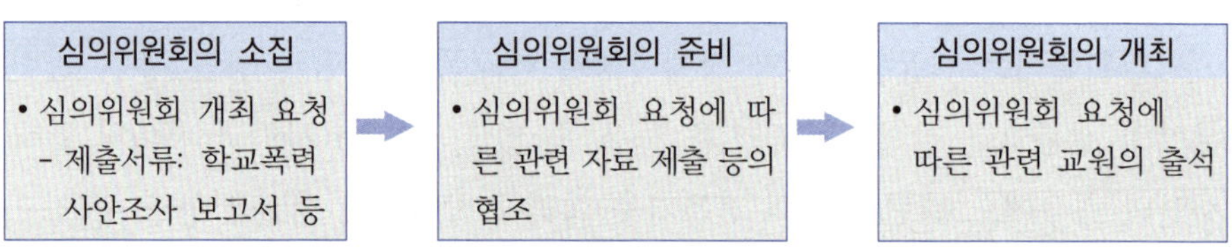

[그림 7-1] 심의위원회 절차에 따른 학교의 역할

심의위원회 개최는 학교에서 관할 교육지원청으로 공문 발송 후 학교장 자체 해결 사안이 아닌 학교폭력은 심의위원회에 회부하여 처리하고 학교폭력 사안 조사 보고서와 관련 서류를 구비하여 교육지원청에 공문으로 발송한다. 이때 공문 발송 시 보안에 각별히 유의해야 한다.

▸ **첨부서류**

- 학교폭력 전담기구 심의결과 보고서-학교폭력 사안조사 보고서
- 관련 학생 및 목격학생 확인서-보호자 확인서
- (피해 및 가해학생) 긴급조치 보고서-피해·가해학생 보호자 개인정보
- 학생선수 확인을 위한 관련 서류(학교장 확인서, 선수등록증명서, 학생선수 확인서 중 1가지 이상)
  ※ 교육부 교수학습평가과-3822(2022. 8. 3.) 참조, 학생선수가 아닐 경우 필요하지 않음
- 기타 심의위원회에 필요한 서류

심의위원회는 해당 지역에서 발생한 학교폭력에 대하여 학교장 및 관할 경찰서장에게 관련 자료를 요청할 수 있으며, 필요하다고 인정할 때에는 학교폭력이 발생한 해당 학교 소속 교원이나 학교폭력예방 및 대책과 관련된 분야의 전문가 등을 출석하게 하거나 서면 등의 방법으로 의견을 들을 수 있다.

심의위원회는 심의를 위해 필요한 경우, 해당 학교의 관련 교원에게 의견을 들을 수 있으므로 학교는 이에 최대한 협조하여야 한다. 학교의 여건 및 사안의 특성에 따라 출석진술 이외에도 심의위원회의 요청에 따라 서면 제출, (영상)통화, 사전면담 등 다양한 방법으로 협조할 수 있다.

3) 조치결정 이후의 절차

심의위원회는 회의의 일시, 장소, 출석위원, 토의내용 및 의결사항 등이 기록된 회의록을 작성·보존하여야 한다. 심의위원회는 피해학생의 보호를 위하여 필요하다고 인정하는 때에는 피해학생에 대하여 다음 각 호의 어느 하나에 해당하는 조치(수 개의 조치를 병과하는 경우를 포함한다)를 할 것을 교육장(교육

장이 없는 경우 제12조 제1항에 따라 조례로 정한 기관의 장으로 한다. 이하 같다.)에게 요청할 수 있다. 다만, 학교의 장은 피해학생의 보호를 위하여 긴급하다고 인정하거나 피해학생이 긴급보호의 요청을 하는 경우에는 제1호, 제2호 및 제6호의 조치를 할 수 있다. 이 경우 학교의 장은 심의위원회에 즉시 보고하여야 한다. 이에 따른 요청이 있는 때에는 교육장은 피해학생 보호자의 동의를 받아 7일 이내에 해당 조치를 하여야 한다.

심의위원회는 피해학생의 보호와 가해학생의 선도·교육을 위하여 가해학생에 대하여 다음 각 호의 어느 하나에 해당하는 조치(수 개의 조치를 병과하는 경우를 포함한다)를 할 것을 교육장에게 요청하여야 하며, 각 조치별 적용 기준은 대통령령으로 정한다. 다만, 퇴학처분은 의무교육과정에 있는 가해학생에 대하여는 적용하지 아니한다. 이에 따른 요청이 있는 때에는 교육장은 14일 이내에 해당 조치를 하여야 한다.

학교의 장은 조치의 이행에 협조하여야 하며, 학교폭력을 축소 또는 은폐해서는 아니 된다. 또한 학교의 장은 교육감에게 학교폭력이 발생한 사실과 학교의 장의 자체해결로 처리된 사건과 조치 및 그 결과를 보고하고, 관계 기관과 협력하여 교내 학교폭력 단체의 결성 예방 및 해체에 노력하여야 한다.

이 법에 따라 학교폭력의 예방 및 대책과 관련된 업무를 수행하거나 수행하였던 자는 그 직무로 인하여 알게 된 비밀 또는 가해학생·피해학생 신고자·고발자와 관련된 자료를 누설하여서는 아니 된다. 이에 따른 비밀의 구체적인 범위는 대통령령으로 정한다. 교육장(조치권자)은 심의위원회 조치결정 후, 피해 및 가해 측에 서면으로 조치결정을 통보한다. 행정청이 처분을 할 때에는 다른 법령 등에 특별한 규정이 있는 경우를 제외하고는 문서로 하여야 하며, 전자문서로 하는 경우에는 당사자 등의 동의가 있어야 한다.

관련 학생에게 내려진 조치뿐만 아니라, 조치가 내려진 근거와 이유를 제시해야 한다(행정절차법 제23조 제1항). 가해학생이 다수인 경우 가해학생별로 따로 조치결정을 기재하여 통보한다. 조치결정이 유보된 경우 사안이 복잡하거나 여러 학교가 관련되어 있어 심의가 어려운 경우, 심의위원회는 조치결정을 유보하고 추가 조사 등을 한 후 심의위원회를 다시 개최하여 의결할 수 있다. 이때, 조치결정이 유보된 사실과 유보된 사유를 피해 및 가해 측에게 서면으로 통보한다.

학교장은 조치결정 후 학교에 공문으로 조치결정을 통보한다. 이때 학교장은 교육장의 조치결정에 따른 조치의 이행에 협조하여야 하며 가해 측이 조치결정을 통보받은 후 조치이행이 이루어질 수 있도록 한다. 조치를 이행한 후에는 교육(지원)청에 그 결과를 보고한다. 조치이행 여부에 대한 보고 방법 및 시기는 교육(지원)청 자체계획에 따른다. 이때 조치를 받은 학생이 해당 조치를 거부하거나 기피하는 경우, 심의위원회는 교육장에게 추가로 다른 조치를 할 것을 요청할 수 있다.

2. 피해 및 가해학생 조치

1) 피해학생에 대한 보호조치

심의위원회는 피해학생의 보호를 위하여 필요하다고 인정하는 때에는 피해학생에 대하여 다음 각 호에 해당하는 조치(수 개의 조치를 병과하는 경우를 포함한다)를 할 것을 교육장에게 요청할 수 있다. 다만, 학교의 장은 피해학생의 보호를 위하여 긴급하다고 인정하거나 피해학생이 긴급보호의 요청을 하는 경우에는 심의위원회의 요청 전에 제1호, 제2호 및 제6호의 조치를 할 수 있다. 이 경우 학교의 장은 심의위원회에 즉시 보고하여야 한다.

1. 학내외 전문가에 의한 심리상담 및 조언
2. 일시보호
3. 치료 및 치료를 위한 요양
4. 학급 교체
5. 삭제
6. 그 밖에 피해학생의 보호를 위하여 필요한 조치

심의위원회는 조치를 요청하기 전에 피해학생 및 그 보호자에게 의견진술의 기회를 부여하는 등 적정한 절차를 거쳐야 한다. 요청이 있는 때에는 교육장은 피해학생의 보호자의 동의를 받아 7일 이내에 해당 조치를 하여야 하고 이를 심의위원회에 보고하여야 한다.

피해학생으로 보호조치 결정을 받은 경우, 학교는 피해학생 및 보호자에게 학교폭력 피해학생 전담지원기관에 대한 정보, 학교폭력 피해 관련 지원 프로그램, 학교폭력 화해 분쟁 조정 기관에 대한 정보 등을 안내하여 지원받을 수 있도록 한다.

피해학생에 대한 보호조치는 피해자 보호자의 동의가 있어야 한다. 제1호(학내외 전문가에 의한 심리상담 및 조언)는 학교폭력으로 받은 정신적·심리적 충격으로부터 회복할 수 있도록 학교 내·외의 심리상담 전문가로부터 심리상담 및 조언을 받도록 하는 조치이다. 학교 내 상담교사가 없을 시 지역 내 피해학생 전담지원기관, Wee센터, 정신보건센터, 청소년상담복지센터, 전문상담기관 등 외부 기관을 통하여 진행할 수 있다.

제2호(일시보호)는 가해학생으로부터 지속적인 폭력이나 보복을 당할 우려가 있는 경우, 일시적으로 보호시설이나 집 또는 학교상담실 등에서 보호를 받을 수 있도록 하는 조치이다.

제3호(치료 및 치료를 위한 요양)는 학교폭력으로 인하여 생긴 신체적·정신적 상처의 치유를 위하여 의료기관 등에서 치료를 받도록 하는 조치이다. 피해학생이 보호조치로 집이나 요양기관에서 신체적·심리적 치료를 받을 때는 치료기간이 명시된 진단서 또는 관련 증빙자료를 첨부하여 학교에 제출하도록 보호자에게 안내한다. 이때 피해학생이 전문단체나 전문가로부터 제1항 제1호부터 제3호까지의 규정에 따라 받는 상담 등에 사용되는 비용은 가해학생의 보호자가 부담하여야 한다. 다만, 피해학생의 신속한 치료를 위하여 학교의 장 또는 피해학생의 보호자가 원하는 경우에는 학교안전공제회 또는 시도교육청이 부담하고 이에 대한 구상권을 행사할 수 있다.

제4호(학급교체)는 지속적인 학교폭력 상황 및 정신적 상처에서 벗어나도록 하기 위해서 피해학생을 동일 학교 내의 다른 학급으로 소속을 옮겨주는 조치이다. 피해학생 입장에서는 새로운 학급에 적응해야 하는 부담이 있으므로, 조치 결정에 있어 피해학생 및 보호자의 의견을 적극 반영하는 것이 바람직하다.

기존 전학권고 조치인 제5호는 삭제되었고, 학교의 장은 학생의 교육환경을 바꾸어 줄 필요가 있다고 인정하는 경우, 다른 학교로 전학을 추천할 수 있다. 단, 초등학교의 경우 보호자 1인의 동의를 얻어야 하며, (초중등교육법 시행령 제21조 제6항, 시행령 제73조 제6항, 시행령 제89조 제5항) 해당 시도교육청 및 교육지원청별 전・편입학 업무 시행지침에 따른다.

※ 성폭력 범죄에 의한 피해학생의 전학요청 시 학교장은 반드시 교육감(장)에게 학교배정을 요청하여야 하고, 이때 배정된 학교장은 전학을 거부할 수 없음(성폭력방지 및 피해자보호 등에 관한 법률 제2조 및 제7조)

피해학생에 대한 조치를 결정하고 실행할 때에는 피해학생에 대해서 제2차 피해가 가지 않도록 특히 유의해야 하기 때문에 추가적인 보호 지원에 신경을 써야 한다. 예를 들면, 피해학생 보호조치 등 보호가 필요한 학생에 대하여 학교의 장이 인정하는 경우 그 조치에 필요한 결석을 출석일수에 산입할 수 있다.

학교안전사고 예방 및 보상에 관한 법률 시행규칙 제9조의3(집행 기준 등)에 따라 피해학생은 신속한 치료를 위하여 학교의 장 또는 피해학생의 보호자가 원하는 경우에는 학교안전공제회 또는 시・도교육청이 부담하고 이에 대한 상환청구권을 행사할 수 있다(법률 제16조 제6항).

그리고 보호조치를 받았다는 사실 자체가 성적평가 등에서 불이익으로 작용하지 않도록 해야 하며, 피해학생이 결석하게 되어 부득이하게 성적평가를 위한 시험에 응하지 못하게 된 경우에도 학교학업성적관리규정에 의거하여 불이익이 없도록 조치해야 한다.

장애 등을 이유로 장애학생에게 학교폭력을 행사하여서는 아니 된다. 따라서 장애 관련 비하발언, 장애로 인한 개인의 정신적·신체적 불편함을 의도적으로 자극하거나 공격하는 행위 등을 하여서는 안 된다. 하지만 장애학생의 경우에도 기본적으로 사안처리에 있어서는 일반학생과 동일하다.

학교폭력예방 및 대책에 관한 법률에서는 장애학생에 대하여 "신체적·정신적·지적 장애 등으로, 「장애인 등에 대한 특수교육법」 제15조에서 규정하는 특수교육을 필요로 하는 학생"으로 정하고 있다. 그러나 특수교육을 받지 않는 학생이라 하더라도 이러한 장애가 다소 있는 학생의 경우는 입법 취지를 고려하여 보다 세심한 주의를 기울여야 할 대상이라는 점을 유의해야 한다.

가해학생 또는 피해학생이 장애학생인 경우 전담기구의 사안조사 및 심의위원회의 심의 시 특수교육 전문가(위원 또는 참고인: 특수학교 교원, 특수교육 교육전문직원, 특수교육지원센터 전담인력, 특수교육 관련 교수 등)를 참여시켜 장애학생의 장애 정도, 특성 등에 대한 의견진술 기회 확보 및 진술을 조력할 수 있다.

피해학생이 장애학생이고 가해학생이 일반학생인 경우에는 해당 가해학생에 대하여 보다 엄격하게 심의하여 조치하여야 하며, 해당 가해학생에게 「학교폭력법」 제17조 제1항 제5호 또는 제17조 제3항에 의한 특별교육 이수 조치를 할 때에는 장애에 대한 이해 및 인식 개선이 가능한 특별교육 프로그램을 이수하도록 하는 것이 바람직하다.

다문화학생(중도입국·외국인학생 등)과 탈북학생의 경우에도 기본적인 사안처리는 일반학생과 동일하다. 그러나 다문화학생(중도입국·외국인학생 등)과 탈북학생은 문화적·언어적 차이로 인해 사안처리 과정에서 세심한 주의가 필요한 대상이라는 점을 유의한다.

초기대응, 사안조사 등 사안처리 과정에서 한국어 능력이 부족하여 의사소통에 어려움이 있는 다문화학생(중도입국·외국인학생 등), 제3국 출생 탈북학생의 경우 명확한 상황 전달과 자기표현을 위해 통역의 활용 또는 관련 담당교사를 참여시켜 충분한 통번역이 이루어지도록 한다.

피해학생 또는 가해학생이 다문화학생(중도입국·외국인학생 등), 탈북학생인 경우 전담기구 및 심의위원회에 전문가(예비학교 담당자, 탈북교육 담당자 등)를 참여시켜 다문화학생(중도입국·외국인학생 등)과 탈북학생의 문화적 특성 등에 대한 의견을 참고하도록 한다.

피해학생이 다문화학생(중도입국·외국인학생 등) 또는 탈북학생이고, 가해학생이 일반학생인 경우 법률 제17조 제1항 제5호 및 제3항에 의한 특별교육 이수 조치를 할 때에는 다문화 또는 탈북학생에 대한 이해 및 인식개선이 가능한 내용을 포함한 특별교육 프로그램을 이수하도록 하는 것이 바람직하다.

2) 가해학생에 대한 조치

심의위원회는 피해학생의 보호와 가해학생의 선도·교육을 위하여 가해학생에 대하여 다음 각 호의 어느 하나에 해당하는 조치(수 개의 조치를 병과하는 경우를 포함한다)를 할 것을 교육장에게 요청하여야 하며, 각 조치별 적용기준은 대통령령으로 정한다. 다만, 퇴학처분은 의무교육과정에 있는 가해학생에 대하여는 적용하지 않는다.

1. 피해학생에 대한 서면 사과
2. 피해학생 및 신고·고발 학생에 대한 접촉, 협박 및 보복행위의 금지
3. 학교에서의 봉사
4. 사회봉사
5. 학내외 전문가에 의한 특별 교육이수 또는 심리치료
6. 출석정지
7. 학급교체
8. 전학
9. 퇴학처분

심의위원회가 교육장에게 가해학생에 대한 조치를 요청할 때 그 이유가 피해학생이나 신고·고발 학생에 대한 협박 또는 보복 행위일 경우에는 같은 항 각 호의 조치를 병과하거나 조치 내용을 가중할 수 있다.

학교의 장은 가해학생에 대한 선도가 긴급하다고 인정할 경우 우선 제1항 제1호부터 제3호까지, 제5호 및 제6호의 조치를 할 수 있으며, 제5호와 제6호는 병과조치할 수 있다. 이 경우 심사위원회에 즉시 보고하여 추인을 받아야 한다.

조치를 요청하기 전에 가해학생 및 보호자에게 의견진술의 기회를 부여하는 등 적정한 절차를 거쳐야 한다. 요청이 있는 때에 교육장은 14일 이내에 해당 조치를 하여야 한다.

심의위원회는 가해학생이 특별교육을 이수할 경우 해당 학생의 보호자도 함께 교육을 받게 하여야 한다. 가해학생이 다른 학교로 전학을 간 이후에는 전학 전의 피해학생 소속 학교로 다시 전학 올 수 없도록 하여야 한다.

교육감 또는 교육장은 가해학생이 전학할 학교를 배정할 때 피해학생의 보호에 충분한 거리 등을 고려하여야 하며, 관할구역 외의 학교를 배정하려는 경우에는 해당 교육감 또는 교육장에게 이를 통보하여야 한다. 통보를 받은 교육감 또는 교육장은 해당 가해학생이 전학할 학교를 배정하여야 한다.

가해학생 선도·교육 조치 제1호(피해학생에 대한 서면 사과)는 가해학생이 피해학생에게 서면으로 그동안의 폭력행위에 대하여 사과를 함으로써 서로 화해하도록 하는 조치이다.

제2호(피해학생 및 신고·고발 학생에 대한 접촉, 협박 및 보복행위의 금지)는 피해학생이나 신고·고발학생에 대한 가해학생의 접근을 막아 더 이상의 폭력이나 보복을 막기 위한 조치이다. 심의위원회에서 2호 '접촉 등 금지' 조치를 결정할 경우 그 기한을 정하는 것이 바람직하다. 만일, 기한을 정하지 않을 경우 해당 학교급의 졸업시점까지 '접촉 등 금지'가 유효하다. '접촉 금지'는 조치를 받은 학생이 의도적으로 피해학생에게 접촉하는 것을 금지하는 것으로, 교육활동 및 일상생활 가운데 이루어지는 의도하지 않은 접촉에 대해서 모두 금지하는 것은 아니다. 다만, 무의도성을 이유로 빈번하게 접촉이 이루어지거나, 무의도성을 가장해 피해학생에게 접촉할 경우 다른 조치를 추가할 수 있다.

제3호(학교에서의 봉사)는 교내에서 봉사활동을 통해 자신의 행동을 반성하는 기회를 주기 위한 조치이다. 단순한 훈육적 차원이 아니라, 봉사의 진정한 의미를 알고 학생 스스로 잘못을 깨달을 수 있는 봉사 방법을 선정하여 선도적·교육적 차원에서의 봉사활동을 실시한다. 예를 들면, 가해학생에게 학교 내의 화단 정리, 교실의 교구 정리, 화장실 청소, 장애 학생의 도우미 지도 등을 하도록 한다. 이때 지도교사를 생활지도부장 외에도 담임교사, 생활지도부 교사, 상담교사 등으로 다양하게 구성하는 것이 좋다.

제4호(사회봉사)는 사회구성원으로서의 책임감을 느끼고, 봉사를 통해 반성하는 시간을 마련하기 위한 조치이다. 사회봉사는 지역 행정기관에서의 봉사(환경미화, 교통안내, 거리질서유지 등), 공공기관에서의 봉사(우편물 분류, 도서관 업무보조 등), 사회복지기관(노인정, 사회복지관 등)에서의 봉사 등의 형태로 진행될 수 있다. 학교에서는 사회봉사를 실시하는 기관과 업무협조를 긴밀히 하고, 각종 확인 자료와 담당자 간의 통신을 통하여 사회봉사가 실질적으로 이루어질 수 있도록 한다.

제5호(학교 내외 전문가에 의한 특별교육이수 또는 심리치료)는 교육감이 정한 기관에서 특별교육을 이수하거나 심리치료를 받아야 하며, 그 기간은 심의위원회에서 정한다.

제6호(출석정지)는 가해학생을 학교에 출석하지 못하게 함으로써 일시적으로 피해학생과 격리시켜 피해학생을 보호하고, 가해학생에게는 반성의 기회를 주기 위한 조치이다. 가해학생에 대한 출석정지 기간은 출석일수에 산입하지 않는다.

제7호(학급교체)는 가해학생을 피해학생으로부터 격리하기 위하여 같은 학교 내의 다른 학급으로 옮기는 조치이다.

제8호(전학)는 가해학생을 피해학생으로부터 격리시키고 피해학생에 대해 더 이상의 폭력행위를 하지 못하도록 하기 위하여 다른 학교로 소속을 옮기도록 하는 조치이다. 가해학생이 다른 학교로 전학을 간 이후에는 전학 전의 피해학생 소속 학교로 다시 전학 올 수 없도록 하여야 한다. 전학 처분 시 교육감 또는 교육장은 전학 조치된 가해학생과 피해학생이 상급학교에 진학할 때에는 각각 다른 학교를 배정하여야 한다. 이 경우 피해학생이 입학할 학교를 우선적으로 배정한다.

제9호(퇴학처분)는 피해학생을 보호하고 가해학생을 선도·교육할 수 없다고 인정될 때 취하는 조치이다. 다만 의무교육과정에 있는 가해학생에 대하여는 적용하지 않는다. 퇴학 처분을 할 때에는 당해 학생 및 보호자와 진로상담을 하여야 하며, 지역사회와 협력하여 다른 학교 또는 직업교육훈련기관 등을 알선하는 데 노력하여야 한다.

교육감은 퇴학처분을 받은 학생에 대하여 해당 학생의 선도의 정도, 교육 가능성 등을 종합적으로 고려하여 「초중등교육법」 제60조의3에 따른 대안학교로의 입학 등 해당 학생의 건전한 성장에 적합한 대책을 마련하여야 한다(시행령 제23조 제1항). 가해학생에 대한 조치 및 재입학 등에 필요한 세부사항은 교육감이 정한다(시행령 제23조 제2항).

가해학생이 법률 제17조 제1항 제2호부터 제9호까지의 처분에 따른 조치를 거부하거나 기피하는 경우 심의위원회는 추가로 다른 조치를 할 것을 교육장에게 요청할 수 있다(법률 제17조 제11항). 다만, 법률 제17조 제4항에 따른 긴급조치를 거부하거나 회피할 경우에는 학교의 장은 「초중등교육법」 제18조 및 동법 시행령 제31조에 따라 징계하여야 한다(법률 제17조 제7항).

▸ 초중등교육법 시행령상 징계조치(초중등교육법 시행령 제31조)

- 학교 내의 봉사
- 사회봉사
- 특별교육 이수
- 출석정지(1회 10일 이내, 연간 30일 이내)
- 퇴학처분

3) 가해학생 및 보호자 특별교육

〈표 7-2〉 가해학생에 대한 조치 결정 기준

▪학교폭력예방 및 대책에 관한 법률 제16조의2, 제17조 제2항 - 피해학생이 장애학생인지 여부 - 피해학생이나 신고·고발 학생에 대한 협박 또는 보복행위인지 여부
▪학교폭력예방 및 대책에 관한 법률 시행령 제19조 - 가해학생이 행사한 학교폭력의 심각성·지속성·고의성 - 가해학생의 반성의 정도 - 해당 조치로 인한 가해학생의 선도 가능성 - 가해학생 및 보호자와 피해학생 및 보호자 간의 화해의 정도
▪기타 - 교사(敎唆)행위를 했는지 여부 - 2인 이상의 집단 폭력을 행사한 것인지 여부 - 위험한 물건을 사용했는지 여부 - 폭력행위를 주도했는지 여부 - 폭력서클에 속해 있는지 여부 - 정신적·신체적으로 심각한 장해를 유발했는지 여부
▪사이버 폭력, 따돌림 등 은밀한 폭력의 경우에도 피해자의 정신적 고통의 심각성을 고려하여 물리적 폭력과 동일한 수준에서 조치가 결정될 수 있도록 한다.

제2호부터 제4호까지 및 제6호부터 제8호까지의 처분을 받은 가해학생은 교육감이 정한 기관에서 특별교육을 이수하거나 심리치료를 받아야 하며, 그 기간은 심의위원회에서 정한다. 가해학생 특별교육은 '조치로서의 특별교육'(법률 제17조 제1항 제5호)과 '부가된 특별교육'(법률 제17조 제3항)의 두 가지로 구분된다. 조치로서의 특별교육 또는 심리치료를 받은 경우, 심리치료의 범위에 대해 명확히 해줘야 한다. 조치로서의 특별교육은 학생부 기재 대상이지만, 부가된 특별교육의 경우 기재 대상이 아니다.

교육장은 학교폭력대책심의위원회에서 가해학생에게 '조치로서의 특별교육'(법률 제17조 제1항 제5호)과 '부가된 특별교육'(법률 제17조 제3항)을 내린 경우 가해학생의 보호자에게도 특별교육을 이수하도록 서면으로 통보하여야 한다(법률 제17조 제1항 제5호).

학교장은 가해학생 특별교육 이수조치를 결정한 경우, 교육감이 정한 기관에서 그 학생의 보호자도 특별교육을 이수하도록 하여야 한다. 보호자가 특별교육에 불응할 경우, 교육감은 법률에 의하여 300만 원 이하의 과태료가 부과됨을 안내하고 특별교육을 이수할 것을 재통보하며, 이를 불응한 경우 법률에 의거하여 과태료를 부과・징수하여야 한다(법률 제23조, 시행령 제35조).

교육장은 심의위원회의 조치 후 14일 이내에 해당 보호자에게 특별교육 실시를 서면으로 통보하고, 학교장은 보호자가 3개월 이내에 특별교육을 이수할 수 있도록 시간과 장소를 안내하여 보호자가 통보를 받은 날로부터 3개월이 되는 날까지 특별교육에 불응할 경우, 학교장은 3개월의 다음 날 동 보호자 명단을 시도교육감에게 통보해야 한다. 시도교육감은 학교장의 통보를 받은 14일 이내에 동 보호자에게 특별교육을 1개월 이내에 이수할 것과 미이수 시 과태료가 부과됨을 함께 서면으로 안내해야 한다.

시도교육감으로부터 특별교육 통보를 받은 보호자가 1개월이 되는 날까지 특별교육에 불응할 경우에 시도교육감은 1개월이 되는 다음 날 보호자에게 「학교폭력예방 및 대책에 관한 법률」 제22조 제2항에 따른 과태료 부과 예고를 통보한다. 보호자는 과태료 부과 예고 통보를 받은 날로부터 14일 이내에 특별교육을 이수하고 이수증을 제출하거나 특별교육에 불응한 타당한 이유를 시도교육감에게 제출해야 한다.

시도교육감은 특별교육 이수증을 제출한 보호자에게는 과태료를 부과하지 않고, 의견을 제출한 보호자에 대해서 그 타당성 여부를 검토하여 과태료 부과 여부를 재결정한다. 이때 보호자 과태료 부과 여부와 무관하게 특별교육 이수 의무는 유지된다. 그러나 보호자가 14일 이내에 이수증 또는 의견을 제출하지 않을 경우 시도교육감은 과태료 부과 및 징수 절차를 개시할 수 있다.

과태료가 부과된 이후에 이의가 있는 보호자는 30일 이내에 교육청에 이의제기가 가능하며, 보호자가 이의를 제기한 때에 교육청은 그 사실을 관할 법원에 통보한다. 보호자가 이의를 제기하지 않고 과태료를 납부하지 아니한 경우에는

「질서위반행위 규제법」에 따라 징수한다. 단, 가해학생 조치에 대해 시도학생 징계조정위원회에 재심을 청구한 경우, 모든 절차를 진행함에 있어 재심이 완료될 때까지의 기간은 산입하지 않는다.

〈표 7-3〉 가해학생 보호자(학부모) 특별교육 운영

▪ 운영원칙
- 기관 특성·폭력사안의 유형 등을 고려하여 다양한 교육프로그램 마련을 통해 가해 유형별 사례 관리 및 추수 관리
- 보호자들의 특별교육 참가율 제고를 위하여 주말, 야간교육 개설 권장
- 자녀의 심리상태 이해 등을 위해 보호자 특별교육의 개인상담 시 학생과 함께 또는 별도 실시 가능
- 개인 상담 실시: 특별교육에 일정 시간 부과 및 필요시 추가 가능 (Wee센터, Wee클래스에서 실시하되 필요한 경우 위탁 가능)

▪ 교육내용
- 학교폭력 전반적 이해를 통한 예방 및 대처 방안
- 바람직한 학부모상 등 자녀 이해교육
- 가해학생의 심리 이해 및 학교·학부모 간의 공동 대처 방안 협의

▪ 특별교육 인정 기준

교육 대상 처분	이수시간	교육 운영	비고
보복행위 금지, 학교봉사	4시간 이내	교육감 지정기관 프로그램 및 개인상담 이수	학부모·학생 공동교육 가능
사회봉사, 특별교육, 출석정지, 학급교체, 전학	5시간 이상		

▪ 교육청은 전국 시도학부모지원센터(교육부 · 평생교육진흥원), 청소년비행예방센터(법무부), 한국청소년상담원(여가부), 평생교육센터(지자체) 등 부처 산하기관, 대안교육기관, 학교폭력 관련 시민단체(푸른나무재단, 평화여성회 등) 등의 다양한 프로그램을 활용하여 특별교육 이수기관을 선정하고 학부모에게 안내한다.

가해학생에 대한 조치 이후 학생생활기록부의 학교폭력 조치사항에 대한 기록 관리도 중요하다. 학교폭력 가해학생에 대한 조치사항의 경우 시행된 즉시 학교생활기록부에 기재하도록 되어 있다. 가해학생이 조치를 거부하거나 기피할 경우, 조치사항이 시행되지 않았더라도 조치가 결정된 날을 기준으로 15일

이 경과하면 입력한다. 재심, 행정심판 및 소송이 청구된 경우에는 조치 사항을 먼저 입력하고, 향후 조치가 변경될 경우 이를 수정하여야 한다.

〈표 7-4〉 학생생활기록부 학교폭력 조치사항 기록 관리

항목	가해학생 조치사항	졸업 시 조치	보존 및 삭제
학적사항 '특기사항'	8호(전학)	심의위원회에서 심의 후 졸업과 동시에 삭제 가능 해당 학생의 반성 정도와 긍정적 행동변화 정도 등 고려	졸업 시 미삭제된 학생의 기록은 졸업 2년 후 삭제
	9호(퇴학처분)	-	보존
출결상황 '특기사항'	4호(사회봉사) 5호(특별교육이수 또는 심리치료) 6호(출석정지)	심의위원회에서 심의 후 졸업과 동시에 삭제 가능 해당 학생의 반성 정도와 긍정적 행동변화 정도 등 고려	졸업 시 미삭제된 학생의 기록은 졸업 2년 후 삭제
'행동특성 및 종합의견'	1호(서면사과) 2호(접촉, 협박 및 보복행위 금지) 3호(학교에서의 봉사) 7호(학급교체)	해당 학생 졸업과 동시에 삭제	-

3. 가해학생 조치사항의 학교생활기록부 기재방법

1) 기재 및 기재유보

법 제2조에 따른 학교(이하 "학교"라 한다)의 장이 법 제25조 제1항에 따라 같은 항 제1호부터 제6호까지의 자료를 학교생활기록으로 작성하는 경우 그 기재내용은 다음 각 호와 같다.

1. 인적사항: 학생의 성명·주민등록번호 및 주소 등
2. 학적사항: 학생이 해당 학교에 입학하기 전에 졸업한 학교의 이름, 졸업 연월일 및 재학 중 학적 변동이 있는 경우 그 날짜·내용 등. 이 경우 학적 변동이 「학교폭력예방 및 대책에 관한 법률」 제17조 제1항 제8호 및 제9호의 조치사항에 따른 것인 경우에는 그 내용도 적어야 한다.
3. 출결상황: 학생의 학년별 출결상황 등. 이 경우 출결상황이 「학교폭력예방 및 대책에 관한 법률」 제17조 제1항 제4호부터 제6호까지의 조치사항에 따른 것인 경우에는 그 내용도 적어야 한다.
4. 자격증 및 인증 취득상황: 학생이 취득한 자격증의 명칭, 번호, 취득 연월일 및 발급기관과 인증의 종류, 내용, 취득 연월일 및 인증기관 등
5. 교과학습 발달상황: 학생의 재학 중 이수 교과, 과목명, 평가 결과 및 학습활동의 발전 여부 등
6. 행동특성 및 종합의견: 학교교육 이수 중 학생의 행동특성과 학생의 학교교육 이수 상황을 종합적으로 이해할 수 있는 의견 등. 이 경우 해당 학생에 대해 「학교폭력예방 및 대책에 관한 법률」 제17조 제1항 제1호부터 제3호까지 및 제7호에 따른 조치사항이 있는 경우에는 그 내용도 적어야 한다.

제1항 제6호 후단에 따라 「학교폭력예방 및 대책에 관한 법률」 제17조 제1항 제1호부터 제3호까지에 따른 조치사항에 관한 내용을 적어야 하는 경우는 해당 학생이 조치사항을 이행하지 않은 경우와 해당 학생이 조치를 받은 후 동일 학교급에 재학하는 동안(초등학생인 경우에는 그 조치를 받은 날부터 3년 이내의 범위에서 동일 학교급에 재학하는 동안) 다른 학교폭력 사건으로 같은 조 제1항의 조치를 받은 경우로 한정한다. 이 경우 제2호에 해당하는 경우에는 그 다른 학교폭력 사건으로 받은 「학교폭력예방 및 대책에 관한 법률」 제17조 제1항 제1호부터 제3호까지에 따른 조치사항에 관한 내용도 함께 적어야 한다.

'특기사항'란에는 학적변동의 사유를 입력한다. 특기사항 중 학교폭력과 관련된 사항은 「학교폭력예방 및 대책에 관한 법률」 제17조에 규정된 가해학생에 대한 조치사항을 입력한다. '특기사항'란에는 결석사유 또는 개근 등 특기사항이 있는 경우 학급 담임교사가 입력한다.

행동특성 중 학교폭력과 관련된 사항은 「학교폭력예방 및 대책에 관한 법률」 제17조에 규정된 가해학생에 대한 조치사항을 입력한다. 학교폭력 가해학생에

대한 조치사항의 경우 학교에서 조치결정 통보 공문을 접수한 즉시 학교생활기록부에 기재하며, 구체적인 작성·관리에 관한 사항은 「학교생활기록 작성 및 관리지침」을 따른다. 가해학생 조치사항에 대한 행정심판 및 소송이 청구된 경우에도 기재된 조치사항을 삭제하지 아니하고, 향후 조치가 변경되거나 취소될 경우 이를 수정하며 조치결정 일자는 변경하지 않는다.

학교폭력 관련 피해학생 조치사항은 입력하지 않으며, 학적변동(전출, 자퇴 등)의 경우 학교폭력 조치사항을 입력한 후 학적 처리한다. 심의위원회가 가해학생 조치를 병과한 경우 병과된 조치사항 모두 학교생활기록부의 해당 영역에 입력하나 가해학생이 교육감이 정한 기관에서 특별교육을 이수하거나 심리치료를 받은 사실은 기재하지 않는다.

조치 결정일자는 심의위원회의 조치 요청에 대해 교육장이 조치를 결정한 날(교육지원청 내부결재일)을 의미한다. 다만, 행정심판·소송이 청구된 경우에는 조치사항을 먼저 입력하고, 향후 조치가 변경될 경우 결정일자는 변경하지 않고 조치사항만 수정(학업중단자 포함)한다.

학적이 정지된 자가 조치를 받은 경우에는 당해 학년도의 경우 학적반영 취소 후 학교폭력 조치사항을 입력하고, 이전 학년의 경우 정정대장을 통해 기록한다. 학적이 정지된 자가 복교할 당시 중복기간 동안 해당 학년에 학교폭력 가해학생에 대한 조치사항이 입력되어 있는 경우, 학교폭력 가해 조치사항이 입력된 내용은 유지하나 기타 세부적인 내용은 교육부에서 발간하는 해당 학년도의 학교생활기록부 기재요령을 참고한다.

심의위원회가 정한 이행 기한 내에 조치사항을 이행하지 않으면 조치사항을 기재하고 이후 조치사항을 이행하여도 기재내용은 유지된다. 「초중등교육법 시행규칙」 제21조 제2항에 따른 기재유보 사항은 학교폭력 가해학생 조치(제1호, 제2호, 제3호) 조건부 기재유보 관리대장에 기재하고 학적변동 시 소속 학교에서 관리·보유한다. 또한 전출 시 전출교에서는 전입교에 기재유보된 사항을 통보한다.

2) 기재내용 삭제

학교의 장은 「공공기록물 관리에 관한 법률」 및 같은 법 시행령에 따라 학교생활기록부 및 학교생활세부사항기록부를 관리・보존해야 하며, 학교생활기록의 행동특성으로 기록된 「학교폭력예방 및 대책에 관한 법률」 제17조 제1항 제1호부터 제3호까지 및 제7호의 조치사항을 해당 학생의 졸업과 동시에 삭제해야 한다.

학교의 장은 학교생활기록의 기록 사항 중 학적사항으로 기록된 「학교폭력예방 및 대책에 관한 법률」 제17조 제1항 제8호의 조치사항과 출결상황으로 기록된 「학교폭력예방 및 대책에 관한 법률」 제17조 제1항 제4호부터 제6호까지의 조치사항을 학생이 졸업한 날부터 2년이 지난 후에 지체 없이 삭제해야 한다. 다만, 교육부장관이 정하는 바에 따라 해당 학생이 졸업하기 직전에 「학교폭력예방 및 대책에 관한 법률」 제14조 제3항에 따른 학교폭력 전담기구 심의를 거쳐 해당 학생의 졸업과 동시에 삭제할 수 있다.

학년도별 학교생활기록의 작성이 종료된 이후에는 해당 학교생활기록의 내용을 정정할 수 없다. 다만, 정정을 위한 객관적인 증명자료가 있는 경우에는 정정할 수 있다.

학교의 장은 학교생활세부사항기록부(학교생활기록부Ⅱ)의 학적사항의 '특기사항'란에 입력된 「학교폭력예방 및 대책에 관한 법률」 제17조 제1항 제8호의 조치사항과 출결상황의 '특기사항'란에 입력된 「학교폭력예방 및 대책에 관한 법률」 제17조 제1항 제4호・제5호・제6호의 조치사항을 학생이 졸업일로부터 2년이 지난 후에 삭제하여야 한다. 다만, 해당 학생의 반성 정도와 긍정적 행동변화 정도를 고려하여 졸업하기 직전에 학교폭력 전담기구의 심의를 거쳐 학생의 졸업과 동시에 삭제할 수 있다.

제4항 단서에도 불구하고 재학기간 동안 서로 다른 학교폭력 사안 2건 이상으로 조치사항을 각각 받은 경우 또는 조치 결정일로부터 졸업학년도 2월 말일까지 6개월이 경과되지 않은 경우 중 어느 하나에 해당하는 경우 학교폭력 전담

기구의 조치사항 삭제 심의 대상이 될 수 없다.

제1호~제3호, 제7호의 조치는 졸업과 동시에, 제4호~제6호, 제8호의 조치는 졸업하기 직전에 전담기구에서 심의를 거쳐 졸업과 동시에 삭제 가능하며 이때 해당 학생의 반성 정도와 긍정적 행동변화 정도 등을 고려해야 한다.

학교폭력대책심의위원회에서 결정된 가해학생 조치사항에 대한 학교생활기록부 기록 및 삭제는 다음 〈표 7-5〉와 같다. 구체적인 관리방법은 「학교생활기록부 작성 및 관리지침」을 따른다.

〈표 7-5〉 학교생활기록부 학교폭력 조치사항 삭제

<table>
<tr><th>가해학생 조치사항
「학교폭력예방 및 대책에 관한 법률」</th><th>학교생활기록부
영역</th><th>삭제시기</th></tr>
<tr><td>제1호(피해학생에 대한 서면사과)</td><td rowspan="4">행동특성 및
종합의견</td><td rowspan="4">• 졸업과 동시(졸업식 이후부터 2월 말 사이 졸업생 학적반영 이전)
• 학업중단자는 해당 학생이 학적을 유지했을 경우를 가정하여 졸업할 시점</td></tr>
<tr><td>제2호(피해학생 및 신고 · 고발 학생에 대한 접촉, 협박 및 보복행위 금지)</td></tr>
<tr><td>제3호(학교에서의 봉사)</td></tr>
<tr><td>제7호(학급교체)</td></tr>
<tr><td>제4호(사회봉사)</td><td rowspan="3">출결사항
특기사항</td><td rowspan="4">• 졸업일로부터 2년 후
• 졸업 직전 전담기구 심의를 거쳐 졸업과 동시 삭제 가능
• 학업중단자는 해당 학생이 학적을 유지하였을 경우를 가정하여 졸업하였을 시점으로부터 2년 후</td></tr>
<tr><td>제5호(학내외 전문가에 의한 특별교육 이수 또는 심리치료)</td></tr>
<tr><td>제6호(출석정지)</td></tr>
<tr><td>제8호(전학)</td><td rowspan="2">학적사항
특기사항</td></tr>
<tr><td>제9호(퇴학)</td><td>• 삭제 대상 아님</td></tr>
</table>

2023년 3월 1일부터는 가해학생 조치사항 삭제 심의 절차가 새롭게 적용되었다. 학교폭력 전담기구는 학년 말에 학교폭력 조치사항 삭제 대상자를 확정하여 학업성적관리위원회에 통보하며, 학업성적관리위원회는 학생부에 기재된 학교폭력 가해학생 조치사항 삭제 처리(대상자 확인, 담당자 지정, 결과 확인 등)한다.

〈표 7-6〉 학교생활기록부에 기재된 학교폭력 가해학생 조치사항 삭제 절차 및 방법

학교폭력 전담기구

- 학년 말, 학교폭력 조치사항 삭제 대상자 명단 학교장 보고 및 학업성적관리위원회 통보(내부결재)

〈삭제 대상자〉

① 학교생활 중 제1·2·3호 조치를 받은 졸업예정자(담임 협조)

② 졸업 직전 학교폭력 전담기구 심의에서 삭제가 확정된 졸업예정자(담임 협조)

③ 졸업자 중 보존기간이 만료될 예정인 자

* 학적을 유지하였을 경우를 가정하여 졸업할 시점의 학업중단자 포함

▶

학업성적관리위원회

- 학교폭력 전담기구에서 통보받은 삭제 대상 명단(졸업예정자, 졸업자) 확인 및 확정
  - * 졸업예정자 중 당해 학년도에 기재된 경우(정정대장 작성 불필요)도 학업성적관리위원회에서 확인 및 확정 절차를 거침
- 학생부에 기재된 학교폭력 조치사항 삭제 담당자 지정
  - * 삭제 담당자는 당해 학교 업무분장에 따라 다를 수 있음(예시: 졸업예정자는 학급담임교사, 졸업자는 업무담당교사 등) ⟶ 위 내용 모두 포함한 회의록 작성 및 내부결재

▼

삭제 담당자

- 담당자는 나이스 학생부에 기재된 학교폭력 가해학생 조치사항 삭제 처리
- 담당자는 삭제 결과를 학업성적관리위원회에 보고

◀

학업성적관리위원회

- 학업성적관리위원회는 삭제 여부를 최종확인
- 학교폭력 전담기구에 최종 삭제 결과를 통보
- 학교장에게 최종 보고(학교장 내부 결재)

졸업 직전, 학교폭력 전담기구 심의 방법

심의 원칙은 학교폭력 가해학생 조치사항 중 학생부 '출결상황'의 특기사항에 기재된 제4호·제5호·제6호, '행동특성 및 종합의견'에 기재된 제7호 내용 삭제 여부를 심의한다. 하지만 2023. 2. 28. 이전 신고된 사안은 제4호, 제5호, 제6호, 제8호 삭제 여부를 심의하며 졸업예정자를 대상으로 심의(기존 졸업자는 제외), 해당 학생의 반성 및 긍정적 행동변화 정도를 필수 확인자료를 통해 객관적 사실에 기초하여 엄격하게 심의한다. 심의를 하기 위한 심의요건은 재학 기간 중 2건 이상의 학교폭력 사안으로 가해학생 조치를 받지 않아야 하며

학교폭력 조치 결정일자(교육지원청 내부결재일)로부터 졸업학년도 2월 말일까지 6개월이 경과되어야 한다. 심의를 위한 필수확인 자료는 〈표 7-7〉과 같다.

〈표 7-7〉 졸업 직전, 학교폭력 전담기구 심의 필수 확인자료

자료명	제출담당
① (현)학급 담임교사 의견서 ※ 가해학생 반성 정도와 피해학생과의 관계회복 노력 등의 내용을 포함	학교폭력 전담기구
② 가해학생 선도 조치 이행 확인서 ※ 조치 이행 여부를 확인할 수 있는 증빙자료(공문, 이수 확인서 등) 첨부	학교폭력 책임교사 (또는 담당부장)
③ 「학교폭력예방 및 대책에 관한 법률」 제17조 제3항에 따른 부가 특별교육 또는 심리치료 이수 확인서(학생)	학교폭력 전담기구
④ 「학교폭력예방 및 대책에 관한 법률」 제17조 제9항에 따른 부가 특별교육 이수 확인서(보호자)	학교폭력 전담기구
⑤ 가해학생 자기 의견서	심의 대상자(가해학생)

출처: 교육부(2023). 개정판 학교폭력 사안처리 가이드북.

CHAPTER 08

학교폭력 사안처리 V: 조치에 대한 불복절차

1. 행정심판

행정심판이란 행정청의 위법·부당한 처분이나 부작위로 권리 또는 이익을 침해받은 국민이 이를 회복하기 위하여 행정기관에 제기하는 권리구제제도이다.

국·공립학교에 재학하고 있는 가해학생은 학교장의 조치에 대하여 행정심판을 제기할 수 있다. 행정심판은 행정청인 교육장의 처분에 대한 불복 절차이므로 학교의 설립형태(국·공립 및 사립)에 관계없이 행정심판을 청구할 수 있다.

교육장이 내린 조치에 대하여 이의가 있는 피해학생 또는 그 보호자는 행정심판을 청구하며 행정심판을 청구하려는 자는 심판청구서를 작성하여 피청구인이나 위원회에 제출하여야 한다. 이 경우 피청구인의 수만큼 심판청구서 부본을 함께 제출하여야 한다.

행정청이 고지를 하지 아니하거나 잘못 고지하여 청구인이 심판청구서를 다른 행정기관에 제출한 경우에는 그 행정기관은 그 심판청구서를 지체 없이 정당한 권한이 있는 피청구인에게 보내야 한다. 심판청구서를 보낸 행정기관은 지체 없이 그 사실을 청구인에게 알려야 한다.

재심 결정에 이의가 있는 청구인은 그 통보를 받은 날부터 60일 이내에 행정심판을 제기할 수 있다. 행정청의 처분 또는 부작위에 대하여는 다른 법률에 특별한 규정이 있는 경우 외에는 이 법에 따라 행정심판을 청구할 수 있다.

교육장의 조치에 대하여는 처분이 있음을 알게 된 날부터 90일 이내, 처분이 있었던 날부터 180일 이내에 행정심판을 청구할 수 있다. 이 두 기간 중 어느 하나라도 도과(徒過)하면 행정심판청구를 할 수 없다. 다만, 정당한 사유가 있는 경우에는 그렇지 않다. 무효확인심판은 청구기간이 없으나 무효는 처분의 위법성이 중대하고 명백한 경우에만 인정된다.

'처분이 있음을 알게 된 날'이란 교육장의 조치가 있음을 '현실적으로 안 날'을 의미하고 '처분이 있었던 날'이란 교육장 명의의 조치결정 통보서가 '당사자에게 도달하여 해당 조치가 성립한 날'을 의미한다.

교육장 명의의 조치결정 통보서가 송달되기 전에는 학생 또는 보호자가 그 내용을 어떠한 경로를 통하여 미리 알게 되어도 청구기간이 진행되지 않으며, 학생 또는 보호자가 합리적인 이유 없이 조치결정 통보서의 수령을 거절하거나 일단 수령하였다가 반환한 경우에는 그때부터 청구기간이 진행된다.

청구인이 천재지변, 전쟁, 사변(事變), 그 밖의 불가항력으로 인하여 정한 기간에 심판청구를 할 수 없었을 때에는 그 사유가 소멸한 날부터 14일 이내에 행정심판을 청구할 수 있다. 다만, 국외에서 행정심판을 청구하는 경우에는 그 기간을 30일로 한다.

행정심판은 해당 교육청 행정심판위원회에 청구하며 행정심판의 청구는 처분의 효력이나 그 집행 또는 절차의 속행에 영향을 주지 아니하므로, 처분의 효력, 처분의 집행 또는 절차의 속행을 정지하려면 행정심판위원회의 집행정지 결정이 있어야 한다.

집행정지 신청은 심판청구와 동시에 또는 심판청구에 대한 위원회나 소위원회의 의결이 있기 전까지, 집행정지 결정의 취소 신청은 심판청구에 대한 위원회나 소위원회의 의결이 있기 전까지 신청의 취지와 원인을 적은 서면을 위원회에 제출하여야 한다. 다만, 심판청구서를 피청구인에게 제출한 경우로서 심판청구와 동시에 집행정지 신청을 할 때에는 심판청구서 사본과 접수증명서를 함께 제출하여야 한다.

위원회는 집행정지 또는 집행정지의 취소에 관하여 심리·결정하면 지체 없이 당사자에게 결정서 정본을 송달하여야 한다.

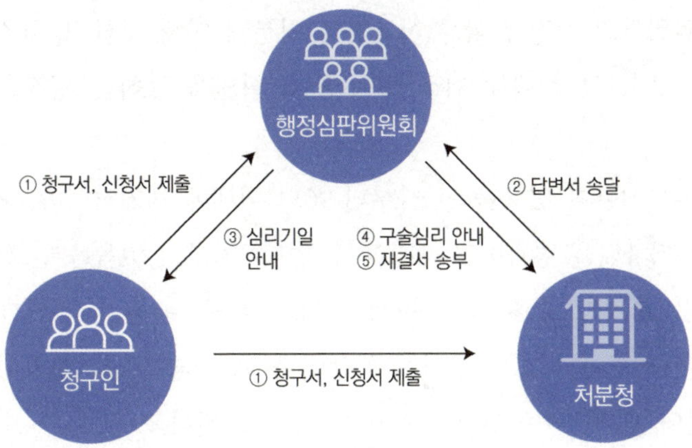

[그림 8-1] 행정심판의 절차

출처: 교육부(2023). 학교폭력 사안처리 가이드북.

2. 행정소송

행정소송이란 행정청의 위법한 처분, 그 밖에 공권력의 행사·불행사 등으로 인한 국민의 권리 또는 이익의 침해를 구제하고, 공법상의 권리관계 또는 법적용에 관한 다툼을 적정하게 해결하기 위하여 법원이 행하는 재판절차다. 교육장의 조치에 대하여 이의가 있는 당사자는 행정심판을 거치지 않고 바로 행정소송을 제기할 수 있다.

심의위원회가 가해학생에 대한 조치를 결정하고 학교의 장이 조치를 하였는데 학교장의 조치에 대하여 이의가 있는 가해학생 또는 보호자는 법원에 소를 제기할 수 있다.

사법적 구제절차는 재심 또는 행정심판과 무관하므로 학교장의 조치에 대하여 이의가 있는 가해학생은 재심 또는 행정심판을 거치지 않고 바로 소송을 제기할 수 있다.

어떤 경우에 행정소송을 제기하는가? 국·공립학교 재학생과 학교와의 관계는 공법(公法)관계에 해당하므로 국·공립학교 재학생은 학교의 장이 내린 조치에 대하여 조치의 취소 또는 무효확인을 구하는 행정소송을 제기할 수 있다. 그리고 심의위원회 결정에 따른 학교장의 처분에 대해 재심 및 행정심판이 청구된 경우, 그 결정에 대해 취소 또는 무효 확인을 구하는 행정소송 제기가 가능하다.

취소소송은 처분이 있음을 안 날부터 90일 이내에 제기하여야 하며, 처분이 있은 날로부터 1년을 경과하면 제기할 수 없다. 처분이 있음을 안 날이란 처분이 있었음을 통지서 수령 등을 통해 실제로 알게 된 날을 의미한다.

처분의 취소 또는 무효를 구하는 학생이 원고가 되고(미성년자인 경우에는 법정대리인이 대리하여야 함) 교육장이 피고가 된다.

취소소송의 제기는 처분 등의 효력이나 그 집행 또는 절차의 속행에 영향을 주지 아니하므로 처분의 절차 또는 효력을 정지하기 위해서는 집행정지 결정이 있어야 한다.

전학조치에 대하여 행정소송을 제기하는 경우 소송을 제기한다고 하여 전학절차가 정지되는 것은 아니므로 전학을 간 후 전학을 취소하는 판결을 받고 원적교로 복귀하여야 하나, 전학 전에 집행정지 결정을 받으면 전학 절차가 정지된다.

한편, 어떤 경우에 민사소송을 제기하는가? 사립학교 재학생과 학교와의 관계는 사법(私法)관계에 해당하므로 사립학교 재학생은 학교의 장이 내린 조치에 대하여 학교법인을 상대로 조치의 무효확인을 구하는 민사소송을 제기할 수 있다.

민사소송은 제소기간의 제한이 없으므로 기간 제한 없이 소를 제기할 수 있다. 처분의 취소 또는 무효를 구하는 학생이 원고가 되고(미성년자인 경우에는 법정대리인이 대리하여야 함) 학교법인이 피고가 된다. 소송의 확정 또는 집행 전까지 법원이 명하는 잠정적인 처분으로 효력을 정지하는 가처분 등이 있어야 조치에 대한 절차가 정지된다.

한편, 학교폭력자치위원회 조치와 사법적 조치(민 · 형사상 책임)와의 관계를 숙지하고 있어야 한다. 학교폭력이 발생한 경우에, 학교폭력 예방법에 따라 심의위원회에서 가해학생 및 피해학생에게 취하는 조치와 별도로 학교폭력 사안에 대하여 사법적 조치를 취할 수 있다. 즉, 가해학생은 학교폭력 예방법에 의한 선도 · 교육 조치를 받은 경우에도, 형법 또는 소년법에 따라 형사상의 처벌의 대상이 될 수 있다.

또한 피해학생은 가해학생에 대한 심의위원회의 요청에 따른 학교장의 조치 또는 형사상의 처벌과는 별도로, 가해학생의 폭력행위로 인하여 발생한 손해에 대한 배상을 가해학생 및 그 보호자, 학교장 및 교사 등을 상대로 청구할 수 있다.

그렇다면 형사처벌의 대상이 될 수 있는 학교폭력 사안은 무엇인가? 피해학생 및 보호자가 고소할 수 있는 사안, 즉 가해학생의 학교폭력 행위가 형법상의 상해, 폭행, 감금, 협박, 약취 · 유인, 명예훼손 · 모욕, 공갈, 강요 등에 해당하는 경우에 학교폭력법상의 조치와 별도로 고소가 가능하다. 다만, 형법에 규정된 범죄가 아닌 따돌림의 경우에는 폭행 및 협박 등이 수반되어야 하고, 사이버 따돌림의 경우에는 정보통신망을 이용한 모욕이나 명예훼손 등이 있어야 한다.

그리고 피해학생의 고소 없이도 형사사법 처리되는 사안도 해당된다. 이를테면, 피해학생이 가해학생의 폭력 행위로 사망한 경우 또는 피해학생이 한쪽 시력을 상실하거나 중환자실에 입원할 정도의 중상해를 입은 경우에는 피해학생의 고소 없이도 가해학생에 대한 형사사법 절차가 시작될 수 있다.

게다가 교사, 학교장 등이 고발할 수 있는 사안도 발생하는데, 가해학생의 학교폭력 행위가 형사처벌 대상이 될 경우 교사, 학교장 등은 고발할 수 있다. 단, 학교폭력 행위가 친고죄 및 반의사불벌죄에 해당할 경우 고소권자의 고소 및 처벌의사가 있는 경우에만 형사처벌이 가능하다. 폭행 · 협박이 수반되지 않는 강제적인 심부름, 단순한 따돌림 등은 형사처벌 대상이 아니다.

〈표 8-1〉 친고죄와 반의사불벌죄

■ 친고죄

- 고소권자가 고소를 하여야만 공소를 제기할 수 있는 범죄를 말한다.
- 모욕죄, 사자의 명예훼손죄 등이 친고죄에 해당한다.
- 그러나 강간, 강제추행 등은 친고죄가 아니다. 누구든지 성범죄의 발생 사실을 알게 된 때에는 수사기관에 신고할 수 있고, 초중등학교의 장과 그 종사자는 즉시 수사기관에 신고하여야 한다.

■ 반의사불벌죄

- 피해학생의 의사에 관계없이 공소를 제기할 수 있으나, 피해학생이 가해학생의 처벌을 원하지 않는다는 의사를 표시하면 처벌할 수 없는 범죄를 말한다.
- 폭행, 협박, 명예훼손, 과실치상 등이 반의사불벌죄에 해당한다.
- 그러나 단체 또는 다중의 위력을 보이거나 위험한 물건을 이용한 폭행 및 협박, 중과실치사상은 반의사불벌죄가 아니다.

소년 사법처리와 관련하여 살펴보면, 만 14세가 되지 아니한 자의 행위는 형사처벌을 할 수 없으며, 만 10세 이상인 자에게는 보호처분을 할 수 있다. 그리고 만 10세 미만인 자에게는 형사처벌은 물론 보호처분도 할 수 없다.

〈표 8-2〉 보호처분

1. 보호자 또는 보호자를 대신하여 소년을 보호할 수 있는 자에게 감호 위탁(6월, 6월의 범위에서 1회 연장 가능)
2. 수강명령(100시간 미만)
3. 사회봉사명령(14세 이상의 경우에만 부과할 수 있음, 200시간 미만)
4. 보호관찰관의 단기 보호관찰(1년)
5. 보호관찰관의 장기 보호관찰(2년, 단 1년의 범위 내 1차 연장 가능)
6. 「아동복지법」에 따른 아동복지시설이나 그 밖의 소년보호시설에 감호 위탁
7. 병원, 요양소 또는 「보호소년 등의 처우에 관한 법률」에 따른 소년의료보호시설에 위탁
8. 1개월 이내의 소년원 송치
9. 단기 소년원 송치(6월 미만)
10. 장기 소년원 송치(2년 미만)

검찰의 소년사건 처리과정을 살펴보면, 경찰로부터 사안을 송치받은 검사는 학교폭력 사안을 조사한다. 친고죄 또는 반의사불벌죄에 해당하는 사안인 경우 피해학생이 고소를 취하하거나 처벌을 원하지 않으면 가해학생을 처벌할 수 없으므로 불기소처분으로 수사를 종료한다. 단, 상습적이거나 흉기 등 위험한 물건을 휴대하거나 2인 이상이 가해한 특수 폭행, 협박 및 19세 미만의 자(만 19세에 도달하는 해의 1월 1일을 맞이한 자는 제외)에 대한 강간, 강제추행 등은 종료될 수 없다. 사안 조사 후 검사는 불기소처분, 형사기소 또는 가정법원 소년부 송치를 결정한다.

법원의 소년사건 처리과정을 살펴보면, 만 14세 이상의 가해학생에 대해 금고 이상의 형에 해당하는 범죄 사실이 발견된 경우 그 동기와 죄질이 형사처분을 할 필요가 있다고 인정되는 경우에는 법원에서 형사재판을 통해 처벌받게 된다. 법원은 조사 또는 심리한 결과 보호처분에 해당할 사유가 있다고 판단되는 경우 소년법원으로 송치하여 소년보호사건으로 처리한다.

학교폭력의 유형이 친고죄 또는 반의사불벌죄에 해당되는 경우에 제1심 판결 선고 전까지 피해학생이 고소를 취하하거나 처벌을 원하지 않으면 가해학생을 처벌할 수 없으므로 재판을 공소기각으로 종결한다. 다만, 상습적이거나 흉기 등 위험한 물건을 휴대하거나 2인 이상이 가해한 특수 폭행, 협박 및 19세 미만의 자(만 19세에 도달하는 해의 1월 1일을 맞이한 자는 제외)에 대한 강간, 강제 추행은 제외된다.

학교폭력으로 인하여 치료비 등 손해가 발생한 경우에, 그에 대한 민사상의 손해배상청구가 가능하다. 모든 학교폭력 사안에 대하여 민사처리가 가능하며, 민사소송에 의한 손해배상청구는 '치료비'와 '정신적 손해'에 대한 배상청구로 이루어진다.

민사소송은 피해학생 측이 가해학생 측에 대하여 손해배상을 청구하는 소장을 제출하면서 시작된다. 민사절차에서는 형사절차와 달리 국선변호인 제도가 없다. 따라서 본인의 비용으로 변호인을 선임하거나, 변호인을 선임할 경제적 여력이 없는 경우에는 개인이 소송의 당사자가 되어 소송을 진행하여야 한다.

변호사 선임 없이 소송을 진행하는 경우, 무료법률상담소 또는 법률구조공단으로부터 소송서류의 작성 및 소송절차의 진행에 대한 도움을 받을 수 있다.

민사조정절차는 소송절차에 비해 신속하게 진행되고, 비용도 $\frac{1}{5}$로 비교적 저렴하게 든다. 각 지방법원 종합민원실에 민사조정신청서 양식이 비치되어 있다. 조정신청서를 작성할 수 없는 경우에는 법원 직원에게 구두로 신청할 수 있다. 조정결과 당사자 사이에 합의가 성립된 경우에 합의된 사항을 조서에 기재하게 되면 확정 판결과 동일한 효력을 지니게 된다.

손해배상의 범위에는 재산상의 손해, 재산 이외의 손해, 명예회복 처분 등이 있다. 다만, 정신적 손해에 대한 배상에 해당하는 위자료의 경우, 학교폭력과 정신적 손해 사이의 인과관계가 인정되어야 한다. 위자료의 액수는 일반적으로 법원의 자유재량에 따라 결정된다.

가해학생 및 보호자의 책임소재는 보통의 경우 가해학생의 감독 의무자인 보호자가 피해학생에게 손해를 배상할 책임이 있다. 교사의 경우에는 그 지도·감독하에 있는 학생의 가해행위로 인하여 발생한 손해를 배상할 책임을 지게 된다. 그러나 교사가 자신의 지도·감독하에 있는 학생의 가해행위에 대하여 항상 손해배상 책임을 지는 것은 아니다.

가해행위가 발생한 사안이 '학교에서의 교육활동 및 이와 밀접한 생활관계인 경우'(교육활동과 밀접불가분의 관계가 있는지 여부)이고 교사가 '학교폭력이 발생할 것을 알았거나 알 수 있는 경우'(예견 가능성)에 한하여 책임을 부담하는데, 이러한 두 가지 요건을 모두 충족하였다고 하더라도 교사가 상황에 적합한 예방 조치를 하는 등 결과를 방지하기 위한 노력을 충분히 한 경우라면 법적인 책임을 지지 않는다.

국·공립학교에서 발생한 학교폭력 사건의 경우에, 교사 이외에도 학교를 설치·운영하는 국가 또는 지방자치단체가 피해학생에 대한 배상책임을 부담한다. 학교폭력 사건의 발생에 대하여 교사에게 경과실만 있는 경우에는 교사 개인은 손해배상 책임을 부담하지 않고, 지방자치단체가 배상책임을 부담하게 된다. 반면에 교사에게 고의 또는 중과실이 있는 경우에는 교사 개인도 지방자치단체와 함께 불법행위로 인한 손해배상책임을 지게 된다.

여기에서 교사의 중과실이라 함은 교사에게 통상 요구되는 정도의 상당한 주의를 하지 않더라도 약간의 주의만 기울였다면 손쉽게 위법·유해한 결과를 예견할 수 있는 경우임에도 이를 간과하는 경우로, 고의에 가까울 정도로 현저한 주의를 하지 않은 상태를 의미하는 것이다.

사립학교에서 발생한 학교폭력 사건의 경우 교사 이외에도 학교를 설치·운영하는 학교법인이 피해학생에 대한 배상책임을 부담한다. 학교폭력 사건의 발생에 대하여 교사에게 고의 또는 과실이 있는 경우에는 교사 개인도 학교법인과 함께 불법행위로 인한 손해배상 책임을 지게 된다.

3. 감염병 등에 따른 학교폭력 사안처리 방안

감염병 등에 따른 학교폭력 사안처리에서 감염증 위험 최소화를 위한 시설 이용 및 집합 제한 등은 정부의 코로나19대응지침(중대본) 등 정부 지침에 따라 조치한다.

감염예방 관리 매뉴얼(교육부), 유초중등학교 및 특수학교 코로나 19 감염예방 관리 안내(교육부 등), 코로나 19대응을 위한 등교수업 출결·평가·기록 가이드라인(교육부) 등을 기준으로 사안 조사 및 심의회 운영 등 사안처리 절차 진행 시 밀집도 및 밀접 접촉을 최소화하는 방안으로 운영하여야 한다. 또한 사안처리 과정에서 감염증 예방 및 대응을 최우선으로 조치하되, 학교폭력 피·가해학생의 기본적 진술 기회 및 보호받을 권리 등이 보장될 수 있는 방안을 강구하여야 한다.

사안조사에서 학교폭력 피·가해학생이 코로나19 확진을 받은 경우 입원 치료 또는 격리 등으로 인해 진술 등에 어려움이 있는 점을 고려하여 조사를 유예하고, 회복상태를 고려하여 사안 조사를 실시하여야 한다. 코로나19 의심 증상 또는 확진자 접촉으로 피·가해학생이 격리 통지를 받은 경우에는 의사 표현에 제한이 없으므로 다양한 방법(영상, 전자우편, 전화 등)을 통해 사안조사를 실시할 수 있다. 확진자 발생 등에 따라 전교생이 등교중지된 경우에는 등교중지 기간 동안(시설 이용 제한 조치 통보일부터 시설 이용 제한 해제 통보일까지) 사안조사는 미실시하고 해제 이후에 사안조사를 개시한다.

〈표 8-3〉 대상자별 사안처리 조치 사항

대상	조치 사항	증빙자료
확진받은 학생	보건당국의 입원치료 통지 시부터 격리 해제할 때까지의 기간을 사안조사 기간에서 제외	• 입원치료통지서
가족(동거인)이나 본인이 격리 통지받은 학생	보건당국의 격리 통지 시부터 격리 해제할 때까지 다양한 방식으로 진술 기회 부여	• 격리통지서 또는 가족(동거인)의 격리통지서
코로나19 의심증상 학생 (임상 증상 발현 학생)	증상 발현 시부터 증상 소멸 시까지 다양한 방식으로 진술 기회 부여	[코로나19 검사 결과 '음성'인 경우] • 검사 결과를 증빙할 수 있는 자료
		[코로나19 검사를 실시하지 않은 경우] • 가정 내 건강관리 기록지, 학부모의 견서 등

심의위원회는 철저한 방역수칙 준수하에 심의회를 정상 운영하는 것을 원칙으로 하되, 상황에 따른 심의회 운영방법 변경을 검토한다. 이때 상황 발생 시 회의 공간과 참석 인원 등을 고려하여 교육장 승인 후 대면회의 방식을 화상회의 등으로 변경 운영할 수 있다. 공동심의위원회는 주관하는 교육지원청에서 회의 방식 등 운영 방법을 결정한다.

보건당국으로부터 확진 또는 자가격리 통지를 받은 자나 의심증상자에 대해서는 위원회 참석중단 안내를 하며, 피·가해학생 측이 확진 또는 의심증상으로 입원 또는 자가격리 통지를 받아 심의회 참석이 어려울 경우에는 진술 기회를 최대한 보장하는 다양한 방법(서면, 영상 등)을 강구하고, 진술이 불가능할 경우에는 조치결정을 유보할 수 있다. 심의에 참석한 위원이 '확진 또는 자가격리'를 통보받은 경우에는 대체 소위원회 운영 등의 방안을 마련하고, '확진자' 발생에 따른 시설 이용 제한 조치로 회의실 건물 전체가 일정 기간 폐쇄될 경우에는 화상회의를 실시하거나 대체시설을 마련・운영한다. 소위원회 심의결과를 심의위원회에 특정 시기(학기 또는 분기 등)에 일괄 보고할 경우에는 화상회의 등 밀집도 및 밀접 접촉을 최소화하는 다양한 방법을 검토한다.

조치이행 시 교내・외 이용 시설 등의 밀집도 및 밀접 접촉 최소화를 고려하여 학교장이 추진하고, 코로나19 확진, 자가격리, 등교 중지 등으로 인해 관련 학생의 조치이행이 불가능할 경우에는 '치료 종료' 및 '자가격리 해제', '등교 중지 해제' 이후에 이행한다.

단위학교에서는 학교장이 지정한 전담관리인으로 지정된 교직원이 매일 유선으로 대상 학생의 건강 상태 확인 등 관리한다. 학교장은 사회봉사 및 특별교육 등 외부 위탁 기관에서 이행이 필요한 조치를 시행하기에 앞서 해당 기관에 대해 안전 확보 여부를 사전에 검토한다. 만약 학교장이 조치이행을 위한 외부 기관 참여 협조가 어려울 경우에는 학교장 책임하에 사회봉사(가해학생 조치 4호) 및 특별교육(가해학생 조치 5호 및 부가교육) 프로그램 운영을 학교 자체적으로 변경하여 실시할 수 있다.

시・도교육청은 지역・학교 여건 등을 종합적으로 고려하여 코로나19 상황에서의 학교폭력 사안처리 절차와 관련하여 구체적 사항을 결정・운영하는 데 협조하여야 하며, 코로나19 상황에서 감염 예방 및 대응을 위한 방안으로 코로나19 상황 종료 시 적용이 중단된다. 사안처리와 관련해 코로나19로 인한 상황 변동에 대해 피・가해학생 측에 충분히 설명하고, 사전에 동의를 받을 필요가 있음을 안내한다. 변경된 절차 적용 시 증빙자료 첨부 필수이며, 관련 증빙자료는 '코로나19 대응을 위한 등교수업출결평가기록 가이드라인(교육부, '20. 6월)'에 따라 제출 의무화되어 있다.

출처: 교육부(2023). 학교폭력 사안처리 가이드북.

4. 학교 기숙사 내 학교폭력예방 및 대응

학교 기숙사는 정규 교육과정 종료 이후 다양한 학생들이 함께 생활하며 공동체 의식 함양과 자기주도적 생활능력 향상의 기회를 가질 수 있는 공간이다. 이에 학생들이 가정을 떠나 안전하고 쾌적한 기숙사 생활 환경이 가능하도록 학교는 학교장 책임하에 교감, 사감, 기숙사 관리 담당교원 등의 협력적 노력이 필요하다. 하지만 학교 기숙사(생활관, 학사 등) 내 학교폭력의 경우 부모나 후견인 등 보호자와 완전히 분리된 생활 공간에서 은밀하게 이루어지기 때문에 피해학생은 신체・정신적으로 매우 불안한 상태에 있는 경우가 많다. 이러한 사안으로 학교장은 기숙사 내 학교폭력 사안을 인지하거나 피해학생 측의 요청 시 지체 없이 피・가해학생의 기숙사 생활분리를 위해 노력해야 한다. 피・가해학생이 같은 침실 공간을 이용할 경우 피해자 또는 그 보호자의 의견을 반영하여 피・가해자의 침실 공간을 분리 배치해야 한다. 이때 가해학생과 피해학생의 기숙사 내에서의 동선 분리 등을 최대한 고려하여 배치해야 하며, 침실 외에도 피해학생 보호를 위해 피・가해학생을 생활공간에서 최대한 분리할 수 있는 자체방안을 마련하여 시행함으로써 식사 장소, 숙소 층간 분리, 기숙사 내 여가시간 등에 대한 시간적, 공간적 분리를 위해 최대한 노력해야 한다.

〈표 8-4〉 피해학생에 대한 조치

제1호	학내외 전문가에 의한 심리상담 및 조언	학교폭력으로 받은 정신적・심리적 충격으로부터 회복할 수 있도록 학교 내 교사나 전문상담기관으로부터 상담 및 조언을 받도록 하는 조치
제2호	일시보호	지속적인 학교폭력이나 보복의 우려가 있는 경우 일시적으로 보호시설이나 또는 가정 등에서 보호를 받을 수 있도록 하기 위한 조치
제6호	그 밖에 피해학생의 보호를 위하여 필요한 조치	기숙사 침실공간 분리 배치, 피・가해학생 기숙사 내 동선 분리, 피해학생 또래 지킴이 지정 등

학교장은 가해행위가 명확하고 피・가해학생의 기숙사 시・공간 분리가 어

렵거나, 사안이 중대하다고 판단하는 경우 가해학생에 대한 긴급 교육・선도조치를 시행하여 피해학생과의 분리 보호를 할 수 있다. 또한 피해학생에 대한 긴급조치는 심의위원회에 즉시 보고하여야 한다.

학교장은 가해학생에 대한 선도가 긴급한 경우 우선 제1호, 제2호, 제3호, 제5호, 제6호 중 하나의 조치를 할 수 있다(5호와 6호는 동시에 부과하는 조치 가능). 가해학생에 대한 긴급조치는 심의위원회에 즉시 보고하여 추인을 받아야 한다.

〈표 8-5〉 가해학생에 대한 선도 조치

제1호	피해학생에 대한 서면사과	가해학생이 피해학생에게 서면으로 사과하도록 하여 서로 화해하도록 하는 조치
제2호	피해학생 및 신고・고발학생에 대한 접촉, 협박 및 보복행위 금지	피해학생 및 신고・고발학생에 대한 가해학생의 접근을 막아 더 이상의 성폭력이나 보복을 막기 위한 조치
제3호	학교에서의 봉사	가해학생에게 반성의 기회를 주기 위한 조치
제5호	학내외 전문가의 특별교육 이수・심리치료	교내외 전문가에 의한 특별교육을 이수하거나 심리치료를 받도록 하는 조치
제6호	출석정지	가해학생에게 학교에 출석하지 못하게 함으로써 반성의 기회를 주고 일시적으로나마 피해학생과 격리시켜 피해 학생을 보호하기 위한 조치

CHAPTER 09

성폭력 예방 및 대처

1. 성폭력의 개념 및 유형

성폭력이란 상대방의 의사에 반하여 성을 매개로 가해지는 모든 폭력(신체적 · 심리적 · 언어적 · 사회적) 행위로 성추행, 성폭행뿐만 아니라 개인의 '성적 자기결정권'을 침해하는 행위를 모두 포괄하는 개념이다.

성적 자기결정권이란, 사람은 성행동을 할 수 있는 존재이고, 성적 욕망과 쾌락을 추구하는 존재이기도 하지만 성행동을 하지 않는 선택과 거부할 수 있는 자율성, 원하지 않는 성행동에 대해 저항하거나 새로운 실천을 만들어낼 수 있는 능력까지도 포함하는 성적 주체로서의 권리이다. 한편, 성폭력 사안에 대해서는 「형법」, 「성폭력범죄의 처벌 등에 관한 특례법」, 「아동 · 청소년의 성보호에 관한 법률」 등 성폭력 관련 법률을 적용하여 수사기관에 신고하는 등 엄정하게 대처하되, 「학교폭력예방 및 대책에 관한 법률」 제2조의 학교폭력의 종류에서 성폭력을 배제한 것이 아니라는 점을 고려, 학교 내 · 외에서 학생을 대상으로 발생한 성폭력 사안에 대해서는 「학교폭력예방 및 대책에 관한 법률」 상의 적절한 조치가 필요하다.

성폭력은 학교폭력이 되기도 하지만, 성폭력 관련 행위 그 자체로 형법 및 형사특별법상 범죄가 되기도 한다. 성폭력 사안은 학교폭력대책심의위원회를 개최하여, 피해학생 보호 및 가해학생 선도 · 교육 조치를 해야 한다. 관련 학생의 비밀 보호 및 자치위원회 미개최 요청이 있는 경우에도 반드시 자치위원회를 개최하여 사안 자체가 축소·은폐되지 않도록 주의해야 한다.

성폭력을 행위 유형별로 분류하면 강간, 유사강간, 강제추행, 성희롱, 성학대, 사이버 성폭력 등으로 나뉠 수 있다.

〈표 9-1〉 성폭력의 행위유형별 분류

강간	폭행 또는 협박 등으로 상대방의 반항을 곤란하게 하여 행위자가 자신의 성기를 피해자의 성기에 삽입하는 행위
유사강간	폭행 또는 협박 등으로 상대방의 반항을 곤란하게 하여 행위자가 구강, 항문 등 신체(성기는 제외)의 내부에 성기를 넣거나 성기, 항문에 손가락 등 신체(성기는 제외)의 일부 또는 도구를 넣는 행위
강제추행	폭행 또는 협박으로 성교는 하지 않고 가슴, 엉덩이, 성기부위 및 다른 신체 부위에 접촉하거나 키스, 음란한 행위, 피해자나 행위자의 성기를 노출시키는 등 성적 침해를 하는 행위
준강간·준강제추행	상대방의 심신상실(장애, 수면, 술에 취함, 의식 잃음) 또는 항거불능(심리적, 육체적으로 반항이 불가능한 상황)의 상태를 이용하여 강간 또는 추행을 하는 행위
성희롱	업무 또는 고용, 기타 관계에서 성적 언동 등으로 성적 굴욕감 또는 혐오감을 느끼게 하거나 성적 언동 또는 그 밖의 요구에 따르지 아니하였다는 것을 이유로 불이익을 주는 행위
아동 성학대	보호하거나 양육하는 대상인 아동·청소년에 대한 성적 가혹행위
스토킹	상대방이 원하지 않는데도 지속적 또는 반복적으로 접근, 미행, 연락 등을 하며 정신적·신체적 피해를 입히는 행위
사이버 성폭력	온라인상에서 상대방의 동의를 구하지 않고 원치 않는 성적 대화나 메시지, 야한 사진, 동영상 등을 전달하거나 유포함으로써 불쾌감, 위협감 등을 느끼게 하는 행위

그리고 성폭력을 〈표 9-2〉와 같이 법률상으로도 분류할 수 있다.

〈표 9-2〉 성폭력의 법률상 분류

법률명	행위유형	비고
아동 · 청소년의 성보호에 관한 법률	아동·청소년에 대한 강간 및 강제추행 등	제7조
	장애인인 아동·청소년에 대한 간음 등	제8조
	강간 등 상해·치상/강간 등 살인·치사	제9, 10조
	아동·청소년 이용 음란물의 제작·배포 등	제11조
	아동·청소년 매매 행위	제12조
	아동·청소년의 성을 사는 행위 등	제13조
	아동·청소년에 대한 강요행위 등	제14조
	알선 영업행위 등	제15조
아동복지법	아동에게 음란한 행위를 시키거나 이를 매개하는 행위 또는 아동에게 성적 수치심을 주는 성희롱 등의 성적 학대행위	제17조 제2호
성폭력범죄의 처벌 등에 관한 특례법	특수강도강간 등	제3조
	특수강간 등	제4조
	친족관계에 의한 강간 등	제5조
	장애인에 대한 강간·강제추행 등	제6조
	13세 미만의 미성년자에 대한 강간·강제추행 등	제7조
	강간 등 상해·치상/강간 등 살인·치사	제8, 9조
	업무상 위력 등에 의한 추행	제10조
	공중 밀집 장소에서의 추행	제11조
	성적 목적을 위한 다중 이용장소 침입행위	제12조
	통신매체를 이용한 음란행위	제13조
	카메라 등을 이용한 촬영	제14조
	제3조~제9조, 제14조의 미수범	제15조
형법	강간, 유사강간, 강제추행	제297조, 제297조의2 제298조
	준강간, 준강제추행	제299조
	강간 등 상해·치상, 강간 등 살인·치사	제301조, 제301조의2
	미성년자 등에 대한 간음	제302조
	업무상 위력 등에 의한 간음	제303조
	미성년자에 대한 간음, 추행	제305조
	강도강간	제339조
	제339조의 미수범	제342조

성에 대한 올바른 가치관과 성평등 의식을 함양하고, "사소한 성적인 장난이나 행동도 성폭력이 될 수 있다"는 명확한 인식을 제고하기 위해 성폭력 예방교육을 다음과 같이 실시한다.

〈표 9-3〉 성폭력 예방교육

예방 교육		
학생	학부모	교원
• 연간 15시간 이상의 성교육 (성폭력 예방교육 3시간 포함) 실시 • 다양한 특성화 교육 실시 • 학생활동을 통한 안전한 학교환경 조성	• 학교폭력 예방교육 실시 (학기별 1회) • 학부모 상담주간 활용 상담	• 학교폭력 예방교육 실시 (연1회) - 성폭력, 성희롱, 성매매 예방 교육 • 담당 교원 및 보건교사 연수

2. 성폭력 사안 및 신고

1) 성폭력 피해 발생 징후

성폭력이 발생하면 신체적, 심리사회적, 행동적으로 다음과 같은 후유증 및 징후가 나타날 수 있다.

- 수면장애(악몽), 섭식장애(식욕감퇴, 병적 식욕과대), 위장장애, 비만, 임신
- 처녀막 파열, 성병 감염, 질 확대, 회음부 상처, 생식기 염증 등 신체적 고통 호소
- 무표정, 무(無)정서반응
- 자기 비난(혐오), 소외감, 고립, 타인에 대한 신뢰 부족, 낮은 자기존중감
- 다른 사람에게 알려지면 안 된다는 강박관념
- 급성 불안, 분노, 적개심, 무력감, 우울, 신경과민 등 정서적 문제

- 특정 인물, 장소, 물건에 대한 두려움
- 대인관계 회피
- 2차 피해나 보복에 대한 공포
- 죄책감, 수치심으로 인한 자신감 결여 현상
- 집에만 머물고 야외 활동 기피
- 집중력이 떨어지고 학습 의욕 저하
- 문제적인 성적 행동들을 미성숙하게 노출하거나 행동화
  (예: 성기노출, 또래 성폭력, 과도한 신체접촉, 매춘, 원조교제, 근친 간 관계)
- 조기 성관계, 성적 발달, 과도한 성적 호기심
- 자위, 성적인 말과 놀이, 성에 대한 집착
- 성에 대한 부정적 태도
- 성과 애정의 구분 어려움, 과도한 성욕구, 성정체감 혼란
- 자신의 의지와 무관한 성관계
- 알코올 남용이나 흡연
- 잦은 분노 폭발행동, 자해, 자살충동, 자살시도 같은 공격행동 표출
- 성인과 빈번한 싸움, 가출, 학습장애, 무단결석, 부모와 갈등, 일반인과 친밀한 관계형성 어려움

2) 성폭력 사안 신고

「아동·청소년의 성보호에 관한 법률」에 따라 초중등교육법상의 학교에서 근무하는 단체장과 그 종사자는 아동·청소년 대상 성범죄의 발생 사실을 알게 된 때 즉시 수사기관에 신고해야 한다.

성폭력 방지 및 피해자보호 등에 관한 법률에 따르면 19세 미만의 미성년자(19세에 도달하는 해의 1월 1일을 맞이한 미성년자는 제외한다)를 보호하거나 교육 또는 치료하는 시설의 장 및 관련 종사자는 자기의 보호·지원을 받는

자가 피해자인 사실을 알게 된 때에는 즉시 수사기관에 신고하여야 한다.

신고하지 않거나 거짓 신고를 할 경우 「아동·청소년의 성보호에 관한 법률」에 따라 300만 원 이하의 과태료에 처해질 수 있다.

피해자가 신고를 원하지 않는 경우, 「아동·청소년의 성보호에 관한 법률」은 이에 대하여 별도의 예외 규정을 두고 있지 않으므로 신고의무자는 피해자의 의사와 무관하게 성범죄 발생사실을 수사기관에 신고하여야 한다. 즉, 피해자가 고소권을 행사할 것인지 여부와 신고의무자의 신고의무는 전혀 별개의 문제이므로 신고의무자는 피해자가 범죄의 신고를 원하지 않는다 할지라도 이와 무관하게 법률상의 신고 의무가 있다.

〈표 9-4〉 성폭력 사안처리 교직원의 유의사항

- 성범죄에 해당되는 성폭력 사안은 반드시 수사기관에 신고를 하여야 한다.
- 교직원이 성폭력 사안을 인지하거나 신고받은 경우 학교장에게 보고하고 수사기관에 즉시 신고하며, 학교장은 교내 성고충 상담원(보건교사 등)의 의견을 들어 피해자를 긴급보호조치하고, ① 117 신고센터, ② 해바라기여성아동센터(1899-3075), ③ ONE-STOP 지원센터, ④ 여성긴급전화(1366), ⑤ 성폭력상담소 등 전문상담기관에 도움을 받을 수 있다.
- 성폭력 사건을 숨기거나 학교 내에서 임의로 해결하려고 하지 않는다.
- 다른 교직원이나 학생들에게 비밀이 누설되지 않도록 유의하고, 침착하게 대응한다.
- 성폭력 사안을 목격하거나 알고 있는 주변 학생이 비밀유지를 하도록 주지시킨다. 만약 비밀을 유출할 경우 피해자에게 2차 피해가 발생하고, 법적 처벌을 받을 수 있음을 알려준다.
- 교직원이 개인상담 과정을 통해 성폭력 피해사실을 안 경우, 피해학생이 신고를 원치 않는다 하더라도 피해학생과 그 보호자에게 법률상 신고의무에 대해 알리고 반드시 신고하여야 한다.
- 성폭력 사실을 신고한 학생이 있는 경우 신고학생의 신상이 조사과정에서 누설되지 않도록 각별히 유의하고, 신고학생의 비밀보장을 철저히 하도록 한다. 또한 신고학생에 대해서는 사안 종료 시까지 신변의 안전을 보호할 수 있는 조치를 하되, 가해학생이 정황을 파악할 수 없도록 한다.

아동·청소년의 성보호에 관한 법률은 아동·청소년 대상 성범죄의 처벌과 절차에 관한 특례를 규정하고 피해 아동·청소년을 위한 구제 및 지원절차를 마련하며 아동·청소년 대상 성범죄자를 체계적으로 관리함으로써 아동·청소년을 성범죄로부터 보호하고 아동·청소년이 건강한 사회구성원으로 성장할 수 있도록 하기 위한 취지에서 제정되었다. 이에 따를 경우 만 19세 미만의 아동 및 청소년에 대하여 강간, 성추행, 성희롱을 하거나 청소년 이용 음란물을 제작·수입·상영하는 등의 행위는 일반 형법 규정에 비하여 가중처벌될 수 있다.

같은 법이 적용되기 위해서는 피해자가 만 19세 미만이어야 하고 같은 법이 규정하고 있는 성범죄 또는 성폭력 범죄가 발생해야 한다.

그리고 「학교폭력예방 및 대책에 관한 법률」을 적용해 보면, 학교폭력 현장을 보거나 그 사실을 알게 된 자는 학교 등 관계 기관에 이를 즉시 신고하여야 한다. 신고를 받은 기관은 이를 가해학생 및 피해학생의 보호자와 소속 학교의 장에게 통보하여야 한다. 통보받은 소속 학교의 장은 이를 심의위원회에 지체 없이 통보하여야 한다.

누구라도 학교폭력의 예비·음모 등을 알게 된 자는 이를 학교의 장 또는 심의위원회에 고발할 수 있다. 다만, 교원이 이를 알게 되었을 경우에는 학교의 장에게 보고하고 해당 학부모에게 알려야 한다. 누구든지 학교폭력을 신고한 사람에게 그 신고행위를 이유로 불이익을 주어서는 아니 된다.

아동·청소년의 성보호에 관한 법률에는, 누구든지 아동·청소년의 주소·성명·연령·학교 또는 직업·용모 등 그 아동·청소년을 특정하여 파악할 수 있는 인적사항이나 사진 등을 신문 등 인쇄물에 싣거나 방송 또는 정보통신망을 통하여 공개하여서는 안 된다고 되어 있다. 신고자 등의 인적사항이나 사진 등 그 신원을 알 수 있는 정보나 자료를 출판물에 게재하거나 방송 또는 정보통신망을 통하여 공개하여서는 아니 된다. 이에 위반할 시 7년 이하의 징역 또는 5천만 원 이하의 벌금, 1년 이하의 징역 또는 500만 원 이하의 벌금에 처해질 수 있다. 이 경우 징역형과 벌금형은 병과할 수 있다.

3) 성폭력 사안 조사 및 심의위원회 개최

학교폭력예방 및 대책에 관한 법률 제2조 제1호는 성폭력을 학교폭력의 유형에 포함하고 있다. 따라서 피해자가 학생인 성폭력 사안의 경우 학교폭력에 해당된다.

피해자가 학생인 성폭력 사안이 발생한 경우 학교폭력대책심의위원회 개최를 요청한다. 다만, 가해자가 일반인일 경우, 피해자와 그 보호자가 피해학생 보호조치를 원하지 않으면 학교폭력대책심의위원회를 개최하지 않을 수 있다. 이 경우에 「학교폭력예방 및 대책에 관한 법률」에 따라 피해학생 보호조치가 어려울 수도 있음을 충분히 설명한다.

성폭력 피해학생(또는 보호자)이 피해학생의 신변·사생활 보호를 위해 심의위원회 참석을 원하지 않는 경우, 피해학생(또는 보호자)이 심의위원회 참석을 하지 않을 수 있고, 서면진술로 대체할 수 있다. 다만 피해학생(또는 보호자)이 심의위원회 참석을 원하지 않더라도 심의위원회는 비공개로 피해학생 보호조치 및 가해학생에 대한 조치를 심의·의결해야 한다. 피해자가 학생인 성폭력 사안은 학교폭력예방 및 대책에 관한 법률 제17조에 따라 조치하여야 하며, 초중등교육법 제18조 및 같은 법 시행령 제31조에 따라 학생생활교육위원회에서 징계로 대신할 수 없다.

(1) 전담기구의 사안조사

성폭력 사고 피해자는 정신적으로 매우 불안한 상태에 있는 경우가 많다. 따라서 사고 조사에 있어서도 세심한 주의를 기울여야 한다. 학교폭력예방 및 대책에 관한 법률 제14조 제7항에 따라 전문기관에 그 실태조사를 의뢰할 수도 있다.

학교장은 성폭력 사안 해결의 총지휘자로서 사안을 정확하게 파악할 필요가 있고, 구성원을 소집하여 업무지시를 하고 그 결과를 보고받는다. 책임교사는 사안조사를 총괄하고 조사방향을 정하며 조사한 결과를 학교장 및 자치위원회에 보고한다.

담임교사는 피해자와 가해자의 정서적 지지와 초기 조사에 대하여 적극적으로 지원하고 학부모와 협력체계를 갖춘다.

보건교사는 피해·가해학생의 신체적·정신적 피해상황을 확인하고, 유관기관과 연계하여 의료 및 상담을 지원하고 성폭력 예방교육을 한다.

전문상담교사는 피해·가해학생 상담을 통해 심리적·정서적 상황을 파악한다. 이때 필요에 따라서 학교별 인력 배치 현황에 따라 전문상담기관과 협조하고, 학교폭력 가해·피해학생 중 장애학생이 있을 경우 진술권 행사 제약에 따른 장애학생 인권침해 논란이 발생할 수 있기 때문에 이 경우 사안조사, 상담, 자치위원회 개최 시 장애 특성을 감안하여 특수교육 전문가(교육지원청 특수교육지원센터에 요청)를 참여시키는 것이 바람직하다.

〈표 9-5〉 성폭력 사안조사 시 유의사항

• 성폭력 사안조사 시 조사자는 가해학생 및 피해학생의 인권보호에 더욱 신경을 써야 하며 강압적인 분위기로 확인·조사를 실시해서는 안 된다. • 성폭력 사안조사 시 조사자는 관련 학생이 진술을 거부할 경우 그 의사를 존중해 주어야 하며, 강제적인 조사로 인해 피해학생이 2차적인 피해를 받지 않도록 주의해야 한다.

(2) 전문상담기관으로 의뢰

성폭력 사안이 발생하면 신속하게 117학교폭력신고센터, 여성긴급전화(1366), 성폭력상담소, ONE-STOP지원센터, 해바라기여성아동센터 등 성폭력 전문기관에 연계하여 필요한 조치를 받도록 해야 한다. 다만, 성폭력 사건에 대한 전문상담기관과의 연계와 성폭력 사건에 대한 신고의무 이행은 별개의 문제이다.

〈표 9-6〉 학교폭력 전문 상담기관

기관	내용
학교폭력 신고센터 (117)	• 대상: 성폭력, 학교폭력, 성매매 피해 청소년 • 내용: 법률정보 및 상담 안내 • 현황: 광역자치단체 단위로 전국 16개 시도에 설치
해바라기 아동센터	• 대상: 19세 미만 성폭력 피해를 입은 아동·청소년 및 장애인 • 내용: 의료 지원(성폭력 외상치료, 심리상담, 심리치료, 놀이치료) 법률 지원(법적 절차 지원, 피해자 조사지원) 상담 지원(사례접수, 면담조사, 연계지원서비스, 가족상담) • 현황: 서울, 대구·경북, 인천, 광주·전남, 경기, 충북, 전북, 경남
해바라기 여성·아동센 터 (1899-3075)	• 대상: 성폭력, 가정폭력, 성매매 피해 아동·청소년 • 내용: 의료 지원(응급처치, 산부인과 진료, 정신과 진료, 기타 외상치료) 수사 지원(피해자 조서작성, 진술녹화 지원, 증거채취, 고소 지원) 상담법률 지원(사례접수 및 관리, 24시간 응급상담, 법적 자문) 심리 지원(심리학적 평가, 심리치료, 부모 및 가족치료) • 현황: 서울, 부산, 울산, 강원(2), 전남, 경북
ONE-STOP 지원센터	• 대상: 성폭력, 가정폭력, 성매매 피해 청소년 • 내용: 의료 지원(응급처치, 산부인과 진료, 정신과 진료, 기타 외상치료) 상담법률 지원(사례접수 및 관리, 24시간 응급상담, 법적 자문) 수사 지원(피해자 조서작성, 진술녹화 지원, 증거채취, 고소 지원) • 현황: 서울(2), 부산(1), 대구(1), 인천(2), 광주(1), 대전(1), 경기(3), 충북(1), 충남(1), 전북(1), 전남(1), 경북(1), 경남(1), 제주(1)
여성긴급전화 (1366)	• 대상: 성폭력, 가정폭력, 성매매 피해 청소년 • 내용: 긴급구조 및 보호를 위한 전화상담 안내(365일 24시간 상담) • 현황: 광역자치단체 단위로 전국 16개 시도에 설치
성폭력상담소 (장애인 성폭력상담소)	• 대상: 성폭력 피해 청소년 • 내용: 의료지원 연계(응급처치, 산부인과 진료, 정신과 진료, 외상치료) 상담법률지원 연계(사례접수 및 관리, 24시간 응급상담, 법적 자문) 수사연계 지원(진술녹화 동행지원, 고소 지원) • 현황: 서울(20(3)), 부산(6(1)), 대구(4), 인천(7(2)), 광주(11(1)), 대전(5(1)), 울산(4(1)), 세종(1), 경기(37(4)), 강원(6), 충북(7(1)), 충남(10(2)), 전북(12(2)), 전남(10(1)), 경북(16(2)), 경남(14(1)), 제주(3(1))

(2023. 8. 기준)

3. 성폭력 관련 학생조치

학교장은 피해학생 보호를 위한 긴급조치 결정권자로 피해학생의 보호를 위하여 긴급하다고 인정하거나, 피해학생이 긴급보호의 요청을 하는 경우에는 학교장 자체해결 혹은 심의위원회의 개최 요청 전에 제1호, 제2호 및 제6호의 조치를 할 수 있다. 긴급조치의 범위는 학내외 전문가에 의한 심리상담 및 조언(1호), 일시보호(2호), 그 밖에 피해학생의 보호를 위하여 필요한 조치(6호)이며 피해학생에 대한 긴급조치는 심의위원회에 즉시 보고하여야 한다. 피해학생 보호조치를 심의위원회로부터 요청받으면 교육장은 피해학생 보호자의 동의를 받아 7일 이내에 해당 조치를 하여야 한다. 피해학생이 치료받는 기간은 「학교생활기록 작성 및 관리지침」의 '기타 부득이한 사유로 학교장의 허가를 받아 결석하는 경우'로 처리하여 출석으로 인정한다. 또한 학생의 일시적인 일탈로 성매매 대상이 되어 검사의 수강명령에 의한 교육 또는 상담과정을 이수한 경우 '특별교육이수' 기간으로 간주하여 출석으로 인정한다.

〈표 9-7〉 피해학생에 대한 조치

제1호	심리상담 및 조언	성폭력으로 받은 정신적·심리적 충격으로부터 회복할 수 있도록 학교 내 교사나 전문상담기관으로부터 상담 및 조언을 받도록 하는 조치
제2호	일시보호	지속적인 성폭력이나 보복의 우려가 있는 경우 일시적으로 보호시설이나 또는 학교 상담실 등에서 보호를 받을 수 있도록 하기 위한 조치
제3호	치료 및 치료를 위한 요양	성폭력으로 인하여 생긴 신체적·정신적 상처의 치유를 위하여 일정 기간 출석을 하지 아니하고 의료기관 등에서 치료를 받도록 하는 조치
제4호	학급교체	지속적인 성폭력 상황으로부터 벗어나도록 하기 위해서 또는 학교폭력으로 인해 생긴 정신적 상처에서 벗어나도록 하기 위해서 피해자를 동일 학교 내의 다른 학급으로 소속을 옮겨주는 조치
제6호	그 밖에 피해학생의 보호를 위하여 필요한 조치	치료 등을 위한 의료기관에의 인도, 수사기관의 조사 및 법원의 동행, 법률구조기관 등에 필요한 협조와 지원요청, 등·하굣길에서의 동반 등

가해학생에 대한 선도가 긴급하다고 학교장이 인정할 경우에는 학교장 자체 해결 혹은 심의위원회의 개최 요청 전에 제1호부터 제3호까지, 제5호 및 제6호의 조치를 할 수 있으며, 제5호와 제6호는 동시에 부과하는 조치를 할 수 있다. 피해학생에 대한 서면사과(제1호), 피해학생 및 신고·고발학생에 대한 접촉, 협박 및 보복행위금지(제2호), 학교에서의 봉사(제3호), 학내·외전문가에 의한 특별교육 이수 또는 심리치료(제5호), 출석정지(제6호) 조치를 할 수 있다.

가해학생에 대한 긴급조치는 심의위원회에 즉시 보고하여 추인을 받아야 한다. 이때 긴급 출석정지 사유는 2명 이상의 학생이 고의적·지속적으로 성폭력 행사, 성폭력을 행사하여 전치 2주 이상의 상해를 입힌 경우, 성폭력에 대한 신고, 진술, 자료제공 등에 대한 보복을 목적으로 폭력 행사, 학교의 장이 피해학생을 가해학생으로부터 긴급하게 보호할 필요가 있다고 판단될 경우이다. 가해학생 선도조치를 심의위원회로부터 요청받으면 교육장은 14일 이내에 해당 조치를 하여야 한다.

〈표 9-8〉 가해학생에 대한 선도 조치

제1호	서면사과	가해학생이 피해학생에게 서면으로 사과하도록 하여 서로 화해하도록 하는 조치
제2호	피해학생 및 신고·고발학생에 대한 접촉, 협박 및 보복행위 금지	피해학생 및 신고·고발학생에 대한 가해학생의 접근을 막아 더 이상의 성폭력이나 보복을 막기 위한 조치
제3호	학교에서의 봉사	가해학생에게 반성의 기회를 주기 위한 조치
제4호	사회봉사	사회구성원으로서의 책임감을 느끼게 하기 위한 조치
제5호	학내외 전문가의 특별교육 이수·심리치료	교내외 전문가에 의한 특별교육을 이수하거나 심리치료를 받도록 하는 조치
제6호	출석정지	가해학생에게 학교에 출석하지 못하게 함으로써 반성의 기회를 주고 일시적으로나마 피해학생과 격리시켜 피해학생을 보호하기 위한 조치
제7호	학급교체	가해학생을 피해학생으로부터 격리시키고 동일 학교 내의 다른 학급으로 소속을 옮기는 조치
제8호	전학	가해학생을 피해학생으로부터 격리시키고 다른 학교로 소속을 옮기는 조치
제9호	퇴학처분	학생의 신분을 강제로 상실시키는 조치(고등학생만 가능)

〈표 9-9〉 성폭력 사안처리 절차

성폭력 피해 의심	성폭력 피해 사실을 알았을 때
▼	▼
• (사안조사) 전담기구 구성하여 성폭력 사안 조사(관련 학생 면담, 주변 학생 조사, 설문조사 등) - 필요시에 전문상담기관 협조 요청[성폭력피해자 지원센터(1899-3075), 117, 성긴급상담전화 1366, 해바라기센터(아동), 성폭력 상담소 등] • 상담 후 피해 사실이 확인되면 즉시 신고	• 신고(수사기관) - 교육, 의료, 아동복지 종사자 등 신고의무자는 반드시 경찰서 등에 신고해야 함
▼	▼
피 · 가해학생 긴급 조치	
• 피해 · 가해학생 분리(가해자가 교직원일 경우 수업 배제, 신속한 징계조치 이행) • 응급 및 안전 조치 - 학교 내외 상담실[위(Wee)센터, 해바라기센터(아동), 성폭력 상담소 등]을 통해 상담, 치료, 법률 지원 등 적절한 조치, 증거물품 보관, 현장 보존, 병원 이송 시 교사 동행, 피해학생지지 - 친족 성폭력 등으로 인해 보호자로부터 긴급 격리가 필요한 경우 아동보호전문기관(해바라기센터) 또는 여성긴급전화(1366)로 연계 • 관련 학생 보호자 연락 및 교육청 통보	
▼	▼
상담 · 치료 및 후속 지원	학교폭력 사안 처리
• (학교) 상담, 사건 조사 일정 감안 학습 지원, 성폭력 예방 교육 ※ 개인신상 정보가 공개되어 2차 피해가 발생하지 않도록 유의 • (교육청) 단위학교 성폭력사안 현장지원, 컨설팅 실시, 치료비 선지원 • (학교안전공제회) 피해 학생의 신속한 치료를 위해 치료비 선지원	• (학교폭력대책심의위원회 심의) 피해학생 보호 및 가해학생 교육 · 선도 조치 결정 • (교육장 조치결정) 조치 결정사항 통보 • (학교장 조치 이행) 조치 이행, 학교생활기록부 기록, 재발방지 노력 • (사후 관리) 피 · 가해 학생 추수 지도, 소속 교원 및 학생 대상 성폭력 예방 교육 실시 ※ 사안처리 과정에서 개인신상 정보가 공개되어 2차 피해가 발생하지 않도록 유의

4. 성범죄의 유형 및 특성

1) 아동·청소년 대상 성범죄 피해 유형별 특성

(1) 아동·청소년 대상 성폭력 피해

① 개념

성폭력은 상대방의 의사에 반하여 이루어지는 성적인 말과 행동으로 상대의 성적 자기결정권을 침해하는 모든 행위를 말하며 강간, 유사강간, 강제추행을 포함한다.

"아동 성폭력"은 아동을 대상으로 하는 성폭력으로 아동의 건강·복지를 해치거나 정상적 발달을 저해할 수 있는 성적 폭력 또는 가혹행위로서 아동을 대상으로 하는 모든 성적 행위를 의미하며 아동 피해자는 만 13세 미만, 청소년 피해자는 만 13세 이상~19세 미만의 피해자를 지칭한다.

아동의 신체부위를 만지는 행위, 가해자의 몸을 보라고 하거나 보여주는 행위, 몸을 만져달라고 하거나 만지게 하는 행위, 아동에게 가해자의 성기를 접촉하거나 삽입하는 행위, 야한 동영상이나 그림을 보여주는 행위 카메라, 휴대폰 등으로 남의 몸을 찍는 행위, 협박, 유인 등의 수법으로, 아동에게 자신의 몸을 찍어서 보내게 유도하는 행위이다.

강간은 폭행 또는 위협 등의 수단으로 상대의 의사에 반하여 강제적으로 성교(성기삽입)하거나 성기를 제외한 신체 내부에 신체 일부 혹은 도구를 넣는 행위를 말한다. 강간은 다양한 동기를 가지는데 대표적으로 가해자가 피해자를 성적으로 지배하려는 의도를 가지거나, 피해자에 대한 분노 또는 복수, 가학주의적 행위를 사용해 성적 흥분을 느끼기 위해 행해진다. 강간 및 유사강간의 경우 옥외보다는 옥내에서 발생한 비율이 높았고 낮보다 저녁 및 야간시간대에 기습적으로 위협해 피해자를 강압하는 방법이 상대적으로 높았다.

강제추행은 폭행 또는 협박에 의해 성교는 하지 않고 가슴, 엉덩이, 성기부위 등 신체부위에 접촉하거나 키스, 음란행위, 가해자나 행위자의 성기를 노출시키는 등 성적 침해를 하는 행위를 말한다. 강간에 비해 강제추행은 상대적으로 옥외, 노상에서 저녁시간대에 많이 발생하며, 피해자를 강제, 강압하기보다 기습적 또는 편의를 제공해 유인하여 범행한 비율이 높았다.

강간, 유사강간, 강제추행 피해자 모두 공통적으로 정신적 피해를 가장 많이 경험하는 것으로 나타났다. 그 외에 강간의 경우 음부 상처나 감염, 신체 외상, 임신 등 물리적 피해를 동반하는 것으로 나타났다.

② 특성

아동 성폭력의 특징은 강제성이 성폭력의 기준은 아니며, 물적 증거를 남기는 경우가 적다는 것이다. 적절한 치료적 개입이 없을 경우 심각한 정신적 후유증을 남길 수 있다. 또한 아는 사람 및 친족에 의한 피해가 많으며 남자 피해자가 증가하고 있다. 피해를 즉시 알리지 않는 경향이 있고 성폭력 피해가 반복적이고 지속적일 가능성이 높다.

청소년 성폭력의 특징은 또래 및 이성 관계에서 성폭력 피해가 증가하고 있으며 인터넷 및 스마트폰 사용의 증가로 인해 SNS(Social Network Service), 애플리케이션 등에 의한 성폭력 피해가 증가하고 있다는 것이다.

피해 아동・청소년은 성폭력 피해 후유증으로 심리적 위축, 우울감, 불안감, 불면증, 자기조절의 어려움, 자해, 자살생각, 두려움, 분노, 관계 부적응을 경험하며, 학교적응의 어려움으로 학업을 중단하기도 한다.

성폭력 피해는 다른 외상 후 스트레스 장애와는 다르며 성 피해가 심각할수록 장기적이고 만성적인 후유증이 지속되는 경우가 많다. 특히 아동이나 청소년 피해자들은 성인 피해자보다 불안장애, 공포 및 우울증의 위험성이 높으며, 아동기 피해경험은 조기 성관계, 나이에 부적합한 성 행동, 잦은 수음행동과 관련이 높아 아동・청소년기 성폭력 피해가 성인기보다 더 광범위하고 다른 양상으로 나타날 수 있다.

아동 대상 성폭력 피해의 경우 폭력사용 여부, 저항 여부와 상관없이 보다 엄격하게 법적인 처벌행위를 받게 되지만, 청소년의 경우 성에 대해 어느 정도 판단능력과 방어능력이 있다고 여겨지므로, 피해에 대해 동의된 성관계로 오해받기도 한다.

특히 가해자가 친인척이거나 친밀한 관계인 경우, 피해사실을 알고도 부모가 이를 믿지 않거나 자녀를 비난, 침묵하는 경우 스스로에 대해 더 자기비난적인 태도를 보일 수 있으며 심각한 정신건강 문제와 관련이 있었다.

■ 데이트폭력

데이트폭력이란 데이트 관계에서 발생하는 언어적 · 정서적 · 경제적 · 성적 · 신체적 폭력을 말한다.

헤어지자는 연인의 요청을 거부하거나, 이별하더라도 집요하게 스토킹으로 이어지는 경우도 많은데, 이 역시 명백한 데이트폭력에 속한다.

〈표 9-10〉 데이트폭력의 유형

데이트폭력			
통제	언어적 · 정서적 · 경제적	신체적	성(性)적
• 누구와 함께 있는지 항상 확인 • 옷차림을 제한 • 내가 하는 일이 자신의 마음에 들지 않으면 그만두게 함 • 일정을 통제하고 간섭 • 휴대폰, 이메일, SNS 등을 자주 점검	• 욕을 하거나 모욕적인 말 • 위협을 느낄 정도로 소리 지르기 • 안 좋은 일이 있을 때 '너 때문이야'라는 말 • 나를 괴롭히기 위해 악의에 찬 말 • 내가 형편없는 사람이라고 느낄 정도로 비난	• 팔목이나 몸을 힘껏 움켜쥠 • 세게 밀침 • 팔을 비틀거나 머리채를 잡음 • 폭행으로 삐거나 살짝 멍/상처가 생김 • 뺨을 때림	• 나의 의사에 상관없이 가슴/엉덩이/성기를 만짐 • 내가 원하지 않는데 몸을 만짐 • 내가 원하지 않는데 애무를 함 • 나의 기분에 상관없이 키스 • 내가 원하지 않는데 섹스를 강요

데이트폭력은 아내폭력과 마찬가지로 단 한 번의 폭력으로 끝나지 않고 오랜 기간 폭력에 노출되는 경우가 많으며, 때리면서도 사랑한다고 말하는 가해자의

반복적 행동은 사랑하기 때문에 때리는 것이고, 집착하는 것이라고 믿게 만든다. 그래서 피해자들은 '때리는 거 하나만 빼면 참 괜찮은 사람'이라는 생각을 갖고, 이런 믿음은 폭력으로부터 벗어나는 데 어려움을 주기도 한다.

데이트성폭력이란 과거에는 좁게 '신체적 폭력'에 한정된 개념으로 인식되었으나 최근에는 신체적 폭력과 더불어 감정, 언어적 폭력까지 데이트성폭력 범주에 포함하고 있다.

■ 스토킹

「스토킹범죄의 처벌 등에 관한 법률」('21. 4. 20. 공포, '21. 10. 21. 시행)(약칭 스토킹처벌법)에 따르면 스토킹 행위란 '상대방의 의사에 반하여 정당한 이유 없이 상대방 또는 그의 동거인, 가족에 대하여 다음 각 목의 어느 하나에 해당하는 행위를 하여 상대방에게 불안감 또는 공포심을 일으키는 것'을 말한다.

- 접근하거나 따라다니거나 진로를 막아서는 행위
- 주거, 직장, 학교, 그 밖에 일상적으로 생활하는 장소 또는 그 부근에서 기다리거나 지켜보는 행위
- 우편 · 전화 · 팩스 · 또는 정보통신망을 이용하여 물건이나 글 · 말 · 부호 · 음향 · 그림 · 영상 · 화상을 도달하게 하는 행위
- 주거 등 또는 그 부근에 놓여있는 물건 등을 훼손하는 행위
- 직접 또는 제3자를 통하여 물건 등을 도달하게 하거나 주거 등 또는 그 부근에 물건 등을 두는 행위

과거에는 스토킹을 '적극적인 구애' 정도로 유명인에게 발생하는 특이한 행위로 인식했고, 경범죄 처벌법을 적용해 경미한 범죄로 취급했으나, 사회 전반의 심각한 문제라는 공감대가 형성됨에 따라 2021년 스토킹범죄의 처벌 등에 관한 법률이 제정 · 시행됨으로써 스토킹에 대한 형사처벌이 가능해졌다.

스토킹 행위는 성폭력, 상해 또는 살인 등의 강력범죄로 발전하는 과도기적 특성을 보이며, 피해자에게 심각한 정신적 · 신체적 피해를 입힐 뿐만 아니라 사회생활이 단절되고 주변인들에게까지 피해를 미칠 수 있다.

(2) 성매매/성매수 강요 및 알선·영업 피해

① 개념

"성매매는 여성으로 하여금 금전에 대한 대가로 일정 시간 자신의 몸을 성적 도구로 제공하기 위하여 생명 다음으로 소중한 인격과 신체의 불가침성 및 그에 관한 권리를 양도하도록 하고, 성구매자는 일방적 만족과 쾌락을 위하여 여성의 몸에 자신이 원하는 방식대로 할 수 있는 신체적 지배권을 획득하는 관계"를 말한다(광주지방법원 2006. 2. 13. 선고 2005고단3339판결).

법에서 정의하는 성매매는 불특정인을 상대로 금품이나 그 밖의 재산상의 이익을 수수하거나, 수수하기로 약속하고 성교·유사성교 행위를 하게 되는 것을 말한다.

성매매 알선 행위란 성매매를 권유, 유인 또는 강요하는 행위, 성매매 장소를 제공하는 행위, 성매매에 제공되는 사실을 알면서 자금, 토지, 건물을 제공하는 행위를 말한다.

성매매 관련법

- 헌법: 제10조 인간의 존엄성 및 행복추구권, 제11조 평등권, 신체의 자유, 제17조 사생활의 비밀과 자유, 제34조 제1항 인간다운 생활을 할 권리 등
- 형법: 제242조(음행매개죄), 제288조(부녀매개죄)
- 성매매방지 및 피해자보호 등에 관한 법률
- 성매매알선 등 행위의 처벌에 관한 법률
- 아동·청소년의 성보호에 관한 법률
- 식품위생법
- 공중위생관리법
- 풍속영업의 규제에 관한 법률
- 정보통신망 이용촉진 및 정보보호 등에 관한 법률 등

성 매수자란 아동·청소년의 성을 사는 행위를 한 사람 또는 성을 팔도록 권유하거나 성을 사기 위해 유인한 사람을 뜻하며, 성매매 알선자는 아동·청

소년에게 성매매 피해자가 되도록 강요행위(폭행, 협박, 위력, 유인 등)를 한 사람이다. 아동・청소년 성매매 알선・영업은 아동・청소년의 성을 사는 행위를 알선하거나 정보통신망에서 알선정보를 제공하는 행위를 뜻한다.

② 특성

과거에는 아동・청소년 성매매의 알선형태가 업소형이었다면, 현재는 대부분 채팅 애플리케이션, SNS, 스트리밍 서비스 매체 등 사이버상의 조건 맞춤을 통한 1:1 성매매 형식으로 변환되어 성인 성매매와는 다른 특징을 보이고 있다. 주로 금전, 유흥수단, 일자리 및 숙식을 제공하고 성매수의 대상이 되도록 유인・권유하거나, 폭행・협박・채무 등을 이용해 성매매를 강요하는 경우가 많다.

성매매 피해를 입은 아동・청소년의 경우 자신도 성매매 범죄의 가담자로 처벌받을까봐 도움을 요청하기 꺼려할 수 있으며, 성매수자들이 이를 악용해 신고를 막고 지속적으로 성매수 대상이 되도록 강요할 수 있다.

특히 가출은 성매매의 큰 위험요인으로, 가출하여 거처할 곳이 없다는 점을 적극적으로 이용해 가해자가 피해 아동・청소년에게 숙식 및 금품 등을 제공하고 성을 팔도록 권유하는 등 위력을 행사하기도 한다.

기타 성매매 유입 원인으로는 성장과정에서의 불안정 애착과 방임, 그루밍, 부족한 경제적 자원 등이 있다.

성매매는 「아동・청소년의 성보호에 관한 법률」에 근거 성매매 대상이 된 아동, 청소년은 처벌과 보호처분의 대상이 아닌 성매매 피해자로 보호 및 지원을 받을 수 있다.

따라서 성매매 피해 청소년을 조기에 발견해 보호하는 것이 중요하며, 지속적인 상담・교육 및 자립지원을 통해 성매매 재유입을 중지하고 사회적 지지망을 활용할 수 있도록 지원할 필요가 있다.

(3) 디지털 성범죄 피해 통신매체이용음란

① 개념

디지털 성폭력은 디지털 기기 및 정보통신기술을 매개로 온·오프라인상에서 발생하는 젠더기반폭력을 폭넓게 지칭하며, 그중에서도 불법촬영, 비동의유포, 유포협박, 불법합성 등이 현행법상 성범죄로 인정되고 있다.

불법촬영은 디지털 기기 및 정보통신 기술을 매개로 한 온·오프라인에서 상대의 동의 없이 신체 일부, 성관계 장면을 의사에 반하여 촬영한 행위나 지하철, 화장실 등 공공장소에 카메라를 설치하여 촬영하는 것이다.

유포·재유포는 성적 촬영물을 성인사이트, 소셜미디어 등에 게시하거나 지인에게 제공, 공유하고 촬영 동의 여부와 관계없이 당사자의 의사에 반하여 유포하는 것을 말한다.

유포협박은 성적 촬영물을 주변인에게 유포하겠다고 협박하거나 협박을 빌미로 성행위, 추가촬영 등을 강요하는 것을 말한다.

합성 제작·유포는 딥페이크 등, 얼굴, 신체이미지 또는 음성을 성적으로 합성·편집·가공하는 것을 말한다.

소지·구입·저장은 불법촬영·유포물, 아동·청소년 성착취물 소지, 구입, 저장, 시청하는 것을 말한다.

사이버 공간 내 성적 괴롭힘은 디지털 성범죄 피해자의 신상 정보 등을 공개적으로 유포해 성적 명예훼손 및 모욕을 주는 것을 말한다.

디지털 성폭력범죄 중 '아동·청소년 성착취물 제작·배포 등'의 발생 건수는 2020년 2,621건으로 전체 성풍속 범죄의 18.1%이며, 이는 전년도 대비 3배 이상 증가한 것이다. 또한, '카메라 등 이용촬영'도 2011년 1,535건에서 2020년 4,881건으로 급증하여 심각성이 증가하고 있다.

〈표 9-11〉 디지털 성범죄 유형

<table>
<tr><th colspan="2">유형</th><th>적용법률</th><th>성격</th><th>예시</th></tr>
<tr><td rowspan="5">촬영물
이용
성폭력</td><td>불법
촬영</td><td>성폭력처벌법
제14조 1항</td><td>• 설치형 · 직접 촬영형
• 타인의 신체를 그 의사에 반하여 촬영
• 유포로 이어질 가능성 다분</td><td>• 불법 촬영(소위 몰래카메라)
• (신체 일부) 치마 속, 뒷모습, 전신, 얼굴, 나체 등
• (행위) 용변 보는 행위, 성행위 등</td></tr>
<tr><td>비동의
유포</td><td>성폭력처벌법
제14조 2항
성폭력처벌법
제14조 3항</td><td rowspan="2">• 성행위 촬영물 유포 · 재유포
• 본인 동의 촬영물(최초 유포자 본인) 포함
• 촬영 시 동의 여부와 상관없이 유포 시 촬영 당사자의 동의 없이 정보통신망을 이용하여 유포 · 재유포
• 얼굴 사진과 성적 사진을 합성하거나 조작하여 유포</td><td rowspan="2">• 동의하에 촬영한 성적인 촬영물, 동의 없이 촬영한 성적인 촬영물을 동의 없이 유포
• 업로더(헤비업로더 포함)
• SNS 단체대화방, SNS, 성인사이트, 커뮤니티 등에 유포
• 보복성 유포</td></tr>
<tr><td>재유포</td><td>정보통신망법
제44조의7</td></tr>
<tr><td>유포
협박</td><td>형법 제30장
협박의 죄</td><td>• 성행위 촬영물을 유포하겠다는 협박
• 괴롭힘 등의 목적을 이루기 위해 성적 촬영물을 유포하겠다고 협박</td><td>• 가족, 지인들에게 유포하겠다는 협박
• 이별 후 재회를 요구하며 유포 협박
• 다시 본인과 사귀면 유포를 하지 않겠다고 회유
• 유포 협박으로 금전 요구</td></tr>
<tr><td>유통
·
소비</td><td>정보통신망법
제42조
정보통신망법
제44조의7
아동 청소년 성보호에 관한 법률 제17조
전기통신사업법
제22조의3
전기통신사업법
제22조의5
전기통신사업법
제92조
전기통신사업법
제104조</td><td>• 영리 목적으로 사이버 성폭력 촬영물의 유포 방조 및 협력
• 비동의 유포 성적 촬영물을 시청 · 공유 · 저장 등의 방식으로 소비</td><td>• 웹하드, 성인 사이트 등 플랫폼 사업자 및 이용자
• 피해를 확산시키는 재유포자</td></tr>
</table>

유형	적용법률	성격	예시
사이버 공간 내 성적 괴롭힘	성폭력처벌법 제13조 정보통신망법 제70조 형법 명예훼손죄 제310조 형법 모욕죄 제311조	• 사이버 공간 내에서 성적 내용을 포함한 명예훼손이나 모욕 등의 행위 • 얼굴 사진과 성적 사진을 합성하거나 조작하여 신상 등과 함께 유포 • SNS, 문자, 전자우편, 공개 커뮤니티, 게임 채팅, 모바일 앱 등의 사이버 공간 내에서 발생	• 피해자 사진을 성적 사진으로 합성 후 유포(소위 지인 능욕) • 원치 않는 성적 이미지나 영상(링크) 제공 • 사이버 공간 내 성희롱 • 게임 내 성희롱 • SNS 단체대화방 내 성희롱

출처: 한국여성인권진흥원(2019). 디지털 성폭력 피해지원 안내서: 디지털 성폭력 바로보기.

② 디지털 성폭력 피해의 특성

- 디지털 성폭력은 인격을 침해하는 폭력이다.

  디지털 기기의 사용이 보편화되면서 이미지는 개인의 일상 활동, 평판, 인격의 일부를 이루기도 하는 등 그 영향력이 확대되고 있다. 직접적인 신체적 피해가 발생하지 않았다고 해도 이미지의 합성, 편집 등이 개인의 인격을 무너뜨리는 행위가 될 수 있다.

  2018년 디지털 성범죄 피해자 2,000명을 대상으로 실시된 한 조사 결과에 따르면, 피해자의 23.1%가 자살을 생각한 적이 있을(한국여성정책연구원, 2019, '온라인 성폭력 피해실태 및 피해자 보호 방안') 정도로 디지털 성폭력은 심각하게 인격을 침해하는 폭력이다.

- 촬영 및 유포에 대한 분노, 두려움과 공포, 불안 등 심리적 피해를 경험한다.

  한번 유포된 영상이나 이미지는 여러 개로 편집되고 새로운 제목이 붙으면서 다양한 플랫폼을 통해 빠르게 전파되기 때문에 피해자의 신상 정보가 공개되는 경우, 주변인들이 보게 될지 모른다는 막연한 불안감은 현실의 공포로 변화한다.

  실제로 많은 여성들이 휴대폰이나 SNS를 통해 조롱과 유포 협박을 당하기도 하며, 집이나 학교로 찾아온 누군가에 의해 물리적 위해를 경험하기도 한다.

• 재유포의 위험으로 인해 좌절감을 경험한다.

영상을 삭제하거나 수사기관을 통해 적극적인 대응을 하더라도 재유포의 위험이 얼마든지 존재하기 때문에 피해자들의 심리적 불안과 공포는 지속될 수밖에 없다. 또한 비인격적 성적 대상으로 취급받은 경험으로 인해 큰 분노를 느끼며 동시에 이 문제가 쉽사리 해결되지 않는 현실에 좌절하기도 한다.

> "내 몸이 그런 식으로 받아들여졌다는 그 자체가 너무 분노스러운 거거든요. 내가 어떤 총체적인 존재로서의 한 인간이 아니라 완전히 무슨 고깃덩어리처럼…."
>
> 출처: 한국형사정책연구원(2018), 온라인 성폭력 범죄의 변화에 따른 처벌 및 규제방안, 331쪽.

• 피해자 비난으로 인해 심리적 상처가 더욱 악화된다.

피해가 알려진 이후, 피해자를 탓하는 말과 태도가 반복되기도 한다. "그런 일이 있으면서도 웃다니", "잘만 지내는 걸 보니, 진짜 피해자가 아니다."와 같은 말과 태도는 성폭력 피해자에 대한 왜곡된 전형을 전제로 한 것인데 이러한 인식이 피해를 드러내는 것, 근절하는 것을 어렵게 만들고 있다.

> "죽어라. 나 같으면 벌써 진작에 자살했겠다. 욕설 같은 게 와 있고 그런 것들이 그전에 있었던 그 일(성폭력 피해)보다 더 힘들었어요."
> "그런 일을 당했다고 얘기를 하려면 왜 그렇게 예민하게 받아들이냐. 장난 가지고 뭘 그렇게 그러냐. 이런 사람도 많고…."
>
> 출처: SBS News(2019. 6. 8.), "범죄를 장난처럼…사이버성폭력에 멍드는 청소년들".

• 사람과 사회에 대한 신뢰가 무너진다.

피해자들은 다른 사람들이 자신을 알아보거나 지인들이 피해 영상을 접했을지도 모른다는 두려움이 매우 크며, 그 결과 인간관계 및 사회생활의 단절, 위축을 경험한다.

특히 (전)연인, 데이트 상대에 의한 디지털 성폭력은 사람에 대한 근본적인 신뢰를 무너뜨린다.

공중화장실, 숙박업소, 휴양지에 설치되었을지 모르는 카메라 혹은 카메라가 설치되었던 흔적들을 보면서도 여성들은 불안을 경험하고 일상 활동에 제약을 받고 있다.

> "아직도 번호를 누구한테 주는 거에 대해서 팀플에서 만나면 번호를 교환하자고 하는데 그것도 저는 되게 부담스러운 거예요…. 그래서 카톡 아이디로 알려준 다음에 좀 쌓이면, 제가 믿지 않는 사람들의 연락처가 좀 쌓이면 주기적으로 탈퇴하는 거예요. 그래서 다시 초기화하고. 내가 진짜 믿는 사람만 나 알게 만들고 다시 또 탈퇴하고…."
>
> 출처: 한국형사정책연구원(2018), 온라인 성폭력 범죄의 변화에 따른 처벌 및 규제방안, 314쪽.
>
> "믿었던 남자친구가 제 알몸을 몰래 찍어 여러 사람에게 유포했다…. 훨씬 많은 동영상이 있을까 봐 두렵다. 그 동영상을 제가 모르는 곳에 유포하거나, 지인들과 돌려보며 낄낄댔을 생각을 하니 정말 죽고 싶다."
>
> 출처: 여성신문(2019. 4. 1.), '불법촬영의 나라'…처벌 사각지대, 피해자 두 번 운다.

〈표 9-12〉 기존 성범죄와 디지털 성범죄 비교

구분	기존 성범죄	디지털 성범죄
발생 공간의 특성	물리적 공간 필요	시공간 초월하여 발생
가해자 특성	가해자 특정 가능, 대체로 자신의 행동에 대한 책임 인식	가해자 특정 어려움, 상대적으로 범죄 인식과 죄의식이 낮음
피해자와 가해자와의 관계	1대1 구도인 경우가 많음	1대1 구도가 아닌 1대 다수인 경우가 많음
피해 지속 시간	성폭력 가/피해 시간이 특정 가능	불법촬영물의 재유포 가능성이 높아 성범죄 가/피해 기간이 영속적임
사회구조적 특성	개인에 대한 처벌로 근절을 도모함, 전문지원시설이 마련되어 있음	거대 웹하드 업체 등 유통자본산업과 연결되어 있어 개인에 대한 처벌만으로는 근절이 어려움, 기존 성폭력에 비해 전문지원시설이 부족함
공통점	피해 발생을 증명하기 위한 증거 수집이 중요하거나 피해자에 대한 비난 등 피해자 본인의 역할 부담이 큼	

▪ 그루밍(Grooming)

그루밍(grooming)은 마부(groom)가 말을 빗질하고 목욕시켜 말끔하게 꾸민다는 데서 유래한 말로 원래 동물의 털 손질, 몸단장, 차림새라는 뜻을 가진 단어다.

그루밍은 아동을 성적 만족의 대상으로 삼으려는 욕구에 의해 동기화된 성적 학대의 준비이자 아동의 신뢰를 얻어 학대 행위에 복종하게 하려는 시도로 친밀해지는 과정으로 학대자가 아이를 좀 더 쉽게 성적으로 학대할 수 있으면서 범죄상황이 외부로 노출될 위험성은 낮아지도록 교묘하게 조종하는 것을 일컫는다.

그루밍은 맥락, 피해대상, 방식에 따라 유형을 분류할 수 있다.

첫째, 맥락에 따라 가족 외 모르는 사람, 가족 내 친밀한 사람에 의해 학대를 당한 경우를 말한다.

둘째, 피해 대상에 따라 아동, 가족 및 사회, 시설 내 그루밍으로 분류할 수 있다.

셋째, 시행방식에 따라 오프라인, 온라인, 스트리트 및 또래끼리의 그루밍으로 분류된다. 특히 온라인 그루밍은 온라인 공간의 특성을 이용해 아동과 부적절한 대화를 하고 오프라인상에서의 범죄 적성 활동을 유용하게 만든다는 특성을 가지므로 오프라인 그루밍과 성격을 달리한다.

그루밍 피해자의 특성은 온라인 그루밍에서 가해자들이 피해자를 선택할 때 다음의 3가지 측면을 고려한다. 첫째는 접근성, 둘째는 기회, 셋째는 취약성이다. 그루밍 성범죄에서 피해자의 신뢰를 얻기 위해 가해자가 가장 주목하는 점은 피해자의 취약점을 찾아내는 것이다. 좁게는 가족문제, 신체적·경제적 혹은 심리적 문제와 같은 요인뿐만 아니라 문화적 갈등 등 구조적으로 취약한 경우까지 포함한다.

그루밍은 피해자의 경계심을 느슨하게 하기 위해 비폭력적 방법을 사용하며, 일상생활에서 쉽게 접근할 수 있는 언동, 관계를 맺는 의사소통 방식으로 이루어지므로, 성적인 의도 또는 그루밍이라고 판단하기 어렵다.

피해자에게 접근하고 관계를 형성하는 과정에서 가해자들은 교묘한 의사소통 전략을 사용한다.

그루밍은 다음과 같은 단계로 이루어진다.

1단계: 사귀기
2단계: 관계형성 단계
3단계: 위험평가
4단계: 배타성 단계
5단계: 성적 단계
6단계: 환상 재강화 단계
7단계: 손해 제한

1~2단계를 통해 가해자는 피해자에게 가능한 한 많은 정보를 얻고 친밀감을 형성한다. 3~4단계에서는 보호자로부터 발각되는 것을 피하고 피해자와 가해자 사이에 배타적 느낌을 만들어 고민을 터놓고 이야기할 수 있는 상태로 만든다. 5~6단계에서는 피해자의 신뢰를 바탕으로 성적 주제를 언급하기 시작한다. 이때 피해자와 연애관계를 형성하거나 음란 이미지를 발송하거나 요청함으로써 환상에 동참하도록 강화한다.

출처: 인천해바라기센터(sunflowericn.or.kr//http://www.sunflowericn.or.kr).

2) 성폭력 피해가 청소년에게 미치는 영향

(1) 심리적 영향

성폭력 피해 아동에 대한 연구에서 55%가 정신과적 진단을 받았으며 그중 35%가 외상 후 스트레스 장애로 진단받았다고 보고하였다. 국내에서도 성폭력 피해를 겪은 아동의 70%가량이 정신과적 병리가 있는 것으로 진단되었다. 정신과적 진단은 약 40%가 외상 후 스트레스 장애로 나타나 가장 높은 비율을 차지하였으며 우울장애, 주요우울장애, 불안장애 등이 뒤따르는 것으로 나타났다. 외상 후 스트레스 장애는 외상 상황에서 촉발된 신경 생리학적 반응들이 외상 종결 후에도 지속되어 나타나는 것으로 보는데, 재경험, 회피, 각성 증가 등 외상 관련 증상들로 진단된다. 아동기에 겪은 성적 피해는 이후 성인기까지도 영향을 미쳐 외상 후 스트레스 장애를 비롯한 여러 후유증을 낳는 것으로 보고된다.

성폭력 피해자들의 핵심적인 증상은 외상 후 스트레스 장애 증상과 동일하며, 청소년 피해자들에게 자주 나타나는 증상은 다음과 같다. 전반적으로 심각한 정서조절 문제를 호소하며 깊은 수치심과 패배감 그리고 죄책감과 무가치감 등으로 자기비하와 같은 자신에 대한 일관된 신념을 보인다. 또한 대인관계에서 친밀함을 유지하기 어려우며 이러한 장애는 개인과 가족, 사회와 교육 장면 등의 중요한 영역에 손상을 가져온다.

어린 시절 경험한 성폭력 및 성희롱, 그리고 영유아기에 반복적으로 충격적인 대인관계를 경험한 것은 미성숙한 시절에 경험되기 때문에 당시에는 인식되기 어려우나, 조금 더 성장한 이후에는 이러한 사건에 대한 의미부여가 가능해지면서 복합외상으로 뒤늦게 드러나게 되는 경우도 있어 복합외상의 유발요인으로 보고 있다.

실제로 외상사건을 경험한 연령대가 낮을수록, 사건이 반복될수록, 그리고 장시간에 걸쳐 지속적으로 가해질수록 복합외상은 더 복잡하고 심각한 심리적 결과를 초래하고, 이후 외상 후 스트레스 장애를 경험하게 될 가능성이 훨씬 더 커진다고 하였다.

어린 시절 경험한 외상은 다양한 역기능적 반응을 나타낸다.

첫 번째로 가장 강렬하게 나타나는 것은 부정적 정서 반응이다. 외상을 경험한 사람들이 주로 나타내는 강렬한 부정적 정서 반응으로는 과민성과 분노, 공격성과 적대감 등이 있다. 복합 외상 후 스트레스 장애를 경험한 사람들이 아주 대수롭지 않은 일에도 상황에 맞지 않게 극렬한 분노를 드러내고 심한 경우 자기 파괴적인 행동과 분노로 정서조절을 시도한다고 보고하였다.

둘째, 주의력과 의식기능의 변화로 기억상실이나 해리 등 비현실감의 증상을 호소하는 것이다. 이런 증상은 외상과 관련된 정보를 무의식 상태로 두기 위한 하나의 방어 전략이라 할 수 있다. 방어 전략으로는 부인이나 정신적 마비, 더 나아가 회피를 사용한다. 복합외상의 경우 외상과 관련된 정보를 처리하는 과정에서 피해자가 다시 외상사건을 재경험하기 때문에 이러한 방어 전략을 사용하는 것이다. 그러나 회피와 정신적 마비로도 감당할 수 없게 되는 상황에 이르면 의식을 현실에서 분리하게 되는데 이것은 기억상실이나 해리, 비현실감 등의 증상으로 나타난다.

셋째, 자기인식에서의 변화를 경험한다. 외상 후 스트레스를 겪은 대부분의 사람들은 자신을 무능하다고 느끼며, 이로 인한 무력감을 호소한다. 또한 스스로가 존중받을 만한 가치가 있는 존재라는 기본신념 또한 흔들리게 된다. 더 나아가 외상을 경험한 것을 자신의 잘못으로 인식하며 자책감을 경험한다.

넷째, 스트레스 조절 호르몬의 문제로 신체화 증상 및 신체장애로 이어질 수 있다. 외상사건을 경험한 사람의 뇌 속의 편도체는 활성화되고 편도체에서 보낸 메시지에 따라 뇌하수체에서는 부신 피질 자극 호르몬이 분비된다. 이런 부신에서 스테로이드 호르몬 분비를 촉진하여 스트레스 상황을 대처하도록 한다. 한편 해마는 부신 호르몬의 분비량을 조절하여 분비의 속도를 늦추게 한다. 이렇듯 호르몬들의 분비 속도가 조절이 가능해지면 신체는 위험한 상황에서 효과적으로 반응할 수 있게 된다. 하지만 지속적이며 반복적인 외상을 경험하게 되면 이러한 기능이 손상되며 그로 인해 신체적인 장애로 이어진다.

다섯째, 의미 체계의 변화를 경험하게 된다(Herman, 1992). 외상사건으로 인해 자신이 살아오면서 가지고 있던 신념체계에 혼란을 느끼며 더 나아가 삶의 의미를 잃었다고 생각한다. 또한 인생의 믿음과 의미 혹은 희망을 발견하지 못하고 미래에 대한 희망과 믿음이 없다고 생각하기도 한다(Meichenbaun, 1994).

여섯째, 성폭력 피해로 복합외상을 겪은 나이가 어리고 피해가 반복적일수록 더 복잡한 심리적 외상으로 나타날 가능성이 크다고 하였다(안현의, 2007).

이상의 내용을 종합해보면 아동・청소년기의 성폭력과 같은 외상 경험은 자기체계의 변화와 정서 조절의 어려움, 해리 등의 증상을 나타낼 수 있으며 더 지속적이면서 복합적으로 다양한 심리적 증상을 유발할 수 있어 중요하게 다루어야 하는 외상이라고 할 수 있다.

(2) 대인관계 영향

성폭력 피해 청소년들은 불안, 공포, 놀람, 자극 과민성, 분노 폭발 등으로 인한 정서적 불안정과 낮은 자아존중감을 경험하게 되고 이는 대인관계의 어려움에 영향을 미치게 된다. 대인관계 영역에서는 고립, 소외감, 낙인, 남과 다르다는 생각, 타인에 대한 신뢰감 형성의 어려움, 이성관계와 부모관계에 대한 어려움 등을 경험한다(김정인, 2000). 성폭력 피해 청소년은 관계에서 불안정 애착을 나타내며 사회적으로 고립되어 있다(Alexander et al., 1998). 즉 원래 친밀한 관계를 맺던 사람들을 회피하거나 반대로 강한 집착을 보이기도 한다. 관계에 과도하게 집착을 보이는 경우 드물게 가해 행위 등과 같은 부정적인 방법을 사용하기도 한다. 아동기에 성폭력에 노출되거나 유사한 학대를 경험한 경우 타인에 대한 신뢰를 구축하거나 유지하는 것에 어려움을 보이게 된다. 신뢰관계 형성의 어려움은 연령별로 습득하고 내면화해야 하는 사회화 과정의 박탈로 이어질 수 있다. 부족한 사회화 기술은 관계의 어려움을 더욱 가중시키며 관계에서 고립되는 경향을 보이기도 하며, 반대로 관계 내에서 나타나는 위험요인을 인식하기 어렵게 하여 반복적인 피해자가 될 가능성을 높여 재피해자화하는 경향도 있다(허정은, 2017).

출처: 2022(R2018-111) 청소년상담사 국가자격연수 2급 청소년 위기개입I 연수교재.

3) 청소년 성폭력 가해자의 유형과 특성

(1) 청소년 성폭력 가해 행동의 정의

행위를 중심으로 보았을 때 피해자에 대한 성적 침습적 행위가 성적 만족이나 경제적 이득을 위해 이루어지는 경우, 또는 이성 혹은 동성 간의 성기 접촉을 통한 추행 등 이외에 알려지지 않은 다른 행위를 포함한다.

또한 성폭력은 합의(consent)와 동등한 힘(equality of power)의 여부에 의해 결정되는 것이다.

(2) 청소년 성폭력 가해자 유형 및 특성

〈표 9-13〉 청소년 성폭력 가해자 유형

유형	해당 사항
순진한 실험 유형 (Naive Experimenters)	• 대개 나이가 어리고(11~14세) 문제의 과거력이 적음 • 사회적 기술이 부족하고 상황에 휩쓸려 성범죄를 저지름
미사회화된 아동 착취형 (undersocialized child exploiters)	• 비행력이 진전된 자들은 아니나 사회적 고립의 수준이 심각한 자 • 이들의 동기는 주로 자기가 중요하다는 느낌이나 친밀감을 느끼고자 하는 것이기 쉬움 • 충동성이 높으며 비행력이 많고 약물 남용, 결손가정으로 인한 가족 역기능이 심함
성적 공격성이 높은 형 (sexual aggressives)	• 강박적인 일탈적 성적 환상을 지님 • 겉으로는 조용하지만 불안 수준이 높고 관음증과 같은 성도착적인 행위를 함 • 엄격하고 종교적인 가정 출신이 많음
혼란-충동형 (disturbed impulsives)	• 충동적이고 정신 장애적 요소에 기인함 • 심리적 질환의 병력이 있는 경향이 많고 가족 역기능이 심하고 약물 남용, 학습 문제들을 동반하는 경향이 있음
윤간범형(집단영향형) (Group-influenced offenders)	• 또래들에게 인정의 욕구로 인한 동기를 갖는 경우가 많음 • 비행 과거력이 없고 또래집단과 함께 공격에 어울린 비교적 어린 10대인 경우가 많음
유사 사회화된 아동 착취형 (pseudo-socialized child exploiters)	• 자기도취적 성격장애를 지니며 실제로는 친밀한 인간관계를 형성하는 데 어려움을 지님 • 지능은 평균 수준 이상이지만 친구들과 피상적인 관계 이상을 지니기는 어려움 • 사회기술이 좋고 행동화의 과거력이 거의 없으며 자신감이 있는 모습을 보임

청소년 성폭력 가해자들의 성적 일탈이나 비정상적인 성적 각성은 성인 성폭력 가해자들에 비하여 크지 않으며 범행수법도 덜 발달하여 있다고 하였으며 청소년 성폭력 가해자들을 7가지 유형으로 분류하였다.

(3) 청소년 성폭력 가해자 특성

청소년 성폭력 가해자들의 특성을 살펴보면 다음과 같다.

첫째, 아동기 때 성피해 경험이 있는 청소년 성폭력 가해자들은 어린 시절에 신체적 학대 경험과 가정폭력에 노출된 경험이 많았으며, 아동을 성폭행하는 청소년들의 경우 어릴 때 성적 학대를 더 많이 받았다고 한다. 또한 폭력적인 성적 학대에 시달리거나 오랫동안 성적 학대에 노출되었던 경우에 성폭력범죄를 저지를 가능성이 높은 것으로 보고되었다.

둘째, 사회 및 대인관계 기술 문제에 있어서 청소년 성폭력 가해자들은 성범죄가 단순히 성적 욕구충족만이 아니라 타인에 대한 통제적 욕구 등과 연관이 있으며, 사회적 관계기술의 취약성으로 인해 성범죄를 저지르는 경우가 많다.

셋째, 성 경험과 신념에 대해 성관계를 권력과 지배력을 느끼기 위한(23.5%), 분노를 해소하기 위한(9.4%), 또는 상처 입히고 비하하거나 벌주기 위한(8.4%) 도구로 이용하였던 것으로 보고하였다.

넷째, 인지 왜곡과 귀인에 대해 학대받은 경험이 있는 청소년 성폭력 가해들에서 공감 능력 부족, 다른 사람의 감정을 인식할 수 있는 능력 결여, 다른 사람의 처지에서 생각할 수 있는 능력 결여가 있음을 발견하였고 피해자에게 책임을 돌리는 것과 같은 인지 왜곡과 관련이 있다고 보고하였다.

다섯째, 약물남용 관련하여 청소년이 성폭력 범죄를 할 때 알코올이나 약물의 영향력 아래에 있었다고 밝혀진 비율이 3.4~72%까지 다양하다. 성폭력 행동에서 약물남용을 하나의 원인으로 식별할 만한 근거는 부족하지만, 약물은 탈억제적 잠재력을 가지고 있으며 개입이 꼭 필요한 요인일 수 있다.

그 외 디지털 성폭력 청소년 가해자들의 특성을 살펴보면 다음과 같다.

가해 유형으로는 '통신매체 이용' 42.9%, '카메라 등 이용촬영' 18.7%, '불법촬영물 소지 등' 11.0%, '허위영상물 등 반포 등' 5.5%, '촬영물 등을 이용한 협박·강요' 3.3% 순으로 나타났다. 또한 성피해 청소년 중 여학생이 68%, 가해 청소년은 남학생이 87%로 하나의 성별이 다수를 차지하고 있으며 가피해자 관계는 '아는 관계'에서 대부분 발생하였으며 그중 '친구'가 44%로 대부분을 차지하는 것으로 나타났다.

가해 동기는 가해자들이 '큰일이라고 생각하지 못함' 40%, '호기심' 37% 등으로 시작하게 된 것으로 보고되었고 가해 이후 느끼는 감정에서 30~40%의 청소년 가해자들이 가해 행위에 대해 아무 감정이 없었다고 응답한 것으로 나타났다. 또한 이들은 가해 행동을 노골적으로 또래에게 드러내면서 또래 사이에서 권력, 우월감을 표현하였고 성범죄로 적발되기 전까지 적극적으로 성범죄 행위를 지속할 가능성이 높은 것으로 나타났다. 즉 성범죄가 드러나기 전까지 청소년 가해자들이 불법촬영한 것을 유포한 경우 피해자는 1명이지만 다수의 가해자가 시청하고 다운로드하고 재유포 등을 할 수 있다. 디지털 기기를 이용한 직접촬영, 시청, 다운로드, 업로드, 댓글 성희롱 등 익명의 무수한 가해자로 인해 범죄가 지속화될 수 있는 특성을 갖는다. 디지털 성폭력 가해 청소년들은 '불법영상 시청' 14.8% 및 '유포' 13.4%에 대한 죄책감을 느낀다는 학생은 극소수이며, 여성을 성적으로 소비하는 데에 죄의식이 낮은 문화에서 여성 이미지의 공유와 성적 소비는 특별한 범죄자의 이해할 수 없는 행위가 아니라 남학생들의 문화에서 '평범한 또래'의 일상적 행위로 인식되고 있다.

CHAPTER 10

보호처분 대상 학생 교육 지원과 학업중단 숙려제

1. 보호처분 학생에 대한 교육지원체계

1) 법적인 토대 및 현황 분석

(1) 보호관찰처분의 개념

'보호관찰'이란, 범죄인을 구금하는 대신 일정한 의무를 조건으로 자유로운 사회생활을 허용하면서 국가공무원인 보호관찰관이 직접 또는 민간자원 봉사자인 범죄예방위원의 협조를 받아 지도·감독 및 원호를 함으로써 성행을 교정해 건전한 사회복귀를 촉진하고 재범을 방지하기 위한 형사제도를 말한다.

소년법에서 '소년'은 19세 미만인 자이다. 만 19세 미만의 자가 형법에 저촉되는 행위를 했을 때 소년범이라 한다. 소년범은 소년법에 따라 성인에 비하여 상대적으로 낮은 처벌을 받는다. 14세 미만인 자는 형사미성년자이기 때문에 처벌하지 않는다.

(2) 보호처분 결정의 효력

소년의 보호처분은 그 소년의 장래의 신상에 어떠한 영향도 미치지 아니한다(소년법 제32조 제6항). 소년의 장래에 불이익을 주지 않음으로써 소년이 새로운 생활을 잘 할 수 있도록 도우려는 것이다. 보호처분 결정은 결정이 내려지면 곧바로 집행하게 된다. 만약 결정에 대하여 승복하지 못하여 항고를 하더라도 그 집행이 정지되지 않는다. 보호처분을 받은 소년에 대하여는 같은 사건으로 다시 공소를 제기하거나 소년부에 송치할 수 없다.

- 소년법 제32조1항 보호처분 결정내용이다.
- 소년부판사는 심리결과 보호처분을 할 필요가 있다고 인정될 경우 결정으로써 보호처분을 할 수 있다.
- 보호처분은 준수사항을 위반했을 경우 보호처분 변경재판을 통해 중한 보호처분으로 변경된다.

(3) 소년보호처분의 종류

〈표 10-1〉 소년보호처분의 종류와 내용

보호처분	내용	기간	대상소년
1호	보호자 또는 보호자를 대신하여 소년을 보호할 수 있는 사람에게 감호 위탁	6개월, 6개월 연장 가능	10세 이상
2호	수강명령	100시간 이내	12세 이상
3호	사회봉사명령	200시간 이내	14세 이상
4호	단기 보호관찰	1년	10세 이상
5호	장기 보호관찰	2년, 1년 연장 가능	10세 이상
6호	『아동복지법』에 따른 복지시설이나 그 밖의 소년보호시설에 감호 위탁	6개월, 6개월 연장 가능	10세 이상
7호	병원, 요양소 또는 『보호소년 등의 처우에 관한 법률』에 따른 소년의료보호시설에 위탁	6개월, 6개월 연장 가능	10세 이상
8호	1개월 이내의 소년원 송치	1개월 이내	10세 이상
9호	단기 소년원 송치	6개월 이내	10세 이상
10호	장기 소년원 송치	2년 이내	12세 이상

소년법에서 '소년'은 19세 미만인 자이다. 만 19세 미만의 자가 형법에 저촉되는 행위를 했을 때 소년범이라 한다. 소년범은 소년법에 따라 성인에 비하여

상대적으로 낮은 처벌을 받는다. 그러나 촉법소년에 해당하는 만 10세 이상에서 14세 미만의 범죄 청소년의 경우 형사미성년자로 분류되기 때문에 형법에 저촉되는 행위를 하더라도 형사책임능력이 없기 때문에 형사책임을 지지는 않는다. 하지만 가정법원의 소년부 등에서 감호위탁, 사회봉사, 소년원으로의 송치 등의 '소년보호처분'을 받게 된다.

소년보호처분의 종류와 내용은 〈표 10-1〉과 같다.

(4) 보호관찰 대상자

보호관찰을 받을 사람은 다음과 같다(「보호관찰 등에 관한 법률」 제3조 제1항).

- 보호관찰을 조건으로 형의 선고유예를 받은 사람
- 보호관찰을 조건으로 형의 집행유예를 선고받은 사람
- 보호관찰을 조건으로 가석방되거나 임시 퇴원된 사람
- 「소년법」에 따라 보호관찰관의 단기·장기 보호관찰을 받는 보호처분을 받은 사람
- 다른 법률에서 보호관찰을 받도록 규정된 사람

(5) 보호관찰 대상자의 준수사항

보호관찰 등에 관한 법률 제32조에서는 보호관찰 대상자가 준수하여야 하는 사항을 정하고 있는데, 이러한 준수사항은 서면으로 고지하게 되어있다.

- 보호관찰 대상자는 보호관찰관의 지도감독을 받으며 다음에 해당하는 준수사항을 지키고 스스로 건전한 사회인이 되도록 노력해야 한다(「보호관찰 등에 관한 법률」 제32조 제1항, 제2항).
  - 주거지에 상주하고 생업에 종사할 것
  - 범죄로 이어지기 쉬운 나쁜 습관을 버리고 선행(善行)을 하며 범죄를 저지를 염려가 있는 사람들과 교제하거나 어울리지 말 것
  - 보호관찰관의 지도·감독에 따르고 방문하면 응대할 것

- 주거를 이전하거나 국내외 여행을 할 때에는 미리 보호관찰관에게 신고할 것

• 부가처분
  - 외출제한명령, 상담교육, 대안교육, 보호자 특별교육

• 보호관찰 담당자
  - 보호관찰은 보호관찰 대상자의 주거지를 관할하는 보호관찰소 소속 보호관찰관이 담당한다(「보호관찰 등에 관한 법률」 제31조).

(6) 보호처분 교육기관: 소년원학교

법원 소년부에서 보호처분을 받은 10세 이상 19세 미만의 소년을 수용, 규율 있는 생활 속에서 교과교육, 직업능력 개발훈련, 의료·재활교육 등을 통하여 전인적인 성장·발달을 도모하고 안정적인 사회복귀를 지원한다. 전국의 소년원학교의 현황은 〈표 10-2〉와 같다.

〈표 10-2〉 전국 소년원학교 현황

기관(학교명)	설립일	개교일	대상
서울소년원(고봉중·고등학교)	'42. 4.20.	'00. 8.31.	9호, 10호
부산소년원(오륜정보산업학교)	'47. 1.18.	'00. 8.31.	10호, 위탁
대구소년원(읍내정보통신학교)	'45.11.21.	'00. 8.31.	9호, 10호
광주소년원(고룡정보산업학교)	'46.11. 7.	'00. 9. 6.	10호, 위탁
전주소년원(송천정보통신학교)	'67. 3.25.	'00. 9. 6.	9호, 10호
대전소년원(대산학교)	'98. 7. 1.	'09. 3. 2.	7호, 8호, 9호, 10호
청주소년원(미평여자학교)	'09. 7. 1.	'10. 5. 4.	8호, 9호
안양소년원(정심여자정보산업학교)	'46.10. 1.	'00. 8.30.	9호, 10호
춘천소년원(신촌정보통신학교)	'63. 9. 9.	'00. 9. 4.	9호, 10호
제주소년원(한길정보통신학교)	'87.11. 9.	'00. 8.30.	8호, 9호, 10호

(7) 보호관찰 실시 절차

보호관찰 실시 절차는 [그림 10-1]과 같다. 법원은 보호관찰을 명하는 판결이 확정된 때부터 3일 이내에 판결문 등본 및 준수사항을 적은 서면을 피고인(범죄자)의 주거지를 관할하는 보호관찰소 장에게 보내게 된다. 보호관찰 대상자는 주거, 직업, 생활계획, 그 밖에 필요한 사항을 관할 보호관찰소 장에게 신고하여야 하고, 보호관찰은 보호관찰 대상자의 주거지를 관할하는 보호관찰소 소속 보호관찰관이 담당하게 된다.

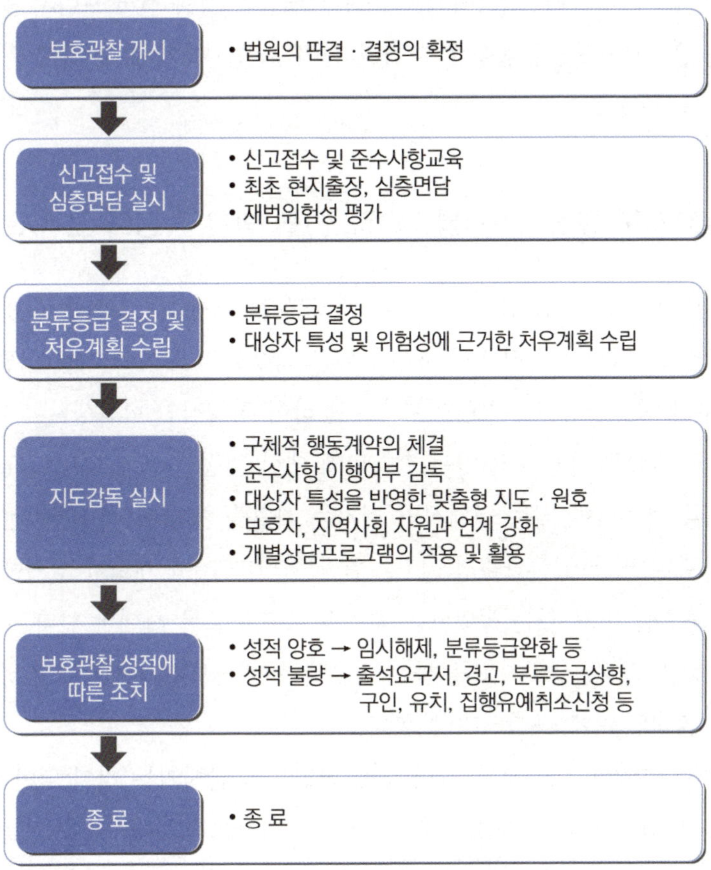

[그림 10-1] 보호관찰 실시 절차

이후 보호관찰소와 대상자의 면담, 재범위험성 평가 등을 통해 대상자의 분류(집중보호, 주요 보호 등)가 진행되고, 대상자의 특성 및 위험성에 따라 어떻게 보호, 감독, 관찰할지 처우계획을 수립, 계획하에 보호관찰이 진행된다.

보호관찰 대상자의 보호관찰 성적이 양호할 경우 보호관찰을 임시해제하거나 분류등급을 완화할 수 있도록 하고 있다.

그러나 보호관찰소의 장은 보호관찰 대상자가 위의 준수사항을 위반하였거나 위반하였다고 의심할 상당한 이유가 있고, 일정한 주거가 없는 경우, 소환에 따르지 아니하는 경우, 도주한 경우이거나 도주할 염려가 있는 경우에는 대상자를 구인할 수도 있다. 성적이 불량하거나 개전의 정이 전혀 보이지 않을 때는 분류등급을 상향하거나 집행유예 취소 신청, 구인, 유치(留置)의 조치를 취할 수 있도록 하고 있다.

2) 보호처분 결정(「소년법」 제32조)을 받은 학생의 교육지원 체계

[그림 10-2]는 보호처분을 받은 학생들의 교육지원 체계를 보여주고 있다. 일시적인 일탈로 법원으로부터 보호처분을 받은 학생들의 교육적 지원이 필요하다. 보호처분이라는 불명예스러운 이력으로 인하여 정상적인 학교생활이 어려워지면서 학교 밖으로 내몰리고 있는 청소년에 대한 적절한 조기 개입이 절실하다.

학교 밖 청소년이 되는 구체적인 계기는 가출을 통하여 이루어지는 경우가 많다. 그런데 전국에는 가출청소년을 위한 쉼터가 70여 개소가 있기에 청소년 쉼터의 보호를 받고 있는 동안에는 학적을 유지하도록 하여야 한다. 청소년쉼터에서 상담, 교육, 생활지도를 하는 경우에는 '위탁보호기관'으로 인정하여 원적교의 '출석일수'에 포함시켜야 한다.

과거에는 학생이 미혼모가 될 경우에 학업을 중단시키는 것이 일반적이었지만, 서울에 있는 미혼모 보호시설 '애란원'은 대안교육기관으로 지정을 받아서 학생인 미혼모에게 학습지도를 하고 있다.

미혼모 보호시설에 교사를 파견하는 것도 한 방법이다. 보호시설에 가까운 학교의 교사가 해당 시설을 방문하여 지도하면 많은 경비를 들이지 않고도 학습 결손을 막을 수 있다.

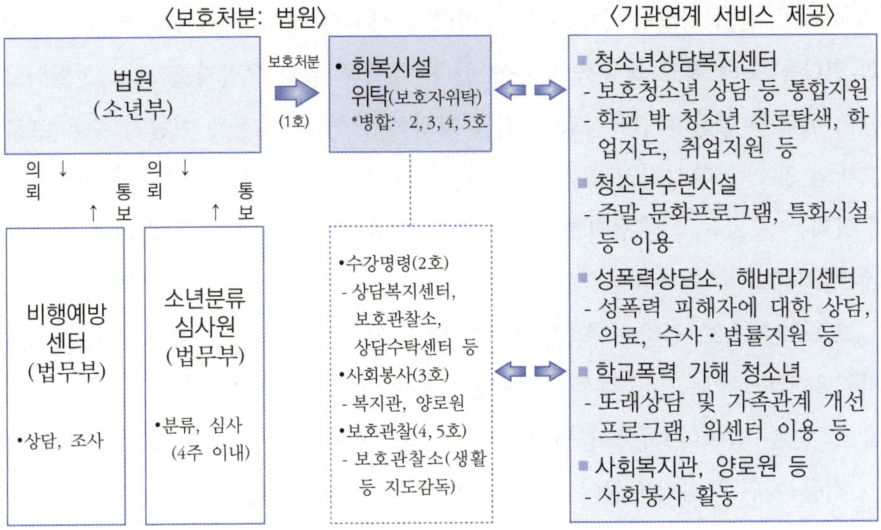

[그림 10-2] 보호처분 결정을 받은 학생의 교육지원 체계

범죄를 저질러서 소년원에 있는 경우에도 이를 '교육기관'으로 인정하여 중학교, 고등학교 졸업장을 주는 상황임을 감안하면, 이보다 죄질이 낮은 청소년에게는 학생의 적을 학교에 두고 학교 밖에서 필요한 서비스를 받을 수 있도록 다양한 시스템을 만드는 일을 더 이상 늦추어서는 안 됨을 알 수 있다.

중 · 고등학교를 자퇴하는 청소년의 상당수가 학교폭력, 절도 등 범죄에 연루된 경우가 많은데, 범죄소년과 촉법소년에 대한 수사는 가급적 불구속으로 하고, 구속을 할 경우에도 '집중심리제도' 등을 통해 보호처분을 신속하게 내린다. 범죄소년의 90% 이상이 사실상 가정으로 복귀하는 상황에도, 범죄에 연루되면 수사와 재판의 과정이 길어서 학업을 포기하는 경우가 많다.

학교폭력 가해자와 피해자가 한 학교에 다닐 수 없는 경우에는 가해자를 대안학교와 대안교육기관에 위탁하고, 비록 죄가 있더라도 소년원에 갈 수준이 아니라면 학교당국이 학생이나 보호자에게 '자퇴'를 권유하기보다는 대안교육기관을 알선하여 학업을 지속할 수 있는 길을 안내해야 한다.

보호처분 대상자에 따라서 대안교육기관을 유형화하고 학교를 떠나기 전의 학생, 이미 떠난 학생, 돌아올 학생에 대한 차별적인 지원을 하여야 한다. 학교를 떠나기 전의 학생들에게는 학교 이탈의 징후가 발생하는 즉시 부적응 원인의 진단을 통해 학교 적응을 도와야 한다. 부적응 행동 유발자를 조기 선별하고 단기 위탁을 알선하거나 상담 지원을 강화해야 한다. 부적응 이탈자 수용 프로그램의 공모를 활성화하고 재정 지원을 아끼지 않아야 한다. 국가의 재정으로 운영되는 공교육의 테두리를 벗어났다는 이유만으로 공적인 지원의 사각지대에 방치해서는 안 된다.

보호 처분으로 인하여 학교 밖 청소년이 된 학생들에게는 복교나 검정고시 지원을 강화해야 한다. 검정고시를 준비하는 청소년 전원이 재정 및 학습 지원을 받을 수 있어야 하고 검정고시 준비 청소년이 원할 경우 개별적으로 진로 및 적응을 위한 상담지원이 가능하도록 해야 한다(이병환 외, 2018: 427-434).

2. 학업중단숙려제

1) 학업중단숙려제 도입 배경과 학업중단 징후

(1) 학업중단숙려제의 의미

학업중단 위기학생에게 다양한 체험 및 상담 등을 경험할 수 있는 숙려기회를 부여하여 충동적인 학업중단을 예방하고 학업중단 징후 또는 의사를 밝힌 초·중·고 학생 및 학부모에게 Wee센터(Wee클래스), 청소년상담복지센터 등에서 외부 전문 상담을 받으며 일정 기간 숙려하는 기간을 갖도록 하는 제도이다. 따라서 학교폭력 등의 문제로 인하여 학교에 적응을 못 하고 학업을 중단하고자 하는 의사가 있거나 학교폭력 문제 등으로 위기에 있는 학생들을 보호하고 관리하기 위한 제도이다.

이 제도의 목적은 학업중단으로 발생할 수 있는 다양한 문제에 대한 숙려를 통해 성급한 학업중단을 예방하고, 학업중단 위기 학생에 대한 상담 등 적극적인 개입으로 학교 적응력을 증진하는 것이다. 학교·교육청·지역사회가 연계한 체계적인 지도로 인적 자원 유실을 최소화하자는 의도가 담겨 있다.

「초중등교육법」 제28조(학업에 어려움을 겪는 학생에 대한 교육) [시행 2023. 6. 28.]

① 3. 학업 중단의 징후가 발견되거나 학업 중단의 의사를 밝힌 학생 등 학업 중단 위기에 있는 학생

⑦ 학교의 장은 제1항 제3호에 해당하는 학업에 어려움을 겪는 학생에게 학업 중단에 대하여 충분히 생각할 기회를 주어야 한다. 이 경우 학교의 장은 그 기간을 출석으로 인정할 수 있다.

⑧ 제1항 제3호에 해당하는 학업에 어려움을 겪는 학생에 대한 판단기준 및 제7항에 따른 충분히 생각할 기간과 그 기간 동안의 출석일수 인정 범위 등에 필요한 사항은 교육감이 정한다.

학업숙려제 운영에 관한 방침은 학교별 '학업중단예방위원회' 구성으로 학교의 책임성을 강화하고, 위기 학생을 조기 발견하여 상담 등 학업중단 예방 프로그램을 집중 실시하는 것이다. 또한 학업중단숙려제 종료 후에도 지속적인 관리를 시스템화하여 체계적으로 지원한다. 학업중단 시 학교 밖 청소년 지원센터에 대한 안내와 학업중단학생의 학교 밖 청소년 지원센터 나이스(NEIS) 정보 연계를 의무적으로 할 것을 권고하고 있다.

〈표 10-3〉 학업중단숙려제 운영 개요(예시)

구분	내용	비고
대상	• 학생관찰, 상담 등으로 발견된 위기징후와 학교 부적응 진단결과 등을 종합하여 학교장이 판단한 학생 • 담임교사, 진로·진학 담당교사, 전문상담(교)사 등이 협업을 통해 진단한 학생 • 미인정결석 연속 7일 이상, 연간 누적 30일 이상인 학생 • 구두로 학업중단 의사를 표시(검정고시 응시 포함)하거나 자퇴원을 제출한 학생	
숙려기간 상담 및 교육 횟수	• 기본 2주, 연장 포함 최대 7주(연간 49일까지) 가능: 주별 2회 이상 상담(교육)참여 - 주말, 공휴일은 숙려제 운영기간에 포함 - 시험기간은 숙려제 운영기간에서 제외 - 숙려기간은 학생, 보호자, 담임교사 등과 협의하여 결정 - 당해 학년도 최대 4회 참여 가능	
출석인정	• 학교 복귀의 경우(주 단위 처리) - 기준 상담횟수 충족 시: 주 단위 학교장 출석인정결석 - 미충족 시: 상담(교육)일만 출석 인정(나머지 미인정결석) • 학업 중단의 경우, - 숙려제 종료 후 유예원 제출일 기준 유예처리(초·중) 및 자퇴원 제출일 기준 자퇴처리(고)	
실시기관	• 학교(Wee클래스), Wee센터, 청소년상담복지센터(학교 밖 청소년지원센터 꿈드림), 기타 학교장이 인정하는 외부기관	
제외대상	• 연락두절, 행방불명 등으로 숙려제 운영이 불가능한 학생 • 질병, 병원치료, 발육부진, 사고, 해외출국(유학), 미인정 유학 등으로 부득이 학업을 중단하는 학생 • 학교폭력 등으로 출석이 정지되어 미인정결석으로 처리된 학생 • 학교폭력, 학교규칙 위반을 사유로 퇴학하게 된 학생 • 그 밖에 시·도교육청에서 학업중단숙려제 참여가 부적절하다거나 불필요하다고 판단한 학생 • 고등학교 3학년 2학기는 제외	

출처: 전남도교육청(2023). 학업중단숙려제, 정보연계운영지침.

[그림 10-3] 학업중단숙려제 운영흐름도

□ 운영 흐름도 세부설명

단계	운영 과정	주요 내용
시작	학업중단 위기징후 포착 또는 학생의 유예·자퇴원 제출[서식 1]	학업중단 위기에 처해 있다고 판단되거나 학업중단 의사를 밝힌 초·중·고 학생

<table>
<tr><th colspan="2">단계</th><th>운영 과정</th><th>주요 내용</th></tr>
<tr><td colspan="2">1</td><td>학업중단숙려제 안내
[서식 2]</td><td>질병치료, 발육부진, 해외출국, 미인정 유학 또는 연락두절 대상은 학업중단숙려제에 해당하지 않음</td></tr>
<tr><td rowspan="2">2</td><td>2-1</td><td>학업중단숙려제 참여 동의[서식 3-2]</td><td>안내 '예', 개인정보제공 '예' 표기</td></tr>
<tr><td>2-2</td><td>학업중단숙려제 참여 미동의[서식 3-2]</td><td>안내 '예', 개인정보제공 '아니오' 표기
학업중단숙려제 개인정보 수집·제공 동의서를 안내받았으나 참여를 희망하지 않고 학업중단을 희망하는 경우는 7단계(학업중단)로 이동</td></tr>
<tr><td colspan="2">3</td><td>학업중단숙려제 운영 계획
[서식 3, 3-1, 3-2]</td><td>서식을 활용(※ 학교 사정에 따라 서식 변경 가능)하여 학업중단숙려제 운영 계획을 내부 결재</td></tr>
<tr><td colspan="2">4</td><td>학업중단숙려제 실시</td><td>당해 학년 2주에서 7주까지 주단위로 운영</td></tr>
<tr><td colspan="2">5</td><td>숙려제 프로그램 운영</td><td>숙려제 프로그램: 학교 Wee클래스, Wee센터, 청소년상담 복지센터(학교 밖 청소년 지원센터), 기타 학교장이 인정하는 외부기관</td></tr>
<tr><td colspan="2">6</td><td>학업중단숙려제 종료
[서식 4, 4-1]</td><td>• 학업중단숙려제 운영 결과
  – 자체실시: 내부 결재
  – 외부기관 의뢰: 공문 접수
• 학업중단숙려제 기간 동안 언제나 학업 복귀 가능</td></tr>
<tr><td colspan="2">7</td><td>학업중단숙려제 학생
나이스(NEIS) 등록</td><td>학교 나이스(NEIS)업무담당자에게 권한을 부여받아 학업중단숙려제 참여 학생에 대한 사항을 등록</td></tr>
<tr><td colspan="2">8</td><td>학업복귀 및 학업중단</td><td>학업복귀: 추수 지도
학업중단: 학적 처리 및 수업료 반환</td></tr>
<tr><td colspan="2">9</td><td>학교 밖 청소년 지원센터 안내(※ 학교장 의무)</td><td>상담지원, 교육지원, 직업교육, 건강검진 등의 서비스를 제공하는 학교 밖 청소년 지원센터 필수 안내</td></tr>
<tr><td colspan="4">학업중단 시 업무처리</td></tr>
<tr><td colspan="2">10</td><td>학교 밖 청소년 지원센터로의 개인정보제공 동의 확인</td><td>개인정보제공 동의서 작성[서식 5]
※ 나이스(NEIS) 양식을 내려받아 사용</td></tr>
<tr><td colspan="2">11</td><td>학업중단 학생
나이스(NEIS-장학) 등록</td><td>• 개인정보제공에 동의한 학생에 한해 나이스(NEIS) 등록
• 동의하지 않은 학생의 경우 출력물 부동의 체크 후 보관(종료)
※ 의무교육단계 학생의 기본정보는 동의 없이 연계 가능</td></tr>
<tr><td colspan="2">12</td><td>교육청 보고 및 제출</td><td>동의한 학생의 개인정보 제공 동의서를 나이스(NEIS-장학)에 등록하고 마감한 후 학교장 결재를 받아 제출</td></tr>
<tr><td colspan="2">13</td><td>종료</td><td></td></tr>
</table>

(2) 학업중단숙려제 준비 단계

학업중단예방위원회 구성·운영은 학업중단 의사표현 학생 또는 위기징후 포착학생에 대한 학업중단숙려제 부여기간 및 방법을 협의하기 위해 학업중단 예방계획을 수립하고 교내 협업체계를 구축한다. 이때 팀 형태로 학교 내 타 위원회와 통합 운영 가능하며 학교 실정에 맞게 교감 등 3~7인 내외로 3월 중 구성한다.

예시) 교감, 학생부장, 담임교사, 전문상담교사, 진로전담교사 등

위기학생 발견 및 진단을 위해 위기학생의 학업중단 위기징후 포착 시 담임교사, 상담교사 등이 학생의 학교생활을 관찰하고 상담 실시하며 학업중단숙려제 대상학생 진단 및 명부작성한다.

다양한 교육기회 제공 이후 학부모 면담을 통해 숙려제를 필히 안내한다. 학생과 학부모가 학업중단을 결심하기 이전에 숙려제 운영기관, 프로그램 진행 방식, 참여기간 등을 안내한다. 특히, 학년 초 미인가 대안교육시설, 학력인정평생교육시설, 검정고시 등 사유로 학업을 중단하는 경우가 많으므로 미리 안내하는 것이 좋다.

학업중단숙려제 운영방안에 대한 결정은 자체 실시 또는 기관 의뢰를 통해 실시한다.

- 자체실시: 모든 학교(학급담임교사), Wee클래스(상담교사 및 전문상담사) [내부결재]
- 기관의뢰: Wee센터, 청소년상담복지센터(학교 밖 청소년 지원센터 꿈드림), 기타 학교장이 인정하는 외부기관 [공문발송]

기관 의뢰 시 해당 기관과 대상, 일시, 장소 등 최소 1주일 전 유선으로 사전 조율하고 기관에 개인정보 보호로 인해 학생에 대한 기본적인 정보만 제공하고 있으므로 학교는 기관과 별도로 통화하여 세부적인 사항을 조율하여야 한다.

숙려기간 및 횟수는 기본 2주(토/일요일 공휴일 포함), 연장 포함 최대 7주까

지(학년당 49일까지) 가능하며 학교 학생 상황에 따라 필요시 1주로 운영 가능하다. 교육(상담)프로그램 참여는 주당 2회 이상(학교 내 협의 후 세부내용 등 결정), 숙려제 운영은 대면상담을 원칙으로 한다(다만, 여의치 않을 때는 학교장 재량으로 방문 상담할 수 있다). 시험 기간은 숙려제 운영 기간에서 제외된다. 학업중단숙려제 프로그램은 참여 학생의 맞춤형 프로그램으로 선정된다.

(예시)

- 상담·치유: 개인상담 및 학부모상담, 또래상담, 심리검사, 미술심리치료 등
- 학습지도: 1:1 학습지도, 학습 멘토링 등
- 진로개발: 진로상담, 직업체험(제빵, 요리, 미용, 바리스타) 등
- 문화체험·예체능활동: 자연체험, 스포츠 활동, 공예, 사제동행 캠프 등

비대면 학업중단숙려제도 운영 가능한데 학교에서 원격수업으로 전환하는 경우만 활용 가능하다. 전화·온라인 매체를 활용하여 상담 및 비대면 프로그램에 참여하며 학교에서는 비대면 숙려제 참여 학생에 대하여 철저한 출결 관리를 통해 부정 사용을 방지한다.

비대면 상황에서도 학생의 소재 및 안전을 정기적으로 확인해야 하며 숙려제 프로그램을 운영하는 학교·외부기관의 여건에 따라 ① 실시간 쌍방향, ② 콘텐츠 활용 중심, ③ 과제 중심 프로그램 등 운영 가능하다.

〈표 10-4〉 비대면 프로그램의 예시

영역	프로그램 내용
상담·치유	전화 및 온라인 상담 및 심리검사
학습	EBS 온라인 수업, 기초학력 향상 지원 사이트 활용 학업 관련 유튜브 시청 후 피드백
진로	학교 밖 청소년 지원센터 온라인 프로그램 진로·직업 관련 영상 시청 후 피드백 온라인 멘토 상담
체험	가정에서 할 수 있는 다양한 체험활동 제공

(3) 외부기관 연계 운영 과정

〈표 10-5〉 외부기관 연계 운영 과정

운영과정	주요내용
학생의 외부기관 희망	희망하는 외부기관이 숙려제를 운영하기에 적합한지 직접 답사하여 점검 및 확인 과정이 필요
▼	
외부기관과의 협의	학업중단숙려제의 안내와 협조사항 논의
▼	
숙려제 협조 요청 공문 발송	학업중단숙려제 협조 요청과 수용 결과를 받아 문서로 보관
▼	
프로그램 학생 참여	사전 안전교육 실시(학교 및 외부기관)
▼	
학생 출결 및 안전에 대한 정기적 확인	학생의 출결 및 안전에 대한 사항, 학생 변화에 대한 사항 등을 정기적으로 확인
▼	
출결 등의 학업중단숙려제 관련 내용 회신	외부기관으로부터 학업중단숙려제 참여학생에 대한 서류 일체 회신
▼	
학업중단숙려제 종료	학업중단숙려제 운영에 대한 사랑을 나이스(NEIS)에 등록 관리
▼	
학생 학업복귀 지원	추수상담 및 지도 ※ 학업을 중단하는 경우 학교 밖 청소년 지원센터 반드시 안내

□ 기타 학교장이 인정하는 외부기관

상담기관이 있는 정신건강의학과 등 병·의원, 진로·직업교육 프로그램 운영이 가능한 기업 및 사업장 등이며 학업중단 예방 및 학교 적응력 향상을 위한 상담 및 프로그램 제공 여부, 학생 안전에 대한 협조 여부 등을 고려하여 학업중단예방위원회와 협의를 통해 학교장이 결정한다. 외부 기관 진행 시 학업중단숙려제 결과 보고서 제출 가능 기관으로 선정한다.

□ 외부기관 연계 시 유의사항

상담 또는 프로그램 운영 일정을 사전 확인 후 행정 착오나 지연으로 학생이 불이익을 당하지 않도록 기한 내 공문으로 시행한다. 학교장이 인정하는 외부기관에서 학업중단숙려제를 실시할 경우, 사전 답사 및 담당자 면담을 하며, 지속적인 관리 및 연락 유지하여야 한다.

숙려 기간 중 학생 소재(출결 등) 및 안전 상태를 정기적으로 확인하고 기간 동안 학생 지원 등에 대한 학교와 외부기관 간 상호 약속을 준수한다.

(4) 학업중단숙려제 프로그램의 내용

〈표 10-6〉 학업중단 위기 원인별 숙려제 프로그램

학업중단 위기 원인	숙려제 프로그램 종류	프로그램 운영 기관
심리 · 정신	숙려상담	학교, 전문상담기관(Wee센터, 청소년상담복지센터 등), 학교 밖 청소년 지원센터, 병원 등
가정 · 경제	복지지원	학교(교육복지우선지원사업 등), 청소년상담복지센터, 청소년쉼터, 지역아동센터 등
학업 · 진로	기초학력증진	학교, 학습종합클리닉센터(교육청, 교육지원청) 등
	진로상담	학교, 전문상담기관(Wee센터, 청소년상담복지센터 등) 등
	진로 · 직업체험	학교, 대학교, 기업, 개인영업장 등
학교부적응	대안교육	학교 내 대안교실, 대안교육 위탁교육기관 등
	관계회복	wee클래스, wee센터 등
기타	문화 · 예체능 활동	학교, 문화 · 체육시설, 영화관 등
	여행	학교, 전문상담기관(Wee센터, 청소년상담복지센터 등), 종교기관 등
	기타	학교, 종교기관(템플스테이, 봉사활동 등) 등

학업중단숙려제는 학업중단 예방을 위한 개인 맞춤형 교육과정이자 교육적 처방이므로, 숙려제 시작 전 학생 및 학부모와 충분히 상의하여 학업중단 위

기 원인, 욕구, 주변 환경을 면밀히 파악한 후 그에 맞는 프로그램을 지원해야 한다.

숙려제 프로그램은 심리·진로 상담, 진로·직업 체험, 문화·예체능 활동, 심지어는 여행까지, 학업중단을 숙고하기 위해 필요한 다양한 교육적 활동으로 구성될 수 있으며, 학교와 전문상담기관 외에도 기업, 개인 영업장, 병원, 대학, 문화·체육시설, 종교기관 등 지역사회의 다양한 장소에서 진행될 수 있다.

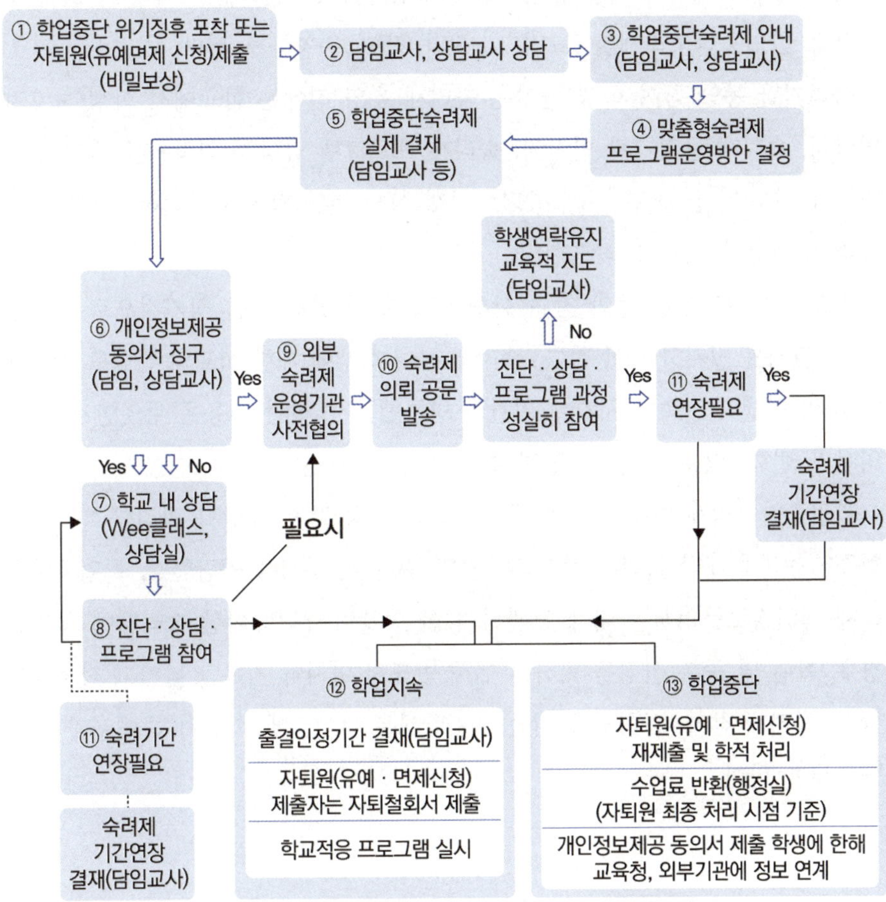

[그림 10-4] 학업중단숙려제 단계별 운영방법(예시)

(5) 학업중단숙려제 운영기관별 운영단계

학교는 학업중단 위기 학생에 대해 원활히 대처하기 위해 학업중단 위기 학생 지원계획 및 학업중단숙려제 운영계획을 수립하고, 학업중단숙려제 운영을 위한 학교 내 주무부서 및 담당자를 지정하는 등 학교 내 업무체계 구축을 선행해야 한다.

일반적으로 주무부서는 학생생활지도부, 진로상담부, 학생복지 관련 부서 중에서 선정하고, 주무부서를 중심으로 학업중단예방위원회를 조직한다. 이를 주축으로 학업중단숙려제를 [그림 10-5]와 같이 운영하게 된다.

숙려기간 동안 참여 학생 관리는 숙려제 운영 전에는 학교에서 학생/보호자 연락처, 숙려제 운영기관 연락처, 숙려제 프로그램 담당자 연락처를 사전에 숙지한다. 숙려기간 중에는 학업중단숙려제 실시 현황 기록을 관리하고 학업중단숙려제 대상자 명부를 작성한다.

학교장은 숙려기간 동안 참여 학생의 소재 및 안전 등을 정기적으로 파악하는 등 관리를 철저히 해야 한다. 숙려제 참여 학생에 대한 학교의 관심도 제고해야 하며 학생이 약속한 시간에 기관을 방문했는지, 상담 내용은 무엇인지, 자퇴 의사가 변화되었는지 등을 필히 확인하여야 한다.

학업중단숙려제 마무리 단계에서는 숙려제 종료 후 대상자 관리를 한다. 학업중단숙려제 개입 소견서 접수 후, 담임 및 관련 부서에 공람한다. 학업중단숙려제 개인정보동의서는 자체 보관하며 한 학생이 두 번 이상 숙려제에 참여한 경우, 학년 말 중복 산정을 피하기 위해 반드시 마지막 기록만 남기고 삭제해야 한다. 숙려제 참여 후 학업을 지속하는 학생은 나이스에 '학업지속' 여부를 필히 등록해야 한다.

운영 단계	개요	학교 내 업무체계 구축 (학교생활규정, 업무분장, 위원회 구성, 상담교사 배치)			
		주무부서	담임교사	상담교사	관계부서
평상시 (예방)	조기 발견 및 맞춤형 지원	• 지역사회 지원체계 구축 (상담센터, 대안학교, 위탁교육, 대학, 기업, 개인사업장 등) • 학생정보 수집체계 구축(예측체크리스트, 학생환경조사, 상담 등)	• 전체 학생 정보 수집 ⇩ • 학업중단 위기 발생 인지 ⇩ • 대상 학생 / 학부모 상담(⇄ 상담교사)	• 학생정보수집 • 스크리닝을 통한 잠재적 학업중단 위기, 학업중단 위험군 파악 • 자발, 의뢰상담을 통한 전조행동 발견 • 개인 및 집단상담, 멘토링, 상담인력 등을 활용한 예방활동	〈복지부서〉 교육복지우선지원사업 프로그램 운영 〈진로진학부서〉 진로상담 실시
⇩	⇩		⇩		
숙려제 준비 과정	평가	• 숙려제 서류 접수 • 학업중단예방위원회 개최(숙려제 프로그램 기관 선정) • 숙려제 명부 작성	• 숙려제 안내 • 관련 서류 작성 제출(⇄ 담당) • 자퇴원 접수(⇄ 담당)	• 상담 및 자문을 통한 조기, 단기개입 상담 및 평가 진행	학업중단예방위원회 참석 및 지원방안 협의
⇩	⇩				
숙려제 과정	개입	〈숙려제 참여 학생〉 숙려제 진행기관 선정 • 외부기관과 사전 조율 • 공문시행(숙려제 신청서, 정보제공 동의서)	〈숙려제 참여 학생〉 • 숙려제 진행 기관과 정보교환 • 숙려제 프로그램의 진행 사항 파악 • 학생, 학부모와 연락 상태 유지 〈숙려제 미참여 학생〉 • 학업중단 후 생활계획 상담 • 학생, 학부모 연락유지	• 개인방법 및 연계 관련 담임교사 자문 • 학생, 학부모 숙려제 참여 독려 • 외부기관 네트워크 형성 및 협조 • 타 기관에 의뢰하고 싶어 할 경우 정보제공	〈복지부서〉 교육복지우선지원사업 프로그램 연계 지원, 복지프로그램 운영, 복지지원 기관 연계 〈복지부서〉 진로체험프로그램 운영, 외부기관 연계 등
⇩	⇩				
숙려제 사후 과정	관리	〈학업지속 학생〉 • 숙려기간 출석처리 〈학업중단 학생〉 • 자퇴(유예 · 면제)원 처리 • 수업료 및 학교운영 지원비 반환	〈학업지속 학생〉 • 적응프로그램 (⇄ 상담교사) 등 〈학업중단 학생〉 • 지원기관 안내 • 학업중단 학생 지원기관에 정보제공 • 학업중단 이후 정보 제공 • 학생, 학부모 연락처 확보	〈학업지속 학생〉 • 학생관리 및 추후개입, 재탈락 예방을 위한 개입 〈학업중단 학생〉 • 담임교사 자문 및 정보제공	〈학업지속 학생〉 • 복지 및 진로프로그램 지속 지원 〈학업중단 학생〉 • 외부 지원기관 안내

[그림 10-5] 학업중단숙려제 운영기관별 운영단계

2) 학업중단 과정

일반적으로 학업중단 과정은 보통 〈표 10-7〉과 같이 6단계로 이뤄진다.

〈표 10-7〉 학업중단의 과정

단계	특징	징후내용
〈1단계〉 부정적 경험	• 개인, 가정, 학교, 사회적으로 부정적 경험을 하는 단계	• 개인: 심한 감정기복, 열등의식, 외상경험(왕따, 집단구타), 게임중독, 자살충동 등 • 가정: 부모이혼 · 사망, 낮은 사회경제적 지위, 파산(용돈, 학비 없음), 학대 · 가정폭력, 애정결핍, 부모와의 유대감 결손 • 또래: 친한 친구의 자퇴, 대인기피 • 학교: 성적부진, 기초학습부족, 진로적성 부적응, 입시 위주의 수업, 비자발적 전학, 교우관계 부적응, 교사의 낙인, 교사와의 유대감 결손
〈2단계〉 내면적 갈등	• 다양한 원인에 의해 학교제도에 실망하고 상처받음으로써 가치관 혼란과 심리적 갈등으로 방황하는 내면적 갈등의 단계	• 심리문제: 낮은 자존감, 자기통제력 부족, 소외감(외톨이), 심리적 방황 • 성인에 대한 감정: 부모나 교사에 대한 수동적 반항 • 학업문제: 공부에 대한 자신감, 흥미 저하, 학교에 대한 기대와 의미 상실 • 진로문제: 자유로움에 대한 막연한 동경, 자기실현 욕구
〈3단계〉 부적응 행동	• 학교 안팎에서 부적응 행동이 표출되는 단계. 이 단계에서는 학교생활 면에서 지각과 결석이 반복되고, 무단조퇴, 수업태만, 교칙위반이 빈번해지는 부적응 행동의 단계	• 학교: 습관적 지각, 수업태만, 무단결석, 무단조퇴, 학교규칙 위반, 교사와의 갈등 · 반항, 수업일수 미달 • 가정: 충동적 가출, 부모와의 마찰 • 사회: 비행으로 경찰서 출입
〈4단계〉 적절한 도움 부재	• 부모나 교사의 관여나 적절한 개입이 없는 반면, 가정 · 학교 밖의 또래와 유대감을 형성함으로써 학생의 부적응 문제가 증폭되는 적절한 도움의 부재 단계	• 학교 밖의 또래와 유대감 형성: 대안학교, 검정고시 학원 교우관계 • 비행문화 및 유해환경 접촉: 음주, 흡연, 청소년 출입금지 장소 출입, 동거, 비행친구와 어울림
〈5단계〉 강화와 촉발	• 학업중단과 관련된 직접적 사건이나 계기가 있어 학교를 그만두고자 하는 결심이 확고하게 굳어지는 강화와 촉발의 단계	• 장기 가출 • 등교 거부 • 학교의 징계나 통제 • 부적절한 성행동, 임신 • 범죄사건으로 법적 처벌(보호관찰 등)
〈6단계〉 학업중단	• 학교제도권에서 공식적으로 벗어나는 학업중단 단계	• 부모나 교사와의 관계 단절 • 불규칙한 생활(늦잠, 태만)

(1) 학업중단 위기 학생과 관련된 특징

학업을 중단하려는 학생들은 개인별로 다양한 심리적 특성과 가정환경적 배경을 지니고 있지만, 학교, 가정, 개인, 사회생활의 측면에서 일반적으로 다음과 같은 특징을 보인다.

① 학교생활

- 학교에 재미를 못 느끼고 매사에 귀찮아함
- 학교에 계속 다니는 것에 더 이상 의미를 두지 않음
- 학교에 대해 관심 갖기보다는 학교 밖의 문화를 동경함
- 기초학습능력이 부족하거나 공부 방법을 모름
- 공부와 담을 쌓고 있기 때문에 성적이 하위권을 맴도는 편임
- 시험기간에도 시험공부를 하지 않거나, 아예 시험 보는 날을 모르는 경우도 있음
- 공부를 왜 하는지 이유를 모름
- 간혹 학교는 싫지만 학업은 계속하고 싶어 하는 아이도 있음
- 학교제도에 실망하고 부정적인 생각을 하기 때문에 대체로 학교규칙을 무시하는 경향이 있음
- 학교규칙을 지키는 것이 학교의 틀에 갇히는 것이라고 생각함
- 특히 야간 자율학습은 견디기 어려운 시간임
- 정학이나 봉사명령 등 학교규칙을 어긴 것에 대한 징계 경험이 있음
- 학교규칙은 너무 불필요하게 구속하고 지나치게 억압한다고 여김
- 학교규칙이 차별적으로 적용된다고 생각함
- 교사의 권위를 인정하지 않음
- 교사와 마찰이 빈번함
- 교사로부터 낙인, 불신을 받고 있다고 생각함
- 교사가 자신의 학업과 복지에 무관심하거나 체념하고 있는 것으로 알고 있음

- 교사는 일방적으로 교칙을 강요하는 존재로 여김
- 학교에 가도 친구가 거의 없음
- 대체로 교우관계가 원만하지 못함
- 선배와 갈등을 겪거나 또래 간에 싸움을 자주 일으킴
- 친구들 간에 신뢰와 우정을 쌓지 못하고 배신을 경험함
- 늦잠을 자고 일어나 습관적으로 지각함
- 때로는 밤늦게까지 친구들과 어울려 놀다가 학교를 빠지기도 함
- 수업시간에 잠을 자거나 집중하지 않음
- 과제를 싫어하고 안 하면 벌받는 것에 스트레스를 받으면서도 잘 해가지 않음

② 가정환경적 배경

- 부모의 이혼이나 별거, 한부모, 조손가정, 아버지 또는 어머니의 가출 등 결손가정이 많음
- 부모가 있어도 방임하는 경우가 많음
- 아버지가 음주 과다로 폭력적인 경우가 있음
- 잦은 부부싸움으로 가정불화가 많음
- 부모, 형제 간 대화가 부족함
- 대화를 하더라도 부모의 일방적이고 지시적인 대화 위주임
- 칭찬보다는 비난 일색임
- 대체로 사회경제수준이 낮음
- 부모의 빚보증이나 사업실패로 경제적 어려움이 있음
- 월세나 친척집에서 임시로 생활하는 등 주거불안정 상태에 있음

③ 개인생활

- 공격성, 폭력성 등의 외향적 장애를 지니고 있음
- 우울감, 외로움, 무력감, 열등감, 낮은 자존감 등 내향적 장애를 지니고 있음

- 왕따, 집단구타 등의 외상 경험이 있거나, 아버지의 폭력이나 학대 등 사람들에게서 받은 상처로 복합적 외상이 있는 경우도 있음
- 내면에 분노와 적개심이 강하게 자리 잡고 있음
- 걱정 때문에 불면증이 있음
- 작은 신체적 접촉에도 거부반응이나 공포반응을 보이기도 함
- 마음에 들지 않으면 칼로 손목을 긋기도 함
- 약물치료를 받는 경우도 있음
- 학업에 흥미를 잃고 학교공부의 필요성을 못 느낌
- 미래를 불투명하게 느낌
- 뚜렷한 목표의식이 없고 현재의 쾌락에 관심이 있음
- 자퇴에 대해 긍정적인 생각을 많이 함
- 대체로 게으르고 즉흥적임
- 늦잠이나 무분별한 시간관리 등 나태한 생활태도를 보이며, 이로써 무단결석과 지각을 하기 일쑤임
- 밤늦게까지 인터넷을 통해 음란물을 시청하거나 게임을 하기도 함
- 부적절한 성행동을 하기도 함

④ 사회생활

- 사람을 만나기 싫어하거나 고립적인 행동을 하기도 함
- 매사에 자신감이 없음
- 타인과의 약속을 잘 지키지 않고 책임감이 희박함
- 지나치게 집 밖으로 나돌며 친구들과 늦게까지 놀다가 밤늦게 귀가함
- 상대방을 무시하고 상처 주는 말을 많이 함
- 자기주장을 많이 하고 표현이 공격적임
- 성인들에 대한 인식이 부정적임
- 자신은 괜찮은 사람인데 주위에 다 이상한 사람만 있다고 생각하는 경향이 있음

- 소수 또래친구 외에 가족 · 친지 · 지인 등 다른 지지체계가 거의 없음
- 과거에 놀던 친구들과 관계를 끊는 것이 힘들고 새로운 관계를 맺는 데 어려움을 느낌
- 학업중단, 비행경험이 있는 친구가 있음
- 음주, 흡연, 청소년 출입금지 장소 출입, 노래방 등 유해환경과 자주 접촉함
- 가출경험이 있음
- 경찰서 출입, 법원 수강명령, 보호관찰 경험이 있음
- 성폭행 경험이 있는 아이들도 있음

(2) 학업중단 위기 원인별 생활지도 방안

① 개인적 원인

개인적 원인으로는 학업을 지속할 수 없을 정도로 신체적인 장애가 있거나 허약한 경우, 심리적 혹은 정신적 문제로 고통을 겪는 경우 등이 있다. 이 경우 불안과 우울의 정서상태가 많은 편이고, 특히 자아존중감과 자아개념이 낮으며, 공격적 성향 및 충동성을 보이기도 한다. 학업중단 위기 학생의 정서와 좌절된 욕구(낮은 성적으로 인한 좌절감과 두려움, 수치심, 교사의 무관심 혹은 무시, 또래관계에서의 소외 등으로 인한 분노와 억울함)를 알기 위해 교사는 학생을 지지하고 수용적인 태도를 취해야 한다.

특히, 자아통제나 자기조절능력이 떨어지고, 충동적이며 공격적인 성향이 있는 학생들에게는 분노조절훈련 등의 프로그램을 통해 자아존중감을 높이기 위한 노력을 해야 한다. 이와 같이 심리적인 어려움을 가진 학생들은 학교 내 상담교사와의 협업 또는 Wee클래스(또는 Wee센터)로의 연계를 통해 개인 및 집단상담에 참여할 수 있도록 돕는 것이 필요하다.

건강에 만성적인 문제가 있는 학생 중 장기입원 또는 장기치료로 학습이 지체되거나 유급될 가능성이 있는 학생들의 학습권을 보장하기 위해 시도교육청에서 일부 병원과 협약을 맺어 병원학교 및 화상강의시스템을 운영하고 있다.

이 경우 학적은 소속 학교에 있고, 수업은 위탁교육 형태로 진행되며, 의료진과의 협의하에 교육시간을 조정할 수 있다.

② 가정적 요인

가정적 요인으로는 이혼 가정, 한부모 가정, 조손 가정, 경제적 빈곤 등 가정의 구조적 결손과 부모의 지나친 간섭 및 통제, 바람직하지 않은 부모의 양육태도, 부모・자녀 갈등 혹은 부부갈등 등 기능적 결손이 가족체계의 긴장을 유발하고, 가족의 기능을 약화시켜 학생의 학업중단에 영향을 미친다. 최근 가정의 어려운 경제사정으로 취업, 아르바이트를 하기 위해 학업을 중단하려고 결심하는 학생들도 증가하고 있다.

가정의 구조적, 기능적 특징은 학업중단의 중요한 원인이지만, 이는 학생 혼자의 힘으로 해결할 수 있는 문제가 아니다.

소원한 가족관계나 불화, 경제적 어려움 등 가정적 요인으로 학업중단 위기에 처한 학생을 대할 때, 교사는 가정의 협조를 구하기 위해 노력해야 하며, 부모의 양육태도, 자녀에 대한 기대, 부부간 갈등, 부모・자녀관계 등에 대해 다루는 부모상담은 반드시 필요하다. 부모가 자녀에 대해 무관심하거나 사실상 방치할 경우, 담임교사의 정기적 상담, 교사 멘토링 등 대상 학생에 대한 교사의 특별한 관심이 더욱 요구된다.

특히 경제적 어려움으로 학업중단 위기에 처한 학생들에게는 급식비, 교통비 등 경제적인 지원도 고려해야 하고, 교육복지우선지원사업, 교육비 지원사업 등 학교와 지자체에서 운영하는 교육복지사업들과 지역사회 복지기관과 학습, 문화・체험, 심리・정서, 보육・복지 등 종합적인 지원을 개인 맞춤형으로 제공해야 한다.

③ 학교부적응

학교 자체 부적응이 원인이 되기도 한다. 이를테면, 입시 스트레스와 통제적 학교 분위기, 교사와의 갈등 등으로 학교에 잘 적응하지 못하는 학생들은 학업에 대한 흥미가 낮고, 학습능력 및 성적의 저하가 나타나며, 결석, 지각, 규율 위반 등의 문제행동을 일으키는 경우가 많다. 학교규칙 위반으로 징계를 받거나 비행으로 보호처분을 받게 되는 등의 품행문제를 일으켰을 때, 교사의 무관심과 불공정한 태도, 낮은 정서적 지지를 경험하게 되고 교사와 또래의 시선을 견디지 못한다. 이는 학교활동에 대한 참여 동기를 더 낮추게 되어 장기무단결석, 학교에 대한 소속감의 부재 등으로 이어지게 되고, 끝내는 학업중단을 선택하기도 한다.

학업중단 학생들이 어느 날 갑자기 학업중단을 결정하지는 않으며, 학업에 대한 흥미 상실, 낮은 학업성취도, 학교규칙에의 부적응, 학교에 대한 관심 저하 등이 지속되어오다가 학업중단으로 연결되는 경우가 대부분이다.

특히 학교에 가는 것이 무의미하다는 생각이 들면서 교사에게 학업중단 의사를 보일 때 교사들은 주의해야 한다. 이때 교사가 학생이 학교 부적응을 보이는 원인과 이에 따른 행동 변화에 진정한 관심을 보이지 않을 경우, 학생들은 교사에 의해 받아들여지지 않았다고 느끼게 되면서 학업중단을 바로 결심하게 될 수도 있음을 주의해야 한다.

학생들은 교사로부터 학생의 눈높이에 맞는 관심과 애정을 기대하는 경우가 많으므로, 학생이 학업중단의 징후를 보일 경우 교사들은 학생의 태도나 행동에 관심을 가져주고 따뜻한 말 한마디를 건넴으로써 학생이 소외감을 느끼지 않도록 해주는 것이 필요하다.

평소 학교생활 태도가 나쁘고 무단결석 일수가 많은 학생에 대해서는 학생이 학업중단 의사가 없는데도 교사가 자퇴처리를 생각할 수도 있는데, 이 경우는 성급한 자퇴처리보다는 학생이 학교에 적응하도록 최대한 지원하는 것이 바람직하다.

④ 또래와의 관계

친구를 사귀는 방법이 미숙하거나, 친구들과의 오해와 갈등을 원활하게 해결해나가지 못하는 학생, 친구들로부터 지속적으로 따돌림·괴롭힘을 당하는 학생들은 학교에서 친구들을 만나는 것을 힘들어하고, 학교에 오는 것 자체를 회피하게 되는 경우가 많다. 학교 밖 친구들과 친밀하게 지내며 가출, 비행 등 문제행동을 수시로 일으키는 학생들의 경우에도 친구들을 따라 학업을 중단할 가능성이 높다.

또래관계는 학생 개인의 성격발달의 특성, 가족관계 및 환경적 요인에 따라 다르므로, 상담교사와 담임교사는 교실 안에서 또래 간의 역동과 관계에 대해 지속적인 모니터링을 할 필요가 있다.

부모·자녀 간의 관계가 원만하게 형성되지 않은 경우에는 또래와의 유대감이 높게 나타날 수 있다. 특히, 비행친구와 친밀한 관계를 유지할 경우, 부모·자녀 관계의 갈등요인이 되기도 하며 학교적응의 위험요인으로 작용하므로 부모·자녀관계에서 유대감과 신뢰감을 형성할 수 있는 지원이 필요하다. 학급에서 따돌림을 당하고 있거나 소외감을 느끼는 학생은 원만한 또래관계 형성을 위한 의사소통기술 훈련, 사회성증진 프로그램, 멘토링을 통한 지원이 도움이 된다.

⑤ 학부모 상담 및 교육

학부모는 학생의 보호자로서 학생의 학교생활과 진로, 교우관계 등을 알아야 할 필요가 있으며 생활지도 면에서 교사의 파트너라 할 수 있으므로 학부모들의 적극적인 협조를 구하기 위해서라도 가급적 학부모 상담은 실시되어야 한다.

학업중단 위기 학생의 부모는 많이 지쳐 있는 상태이다. '자녀가 잘못될까 봐' 불안하고 두려워하는 마음과 함께 '혹시나 내 잘못이 아닐까', 그리고 그렇게 보이지 않을까 염려하며 우울해지기도 한다. 대상 학생의 학업중단 위기를 없애려고 한다면, 학부모를 적극적인 협조자로 만들어야 한다. 따라서 부모의 어려움을 지지해주고, 그간의 노고를 칭찬하여 부모가 안전함을 느끼도록 유도하며 부모 자신이 가진 긍정적인 자원을 끌어내야 한다.

학부모 상담에서 양육방식에 대한 옳고 그름을 토의하고 비판하는 것은 중요하지 않다. 이는 부모를 협조자가 아닌 저항자, 반대자로 만드는 지름길이므로,

부모를 교정하거나 변화시키려고 하기보다는 부모 입장에 공감하고, 적극적으로 경청하며, 수용하고 인정해주는 것이 중요하다. 그것이 학생에 대한 상담을 진행할 때 부모가 적극적으로 협조하고 지원할 수 있게 하는 방법이 된다.

학업중단 위기 자녀를 둔 부모가 가질 수 있는 마음을 충분히 이해하고 공감한 후에는 자녀를 위해 부모가 할 수 있는 역할을 함께 논의하는 것이 중요하다. 이를 위해 학부모들에게 몇 가지 중요한 질문을 해보도록 할 수 있다.

- 내 자녀에게 말하거나 행동한 것을 누군가가 나에게 말하거나 행하면 나는 어떤 기분을 느낄까?
- 자녀에게 현실적인 기대를 가지고 있는가?
- 자녀가 문제해결하는 방법을 배우도록 도와주는가?
- 자녀가 말하는 것을 진심으로 듣고 확인하는가?
- 자녀가 실수했을 때 어떤 말이나 행동을 하는가?
- 내 자녀의 강점과 약점을 알고 있는가?
- 내 자녀는 자신이 특별하고 존중받고 있다고 느끼고 있는가?

3) 학업중단 위기 예방을 위한 학생이해 및 상담

(1) 학업중단 과정별 접근방법 알아보기

지나친 학업성취 중심의 학교 풍토에 적응하지 못하는 학생들의 유형은 해마다 증가하고 있고, 이러한 부적응 학생들은 학업중단의 단계를 밟아나가게 되며, 이 과정에서 적절한 도움을 받지 못한 학생들은 학업중단의 의지를 굳히고 결국 학교를 떠나게 된다. 학교는 이러한 학업중단 위기 학생들의 행복에 관심을 가져야 할 필요가 있다.

학생들의 '행복'과 '안녕'을 바라는 것은 모든 교사의 공통된 교육철학이자 목적일 것이다.

학업중단 위기 학생들이 각 과정을 통해 어떤 일들을 경험하게 되는지, 그리고 과정마다 보이는 학생들의 공통된 특징은 무엇인지, 또한 각 과정의 학생들에게 접근하는 효과적인 방법과 서비스에는 어떤 것이 있는지 알아보는 것은 학업중단 학생들을 이해하는 데 도움이 된다.

〈표 10-8〉 학업중단 위기 단계별 특징 및 접근방법

단계	특징 및 도움방법	
〈1단계〉 부정적 경험의 단계	내용	갑작스러운 부모의 이혼이나 사망, 경제적 어려움, 가정 폭력 및 학대, 애정결핍 등의 가정문제나 열등감, 집단 따돌림 등의 외상경험, 게임 중독과 같은 개인문제 또는 성적부진, 비자발적 전학, 교우관계 문제, 교사의 낙인 등의 학교문제와 같은 다양한 부정적인 경험을 하게 됨. 부적응적인 모습을 형성하는 데 하나의 계기가 되는 경험을 개인, 가정, 학교 또는 복합적인 상황을 둘러싸고 경험하게 됨.
	도움방법	학생들에 대한 관심 어린 관찰이 있다면 충분히 인지할 수 있는 부분으로, 개인적인 문제나 가정적인 문제 또는 학교에서 문제가 되는 부정적인 경험을 하고 있는 학생이 있는지 관찰한다면 어떤 문제행동이 일어나기 전에 조기 개입하여 학생들에게 도움의 손길을 줄 수 있을 것임. 부정적인 경험을 한 학생에게 공감의 자세로 그들의 말을 경청해주는 관심만으로도 큰 도움을 줄 수 있는 단계임.
〈2단계〉 내면적 갈등의 단계	내용	부정적인 경험을 하게 된 학생들은 대체로 내면적 갈등을 경험하게 됨. 자신들의 낮은 자존감과 자기통제력 부족, 소외감, 심리적 방황에 맞서거나 타협하는 과정에서 부모나 교사에 대해 수동적인 반항심, 학교에 대한 기대와 의미 상실감, 공부에 대한 자신감 결여, 자유로움에 대한 막연한 동경과 자기실현의 욕구 사이에서 심적인 갈등과 직면하게 됨.
	도움방법	부정적인 경험으로 인해 내면적 갈등을 겪고 있는 이 단계의 학생들은 아직까지는 자신과 타인, 사회에 대한 방어가 심하지 않음. 이상적인 자아와 현실적인 자아 사이에서 혼란을 겪으며 내면적 갈등을 겪고 있을 뿐 도움이 왔을 때 자신을 방어하기 위해 도움을 거부하거나 저항할 가능성은 그다지 높지 않음. 1단계와 마찬가지로 공감과 경청만으로도 도움을 줄 수 있으며, 방황하는 학생들을 잡아줄 수 있는 단계임.

<table>
<tr><th>단계</th><th colspan="2">특징 및 도움방법</th></tr>
<tr><td rowspan="2">〈3단계〉
부정적
행동의 단계</td><td>내용</td><td>1, 2단계에서 적절한 도움을 받지 못한 학생들에게서 서서히 부적응 행동이 나타나는 시기임. 이들은 습관적인 지각이나 수업태만, 무단결석, 무단조퇴, 학교규칙 위반, 교사와의 갈등, 수업일수 미달 등 학교에서 문제를 일으키며, 충동적인 가출과 부모와의 마찰로 가정적인 문제를 일으킴. 또한 사회적으로 비행을 저질러 경찰서를 출입하게 되는 등 여러 가지 구체적인 부정적 행동을 하게 되는 단계임.</td></tr>
<tr><td>도움
방법</td><td>이 단계의 학생들은 1, 2단계에서 원하던 도움이 오지 않았기 때문에 자신의 존재를 드러내는 몸짓을 조금 더 크게, 그리고 강하게 표현하고 있을 수 있음. 따라서 부정적인 행동을 드러내고 있는 학생에 대한 선입견이나 비판・비난과 섣부른 판단을 버리고 비심판적인 태도로 접근해 그들의 손을 잡아줄 필요가 있음. 그러나 이 단계의 학생들은 자신을 방어하기 위해 타인의 도움에 대해 약간의 저항을 보일 수 있으므로 상담을 전문으로 하는 선생님과 함께해 줄 수 있는 도움을 찾을 필요가 있음. Wee클래스가 설치된 학교라면 활용하면 좋을 것임.</td></tr>
<tr><td rowspan="2">〈4단계〉
적절한 도움
부재의 단계</td><td>내용</td><td>부정적인 경험을 통한 내면의 갈등을 거치고, 부적응 행동을 드러낸 학생들이 그때까지 도움의 손길을 받지 못했을 경우 부적절한 도움의 손을 잡고 타협할 수도 있음. 즉, 먼저 학교 밖 청소년이 된 또래집단들과 유대감을 형성하고 음주, 흡연, 당구장 출입, 동거, 비행친구들과의 어울림 등 비행문화나 유해환경과의 접촉을 시도하게 될 수 있음. 가정, 학교, 사회 어떤 곳에서도 자신에 대한 관심과 도움을 주지 않았지만 오히려 비행청소년 또래집단에서는 자신의 존재를 알아주고, 비슷한 아픔과 고통을 경험하고 있는 그들과 유대감을 가지게 되는 단계임.</td></tr>
<tr><td>도움
방법</td><td>부적절한 도움의 손길이 그들을 유혹하지 못하도록 적절한 도움을 먼저 제공해 주어야 함. 이 단계의 학생들은 이미 자신과 타인에 대한 불신을 가지고 저항하려 하기 때문에 단순한 공감이나 경청을 해주는 것만으로 도움을 제공하고 문제를 해결할 수는 없음. 가정이, 학교가 그들에게 무관심하지 않으며 도움을 주고자 한다는 것을 보여주면서 Wee클래스나, Wee센터, 다른 상담기관들에서 상담을 받을 수 있도록 연계해주고, 학생들에게 여러 사람, 여러 기관이 자신을 도우려 하고 있다는 것을 보여줄 필요가 있는 단계임.</td></tr>
</table>

<table>
<tr><th>단계</th><th colspan="2">특징 및 도움방법</th></tr>
<tr><td rowspan="2">〈5단계〉
강화 및
촉발의 단계</td><td>내용</td><td>누구도 자신을 도우려 하지 않는다는 것을 경험하고 부적절한 도움을 주는 또래들과 접촉하여 유대관계를 형성한 학생들은 학업중단의 의지를 강화하고 촉발할 수 있는 경험들을 하게 될 수도 있음. 장기가출로 접어들고, 등교를 거부하면서 학교의 징계나 통제를 거부하며, 부적절한 성관계를 통해 임신을 하게 되면서 더 이상 학교와 인연을 이어갈 수 없다는 판단을 내리게 되는 경우도 있음. 더 나아가 비행청소년들과 함께 사회비행문제를 일으키며 범죄에 연루되어 법적 처벌을 받게 되는 단계임.</td></tr>
<tr><td>도움
방법</td><td>더 이상 구제해줄 방법이 없는 문제 학생으로 낙인찍기보다는 학업중단 과정을 거쳐 오면서 나름 상처받은 학생들에 대한 비심판적 태도로 비행유형에 따른 맞춤형 서비스를 제공해주어야 함. 이 단계까지 온 학생들이라면 자신에 대해, 타인 또는 불특정 다수에 대해 불신과 불만이 쌓여 있을 가능성이 높으며 저항이 심하고 자기 방어가 심할 수 있음. 따라서 일반 교사나 담임교사가 이 학생들에 대한 상담을 진행한다는 것은 비효과적일 수 있으며 Wee클래스나 Wee센터, 외부 상담기관에 바로 의뢰하여 개인 상담을 받을 수 있도록 기회를 제공해주어야 함. 장기 결석하는 학생이라면 학업중단숙려제를 통해 개인 상담 서비스를 제공할 수도 있음.</td></tr>
<tr><td rowspan="2">〈6단계〉
학업중단
단계</td><td>내용</td><td>학업중단의 의사를 밝히고 늦잠, 수업태만 등 비행행동을 노골적으로 드러내며, 부모나 교사와의 관계도 거의 단절된 단계로서 이 단계의 학생들은 도움의 손길이 왔을 때조차 문제에 대해 이야기해보거나 자신의 욕구를 드러내거나 하는 대화조차 시도하려 하지 않음. 더 이상 학교와는 인연이 없다고 생각하고 이미 마음이 학교를 떠나 있기 때문에 될 대로 되라는 식의 태도를 보일 수 있는 단계임.</td></tr>
<tr><td>도움
방법</td><td>학업중단숙려제에 대해 안내하고 학생이 겪고 있는 어려움에 대해 구체적으로 도움을 줄 수 있는 맞춤형 서비스를 제공해주어야 함. 가령 경제적인 어려움을 겪고 있다면 사회복지시설들과 연계하여 도움을 줄 방법을 찾아야 할 것이며, 심리적인 어려움을 겪고 있다면 Wee센터 등과 연계하여 도움을 주어야 함. 나아가 정신과적인 어려움을 겪고 있다면 병원에서의 약물복용과 함께 개인상담을 병행할 수 있는 서비스를 제공해주어야 함. 그럼에도 학업중단을 선택한 학생들이 있다면 직업교육을 받을 수 있는 방법이나 검정고시 등 실질적인 도움과 정보도 제공해 주어야 함.</td></tr>
</table>

(2) 상담의 기본원리 알아보기

학업중단예방을 위해 부적응 학생들에게 다가가고자 하는 교사들이 우선 기억해야 할 상담의 가장 기본적인 자세 및 마음가짐은 다음과 같다.

① 수용의 원리

상담의 첫 번째 원리는 학생들에 대한 편견과 선입견을 버리고 그들에 대한 긍정적 측면은 물론 부정적 측면까지도 있는 그대로 받아들이고 인격체로서 존중해주는 것이다.

② 개별화의 원리

- 같은 교사가 한 교실에서 같은 반 학생들을 대상으로 똑같은 말로 생활지도를 했는데도 모범적으로 잘 듣고 따르는 학생이 있는가 하면 듣지 않고 거부하거나 반항하는 학생들도 있다. 교사들의 생활지도나 상담이 모든 학생에게 똑같이 적용되지 않는 것은 학생들마다 개인차가 있기 때문이다.
- "도대체 저 녀석은 왜 저래"가 아니라 "너는 이런 색깔을 지닌 학생이구나"라고 각자의 개인차를 인정하고 획일적인 방법이 아닌 학생들의 성격과 정서를 고려한 맞춤식 접근방법을 시도하는 것이 필요하다.

③ 비심판적 태도의 원리

"친구를 때린 것을 보니 형편없는 녀석이군.", "어떻게 학생이라는 것이 가출을 할 수 있지?", "학생이 담배를 피웠으니 용서받을 수 없어. 처벌을 받을 수밖에." 등의 심판적 태도로는 학생들의 마음을 열지 못한다. 학생들이 스스로 자신의 문제를 통찰할 수 있도록 교사는 가출, 흡연, 폭력 등 부적응 행동에 대하여 섣부른 판단이나 비판을 하지 않아야 한다.

④ 감정표현의 원리

- 학생들의 부정적인 측면까지 있는 그대로 받아들이고, 개인마다의 차이를 인정하며, 잘못된 행동에 대하여도 판단이나 비판을 하지 않고 학생들을

대한다면 편안하고 공감된 분위기는 자연히 조성될 수 있을 것이다.

- 학생들이 교사 앞에서 자신의 감정을 솔직하게 표현하고 말할 수 있도록 편안하고 공감해주는 분위기를 만들어나가야 한다.

⑤ 통제된 정서관여의 원리

- 학생들과 이야기하는 도중 그들의 감정이나 정서의 변화를 이해하고 그에 대해 적절하게 반응해주는 것이 필요하다.
- 친구들과의 문제가 자신의 뜻대로 잘 풀리지 않아 학업중단을 결심했던 학생이 교사와 이야기 도중 "친구들과 다시 한번 잘 지내보고 싶은데, 친구들 쪽에서 마음을 열지 않고, 뜻대로 잘되지 않아 마음 아프고 슬퍼요"라고 했다면 그 학생의 아프고 슬픈 마음에 적절하게 반응해주어야 한다.

⑥ 자기결정의 원리

- 교사는 학생들에게 정보를 제공해주는 역할을 하고, 학업중단 여부는 학생 스스로 선택하고 최종적으로 결정해야 하는 것이다.
- 학업중단을 결심한 학생에게 "그러니까 내일부터 다시 학교에 나와.", "고등학교도 못 나와서 어떻게 하니? 자, 고등학교는 졸업하자. 알았지?", "학교가 그렇게 싫어? 그럼 차라리 검정고시라도 봐."라고 교사가 정답을 주기보다 모든 정보를 주고 난 후 학생의 선택을 기다려줄 수 있어야 한다. 다시 말해, 교사는 조급함과 불안감을 버리고 학생들에게 선택하고 그 선택에 책임을 질 수 있는 능력이 있음을 믿어야 한다.

⑦ 비밀보장의 원리

- 교사에게 말을 하면 다른 친구들이나 선생님들도 알게 될 것이라는 불안함이 있다면 학생들은 자신의 속마음을 말하지 않을 수 있기 때문에 학생들과의 상담과정에서 알게 된 정보는 학생의 동의 없이 제3자에게 알려서는 안 된다. 학생들에게 비밀이 지켜질 것이라는 믿음을 주는 것은 그들을 더 진솔하게 만들어줄 것이다.

- 다만 학생들이 원한다고 해도 비밀을 지켜줄 수 없는 예외적인 상황이 있다는 것도 미리 이야기해주는 것이 좋다. 예를 들어, 학생이 비밀을 원해도 자살・타살의 계획이 있을 경우, 가정・성폭력에 노출되어 있을 경우, 에이즈와 같은 심각한 질병에 감염되었을 경우와 같이 비밀을 지켜서 학생들에게 해로운 상황에 대해서는 비밀보장이 예외적이라는 설명도 함께 해주어야 한다.

(3) 상담기법

상담은 목적 없이 떠들어대는 잡담과 달리 구체적인 목적을 가지고 있으며, 그 과정에서 학생들의 문제점, 욕구 등 많은 정보를 탐색해야 하므로 아무 준비 없이 학생들을 만나기보다는 기본적인 기법들을 알고 접근하는 것이 효과적이다. 상담에서 보편적으로 사용되고 있는 몇 가지 상담기법은 다음과 같다.

① 공감하기

공감하기는 학생들의 감정이나 느낌 그리고 정서와 하나가 되는 '감정이입'과 비슷한 것으로 교사의 입장이 아닌 학생들의 입장에서 그들의 정신세계를 이해하는 것이다. "너는 친구들과 사이좋게 지내고 싶은데, 친구들이 네 마음을 몰라주고 너를 멀리하는 것 같아 속상하고 마음이 많이 아프겠구나."와 같이 표현할 수 있다.

② 경청하기

- 무단결석한 학생을 불러 그 이유를 물은 후, 교사는 다음 시간 수업 준비를 하며 학생 쪽은 보지도 않고 일에 몰두하다가 어느 순간 조용해진 것을 인지하고 교사가 학생에게 "그래서 왜 결석했다고?" 하며 다시 물으면 학생은 다시 자신이 결석한 이유를 설명하려 하지 않고 그저 "아… 그냥요."라고만 답하게 된다. 이때 교사는 학생이 하는 말을 경청하지 않은 것이다.
- 경청은 학생이 하는 말 중에서 상대적으로 더 비중을 두어 할 말이나 행동

을 선택적으로 주목하는 것이다. 그렇게 하려면 잘 들어야 하고, 잘 듣고 있다는 것을 보여주어야 한다. 학생과 '눈 맞춤(eye contact)'을 하고, 학생의 말에 적절하게 고개를 끄덕여주거나, "음", "그랬구나", "맞아" 등의 가벼운 반응을 하는 것은 경청하고 있음을 보여주는 것이다.

③ 반영하기

- 반영하기는 학생의 감정, 생각, 태도를 교사의 말로 다시 설명해주는 기법으로 학생의 내면을 파악하여 교사가 그것을 이해하고 있다는 것을 알게 함으로써 학생의 자기 이해를 돕는 방법이다.
- 예를 들면, 어떤 사건이나 상황 그리고 사람, 생각으로 인해서 어떤 느낌, 기분, 감정이 드는지를 읽어주면 되는데, 가령 "시험성적이 또 떨어졌어요. 나름대로 열심히 공부했는데"라고 말하는 학생에게 "네가 노력한 만큼 성적이 나오지 않아 많이 속상한가 보구나. 어느 정도의 성적을 기대했을 텐데"라고 반영해줄 수 있다.

④ 개방적 질문하기

- "너, 오늘 지각한 걸 보니 또 PC방 갔었지?"라고 물으면 반항하거나 저항하는 학생은 "예" 또는 "아니요"라고 짧게만 답하고 대화를 단절시켜버리는 경향이 있다. 이러한 폐쇄적인 질문보다는 "○○야, 오늘 지각한 이유를 말해줄 수 있겠니?"라고 개방적으로 묻는 것이 학생의 생각이나 감정에 대해 더 많은 정보를 얻는 데 유용할 수 있다.
- 단, 학생들의 특성이 다를 수 있으므로 상황과 학생 성향에 따라 적절하게 선택하여 질문하는 것이 바람직하다.

⑤ 재진술하기

재진술하기는 학생과 대화를 하다 보면 장황하게 말을 하거나 알아듣지 못하게 할 경우 선생님이 다시 한번 말해줌으로써 학생의 표현을 정리하고 요약하는 기법이다. "그러니까 네가 하고자 하는 말은 아침에 늦게 일어나기도 했지만 학교 오는 길에 준비물을 사서 오느라고 지각을 했다는 말이지?"라고 요약해주면 된다.

⑥ 명료화하기

학생이 애매한 말을 할 때 교사가 그 말을 이해하지 못했음을 밝히거나 그것이 무엇을 의미하는지 구체적으로 질문할 필요가 있다. 가령 "이 세상에서 사라지고 싶어요."라고 말하는 학생이 있다면 "너, 설마 자살하고 싶다는 말이니?"라고 직접적으로 물어보는 것은 자살을 생각하지 않던 학생에게 '자살'을 생각하는 계기를 마련해줄 수도 있으므로 "세상에서 사라진다는 것이 구체적으로 무엇을 의미하니?"라고 물어봄으로써 '사라진다'라는 말의 의미를 분명하게 할 필요가 있다.

⑦ 자기개방하기

- 자기개방하기는 교사가 자신의 경험, 견해, 생각을 학생과 함께 이야기하는 것으로, 자신의 삶에 대한 학생의 지각을 명료화하는 데 도움을 줄 수 있다.
- 친구와의 관계 맺음이 잘되지 않아 힘들어하는 학생에게 "선생님도 학창시절에 친구들과 어려움이 있어 학교가 다니기 싫었던 적이 있었단다."라고 자기개방을 함으로써 학생은 자신이 겪고 있는 어려움이 자신만의 문제가 아니라는 것을 알게 되고 또한 별걱정 없을 것처럼 보였던 선생님도 그런 어려움이 있었다는 것에 대해 묘한 공감대를 형성하게 된다.
- 지나친 자기개방만 피한다면 학생이 가지고 있는 문제가 특별한 것이 아니라는 보편성을 주어 편안한 마음을 가질 수 있도록 도울 수 있다.

(4) 질문기법

학업중단 위기 학생들이 무엇을 원하는지 욕구를 탐색하고, 칭찬과 긍정적인 피드백을 통해 자신감을 심어주며, 그들 스스로가 문제를 해결할 수 있는 잠재력을 가지고 있음을 알게 해주는 것은 쉽지 않다. 학생들에게 힘과 용기를 주고, 학생들의 욕구를 탐색하는 데 도움이 될 수 있는 방법은 다음과 같다.

■ 기대예측 질문기법

① 기적질문

학생들의 욕구를 탐색할 수 있으며, 학생들 스스로 자신의 욕구를 구체화해 볼 수 있는 질문기법으로, 문제 자체에서 한발 떨어져 그 문제를 객관적으로 바라보며, 해결책을 상상하게 함으로써 해결 중심의 영역으로 들어갈 수 있게 도움을 준다.

- "너는 담임선생님이 어떻게 변하시면, '아~ 기적이 일어났구나'라고 생각할 수 있겠니?"
- "내일 아침에 학교에 왔을 때 학교가 어떻게 달라져 있으면 '아~ 기적이 일어났구나'라고 생각할 수 있겠니?"
- "기적이 일어난다면, 친구들이(부모님이) 너에게 어떻게 해줄 것 같으니?"
- "기적을 일으킬 수 있다면 너는 학교를(가정을) 어떻게 바꾸고 싶니?"

이 질문을 통해 학생들은 자신이 원하는 것이 무엇인지 스스로 알게 되고 원하는 것을 얻기 위해 무엇을 해야 하는지 행동 방향을 설정할 수 있게 된다.

② 대처질문

절망감과 좌절감을 가지고 있는 학생들에게 희망과 작은 성공을 경험할 수 있도록 해주는 질문기법으로, 학생이 학업중단의 단계를 밟아오면서 무력감에 도전하며 상황이 더 나빠질 수 있었을 텐데 잘 참고 견뎌온 것을 칭찬하며, 대처방안 기술을 스스로 가지고 있음을 알게 해주는 방법이다.

- "네 나이에 겪기에는 어려움이 컸을 것 같은데 어떻게 견뎌낼 수 있었니?"
- "지금보다 훨씬 더 나쁜 상황까지 올 수 있었을 텐데 어떻게 상황이 더 나빠지지 않고 지금까지 올 수 있었니?"
- "너에게는 참으로 어려운 상황이었을 텐데, 더 나쁜 길로 빠지지 않고 어떻

게 이렇게 도움을 요청할 생각을 했니?”

- “많이 힘들었을 텐데 그래도 너는 결석을 하지는 않는구나. 어떤 힘이 너로 하여금 그렇게 할 수 있게 하는지 이야기해줄 수 있겠니?”

지각하는 학생이라면 결석하지 않는 점을 칭찬해주고, 결석하는 학생이라면 학교를 그만두지는 않는다는 점을 칭찬해줌으로써 현재 문제행동이 최악이 아니라는 것을 알게 하고, 더 나빠질 수도 있었는데 잘 참아왔다는 사실에 자신감을 가질 수 있게 한다. 즉, 낙인을 통해 무력감에 빠져 있었던 학생들에게 자신감과 새로운 시작에 대한 희망을 줄 수 있다.

③ 예외질문

문제행동이나 상황이 예외적으로 일어나지 않은 경우를 찾아 학생의 성공을 확대하고 강화해 주고자 하는 질문기법으로, 우연적인 예외라 할지라도 성공으로 연결해주고, 의도적인 노력으로 이어질 수 있도록 칭찬하고 격려하는 방법이다.

- “지난 한 달 동안 엄마(선생님)에게 짜증을 내지 않았던 적은 언제였니?”
- “지금보다 조금이라도 학교가 덜 지루하게 느껴졌던 때는 언제였니?”
- “엄마(선생님)와 관계가 지금보다 좋았던 적은 언제였니?”

지금보다 조금은 덜 나빴던 때를 찾아내어 그때는 지금과 무엇이 달랐는지 탐색함으로써 현재 어려운 관계나 상황의 원인을 스스로 찾아낼 수 있게 한다. 가령 지금처럼 무단조퇴를 하지 않았을 때는 선생님과 갈등이 조금은 덜했었다는 사실을 인지함으로써 선생님과의 관계가 항상 나빴던 것은 아니었다는 사실을 알게 하고, 관계가 나빠진 이유를 객관적으로 볼 수 있게 하여 해결방법을 찾아볼 수 있다.

④ 척도질문

학교, 가정, 자신감, 행복, 행동변화에 대한 믿음 등의 막연한 정도를 수치로 표현해 보도록 하는 질문기법으로, 학생들은 이 질문을 통해 현재 정서 상태나 관계 등에 대해 구체적으로 알 수 있고 변화 정도에 대해서도 정확하게 파악할 수 있다.

- "학교(가정)에 대한 만족도를 1에서 10으로 나타낸다면 너는 오늘 학교에 대해 몇 점 정도에 와 있니?"
- "상담을 통해 좋아질 수 있다를 1에서 10으로 놓고 본다면 너는 몇 점을 줄 수 있니?"
- "너무 힘들다를 1로 보고, 무척 행복하다를 10으로 본다면 너는 몇 점 정도에 있니?"
- "지금이 5점이라면 6점으로 가기 위해서 무엇이 조금 바뀌면 될까?"

행복하다, 불행하다, 힘들다 등 막연한 정도를 수치로 구체화해봄으로써 자신들의 현재 상태를 객관적으로 점검해볼 수 있으며, 현재 점수에서 1점이라도 올라가기 위해서 필요한 것이 무엇인지를 알아봄으로써 다시 한번 욕구(Want)를 파악해볼 수 있다.

현실치료 상담에서는 인간의 행동에 관한 관점을 선택이론으로 설명한다. 선택이론에서는 인간을 하나의 자율통제체제로 가정한다. 즉 자신의 목표에 도달하기 위해 부단히 피드백을 주고받으며 스스로 행동을 통제할 수 있는 존재라는 것이다. 인간 행동의 거의 대부분을 생득적으로 가지고 태어난 기본욕구(사랑과 소속의 욕구, 힘과 성취의 욕구, 자유 욕구, 즐거움 욕구, 생존 욕구)를 충족시켜주는 바람을 얻기 위해 선택한 결과라고 본다.

이러한 행동은 4가지의 구성요소인 활동하기, 생각하기, 느끼기, 신체반응하기로 나누고 이를 총칭하여 전체 행동(total behavior)이라고 한다. 모든 행동이 선택한 결과이기 때문에 그 선택에 대한 책임을 강조한다. 전체 행동(total behavior)은 원하는 것, 바라는 것을 얻기 위한 나름대로의 최선의 결과이다. 그러한 선택과 창의성의 결과인 행동이 개인 자신의 욕구 혹은 바람을 효율적으로(타인의 욕구충족을 방해하지 않고) 충족시키는 경우를 자신의 삶을 잘 관리하는 사람이라고 할 수 있고, 반대의 경우를 비효율적으로 관리하는 사람이라고 한다. 현실치료 상담에서는 효율적인 자기관리능력의 증진을 목표로 한다.

현실치료 상담의 과정으로는 RWDEP 시스템을 활용한다. R(Relationship)는 상담자와 내담자의 좋은 관계 형성을 의미한다. W(Want)는 내담자의 바람이나 욕구 혹은 지각의 내용을 탐색하는 과정이다. 특히 내담자의 구체적인 바람탐색이 강조된다. D(Doing)는 행동탐색의 과정을 의미하며 이때 행동은 전체 행동(total behavior), 즉 활동하기, 생각하기, 느끼기, 신체반응하기를 뜻한다. E(Evaluation)는 평가촉진 과정을 의미하며, 내담자의 자기평가를 촉진하는 과정이다. 평가의 대상은 바람이 될 수도 있고, 선택한 행동이나 새로운 대안적 행동 혹은 그러한 행동의 실천일 수도 있다. P(Planning)는 실행할 수 있고 구체적이며 측정 가능한 새로운 행동의 계획 및 실천과정이다.

현실치료 상담에서는 특히 내담자의 자기평가를 강조한다. 바람이나 욕구 탐색과정에서, 선택하고 있는 전 행동의 탐색과정에서, 그리고 새로운 행동에 대한 계획 및 실천 등의 과정에서 항상 내담자의 자기평가가 이루어지도록 촉진하는 것이다. 자신의 행동을 만들어 가는 과정에서 항상 창의성과 선택성이 개입될 수 있다는 것을 강조한다. 개인에게서의 중요한 타인과의 보다 좋은 관계(상담자와 내담자, 내담자와 내담자에게 중요한 타인) 형성을 강조하면서 인간의 거의 대부분의 문제행동은 중요한 타인과의 관계손상이 그 원인이 된다고 가정하고 있다.

■ WDEP 질문기법

① W(Want)

학생들의 욕구를 파악하려는 질문으로 활용할 수 있다.

- "선생님에게서 원하는 것이 무엇이니?"
- "너는 친구문제가 어떻게 해결되기를 원하니?"
- "엄마와의 관계가 어땠으면 하고 바라니?"
- "소원을 세 가지 말할 수 있어. 세 가지를 말해줄 수 있겠니?"

② D(Doing)

지금, 현재 자신이 무엇을 하고 있는지 탐색하는 질문으로 활용할 수 있다.

- "요즘 수업 시간에 무엇을 하니?"
- "요즘 주로 하는 일이 뭐니?"
- "친구관계를 위해서 무엇을 하고 있니?"
- "요즘 시간을 어떻게 보내고 있니?"

③ E(Evaluating)

지금, 현재 행하고 있는 자신의 행동이 스스로의 욕구(Want)를 만족시키는 데 도움이 되는 것인지 탐색하는 질문으로 활용할 수 있다.

- "네가 하고 있는 일들이 친구들과의 관계를 좋게 하는 데 도움이 되는 것이니?"
- "학교에서 최근 네 행동들이 너의 가치관에 맞는 행동들이니?"
- "지금 너의 행동들이 엄마와의 관계를 변화시킬 수 있을까?"
- "행복한 네 삶을 위해 최근 너의 행동이 합당하다고 생각하니?"

④ P(Plan)

지금, 현재에서 자신의 행동이 욕구(Want)를 얻기에 합당하지 않다면 욕구를 채워나갈 수 있는 방법은 무엇인지 탐색하는 질문으로 활용할 수 있다. 자신이 삶의 주인공으로서 살아갈 수 있는 방법은 무엇인지 구체적인 계획을 세울 수 있다.

- "엄마와 관계를 회복하려면 어떻게 하는 것이 좋을지 계획을 세워볼까?"
- "시험 성적을 조금이라도 올릴 수 있는 방법을 구체적으로 함께 찾아볼까?"
- "선생님과 사이가 좋아지려면 무엇을 하면 좋을까?"
- "네가 원하는 행복한 삶을 위해 할 수 있는 일들을 구체적으로 계획 세워볼까?"

위에서 설명된 여러 가지 질문기법(기대예측, WDEP) 등을 통해 학생들이 스스로에게 몇 가지 질문을 던질 수 있게 기회를 마련해주어야 한다. 학생들로 하여금 직면한 문제를 해결하려 하기보다 피하고 있는 것은 무엇인지 탐색하게 해야 한다. 친구문제에 직면해 그것을 해결해나가고 싶으나 친구가 받아주지 않을지 모른다는 두려움에 혹시 문제해결을 피하는 것은 아닌지 질문하고 탐색하게 한다.

지금 문제를 해결할 수 있는 기회가 주어져 있는데 그것을 인지하지 못하고 있는 것은 아닌지 탐색하게 하고, 자신에게 뻗쳐 있는 도움의 손길을 보지 못하거나 보지 않으려고 하는 것은 아닌지 생각하게 한다.

직면하는 것 자체를 두려워하는 것은 아닌지 탐색하게 한다. 예를 들어, 가정에서 해결되지 못한 부모와의 갈등문제를 숨기기 위해 다른 것을 문제로 떠올려놓고 있는 것은 아닌지 스스로 인지할 수 있게 한다.

또래들과 잘 지내고 싶은 욕구를 가지고 있지만 '친구가 없어도 학교 생활하는 데 지장 없다'고 말을 하면서 자신을 속이고 있는 것은 아닌지 탐색하게 한다. 문제를 직면하고, 그 문제를 해결해나갈 수 있는 방법을 찾기 위해 자신을 탐색하고 통찰할 수 있는 용기를 가질 수 있게 한다(이병환 · 김경선, 2020).

CHAPTER 11

아동인권과 아동학대의 예방 및 대처

1. 아동인권과 아동학대의 이해

'아동인권'이란 18세 미만의 아동이 인간으로서 가지는 권리와 자유에 더하여 특별한 보호와 배려를 받을 권리를 의미한다.

유엔아동권리협약은 전 세계 아동들의 권리를 보호하기 위해 1989년에 만들어진 국제 협약이다. 여기서 아동은 18세 미만의 어린이와 청소년을 의미하며 유엔아동권리협약에는 아동이 누려야 할 기본적인 생존·보호·발달·참여의 권리가 담겨있다.

1) 아동의 기본권

- 생존권: 기본적인 삶을 누리는 데 필요한 권리
- 발달권: 잠재능력을 최대한 발휘하는 데 필요한 권리
- 보호권: 어린이에게 유해한 것으로부터 보호받을 권리
- 참여권: 자신의 나라와 지역사회 활동에 적극적으로 참가할 수 있는 권리

2) 아동권리헌장 이해

아동권리헌장은 2016년 5월 2일 보건복지부가 유엔아동권리협약의 주요 원

칙을 충실히 이행하기 위해 제정되었다. 전문과 9개의 조항으로 이루어진 아동권리헌장은 아동 스스로 자신의 권리를 알고 지킬 수 있고 어른도 아동의 권리를 이해하고 존중하여야 한다는 약속을 의미한다.

아동권리헌장 주요 내용

- 부모와 가족의 보살핌을 받을 권리
- 차별받지 않을 권리
- 기본적인 영양, 주거, 의료 등을 지원받을 권리
- 자신의 능력과 소질에 따라 교육받을 권리
- 존중받을 권리
- 학대와 방임으로부터 보호받을 권리
- 개인적인 생활이 보호받을 권리
- 지식과 정보를 알 권리
- 휴식과 여가를 누릴 권리

3) 아동학대 정의 및 개념

(1) 아동학대의 정의 및 관련 용어

아동복지법 제3조 제7호에서 말하고 있는 '아동학대'는 보호자를 포함한 성인이 아동의 건강 또는 복지를 해치거나 정상적 발달을 저해할 수 있는 신체적·정신적·성적 폭력이나 가혹행위를 하는 것과 아동의 보호자가 아동을 유기하거나 방임하는 것을 말한다. 이때 아동의 정의는 만 18세 미만의 사람을 말하며(아동복지법 제3조 제1호, 아동학대처벌법 제2조 제1호, 국제연합 아동권리협약 제1조) 성인은 만 19세 이상인 사람을 말하는데(민법 제4조), 출생일을 산입하여 '만' 나이로 계산해야 하기 때문에 아동은 '만 18세 생일이 도래하지 않은 자'를 말하고, 성인은 '만 19세 생일을 맞이한 사람'을 말한다.

보호자는 친권자, 후견인, 아동을 보호·양육·교육하거나 그러한 의무가 있는 자 또는 업무·고용 등의 관계로 사실상 아동을 보호·감독하는 자를 말하며

(아동복지법 제3조 제3호, 아동학대처벌법 제2조 제2호), '친권자'는 친권을 행사하는 자로, 부모(양자의 경우는 양부모)가 미성년인 자의 친권자가 된다(민법 제909조 제1항). 이때 친권은 부모가 혼인 중인 때에는 부모가 공동으로 이를 행사하며(동 조 제2항) 부모가 이혼하는 경우에는 부모의 협의로 친권자를 정하여야 하고, 협의할 수 없거나 협의가 이루어지지 아니하는 경우, 재판상 이혼의 경우에는 가정법원이 친권자를 정하게 된다(동 조 제4항, 제5항). '후견인'은 제한능력자나 그 밖에 보호가 필요한 사람을 보호하는 자를 말하는데 미성년자에게 친권자가 없거나 친권자가 친권의 전부 또는 일부를 행사할 수 없는 경우에는 후견인을 두어야 한다(민법 제928조). 이를 '미성년후견인'이라고 한다. '미성년후견인'은 친권자(법률행위의 대리권과 재산관리권이 없는 친권자는 제외)가 유언으로 지정할 수 있고(민법 제931조 제1항), 가정법원은 '유언으로 지정된 미성년후견인이 없는 경우' 또는 '미성년 후견인이 없게 된 경우'에 직권으로 또는 미성년자, 친족, 이해관계인, 검사, 지방자치단체의 장의 청구에 의하여 미성년후견인을 선임하거나(민법 제932조 제1항), 친권의 상실, 일시 정지, 일부 제한의 선고 또는 법률행위의 대리권이나 재산관리권 상실의 선고에 따라 미성년후견인을 선임할 필요가 있는 경우에는 직권으로 미성년 후견인을 선임할 수 있다(동 조 제2항). '아동을 보호・양육・교육하거나 그 의무가 있는 자'는 법적으로 정의가 규정되어 있지 않아 아동에 대하여 친권자나 미성년후견인에 준할 정도의 보호를 하고 있거나 보호할 의무가 있는 자가 이에 해당한다고 할 수 있다. 예를 들면, 소년소녀가장 등과 같이 형이나 누나가 그보다 어린 아동을 보호하고 있는 경우(다만, 부모가 외출한 사이 어린 동생을 몇 시간 정도 돌보고 있는 큰형이나 누나 등은 이에 포함되지 않음), 장애 아동의 친권자나 후견인 등이 형편상 직접 돌볼 수가 없어 상당한 기간 동안 대상 아동의 숙식까지 책임지는 합숙식 교육기관(양육시설)에 아동을 맡긴 경우 그 교육기관(양육시설)의 장 또는 종사자, 계부모, 사실혼 배우자 등이 이에 포함될 수 있다. '업무・고용 등의 관계로 사실상 아동을 보호・감독하는 자'는 법적으로 정의가 규정되어 있지 않다. 아동을 보호・양육하고 있는 자로부터 계약이나

특수법령에 의하여 그 아동의 사실상 보호·감독을 위탁받은 자 및 정당한 위탁을 받지 않았다 하더라도 가출아동을 데리고 있으면서 고용하여 일을 시키는 등 사실상 아동을 자신의 지배 아래 두고 보호·감독하고 있는 자가 이에 해당한다고 할 수 있다. 관련 내용에 대한 예를 들면 아동이 유치원이나 학교나 학원 등의 교육시설에서 교육을 받는 경우 그 교육받는 시간 동안 당해 아동을 담당하는 교사나 담당자, 유치원, 어린이집, 지역아동센터 등의 교사, 아동복지시설 등 보호시설에서 입소되어 보호받고 있는 아동을 담당하는 보육사 등 관계자, 부모로부터 매일 일정 시간 동안 아동의 보살핌을 위탁받은 베이비시터, 법에 의하여 구금된 아동을 보호·감독하는 자(소년원이나 소년교도소의 교도관이나 담당 교사), 아동에 해당하는 18세 미만의 미성년자를 정당하게 고용한 사업주(경우에 따라 그 배우자도 포함 가능) 등이 이에 포함될 수 있다.

출처: 보건복지부(2023). 아동학대 대응매뉴얼 2권.

4) 피해아동과 아동학대행위자의 개념

- 피해아동: 아동복지법상 '피해아동'은 아동학대로 인하여 피해를 입은 아동을 의미하지만(제3조 제8호), 아동학대 처벌법상 '피해아동'은 아동학대범죄로 인하여 직접적으로 피해를 입은 아동을 의미한다(제2조 제6호). 따라서 아동복지법의 경우에는 아동학대로 인해 간접적으로 피해를 입은 아동도 '피해아동'에 포함된다.
- 아동학대행위자: 아동학대처벌법상 '아동학대행위자'란 아동학대범죄를 범한 사람(보호자) 및 그 공범을 의미한다(제2조 제5호). 따라서 아동학대범죄를 직접 범한 사람뿐만 아니라 그를 교사(敎唆)[1] 또는 방조[2]한 사람도 아동학대처벌법상 아동학대행위자에 해당된다.

---

1) '교사'란 범죄를 범할 의사가 없는 타인에게 범죄실행을 결의하거나 그 결의를 실행하게 하는 행위를 말함
2) '방조'란 정범의 범죄 실행의 결의를 강화시키거나 그 실행행위를 가능 또는 용이하게 해주는 실행행위 이외의 원조행위를 말하며, 정신적 방조와 물질적 방조를 포함한다.

아동학대처벌법은 '보호자'에 의한 아동학대 중 일정한 범죄를 아동학대범죄로 규정하여 그 법을 적용하고 있으므로, '보호자 아닌 자'에 의한 아동학대에 대하여는 아동학대처벌법이 적용되지 않는다. 하지만 아동학대처벌법이 적용되지 않는 경우에도 아동복지법은 적용 가능하다.

'아동학대범죄'는 보호자에 의한 아동학대로서 형법에 의한 상해, 폭행, 유기, 학대, 체포, 감금, 협박, 약취, 유인, 인신매매, 강간, 추행, 명예훼손, 모욕, 강요, 공갈, 재물 손괴 등이 있고 아동복지법에 의한 신체적·정서적·성적 학대, 유기, 방임 등, 아동학대처벌법에 규정된 아동학대치사, 아동학대 중상해, 상습범이 있다.

5) 학교에서 주로 사용되는 아동학대 관련 용어

- 입학은 1학년이 학교에 들어가는 것을 말한다.
- 취학은 처음으로 의무교육에 해당하는 학교의 적정 학년에 들어가는 것을 말한다.
- 면제는 「초중등교육법」 제14조에 의거 취학 및 교육 의무를 면하는 것을 말한다.
- 유예는 재학 중 교육감이 정하는 질병이나 그 밖의 부득이한 사유가 있는 경우 의무교육대상자의 교육받을 의무를 다음 학년도까지 보류하는 것을 말한다(학칙에 의거 '정원 외 학적관리'할 수 있음).
- 취학지원은 학대 피해아동이 주소지 외 지역에 취학(입학, 재입학, 전학, 편입학 등)할 경우 관련 법령에 의거 우선적으로 취학을 지원하여 주민등록상의 주소지를 이전하지 않더라도 아동학대 사실을 입증할 수 있는 자료를 제출함으로써 주소지 외 지역에서 취학 신청 가능한 것을 말한다.
- 취학관리전담기구는 취학의무대상자에 대한 취학 관리 업무를 총괄하고, 아동 보호 관련 기관·단체와의 유기적인 협력체계 구축·운영을 위해 교

육감 및 교육장 소속으로 설치된 기구를 말한다(「초·중등 교육법」 시행령 제27조의2).

- 출석인정은 피해아동이 시설 입소나 학대로 인한 신체적·정신적 피해 등으로 학교에 출석하기 어려운 경우, 출석을 인정받을 수 있도록 지원하는 것을 말한다.
- 등교학습 지원은 피해아동의 등교학습 결손 예방과 학습권 보장을 위해 피해아동이 거주하고 있는 보호시설의 지리적 요건이나 재학 중인 학교의 비대면 수업 진행 여부 등 제반 사항을 종합적으로 고려하여, 필요한 경우 지자체 장의 요청에 따라 원적교가 아닌 학교에서 임시적으로 교육활동을 할 수 있도록 지원하는 것을 말한다.
- 비밀전학은 학대 가해자로부터 피해아동을 보호하기 위해 주민등록상 주소지를 바꾸지 않고 학대 피해아동이 머무는 보호시설 주변의 학교로 전·입학하도록 지원하는 것을 말한다.
- 미인정 결석은 합당하지 않은 사유로 결석을 하는 것을 말하는데 「학교생활기록 작성 및 관리지침」에 근거하여 「학교폭력예방 및 대책에 관한 법률」 제17조 제1항 제6호에 따른 출석정지, 「초중등교육법」 시행령 제31조 제1항 제4호에 따른 출석정지, 「초중등교육법」 시행령 제31조 제6항의 가정학습 기간, 범법행위로 인한 책임 있는 사유로 결석한 경우[관련 기관 출석, 체포, 도피, 구속(구인, 구금, 구류 포함), 교도소 수감 등], 태만, 가출, 출석 거부 등 고의로 결석한 경우, 기타 합당하지 않은 사유로 결석한 경우에 해당한다.
- 집중관리대상자란 거주지·소재 불분명, 연락 두절 등 안전 확인이 불가능한 경우, 가정 사정 등의 사유로 안전 및 학대가 우려되는 경우, 기타 학교장(교육장)이 집중관리가 필요하다고 판단하는 경우에 해당한다.

출처: 교육부(2023). 아동학대 예방 대응매뉴얼.

6) 아동학대 사건처리 관련 용어

- 현장출동이란 아동학대범죄 신고가 접수되면, 이를 접수한 사법경찰관리·아동학대전담공무원이 지체 없이 아동학대범죄현장으로 출동하는 것을 말한다(「아동학대처벌법」 제11조).
- 응급조치는 현장에 출동하거나 아동학대범죄 현장을 발견한 경우 또는 학대 현장 이외의 장소에서 학대 피해가 확인되고 재학대의 위험이 급박·현저한 경우, 사법경찰관리 또는 아동학대전담공무원이 피해아동 등의 보호를 위하여 즉시 '1호. 아동학대범죄 행위의 제지, 2호. 아동학대행위자를 피해아동 등으로부터 격리, 3호. 피해아동 등을 아동학대 관련 보호시설로 인도, 4호. 긴급치료가 필요한 피해아동을 의료기관으로 인도'하는 조치를 하는 것으로 2~4호 응급조치는 72시간을 넘을 수 없다. 다만 피해아동 등의 보호를 위하여 필요하다고 인정되는 경우 48시간 범위 내에서 연장할 수 있다(「아동학대처벌법」 제12조).
- 긴급임시조치는 사법경찰관이 응급조치에도 불구하고 아동학대범죄가 재발될 우려가 있고, 긴급을 요하여 제19조 제1항에 따른 법원의 임시조치 결정을 받을 수 없을 때는 직권이나 피해아동 등 그 법정대리인, 변호사, 시·도지사, 시장·군수·구청장 또는 아동보호전문기관의 장의 신청에 따라 1. 피해아동 등 또는 가정구성원의 주거로부터 퇴거 등 격리 2. 피해아동 등 또는 가정구성원의 주거, 학교 또는 보호시설 등에서 100미터 이내의 접근금지 3. 피해아동 등 또는 가정구성원에 대한 전기통신을 이용한 접근금지까지의 어느 하나에 해당하는 조치를 하는 것을 말한다(「아동학대처벌법」 제13조, 제19조).
- 임시조치는 수사단계에서 임시조치하는 것을 말하는데 임의적 임시조치는 검사가 아동학대범죄가 재발될 우려가 있다고 인정하는 경우에 직권 또는 신청에 따라 법원에 임시조치 청구를 하는 것을 말한다(「아동학대처벌법」 제14조).

• 필요적 임시조치는 응급조치 · 긴급임시조치가 있었던 경우 검사가 임시조치 청구 여부를 결정하여 법원에 임시조치 청구하는 것을 말한다(「아동학대처벌법」 제15조).

• 재판단계에서의 임시조치는 판사가 인정하는 경우의 결정으로 아동학대행위자에게 접근금지 등의 임시조치를 하는 것을 말한다(「아동학대처벌법」 제19조).

• 피해아동보호명령은 판사가 직권 또는 청구권자의 청구에 따라 접근금지 · 친권에 대한 조치, 피해아동에 대한 상담 등의 피해아동보호명령 결정을 할 수 있는데 보호처분과 달리 피해아동에 대한 조치로서 하는 명령을 말한다(「아동학대처벌법」 제47조).

• 임시보호명령은 판사가 피해아동보호명령의 청구가 있는 경우 피해아동보호를 위하여 피해아동보호명령 결정 시까지 임시로 피해아동보호명령을 하는 것을 말한다(「아동학대처벌법」 제52조).

• 피해자 국선변호사는 아동학대범죄사건의 피해아동을 위하여 아동학대처벌법, 검사의 국선변호사 선정에 관한 규칙 등을 근거로 검사가 지정하는 국선변호사로서, 아동보호사건 또는 형사재판의 종결 시까지 피해아동을 조력한다(「아동학대처벌법」 제14조).

• 보조인은 아동보호사건, 피해아동보호명령에서 각 피해아동과 아동학대행위자가 변호사 등 자신을 대리할 수 있는 자를 선임할 수 있는데 이를 보조인이라 하며, 피해아동의 경우는 신청으로 국선보조인을 지정받을 수 있고, 수사단계에 피해자국선변호사가 있다면 그 변호사를 보조인으로 지정받을 수 있다(「아동학대처벌법」 제48조, 제49조).

• 원가정보호는 피해아동을 실제적으로 양육하고 있는 주 양육자에 의해 계속적으로 보호받고 있는 경우를 말한다.

• 분리조치는 아동을 실제적으로 양육하고 있는 주 양육자로부터 분리하여 보호하는 경우를 말하는데 종래 양육되던 환경을 떠나 다른 누군가(예: 친권자, 친족, 시설 등)에게 보호되는 경우가 모두 해당된다.

• 가정복귀란 아동학대로 원가정에서 분리되어 보호된 아동이 원래 가정으로 복귀되는 것을 말한다.

2. 아동학대 실태 및 관련 통계

1) 아동학대 신고접수 현황 및 유형

(1) 신고접수

① 신고접수

2021년 집계된 전체 신고접수 건수는 총 53,932건으로 2020년 42,251건 대비 약 27.6%로 크게 증가했다. 이 중 아동학대의심사례는 52,083건으로 전체 신고접수의 96.6%로 가장 많은 비율을 차지하였고, 이외 동일 신고는 768건(1.4%), 일반상담은 1,077건(2.0%)이었다.

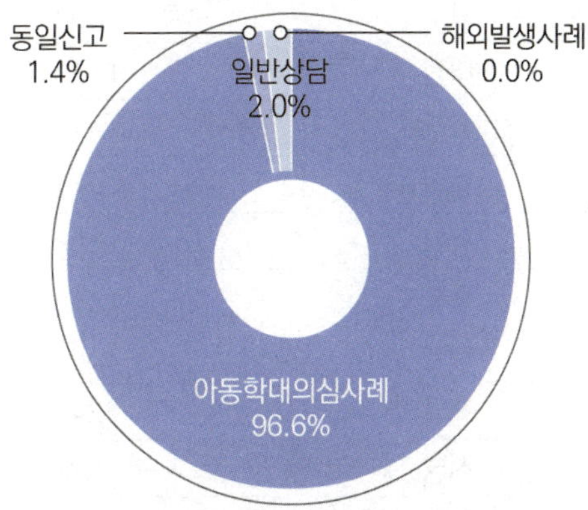

[그림 11-1] 신고접수 건수

〈표 11-1〉 신고접수 건수

(단위: 건, %)

아동학대의심사례	동일신고	일반상담	해외발생사례	계
52,083	768	1,077	4	53,932
(96.6)	(1.4)	(2.0)	(0.0)	(100.0)

② 시도별 신고접수

시도별 신고접수 건수의 경우, 경기 13,578건(26.1%), 서울 6,137건(11.8%) 순으로 높았으며, 낮은 순으로는 세종 259건(0.5%), 광주 1,038건(2.0%)으로 나타났다.

〈표 11-2〉 시도별 신고접수 건수

(단위: 건, %)

시도	아동학대의심사례	
서울	6,137	(11.8)
부산	3,035	(5.8)
대구	2,013	(3.9)
인천	3,720	(7.1)
광주	1,038	(2.0)
대전	1,637	(3.1)
울산	3,114	(6.0)
경기	13,578	(26.1)
강원	1,508	(2.9)
충북	1,565	(3.0)
충남	2,793	(5.4)
전북	2,540	(4.9)
전남	2,481	(4.8)
경북	2,702	(5.2)
경남	2,848	(5.5)
제주	1,115	(2.1)
세종	259	(0.5)
총계	52,083	(100.0)

(2) 신고자 유형

① 신고자 유형

아동학대의심사례로 신고 접수된 52,083건에 대한 신고자 유형을 살펴보았는데, 신고 의무자에 의한 신고는 23,372건(44.9%)으로 나타났으며, 세부적으로는 사회복지전담공무원이 7,493건(14.4%), 초·중·고교 직원이 6,065건(11.6%), 아동보호전문기관장과 종사자 5,785건(11.1%) 순으로 높게 나타났다. 이렇게 신고 의무자에 의한 신고 비율이 높아지는 데 영향을 준 요인으로는 「아동학대범죄의 처벌 등에 관한 특례법」 개정에 따라 2020년 10월부터 사회복지전담공무원 및 아동보호전문기관장과 종사자가 신고 의무자로 구분되었기 때문인 것으로 보고 있다. 비신고의무자에 의한 신고접수 건수는 28,711건(55.1%)이었으며, 부모 10,631건(20.4%), 아동 본인 8,966건(17.2%), 이웃·친구 3,660건(7.0%) 순으로 나타났다. 특히 〈표 11-3〉에서도 보여주듯 교직원은 아동학대 신고의무자 직군으로서 초·중·고 교직원의 신고비율이 가장 높게 나타나고 있다. 이는 학교 현장에서 아동학대 조기발견 및 예방에 중요한 역할을 하고 있으며 아동학대 예방에 적극 기여할 수 있음을 나타낸다.

〈표 11-3〉 신고자 유형

(단위: 건, %)

신고의무자			비신고의무자		
초·중·고교 직원	6,065	(11.6)	아동 본인	8,966	(17.2)
의료인·의료기사	549	(1.1)	부모	10,631	(20.4)
아동복지시설 종사자	702	(1.3)	형제·자매	657	(1.3)
장애인복지시설 종사자	47	(0.1)	친인척	786	(1.5)
보육교직원	241	(0.5)	이웃·친구	3,660	(7.0)
유치원교직원 강사	216	(0.4)	경찰	243	(0.5)
학원 및 교습소 종사자	35	(0.1)	종교인	23	(0.0)
소방구급대원	36	(0.1)	사회복지 관련 종사자	239	(0.5)
성매매피해시설담당 종사자	1	(0.0)	의료사회복지사	32	(0.1)
한부모가족복지시설 종사자	26	(0.0)	낯선 사람	1,138	(2.2)
가정폭력피해자보호시설 및 상담소 종사자	79	(0.2)	익명	729	(1.4)
사회복지시설종사자	230	(0.4)	법원	103	(0.2)
아동권리보장원·가정위탁 지원센터 종사자	45	(0.1)	기타	1,504	(2.9)

신고의무자			비신고의무자		
사회복지전담공무원	7,493	(14.4)			
아동복지전담공무원	1,097	(2.1)			
아동보호전문기관장과 종사자	5,785	(11.1)			
건강가정지원센터 종사자	54	(0.1)			
다문화가족지원센터 종사자	53	(0.1)			
정신건강복지센터 종사자	59	(0.1)			
성폭력피해자보호시설 · 성폭력 피해자통합지원센터 종사자	46	(0.1)			
응급구조사	3	(0.0)			
청소년시설 및 단체 종사자	212	(0.4)			
청소년보호센터 및 재활센터종사자	117	(0.2)			
아이돌보미	26	(0.0)			
취약계층 아동 통합서비스 지원인력	139	(0.3)			
육아종합지원센터 종사자	10	(0.0)			
입양기관종사자	6	(0.0)			
소계	23,372	(44.9)	소계	28,711	(55.1)
계			52,083		

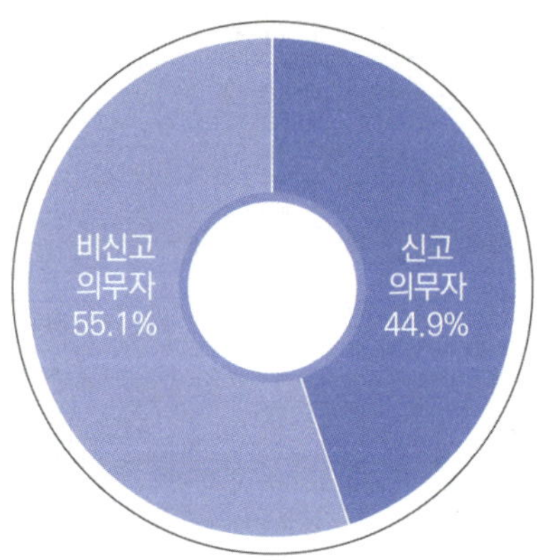

[그림 11-2] 신고자 유형

(3) 사례판단 결과

① 사례판단 결과

아동학대의심사례 52,083건 중 아동학대 사례로 판단된 사례는 37,605건(72.2%), 일반사례 13,945건(26.8%), 조사진행중사례는 533건(1.0%)으로 나타났다.

〈표 11-4〉 사례판단 결과

(단위: 건, %)

아동학대 사례	일반사례
37,605	13,945
(72.2)	(26.8)
조사진행중사례	계
533	52,083
(1.0)	(100.0)

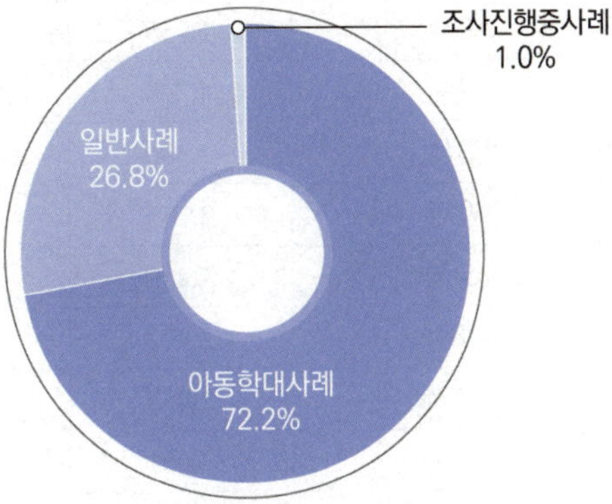

[그림 11-3] 사례판단 결과

② 피해아동 연령

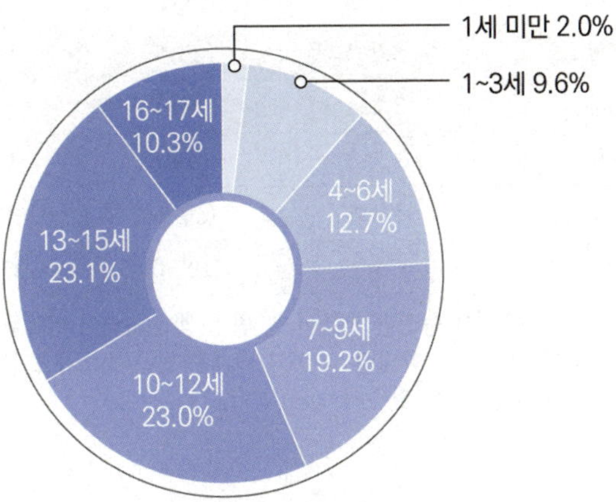

[그림 11-4] 피해아동 연령

〈표 11-5〉 피해아동 연령

연령(만)	건수(비율)		명수(비율)	
1세 미만	757	(2.0)	480	(1.8)
1세	892	(2.4)	544	(2.0)
2세	1,255	(3.3)	769	(2.8)
3세	1,474	(3.9)	956	(3.5)
소계	3,621	(9.6)	2,269	(8.3)
4세	1,505	(4.0)	991	(3.6)
5세	1,516	(4.0)	1,026	(3.7)
6세	1,755	(4.7)	1,232	(4.5)
7세	4,776	(12.7)	3,249	(11.9)
8세	2,386	(6.3)	1,688	(6.2)
9세	2,753	(7.3)	2,012	(7.3)
소계	7,219	(19.2)	5,154	(18.8)
10세	2,872	(7.6)	2,142	(7.8)
11세	2,854	(7.6)	2,094	(7.6)
12세	2,931	(7.8)	2,209	(8.1)
소계	8,657	(23)	6,445	(23.5)
13세	3,203	(8.5)	2,419	(8.8)
14세	2,937	(7.8)	2,283	(8.3)
15세	2,553	(6.8)	1,955	(7.1)
소계	8,693	(23.1)	6,657	(24.3)
16세	2,164	(5.8)	1,739	(6.3)
17세	1,718	(4.6)	1,423	(5.2)
소계	3,882	(10.3)	3,162	(11.5)
계	37,605	(100.0)	27,416	(100.0)

※ 아동학대 사례 37,605건에 동일한 아동이 한 번 이상 신고되어 아동학대로 판단된 경우이거나 혹은 동일한 아동이 한 명 이상의 학대행위자에게 학대를 받은 경우가 포함되어 있으므로 피해아동 건수와 명수는 일치하지 않을 수 있음.

③ 피해아동 가족유형

아동학대 사례로 판단된 피해아동 가족유형의 경우, 친부모가정 23,838건(63.4%), 모자가정 4,618건(12.3%), 부자가정 3,707건(9.9%), 재혼가정 1,980건(5.3%) 순으로 나타났다.

〈표 11-6〉 피해아동 가족유형

(단위: 건, %)

친부모 가정	부자 가정	모자 가정	미혼 부 · 모 가정	재혼 가정	친인척 보호	동거 (사실혼 포함)	가정 위탁	입양 가정	시설 보호	기타	계
23,838	3,707	4,618	506	1,980	443	644	90	117	169	1,493	37,605
(63.4)	(9.9)	(12.3)	(1.3)	(5.3)	(1.2)	(1.7)	(0.2)	(0.3)	(0.4)	(4)	(100)

- 친부모가정: 적법한 혼인절차에 의한 부모와 부모 사이의 자녀로 구성된 가족 형태
- 부자 · 모자가정: 부모의 이혼 및 사별 등의 사유로 부와 자녀 또는 모와 자녀로 구성된 가족 형태
- 미혼부 · 모가정: 적법한 혼인절차 없이 자녀를 출산하여 부와 자녀 또는 모와 자녀로 구성된 가족 형태
- 재혼가정: 이혼 혹은 사별 이후 혼인관계를 통해 재구성된 가족 형태
- 친인척보호가정: 8촌 이내의 혈족, 4촌 이내의 인척에게 보호되는 가족 형태
- 동거(사실혼 포함): 적법한 혼인절차 없이 동일한 주거지에서 생활하는 가족 형태
- 가정위탁: 가정위탁절차를 통해 보호가 필요한 아동을 보호하기에 적합한 가정에 일정 기간 위탁하여 보호하는 형태
- 입양가정: 입양절차를 통해 양부모-양자의 관계를 맺은 가족 형태
- 시설보호: 보호조치를 통해 아동복지시설 등에서 보호하는 형태

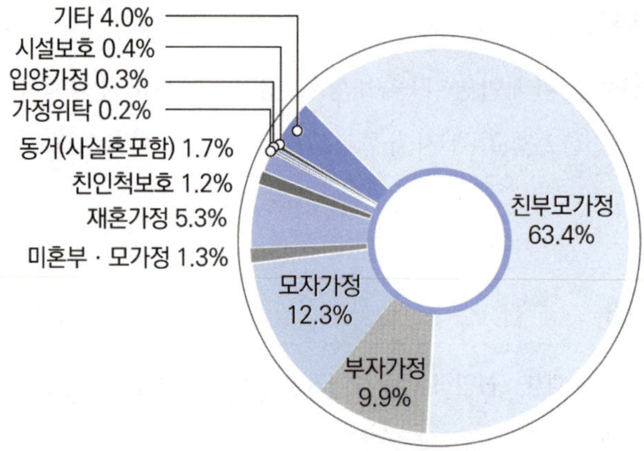

[그림 11-5] 피해아동 가족유형

④ 학대행위자 성별

아동학대로 판단된 37,605건 중 학대행위자 성별은 남성 20,557건(54.7%), 여성 17,048건(45.3%)으로 남성이 여성에 비해 높게 보고되었다.

〈표 11-7〉 학대행위자 성별

(단위: 건, %)

구분	남성		여성		계	
건수(비율)	20,557	(54.7)	17,048	(45.3)	37,605	(100)
명수(비율)	13,567	(55.9)	10,720	(44.1)	24,287	(100)

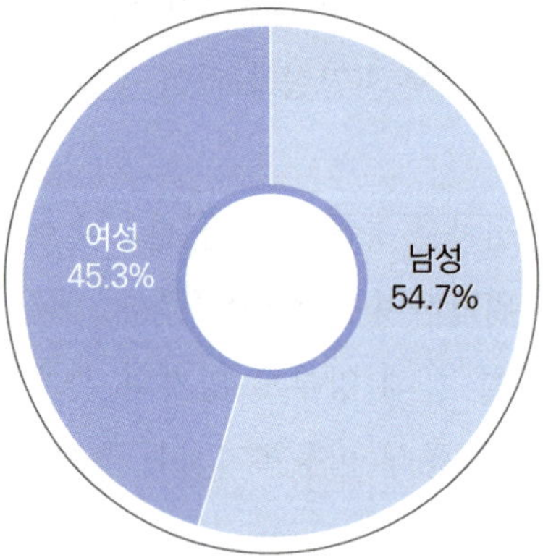

[그림 11-6] 학대행위자 성별

⑤ 학대행위자와 피해아동과의 관계

학대행위자와 피해아동과의 관계는 부모에 의한 발생 건수가 31,486건(83.7%)으로 가장 높았고, 대리양육자 3,609건(9.6%), 친인척 1,517건(4.0%) 순으로 나타났다. 부모에 의해 발생한 사례 중, 친부에 의해 발생한 사례가 16,944건(45.1%), 친모는 13,380건(35.6%)으로 높은 비율을 차지했다. 대리양육자 중에서는 보육교직원에 의한 발생이 1,221건(3.2%)으로 가장 높았다.

〈표 11-8〉 학대행위자와 피해아동과의 관계

(단위: 건, %)

관계		건수(비율)	
부모	친부	16,944	(45.1)
	친모	13,380	(35.6)
	계부	702	(1.9)
	계모	340	(0.9)
	양부	68	(0.2)
	양모	52	(0.1)
	소계	31,486	(83.7)
친인척	친조부	193	(0.5)
	친조모	383	(1)
	외조부	99	(0.3)
	외조모	177	(0.5)
	친인척	435	(1.2)
	형제, 자매	230	(0.6)
	소계	1,517	(4)
대리양육자	부, 모	403	(1.1)
	유치원교직원	140	(0.4)
	초 · 중 · 고교 직원	1,089	(3)
	학원	319	(0.8)
	보육교직원	1,221	(3.2)

관계		건수(비율)	
	아동복지시설	217	(0.6)
	기타시설	93	(0.2)
	청소년관련시설	58	(0.2)
	위탁부	6	(0)
	위탁모	17	(0)
	아이돌보미	46	(0.1)
	소계	3,609	(9.6)
	이웃	200	(0.5)
	낯선 사람	458	(1.2)
	소계	658	(1.7)
기타		335	(0.9)
계		37,605	(100.0)

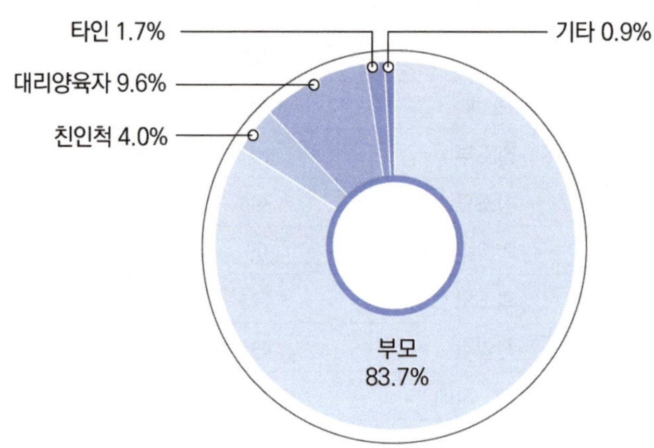

[그림 11-7] 학대행위자와 피해아동과의 관계

(4) 아동학대 사례 유형별 피해아동 성별

아동학대 사례 유형과 피해아동 성별을 보면 신체학대, 방임 사례에서는 남아가 높게 나타났으며, 성학대 사례에서는 여아가 85.2%로 압도적으로 높게 나타났다. 아동학대유형별 고소·고발 판결 결과를 살펴보면 신체학대, 정서학대, 방임, 중복학대에 대한 보호처분이 각 329건(12.4%), 353건(9.7%), 115건(10.0%), 1,066건(13.1%)으로 다른 판결 결과보다 비중이 높았으며, 성학대의 경우, 형사처벌(24건, 4.4%)이 보호처분(11건, 2.0%)보다 높은 비중을 차지했다.

〈표 11-9〉 아동학대 사례 유형별 피해아동 성별

학대유형 / 성별	신체학대		정서학대		성학대		방임		계
남	11,000	(53.5)	13,979	(49.8)	153	(14.8)	2,515	(51)	27,647
여	9,568	(46.5)	14,065	(50.2)	879	(85.2)	2,414	(49)	26,926
계	20,568	(100.0)	28,044	(100.0)	1,032	(100.0)	4,929	(100.0)	54,573

〈표 11-10〉 아동학대 사례 유형별 학대행위자 고소·고발 결과

(단위: 건, %)

고소·고발결과 유형		경찰 수사	검찰 수사	재판 진행 중	판결					파악 불가		계
					보호 처분	형사 처벌	무죄+ 공소기각 +불처분	파악 불가	소계	수사 진행 했으나 결과값 없음	수사 미진행· 처벌법 조치완료	
신체학대		938	611	133	329	38	149	12	528	71	363	2,644
정서학대		(35.5)	(23.1)	(5.0)	(12.4)	(1.4)	(5.6)	(0.5)	(20.0)	(2.7)	(13.7)	(100.0)
성학대		1,533	723	169	353	81	167	11	612	87	500	3,624
방임		(42.3)	(20.0)	(4.7)	(9.7)	(2.2)	(4.6)	(0.3)	(16.9)	(2.4)	(13.8)	(100.0)
중복학대		212	158	81	11	24	3	12	50	16	27	544
		(39.0)	(29.0)	(14.9)	(2.0)	(4.4)	(0.6)	(2.2)	(9.2)	(2.9)	(5.0)	(100.0)
		516	226	53	115	14	31	3	163	16	181	1,155
		(44.7)	(19.6)	(4.6)	(10.0)	(1.2)	(2.7)	(0.3)	(14.1)	(1.4)	(15.7)	(100.0)
		2,554	1,258	346	940	106	316	32	1,394	135	1,010	6,697
		(38.1)	(18.8)	(5.2)	(14.0)	(1.6)	(4.7)	(0.5)	(20.8)	(2.0)	(15.1)	(100.0)
		5	6	4	0	4	0	0	4	0	4	23
		(21.7)	(26.1)	(17.4)	(0.0)	(17.4)	(0.0)	(0.0)	(17.4)	(0.0)	(17.4)	(100.0)
		48	39	12	20	5	2	0	27	2	33	161
		(29.8)	(24.2)	(7.5)	(12.4)	(3.1)	(1.2)	(0.0)	(16.8)	(1.2)	(20.5)	(100.0)

고소·고발결과 유형	경찰 수사	검찰 수사	재판 진행 중	판결					파악 불가		계
				보호 처분	형사 처벌	무죄+공소기각+불처분	파악 불가	소계	수사 진행했으나 결과값 없음	수사 미진행·처벌법 조치완료	
	40	18	6	3	6	1	2	12	2	15	93
	(43.0)	(19.4)	(6.5)	(3.2)	(6.5)	(1.1)	(2.2)	(12.9)	(2.2)	(16.1)	(100.0)
	166	65	36	56	20	19	2	97	10	97	471
	(35.2)	(13.8)	(7.6)	(11.9)	(4.2)	(4.0)	(0.4)	(20.6)	(2.1)	(20.6)	(100.0)
	7	0	2	0	3	0	0	3	0	4	16
	(43.8)	(0.0)	(12.5)	(0.0)	(18.8)	(0.0)	(0.0)	(18.8)	(0.0)	(25.0)	(100.0)
	88	46	20	4	7	1	0	12	3	14	183
	(48.1)	(25.1)	(10.9)	(2.2)	(3.8)	(0.5)	(0.0)	(6.6)	(1.6)	(7.7)	(100.0)
	234	72	20	43	8	8	1	60	7	84	477
	(49.1)	(15.1)	(4.2)	(9.0)	(1.7)	(1.7)	(0.2)	(12.6)	(1.5)	(17.6)	(100.0)
	1	1	0	0	0	0	0	0	0	2	4
	(25.0)	(25.0)	(0.0)	(0.0)	(0.0)	(0.0)	(0.0)	(0.0)	(0.0)	(50.0)	(100.0)
	2	0	1	0	0	0	0	0	0	1	4
	(50.0)	(0.0)	(25.0)	(0.0)	(0.0)	(0.0)	(0.0)	(0.0)	(0.0)	(25.0)	(100.0)
	3,145	1,505	447	1,066	159	347	37	1,609	159	1,264	8,129
	(38.7)	(18.5)	(5.5)	(13.1)	(2.0)	(4.3)	(0.5)	(19.8)	(2.0)	(15.5)	(100.0)
계	6,344	3,223	883	1,874	316	697	75	2,962	349	2,335	16,096
	(39.4)	(20.0)	(5.5)	(11.6)	(2.0)	(4.3)	(0.5)	(18.4)	(2.2)	(14.5)	(100.0)

※ 학대행위자 수감 및 조사거부, 정보부족 등의 경우 학대조사를 통한 정보 취득에 제한사항이 발생하여 파악 불가 값이 생길 수 있음

(5) 재학대 사례

① 재학대 사례 피해아동 연령

재학대 사례의 피해아동 연령의 경우, 만 10~12세가 1,413건(25.6%), 만 13~15세 1,372건(24.9%), 만 7~9세 1,091건(19.8%) 등의 순서로 높게 나타났다.

〈표 11-11〉 재학대 사례 피해아동 연령

(단위: 건, 명, %)

연령(만)	건수(비율)		명수(비율)	
1세 미만	66	(1.2)	42	(1.0)
1~3세	367	(6.7)	254	(6.1)
4~6세	646	(11.7)	469	(11.2)
7~9세	1,091	(19.8)	793	(19.0)
10~12세	1,413	(25.6)	1,083	(25.9)
13~15세	1,372	(24.9)	1,069	(25.6)
16~17세	562	(10.2)	466	(11.2)
계	5,517	(100.0)	4,176	(100.0)

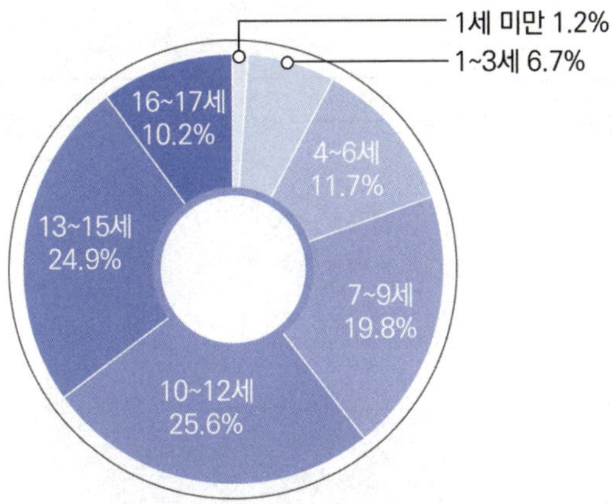

[그림 11-8] 재학대 사례 피해아동 연령

② 재학대 사례 학대행위자 연령

재학대 사례 학대행위자 성별의 경우, 남성이 3,010건(54.6%), 여성이 2,507건(45.4%)으로 남성이 여성보다 높았으며 재학대 사례의 학대행위자 연령의 경우, 40대가 2,552건(46.3%)으로 가장 높았고, 다음으로 30대가 1,634건(29.6%), 50대가 861건(15.6%), 20대가 301건(5.5%) 순으로 높게 보고되었다.

〈표 11-12〉 재학대 사례 학대행위자 연령

연령(만)	건수(비율)		명수(비율)	
19세 이하	8	(0.1)	7	(0.2)
20대(20~29세)	301	(5.5)	203	(5.7)
30대(30~39세)	1,634	(29.6)	945	(26.7)
40대(40~49세)	2,552	(46.3)	1,670	(47.3)
50대(50~59세)	861	(15.6)	595	(16.8)
60대(60~69세)	122	(2.2)	89	(2.5)
70세 이상	38	(0.7)	23	(0.7)
파악 불가	1	(0.0)	1	(0.0)
계	5,517	(100.0)	3,533	(100.0)

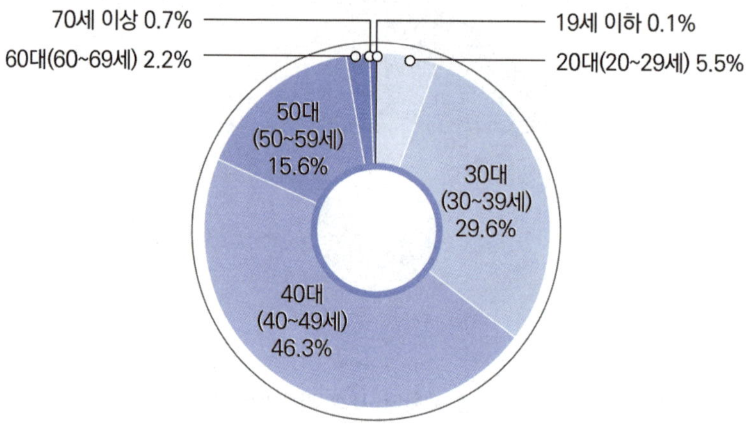

[그림 11-9] 재학대 사례 피해아동 연령

③ 재학대 사례 학대행위자와 피해아동과의 관계

재학대 사례 학대행위자와 피해아동과의 관계의 경우, 부모에 의한 재학대 사례가 5,294건(96.0%)으로 월등히 높았다. 다음으로는 친인척에 의한 재학대 사례가 156건(2.8%), 대리양육자에 의한 재학대 사례 44건(0.8%)이었다.

〈표 11-13〉 재학대 사례 학대행위자와 피해아동과의 관계

관계		건수(비율)	
부모	친부	2,778	(50.4)
	친모	2,306	(41.8)
	계부	123	(2.2)
	계모	74	(1.3)
	양부	8	(0.1)
	양모	5	(0.1)
	소계	5,294	(96.0)
친인척	친조부	22	(0.4)
	친조모	53	(1.0)
	외조부	6	(0.1)
	외조모	28	(0.5)
	친인척	23	(0.4)
	형제 · 자매	24	(0.4)
	소계	156	(2.8)
대리양육자	부모의 동거인	36	(0.7)
	보육교직원	4	(0.1)
	아동복지시설 종사자	3	(0.1)
	위탁모	1	(0.0)
	소계	44	(0.8)
타인	이웃	1	(0.0)
	소계	1	(0.0)
기타		22	(0.4)
계		5,517	(100.0)

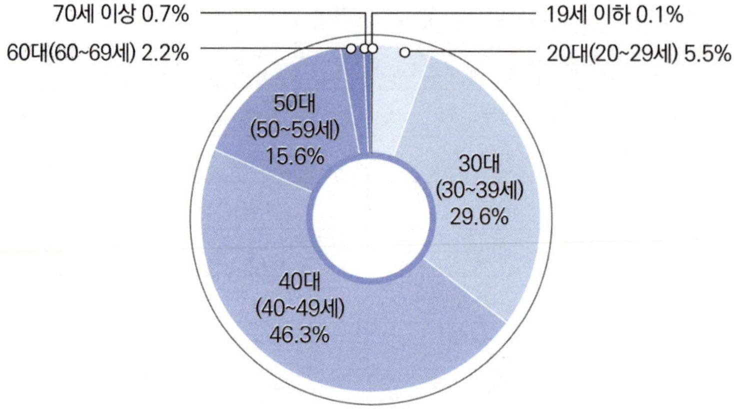

[그림 11-10] 재학대 사례 학대행위자와 피해아동과의 관계

〈표 11-14〉 재학대 사례 아동학대 유형(중복학대 별도 분류)

(단위: 건, %)

학대유형	건수(비율)	
신체학대	610	(11.1)
정서학대	2,146	(38.9)
성학대	26	(0.5)
방임	613	(11.1)
중복학대	2,122	(38.5)
계	5,517	(100.0)

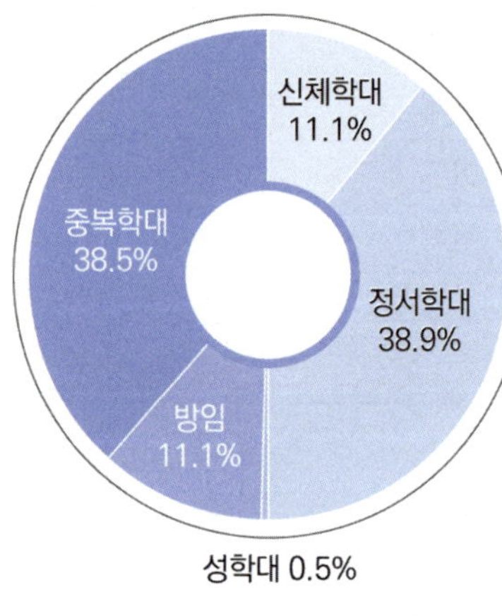

[그림 11-11] 재학대 사례 아동학대 유형(중복학대 별도 분류)

출처: 2021 보건복지부 아동학대 주요 통계(2022년 8월).

3. 아동학대 징후 및 후유증

1) 아동학대 징후 체크리스트

※ 아동학대 신고의무자가 직무 중에 학대로 의심되는 아동을 조기발견하기 위해 활용되도록 제작

※ 1개 문항 이상 '예'라고 체크된 경우, 아동학대를 의심해 볼 수 있는 상황으로 아동학대가 '의심'되면 아동학대 신고 전화 112로 신고해야 함

〈표 11-15〉 아동학대 징후 체크리스트

번호	체크항목	체크란	
1	사고로 보기에는 미심쩍은 멍이나 상처가 발생한다.	예 □	아니오 □
2	상처 및 상흔에 대한 아동 혹은 보호자의 설명이 불명확하다.	예 □	아니오 □
3	보호자가 아동이 매를 맞고 자라야 한다는 생각을 갖고 있거나 체벌을 사용한다.	예 □	아니오 □
4	아동이 보호자에게 언어적, 정서적 위협을 당한다.	예 □	아니오 □
5	아동이 보호자에게 감금, 억제, 기타 가학적인 행위를 당한다.	예 □	아니오 □
6	기아, 영양실조, 적절하지 못한 영양 섭취를 보인다.	예 □	아니오 □
7	계절에 맞지 않는 옷, 청결하지 못한 외모를 보인다.	예 □	아니오 □
8	불결한 환경이나 위험한 상태로부터 아동을 보호하지 않고 방치한다.	예 □	아니오 □
9	성학대로 의심될 성 질환이 있거나 임신 등의 신체적 흔적이 있다.	예 □	아니오 □
10	나이에 맞지 않는 성적 행동 및 해박하고 조숙한 성지식을 보인다.	예 □	아니오 □
11	자주 결석하거나 결석에 대한 사유가 불명확하다.	예 □	아니오 □
12	아동에게 필요한 의료적 처치 혹은 예방접종을 실시하지 않는다.	예 □	아니오 □
13	보호자에 대한 거부감과 두려움을 보이고, 집(보호기관)으로 돌아가는 것에 대해 두려워한다.	예 □	아니오 □
14	아동이 매우 공격적이거나 위축된 모습 등의 극단적인 행동을 한다.	예 □	아니오 □

2) 아동학대 유형별 징후 예시 및 판례

(1) 신체학대

신체학대(Physical Abuse)는 아동의 건강 복지를 해치거나 정상적 발달을 저해할 수 있는 신체적 폭력 또는 가혹행위로서 아동의 신체에 손상을 주거나 신체의 건강 및 발달을 해치는 행위를 말한다(아동복지법, 제3조 제7호, 제17조 제3호). 신체적 손상을 입힌 경우와 신체적 손상을 입도록 허용한 경우, 구타나, 폭력에 의한 멍, 화상, 찢김, 골절, 장기파열, 기능의 손상을 주는 경우, 생후 36개월 이하의 영아에 가해진 체벌은 이유 여하를 막론하고 학대로 본다.

신체학대에 대한 예를 들면 직접적으로 신체에 가해지는 행위(손, 발 등으로 때림, 꼬집고 물어뜯음, 조르고 비틂, 할퀌 등), 도구를 사용하여 신체를 가해하는 행위(도구로 때림, 흉기 및 뾰족한 도구로 찌름 등), 완력을 사용하여 신체를 위협하는 행위(강하게 흔듦, 신체 부위 묶음, 벽에 밀어붙임, 떠밀고 잡음, 아동을 던짐, 거꾸로 매닮, 물에 빠트림 등), 신체에 유해한 물질로 신체에 가해지는 행위(화학물질 혹은 약물 등으로 신체에 상해를 입힘, 화상을 입힘 등)가 있다.

이에 따른 신체적 징후를 살펴보면 비슷한 크기의 반복적으로 긁힌 상처, 발생 및 회복에 시차가 있는 상처, 설명하기 어려운 신체적 상흔, 심한 구타 및 물린 것으로 보이는 상처, 사용된 도구의 모양이 그대로 나타나는 상처, 입술, 잇몸, 눈, 손목, 발목 등 부위의 상처, 겨드랑이, 팔뚝 안쪽, 허벅지 안쪽 등 다치기 어려운 부위의 상처, 고막 천공이나 귓불이 찢긴 상처와 같은 귀 손상, 긁히거나 물린 자국에 의한 상처, 머리카락이 뜯겨나간 자국, 담뱃불 자국, 뜨거운 물에 잠겨 생긴 화상 자국, 알고 있는 물체 모양(다리미 등)의 화상 자국, 회복 속도가 다양한 화상 자국, 치료하지 않아 방치되거나 악화된 상처 및 부상 등이 있을 수 있으므로 세심한 관찰이 필요하다. 또한 신체학대에 따른 행동적 징후는 어른과의 접촉을 회피하거나 놀라는 모습, 다른 아동이 울 때 공포를 나타내는 모습, 공격적이거나 위축된 극단적 행동, 부모 및 가족에 대한 거부감과 집에 가는 것을 두려워하는 모습, 위험에 대해 지속적인 경계, 상처나 부상에 대한 불평, 결석이 잦고 떨어지는 집중력과 학업 수행 능력, 공격적·적대적·폭력적인 행동, 자기 비하 발언 및 자해 등 자신을 파괴하는 행동, 상대방의 작은 동작에도 놀라거나 방어적인 태도를 보일 수 있다.

이외에 의료기관 등 외부 전문기관에서 발견·확인할 수 있는 신체적 징후로는 골격계 손상, 시차가 있는 골절, 치유 단계가 다른 여러 부위의 골절, 복합 및 나선형 골절, 척추 손상(특히, 여러 군데의 골절), 영·유아의 긴뼈에서 나타

〈표 11-16〉 판례로 보는 신체학대 사례1

학대행위자가 부모 등인 경우
형에게 동생을 때리도록 지시함 • 피고인은 피해자의 친부이다. 피고인은 피해자(14세)가 이틀 동안 집에 들어오지 않자 다른 아들(피해자의 형)에게 피해자의 옷을 벗기고 엎드리게 한 후 줄넘기로 수회 때리도록 지시하고, 다른 아들이 피해자의 가슴, 양팔, 허벅지 등을 수회 때렸다. [수원지방법원 안양지원 2020고정155]
자녀가 친구를 괴롭혔다는 말을 듣고 자녀를 때림 • 피고인은 피해자의 친부이다. 피고인은 피해자의 담임교사로부터 피해자가 학교에서 다른 친구를 괴롭혔다는 말을 듣고 화가 나 술에 취하여 파리채 손잡이 부분으로 피해자(6세)의 얼굴과 어깨 부위를 수회 때렸다. [대전지방법원 서산지원 2019고합113]
늦게 일어나 온라인 조례를 듣지 않았다는 이유로 피해자의 허리를 걷어참 • 피고인은 피해아동(16세)의 친부이다. 피고인은 피해아동이 늦게 일어나 온라인 조례를 듣지 않아 담임교사로부터 전화가 왔다는 이유로 화가 나 욕설을 하며 발로 피해자의 허리를 2회 걷어찼다. [서울서부지방법원 2020고단1993]
방을 어지럽힌다는 이유로 때리고 양말을 입에 물게 함 • 피고인은 피해아동들(3세, 1세)의 조모이다. 피고인은 피해자들이 방을 어지럽힌다는 이유로 플라스틱 파리채로 피해자들의 손등 부위를 각각 2회 때리고, 손바닥으로 피해자의 입 부위를 1회 때리고, 피해자들에게 그곳에 있던 피고인이 벗어놓은 양말을 각각 입에 물게 하였다. [춘천지방법원 강릉지원 2016고단552]

나는 간단 골절, 회전상 골절, 걷지 못하는 아이에게서 나타나는 대퇴 골절, 골막하 출혈의 방사선 사진, 골막 변형, 골막 석회화를 확인할 수 있다.

〈표 11-17〉 판례로 보는 신체학대 사례2

학대행위자가 교사 등 교육기관 종사자인 경우
운동선수가 무단 훈련 불참했다는 이유로 때림 • 피고인은 중학교 운동부 코치이다. 피고인은 소속 운동선수인 피해자(14세)가 운동을 게을리하고 무단으로 훈련에 불참하였다는 이유로 고개를 숙이고 있던 피해자의 얼굴을 피고인의 무릎으로 1회 때린 것을 비롯하여 밀대 자루로 엉덩이를 수회 때리고 이마를 주먹으로 쥐어박았다. [대구지방법원 김천지원 2020고단2039]
교사의 지시에 응하지 않았다는 이유로 강제로 일으켜 세워 때림 • 피고인은 고등학교 진로상담교사이다. 피고인은 1학년 교실에서 진로 상담 수업 중 피해아동(15세)이 몸이 아파 책상에 엎드려 있어 피해아동에게 일어나라고 하였으나 이에 응하지 않았다는 이유로 손으로 피해아동의 목과 어깨 부분을 잡아 일으키고, 피해아동이 피고인의 손을 뿌리쳤음에도 재차 피해아동의 어깨를 잡아 강제로 일으켜 세워 폭행하였다. [춘천지방법원 2019고단1127]
학예전 준비 중 다른 행동을 하여 뺨을 때리고 엎드려뻗쳐를 시킴 • 피고인은 중학교 교사이다. 피고인은 학교 실내체육관에서 피해아동이 학교 학예전 준비를 하면서 체육관에서 공놀이를 하였다는 이유로 화가 나, 피해아동의 뺨을 1회 때리고, 계속하여 피해아동으로 하여금 체육관 바닥에 머리를 박은 채로 엎드려뻗쳐를 하도록 하였다. [부산지방법원 서부지원 2018고정69]
훈계하던 중 피해자가 웃었다는 이유로 비난과 폭행을 함 • 피고인은 고등학교 3학년 담임교사이다. 피고인은 교실 내에서 3학년 교과서 배부 서명표에 피해자(17세)가 다른 학생들 대신 서명을 하였다는 이유로 훈계하던 중 피해자가 웃었다는 이유로 화가 나 피해자의 머리카락을 잡고 교실 밖으로 데리고 나간 후 "니가 뭔데, 이 새끼야"라고 말하며 주먹으로 피해자의 명치 부분을 1회 때리고, 다시 교실로 돌아가 다른 학생들이 있는 앞에서 "너 같은 병신새끼 때문에 너희 반에 있는 애들 다 수능 망치게 생겼네. 이 또라이 새끼야"라고 말하여, 신체적 학대행위와 정서적 학대행위를 하였다. [서울동부지방법원 2021고정403]

(2) 정서학대

정서학대는 아동의 건강 복지를 해치거나 정상적 발달을 저해할 수 있는 정신적 폭력 또는 가혹행위로서 아동의 정신건강 및 발달에 해를 끼치는 행위를 말한다(아동복지법, 제3조 제7호, 제17조 제5호). 언어적, 정서적 위협, 억제, 감금, 기타 가학적 행위, 아동의 인격, 감정이나 기분을 심하게 무시하거나 모욕하는 행위, 좁은 공간에 장시간 혼자 가둬 두는 행위, 원망적, 거부적, 적대적, 경멸적 언어폭력을 말한다.

정서학대에 관한 학대행위의 좀 더 상세한 예를 들어보면 원망적/거부적/적대적 또는 경멸적인 언어폭력, 잠을 재우지 않는 것, 벌거벗겨 내쫓는 행위, 형제나 친구 등과 비교, 차별, 편애하는 행위, 가족 내에서 따돌리는 행위, 아동이 가정폭력을 목격하도록 하는 행위, 아동을 시설 등에 버리겠다고 위협하거나 짐을 싸서 쫓아내는 행위, 미성년자 출입 금지 업소에 아동을 데리고 다니는 행위, 아동의 정서 발달 및 연령상 감당하기 어려운 것을 강요하는 행위(감금, 약취 및 유인, 아동 노동 착취 등), 다른 아동을 학대하도록 강요하는 행위가 있다.

정서학대와 관련된 신체적 징후는 발달 지연 및 성장장애, 언어 및 신체 발달 저하, 탈모, 수면장애로 인한 예민, 불안함, 식이장애로 인한 위궤양, 복통 등이 있다. 행동적 징후는 극단행동, 과잉행동, 자살 시도, 실수에 대해 과도한 걱정과 불안한 모습, 부모와의 접촉에 대한 두려움, 특정 물건을 계속 빨고 있거나 물어뜯는 행동, 법이나 규칙을 무시한 일탈행동, 요구가 많고 지나치게 관심을 받으려 하는 행동, 지나치게 불평불만이 많은 행동, 또래와 어울리지 못하고 다툼이 잦으며 관계를 유지하지 못하는 행동, 행동장애(반사회적, 파괴적 행동장애), 신경성 기질 장애(놀이 장애), 정신 신경성 반응(히스테리, 강박, 공포), 언어장애 등이 나타날 수 있다.

〈표 11-18〉 판례로 보는 정서학대 사례1

학대행위자가 부모 등인 경우
휴대폰 게임을 하는 피해자를 위협함 • 피고인은 집에서 술에 취하여 피해자(10세)가 휴대폰 게임을 하는 것을 보고 화가 나, 망치와 나무 막대기를 들고서 피해자에게 "한 번만 더 폰을 하면 폰을 다 때려 부숴버리겠다. 내가 못 부술 것 같나, 폰 한 번만 더 하면 아빠한테 죽는다"라고 말하여 위협하였다. [부산지방법원 동부지원 2021고단1100]
가정폭력을 해온 부가 모를 위협하는 말을 아동이 듣게 함 • 피고인은 피해아동(5세)의 친부이다. 피고인은 이전에 처에 대한 폭행 범행을 하여 접근금지명령을 받은 것과 관련하여 처에게 위 명령을 없애달라고 하였으나 거부당하자, 화가 나 처에게 "접근금지고 법이고 나발이고 내가 다 죽여버린다. 너도 죽여버린다. 내가 너 못 죽일 것 같아?"라고 위협하여 피해아동으로 하여금 이를 듣게 하였다. [수원지방법원 안산지원 2021고정276]
잘못했다는 이유로 상의와 팬티만 입힌 채 집 밖으로 내쫓음 • 피고인은 피해자의 친부이다. 피고인은 피해자(11세)가 잘못했다는 이유로 피해자에게 '개새끼'라는 등의 욕설을 하고 피해자의 상의와 팬티만 입힌 채 집 밖으로 내쫓은 후 다시 들어오게 하였다. [수원지방법원 2021고정650]
피해자 친모와 사실혼 관계에 있는 자가 폭언과 함께 피해자의 얼굴을 때림 • 피고인은 피해자(8세)의 친모와 사실혼 관계에 있는 자이다. 피고인은 피해자가 수학 문제를 제대로 풀지 못한다는 이유로 "수학 문제도 제대로 풀지 못하느냐, 빡대가리냐"라는 등 폭언을 하며 손으로 피해자의 머리채를 잡아 올려 손바닥으로 피해자의 머리와 얼굴을 약 10회 때려 신체적 및 정신적 학대행위를 하였다. [전주지방법원 2021고단936]

〈표 11-19〉 판례로 보는 정서학대 사례2

학대행위자가 교사 등 교육기관 종사자인 경우
수업시간에 답변을 못 한다는 이유로 폭언과 공개적 모욕을 줌 • 피고인은 초등학교 4학년 담임교사이다. 피고인은 피해자가 수업시간에 답변을 잘하지 못한다는 이유로 피해자에게 "너같이 멍청하고 덜떨어진 애는 처음 본다. 네 부모도 멍청하냐?"라고 말하고, 피해자가 항의하자 "넌 그냥 입 닥치고 혼나는 거다. 버르장머리 없는 것이. 네 부모 닮았냐"라고 말하면서 약 1시간 반 동안 수업을 하지 않은 채

피해자에게 폭언하였다. 피고인은 피해자의 위장전입 여부를 확인하기 위해 피해자를 교실 앞으로 불러 세우고 피해자가 E아파트에 산다고 말하는데도 불구하고 "너는 거기 안 산다"라며 같은 반 학생들에게 "선생님 말이 맞다고 생각하는 사람 손 들어."라며 학생들이 자신의 의견에 동조하게 하고, 피해자에게 "오늘 당장 네 집에 가봐야겠다. 나는 네 부모 허락 없이 너희 집에 갈 수 있는 사람이니 네 엄마 허락은 필요 없다."라고 말하는 등 피해자를 공개적으로 모욕을 주었다.
[서울중앙지방법원 2019고정504]

훈계한다는 이유로 부적절한 발언을 함

- 피고인은 중학교 교사이다. 피고인은 중학교 1학년 교실에서 학생들을 상대로 이른바 '성드립'에 관한 조사를 하여 피해자가 다른 여자 친구들의 엉덩이를 치거나 만진다는 내용이 확인되자 피해자를 훈계하기 위하여 피해자를 교실 앞으로 불러낸 뒤, 피해자에게 "남자애들이 그런 행동을 하는 것은 좀 이해를 하는데 여자아이가 그런 행동을 하는 것은 더럽고 추잡하다"라고 말하여 아동의 정신건강 및 발달에 해를 끼치는 정서적 학대행위를 하였다.
[인천지방법원 부천지원 2018고단2833]

여성에 대한 비하, 외모 평가 발언을 함

- 피고인은 중학교 도덕 교사이다. 피고인은 수업시간 중, 피해자(여, 15세)에게 "여자와 명태는 때려야 한다"라고 말하고, 복도를 지나가는 피해자에게 "쌍꺼풀 수술을 해라"라고 말하였으며, 학생인 피해자들을 한 명씩 지목하면서 '상, 중, 하'로 외모 등급을 매겨 아동의 정신건강 및 발달에 해를 끼치는 정서적 학대행위를 하였다.
[서울북부지방법원 2017고단3838]

다른 아이를 괴롭힌다는 이유로 벌을 세움-어린이집, 유치원

- 피고인은 어린이집 교사이다. 피고인은 피해자(6세)가 다른 원아들을 괴롭히며 자신의 말도 잘 듣지 않는다는 이유로 피해자에게 "친구들에게 위험한 행동을 하면 같이 활동할 수 없으니, 그 행동을 멈추고 나에게 와라, 오늘은 아무것도 안 할 테니 맘대로 해라"라고 하면서 목에 가방을 걸어 준 이후 피해자를 외면하고 상당 기간 눈길조차 주지 않아, 자신이 보호하는 아동의 정신건강 및 발달에 해를 끼치는 정서적 학대행위를 하였다.
[울산지방법원 2018고정740]
- 피고인은 유치원 담임교사이다. 피고인은 수업을 진행하던 중 피해자(6세)가 다른 아이들을 괴롭힌다는 이유로 피해자에게 다가가 한 손으로 피해자의 팔을 세게 낚아채 잡아당기고, 피해자의 팔을 잡은 채로 끌고 교탁 옆 칠판 앞으로 데려가 칠판을 보고 서 있도록 벌을 세우고, 계속하여 간식시간이 되어 다른 아이들이 간식을 먹는 동안 간식을 주지 않은 상태로 10여 분간 벌을 더 서도록 하였다.
[대전지방법원 천안지원 2017고단2551]

(3) 성학대

성학대는 아동의 건강 복지를 해치거나 정상적 발달을 저해할 수 있는 성적 폭력 또는 성적 가혹 행위로서 아동에게 음란한 행위를 시키거나 이를 매개하는 행위 또는 아동에게 성적 수치심을 주는 성희롱 등의 행위를 말한다(아동복지법, 제3조 제7호, 제17조 제2호).

성인의 성적 충족을 목적으로 아동과 함께 하는 모든 성적 행위, 성적 유희, 성기 및 자위행위 장면의 노출, 관음증, 성기 삽입(항문성교), 성적 접촉, 강간, 매춘, 매매, 포르노 매체에 배우로 출연, 포르노물 판매 행위를 말한다. 성학대의 구체적인 학대행위의 예시를 좀 더 살펴보면 애무에 의한 성행위 등 아동에게 유사성행위를 하는 행위, 구강 추행, 성기 추행, 항문 추행, 기타 신체 부위를 성적으로 추행하는 행위 등의 아동을 성적으로 추행하는 행위, 옷을 벗기거나 벗겨서 관찰하는 등의 관음적 행위, 성관계 장면을 노출, 나체 및 성기 노출, 자위행위 노출 및 강요, 음란물을 노출하는 행위 등의 자신의 성적 만족을 위해 아동을 관찰하거나 아동에게 성적인 노출을 하는 행위가 있다.

성학대 피해아동의 신체적 징후를 살펴보면 원인을 알 수 없는 복통, 소변 또는 대변을 볼 때 통증 호소(대변의 혈액), 성기 부위의 통증 호소, 옷(속옷)이 찢겨 있거나 피에 젖어 있거나 얼룩져 있거나 입천장이 손상되어 있을 수 있다. 행동적 징후를 살펴보면 나이에 맞지 않는 성적 행동 및 해박하고 조숙한 성지식이 있을 수 있고, 타인과의 성적인 상호관계 및 동물이나 장난감을 대상으로 하는 성적인 상호관계, 저조한 학업 수행, 지나치게 자주 오랫동안 씻는 행동, 특정 유형의 사람들 또는 성에 대한 두려움, 자존감이 낮거나 자신감이 부족한 것처럼 보이는 모습, 체중이 갑자기 줄거나 늘어날 정도로 달라진 식습관, 감정 조절을 잘하지 못하고 자신의 감정에 대해 비밀로 하려는 모습, 불안해하고 쉽게 잠들지 못함, 악몽을 꾸는 등 공포감, 어린아이처럼 말하고 오줌을 가리지 못하는 등 퇴행 행동, 자살 시도 및 자해, 문란한 성관계 등 자기 파괴적 행동, 혼자 있기를 거부하거나 지나치게 혼자 있으려고 하는 모습, 충동성, 산만

〈표 11-20〉 판례로 보는 성학대 사례

▪ 학대행위자가 부모 등인 경우

친부는 성폭력범죄로, 친모는 아동복지법위반(방임)으로 처벌받음

- 피고인은 피해자의 친모이다. 피고인은 남편이자 피해자의 친부가 피해자를 추행 내지 강간했음을 알게 되었음에도 막연히 '아빠인데 설마 더 심한 행동은 하지 않겠지, 설마 더는 그렇지 않겠지'라고 생각하며 피해자를 친부로부터 격리하거나 친부의 행위를 제지하거나 수사기관에 신고하는 등 아무런 조치를 취하지 않고, 친부가 피해자에게 지속적으로 성폭력범죄를 범하도록 방치하였다.
  [의정부지방법원 고양지원 2018고단1697]

▪ 학대행위자가 교사 등 교육기관 종사자인 경우

초등학교 1학년 피해자에게 위력으로 추행과 성적 학대를 함

- 피고인은 초등학교 교사이다. 피고인은 친구들과 놀고 있는 초등학교 1학년인 피해자를 피고인의 무릎에 앉힌 후 오른손으로 피해자의 등을 만지면서 피해자에게 '뽀뽀할래?'라고 말하며 피해자와 입맞춤을 하려고 하여 위력으로 피해자를 추행함과 동시에 성적 학대행위를 하였다.
  [창원지방법원 진주지원 2021고합81]

피해자에게 '후궁'이라고 표현하며 팔을 주무름

- 피고인은 고등학교에서 근무하는 역사교사이다. 피고인은 고등학교 3학년 교실에서 동아시아사 수업 중 설명을 위한 재연을 하면서 피해자에게 "후궁 이리 와요."라고 말하며 손으로 피해자의 왼쪽 팔 부위를 잡고 주물러 성적 학대행위를 하였다.
  [의정부지방법원 2020노1547]

학교 일상 및 수업시간에 반복적 성적 행동과 발언을 함

- 피고인은 중학교 수학교사이다. 피고인은 복도에서 피해자 A(15세)로부터 초코바를 받게 되자 피해자에게 "고맙다. 역시 너밖에 없다"라고 말하며 양팔로 피해자를 껴안았다.
- 피고인은 수업시간에 3학년 학생들을 상대로 수업을 하던 중 칠판에 좌표를 그리면서 포물선을 여성 가슴 모양으로 그린 후 "아이참, 비슷하게 생기지 않았냐"고 말하였다. 피고인은 수업시간에 늦은 피해자 B(15세)와 함께 수업하기 위해 교실로 가던 중 피해자에게 "왜 이리 더 이뻐졌어"라고 말하며 피고인의 손을 피해자의 손에 대고 깍지를 끼었다.
- 피고인은 수업 진행 중 방학 중에 있었던 일에 대해 학생들과 얘기를 하던 중 피해자 C(14세)가 방학 중 피해자 D(14세) 등과 함께 워터파크에 갔다는 말을 하자 "너희들 비키니 입었어?"라고 말하여 성희롱 등 성적학대행위를 하였다.
  [서울북부지방법원 2020고정1315]

함 및 주의 집중을 못 하는 모습, 비행 및 가출, 약물 및 알코올 남용, 식이장애, 섭식장애(폭식증, 거식증) 등이 나타날 수 있다. 하지만 이러한 특성은 학교에서 관찰하기 쉽지 않은 내용으로 학부모 교육 등을 통해 가정에서 잘 관찰될 수 있도록 조력할 필요가 있겠다.

이 외에도 의료기관 등 외부 전문기관에서 발견·확인할 수 있는 신체적 징후로는 성병 감염 및 임신, 잦은 요로감염 및 질 감염, 질이나 음경에 고름, 분비물, 회음부나 항문 근처 멍, 출혈, 성기 부위의 통증, 부어오름, 가려움증 등을 발견할 수 있다.

(4) 유기 및 방임

유기는 자신의 보호·감독을 받는 아동을 보호를 받지 못하는 상태로 두는 행위를 말하는데(아동복지법, 제17조 제6호), 아동을 보호하지 않고 버리는 행위, 아동을 병원에 입원시키고 사라진 경우, 시설 근처에 버리고 가는 행위가 있다.

방임은 자신의 보호·감독을 받는 아동에게 의식주를 포함한 기본적 보호·양육·치료 및 교육을 소홀히 하는 행위를 말하는데 방임의 종류에는 물리적 방임과 교육적 방임, 의료적 방임이 있다(아동복지법, 제17조 제6호). 각 방임의 종류를 세부적으로 살펴보면 다음과 같다.

- 물리적 방임
  - 기본적인 의식주를 제공하지 않는 행위
  - 불결한 환경이나 위험한 상태에 아동을 방치하는 행위
  - 아동의 출생신고를 하지 않는 행위
  - 보호자가 아동들을 가정 내 두고 가출한 경우
  - 보호자가 친족에게 연락하지 않고 무작정 아동을 친족 집 근처에 두고 사라진 경우

• 교육적 방임

- 보호자가 아동을 특별한 사유 없이 의무교육인 학교에 보내지 않는 행위
- 아동의 무단결석을 방치하는 행위: 부모가 아니더라도 어린이집 원장이 보육교사가 원생을 폭행하거나 정서적 학대행위를 하는 사실을 알았음에도 불구하고 아무런 조치를 하지 않은 행위를 아동학대 행위로 법원이 판단한 예가 있음.

〈표 11-21〉 교육적 방임에 관한 초중등교육법

• 초등학교 및 중학교의 장은 해당 학교에 취학할 예정인 아동이나 취학 중인 학생이 ① 입학·재취학·전학 또는 편입학 기일 이후 2일 이내에 입학·재취학·전학 또는 편입학하지 아니한 경우, ② 정당한 사유 없이 계속하여 2일 이상 결석하는 경우, ③ 학생의 고용자에 의하여 의무교육을 받는 것이 방해당하는 때 지체 없이 그 보호자 또는 고용자에게 해당 아동이나 학생의 취학 또는 출석을 독촉하거나 의무교육을 받는 것을 방해하지 아니하도록 경고해야 함. 「초중등교육법」 시행령 제25조

• 의료적 방임

아동에게 필요한 처치 및 개입을 하지 않는 행위를 의미한다. 아동에게 병이 있어 치료가 필요한 상황임에도 불구하고 학대 사실이 발각될 것이 두려워 이를 방치하는 행위 또는 학대행위 중 방임에 해당한다.

방임과 관련된 피해아동의 신체적 징후를 살펴보면 끊임없이 배고파하는 모습, 개인위생이 불량하며 개선되지 않는 지저분한 상태, 지속적 악취, 예방접종과 의학적 치료 불이행으로 인한 불량한 건강 상태, 발달지연 및 성장장애 등이 나타날 수 있다. 행동적 징후는 계절에 맞지 않는 부적절한 옷차림, 음식을 구걸 및 훔치거나 먹는 것에 집착하는 모습, 나이에 비해 몸무게가 지나치게 적거나 불균형한 신체 상태, 비행 또는 도벽, 학교에 일찍 등교하고 집에 늦게 귀가하는 모습, 지속적인 피로 호소 또는 불안정감, 부족한 사회성과 의사소통

능력, 뚜렷한 이유 없이 지각이나 결석이 잦고 수업 중 자주 조는 모습, 품행장애가 나타날 수 있다.

출처: 서울특별시 아동복지센터(https://child.seoul.go.kr/),
교육부(2023). 아동학대 예방 대응 매뉴얼.

3) 장애아동 대상 학대 발견 시 유의점

장애아동 대상에 대한 학대가 의심되거나 발견되었을 때 장애로 인한 의사소통의 어려움으로 학대가 은폐되고 있는지 면밀히 주의해야 한다. 또한 장애로 인한 행동에 대한 훈육의 합리화 또는 교육적 효과 등을 핑계로 고의적으로 학대당하고 있는지 확인하고 장애로 인해 흔히 또는 우발적으로 발생할 수 있는 신체적 징후인지 학대로 인한 신체적 징후인지 확인해야 한다. 장애아동의 아동학대 유형 및 징후가 특별히 다른 것은 아니지만 장애로 인해 빈번히 나타나는 신체적 징후 또는 평소와 다른 신체적 징후에 민감하게 대처하는 태도가 필요하다.

〈표 11-22〉 장애아동 대상 학대 발견의 예시

장애아동 대상 학대 발견의 예시
• 다양한 유전적 증후군에 의해 흔히 멍이 들지 않는 신체 부위에 멍이 들었을 경우와 학대로 인해 멍이 든 신체 부위 • 뇌병변 발작에 의해 넘어져 흔히 멍이 들지 않는 신체 부위에 멍이 들었을 경우와 학대로 인해 멍이 든 신체 부위 • 다양한 유전적 증후군에 의한 간지럼증, 건조증 등으로 인한 피부 상흔(손자국, 긁힘)과 학대로 인한 상흔 • 장애로 인한 자해 상흔과 학대로 인한 상흔 • 뇌병변 장애로 인해 이동과 근육 움직임의 어려움 등으로 인한 빈번한 상흔(멍, 손자국, 긁힘 등)과 상습적 학대로 인한 빈번한 상흔(멍, 손자국, 긁힘 등)

〈표 11-23〉 판례로 보는 장애아동학대 사례

■ 학대행위자가 교사 등 교육기관 종사자인 경우

전담보호업무 중 피해자에게 고함을 지르고 모욕적 언행을 함

- 피고인은 초등학교에 근무하는 사회복무요원이다. 피고인은 아스퍼거증후군 등을 앓고 있는 피해자를 전담하여 보호 업무를 맡게 되었다. 피해자가 청소하지 않는다는 이유로 손으로 책상을 내리치면서 피해자에게 '씁어, 야! 야! 야!'라고 고함을 질렀다. 이에 피해자가 청소하는 법을 잊었다고 하자 피고인은 '지금 뭐야? 금붕어야? 다 까먹었어? 까먹으면 니가 옳은 거야?'라고 큰 소리로 피해자를 다그쳐 정서적 학대행위를 하였다. [인천지방법원 부천지원 2020고단971]

지적장애학생이 반찬을 더 먹으려고 하자 못 먹게 하면서 뒤통수를 때림

- 피고인은 지적장애 학생을 교육하는 특수학교의 초등 담당 특수교사이다. 피고인은 자신이 담임을 맡고 있던 초등학교 6학년인 지적장애 1급인 피해아동 A(12세)가 반찬을 더 먹으려고 하자 반찬을 더 못 먹게 하면서 손바닥으로 피해아동의 뒤통수를 1회 때렸다. (정서적 학대로 판단함)
- 피고인은 담임을 맡고 있던 자폐성장애 1급인 피해아동 B(11세)가 빨리 오지 않는다는 이유로 손으로 피해아동의 팔을 잡아당기면서 손바닥으로 피해아동의 뒤통수를 1회 때렸다.
[춘천지방법원 영월지원 2019고합34]

생활재활교사가 장애가 있는 피해자들에게 폭행, 정서학대를 함

- 피고인은 장애인거주시설의 생활재활교사로서 장애아동에 대한 상담 · 치료 · 훈련 · 요양업무를 수행하는 자이다. 피고인은 피해자 A(13세, 중증지적장애)가 전일 장난을 치다가 강당 벽을 파손시켰다는 이유로 손가락으로 피해자의 배를 1회 찌르고, 손으로 피해자의 머리카락을 잡고 돌려서 피해자가 바닥에 넘어져 무릎에 멍이 들게 하여 장애인인 피해자의 신체에 폭행을 가함과 동시에 아동인 피해자에게 신체적 학대행위를 하였다.
- 피고인은 피해자 B(16세, 중증지적장애)가 지시를 어기고 스스로 손등에 상처를 냈다는 이유로 지갑으로 피해자의 머리를 1회 세게 내려쳐 장애인인 피해자의 신체에 폭행을 가함과 동시에 아동인 피해자에게 정서적 학대행위를 하였다.
[광주지방법원 2021고단270]

4) 아동학대의 후유증

아동기의 신체학대, 성학대, 정서학대, 방임 등은 아동의 건강 · 발달 · 복리에 영향을 미친다. 특히 자아개념과 자아존중감에 심각한 손상을 주게 되며

성인기까지 후유증이 남게 되는데, 오랜 기간 학대를 받으면 대인관계를 형성하는 능력에 손상을 입게 되어 직장 동료와 관계를 맺거나 결혼하는 것은 물론, 가정생활이나 부모역할 수행에도 어려움을 겪게 된다. 아동학대는 아동에게 심한 스트레스를 주는 사건으로서 매우 부정적인 영향을 줄 뿐만 아니라 아동을 학대하는 상황과 과정 자체도 심각한 후유증을 초래하게 되기 때문에 어떠한 후유증이 얼마나 심각하게 오래 계속될 것인지는 아래와 같은 복합적인 요인들의 상호작용에 의해 좌우될 수 있다.

- 학대 및 방임 발생 당시 아동의 연령, 발달상황, 가정환경
- 신체학대, 성학대, 정서학대, 방임 등 학대의 유형
- 학대의 빈도, 기간, 정도
- 피해아동과 아동학대행위자와의 관계
- 학대 이후의 생활
- 아동의 기질, 성향
- 아동의 대처능력이나 적응능력
- 가족이나 지역사회의 지지
- 전문가들의 개입방식

(1) 아동학대의 심리적 후유증 및 정신병리

아동학대의 심리적 후유증은 지능 및 인지 기능의 손상을 주어 지능 및 인지 기능 결함이 발생하기도 하고, 발달 지연과 중추신경계 장애를 초래하기도 한다. 특히 방임, 영양 결핍, 모성 결핍 등의 경우는 중추신경계 손상으로 두뇌 발달에 악영향을 줄 수 있다. 또한 아동학대로 인해 아동들은 감정적으로 자기를 조절하는 능력이 저하되어 관계에서도 어려움을 겪기도 한다. 반복적인 처벌, 구타, 위협 등으로 인해 아동은 실제로는 잘못이 없음에도 불구하고 자신의 행동으로 인해 벌받는 것으로 생각하게 되고, 결국 부정적인 자기개념을 갖게 되어 자존감에 부정적인 영향을 주게 된다. 생후 초기 발달에서 폭력과 거부에

노출되어 인간관계에 있어서 '기본적 신뢰감' 형성에 결함을 갖게 되어 사회성 발달에도 영향을 주게 되며, 지나친 공격성과 사회적 위축으로 인하여 성공적으로 적응해 나가는 데 심각한 장해를 초래하기도 한다. 아동학대로 인한 피해아동의 가장 심각한 문제라고 볼 수 있는 것이 자살시도 및 위협, 자해 행동 등인데 이는 자학적, 자기 파괴 행동을 나타내기도 한다. 집중력이 짧고, 부산하며, 정서적으로 불안정하여 학업 수행이 저조한 경우가 있어 학교적응에도 어려움이 나타난다. 발달과정에서 심리적 후유증이 반복되면 결국 정신병리 현상을 초래하게 되는데 공격적 행동, 비행, 범죄, 약물 남용, 학교 부적응을 가져오기도 하며, 주의력결핍 과잉행동장애(ADHD), 반항장애, 외상 후 스트레스 장애(PTSD), 우울증, 다중 인격 장애가 나타나기도 한다.

(2) 신체학대의 후유증

신체학대는 직접적으로 신체적 상처와 신경계의 손상을 일으키며, 장애를 초래하거나 극단적인 경우에는 사망에까지 이르게 하는데 신체학대의 후유증은 아동기에 정서적 문제, 행동상의 문제, 학습문제 등을 야기할 수 있다. 더욱이 신체학대 후유증은 아동기뿐만 아니라 성인기까지 지속되고, 대인관계를 발달시키는 능력에 손상을 줄 수 있다. 이는 다른 사람을 신뢰하지 못하거나 버려질 것에 대해 불안해하는 유기불안을 경험하고, 다른 사람과의 관계에서 긴장이나 공격성을 보이기도 한다.

성인기의 자아 개념에 부정적인 영향을 미쳐 성인기의 분노와 공격성, 수면장애, 약물중독, 자살 충동의 가능성이 높으며 충동적인 감정이 잘 조절되지 않아 자신의 자녀를 학대할 가능성도 높다.

아동기에 신체학대를 경험한 성인들은 그렇지 않은 사람들보다도 스트레스를 더욱 많이 경험하며, 스트레스를 유발하는 상황에 대한 반응 양식이 약하고, 스트레스를 유발하는 상황에 효과적으로 대처하는 능력이 낮다.

(3) 정서학대의 후유증

정서학대는 신체학대 이상으로 심각한 영향을 장기적으로 미친다는 보고가 꾸준히 있는데 정서학대는 눈에 보이는 형태의 학대만큼이나, 혹은 그 이상으로 아동의 정신건강, 행동 발달, 자아존중감에 부정적인 영향을 미친다. 특히 유아기의 정서학대는 치명적인 후유증을 겪게 하는데 앞서 신체학대에서의 경우처럼 정서학대를 받은 경험과 낮은 자아존중감과의 상관관계가 검증되었다. 또한 의존성, 우울증, 낮은 학업 성취, 도벽, 거짓말, 타인에 대한 공격성 등과 같은 문제행동과의 관계도 입증되고 있다.

정서학대는 가정 폭력, 성인기 정신건강 문제, 약물중독 등 가정에서 빈번하게 나타난다.

(4) 성학대의 후유증

성학대는 신체적 상해 이외에 자해, 성충동 조절의 문제, 우울증, 자아존중감 상실 등의 심각한 정신적 후유증을 유발할 수 있다. 특히 아동기 성학대 경험은 성인기 낮은 자아존중감 및 우울증을 초래하기도 하며 외상 후 스트레스 장애(PTSD)의 유발 가능성이 있다. 성인기에 성학대 피해자 혹은 아동학대행위자가 되는 성향이 짙으며 우울, 불안 등과 같은 정신건강 문제가 발생할 우려가 크다. 반사회적 행동 및 품행장애를 일으킬 가능성도 크다.

성적으로 학대를 받은 다수의 아동과 성인들은 거부, 배신, 공포, 미해결의 외상(trauma)을 경험함으로써 불안정한 애착을 형성하게 되기도 하는데 아동의 나이, 지속 기간, 학대 수준, 고의성, 위협이나 강압의 정도 등에 따라 성학대 후유증의 심각성이 좌우된다. 성학대가 노출된 이후 비가해 보호자가 아동을 믿고 지지해주면 성학대 후유증을 극복할 수 있는 능력이 생기게 되므로 대상에 대한 안전한 지지체계의 확보가 꼭 필요하다.

(5) 방임의 후유증

방임은 아동의 인지적, 신체적, 사회적, 심리적 발달에 광범위하게 영향을 줄 수 있으며, 다른 유형의 아동학대와는 구별되는 특징이 있다.

다른 유형의 아동학대(신체학대, 정서학대, 성학대)를 받은 아동은 보다 공격적이거나 적극적인 성향이 있는 반면, 방임을 경험한 아동은 일반적으로 수동적이며 사회적으로 위축된 모습을 보이는 경향을 나타낸다. 특히 영유아기의 심각한 수준의 방임은 아동의 성장과 인지발달에 치명적 손상을 주며, 방임이 지속되면 사회적 기능, 대인관계, 학업성취 등에서 심각한 손상을 초래하고, 극단적인 경우에는 사망에 이르게 된다.

① 영유아기

주 양육자와 안정적인 애착 관계를 형성하지 못하면 이후 발달상의 문제를 초래하게 되는데 이러한 행동들은 12개월부터 나타나기 시작해서 학령전기에 더욱 분명하게 드러나게 된다. 24개월 정도 유아의 예를 들어 비교하였을 때, 방임되지 않는 유아보다 방임된 유아가 대처 능력의 손상, 좌절, 분노가 심하였고 학령전기 유아의 경우에도 자아존중감이 낮고, 충동 조절에 어려움이 있으며, 긍정적인 정서는 덜 표현하는 반면, 부정적인 정서는 더 많이 표현하고 문제해결 능력도 부족하게 나타났다.

② 저학년기

방임된 아동은 나이가 들어도 발달상의 손상이 여전히 남게 되는데, 저학년기에는 학습 준비도가 떨어지고 방임되지 않은 빈곤가정의 아동과 비교해도 학습준비도가 떨어졌다. 교사들은 방임된 아동들이 '극단적으로 주의력이 부족하고, 참여가 저조하며, 의존적이고, 창의력과 주도성이 약하며, 일상적인 학교에서의 수행과제를 이해하는 데 어려움이 있는 것'으로 표현하였다. 신체학대, 성학대, 정서학대, 방임 중에서 방임된 아동들이 가장 심각한 발달상의 손상을 경험한다는 보고도 있다.

③ 고학년기

방임 경험이 있는 고학년기 아동은 심각한 학습장애를 보이는데 학대경험이 없는 아동과 비교해서 학업성취가 낮고, 신체학대 경험이 있는 아동과 비교해도 학업성취가 낮게 나타난다. 지적 자극이 부족한 가정환경의 영향으로 언어장애를 초래하기도 하고, 평균 이하의 학업성적을 보이거나 교실에서 더 빈번하게 행동상의 문제를 노출하기도 한다. 또한 결석과 유급의 비율이 방임되지 않은 아동보다 높게 나타난다.

④ 청소년기

아동학대와 방임은 청소년기 비행과 연관되어 있는데, 비행청소년 중에는 학대와 방임을 경험한 청소년의 비율이 높으며, 학대와 방임을 경험한 청소년 중에는 비행의 비율이 높은 것으로 보고되고 있다. 그러나 학대와 방임이 구별되어 조사 연구되지 못하였고, 비행과 학대 및 방임 사이의 원인과 결과를 구체적으로 밝혀내지 못하고 있다.

비행과 학대 및 방임 사이에는 이를 매개하는 변수가 있는 것으로 파악되고 있는데, 성별, 모의 취업과 문제행동, 부의 알코올 문제 등이 학대 및 방임 청소년의 비행을 증가시키거나 감소시키는 매개변수로 작용하는 것으로 나타났다.

4. 아동학대 발견 및 대응

1) 조기발견과 대응을 위한 교육현장과 기관의 역할

(1) 아동학대 대응 절차별 학교의 역할

평상시에는 학생의 건강과 안전을 확인하고 학생, 학부모, 동료 교사 등의 제보에 대한 관심을 가지며 학생, 학부모 대상 아동학대 예방교육, 신고의무자 교육 등을 진행하고 취학의무대상자를 잘 관리해야 할 것이다. 아동학대 징후가 발견되었을 때에는 아동학대 징후 체크리스트 등을 활용하여 신고 여부를 판단하여 신속하게 대처해야 한다. 아동의 신체 또는 정서적 이상 징후를 기록 및 면담하고 필요시에는 위(Wee)클래스 및 위(Wee)센터 상담, 보건교사 협조를 의뢰한다. 응급상황 시에는 위험 상황으로부터 아동의 안전을 확보하여 병원 이송 및 응급조치를 진행한다. 아동학대 신고 및 신고내용은 비밀을 엄수해야 하며 아동학대 증거를 확보하고 학교장 및 교육(지원)청에 보고한다. 이때 피해아동 보호를 위한 긴급 대책을 마련한다. 아동학대의 현장조사에 협조하기 위해 아동학대전담공무원, 경찰 조사 시 학교 내 독립된 장소, 관련 자료를 제공하고 필수면담대상자(담임교사·상담교사)는 조사에 협조한다. 조치결정이 되면 피해아동을 보호하고 비밀 누설을 금지하며 지속적 관찰을 통해 피해아동 상태를 확인하여 2차 피해 방지를 위해 노력한다. 피해아동의 학적처리 및 보호지원 방안을 마련(등교학습지원 등)하고 피해아동 및 신고자에 대한 비밀 누설 금지와 피해아동에 대한 재학대 여부를 지속 관찰해야 한다. 혹여 재학대와 관련하여 의심상황 발생 시 112에 신고하고 피해아동에 대한 상담 및 보호, 심리치료 연계 지원 등 방안을 추가로 모색한다.

(2) 아동학대 대응 단계별 외부기관의 역할

〈표 11-24〉 아동학대 대응 단계별 외부기관의 역할

신고접수	지자체	• 시·군·구(아동학대전담공무원)를 통해 접수된 신고에 대한 판단(아동학대 의심사례와 일반상담 여부) • 아동학대 의심사례: 즉각 현장출동 및 아동학대 조사 실시 • 일반상담: 필요시 유관기관 등 관련 정보 안내 • 현장출동 및 조사의 기초 정보 파악(*경찰 동행출동 요청) * [피해(의심)아동의 안전 여부, 피해 정도, 피해(의심)아동 및 아동학대행위(의심)자 인적정보 등]
	경찰	• 112 신고 접수 • 지자체(아동학대전담공무원) 현장 동행출동 협조 • 지자체(아동학대전담공무원) 아동학대 의심사례 통보 및 피해아동 보호를 위한 정보공유 • 현장 확인 및 아동의 안전확보

아동학대 조사	지자체 (아동학대 전담공무원)	• 신고접수된 아동학대 의심내용 학대 여부 판단을 위한 근거 및 증거 수집 • 추가적인 학대 발생 여부 확인 • 피해(의심) 아동 안전조치 및 응급조치 검토, 보호시설 인도
사례 판단 · 조치	경찰	• 학대(의심)행위자 조사
	지자체 (아동학대 전담공무원)	• 아동학대 조사 자료에 근거한 아동학대 여부 판단
	경찰	• 응급조치 실시/긴급임시조치 여부 판단 • 수사 인계
피해아동 보호계획 수립	지자체 (아동학대 전담공무원)	• 「아동복지법」 근거 보호조치 및 사건처리 여부 판단 • 아동학대 행위에 대한 고발 여부 등 개입 방향 및 절차 진행 • 피해아동 및 가족 지원 • 피해아동보호계획 수립 후 관할 아동보호전문기관 연계
사례관리 서비스제공	아동보호전문기관	• 연계받은 피해아동 및 가족 사례관리 • 피해아동 및 아동학대 행위자 대상 교육 · 상담 · 치료 • 아동학대 행위자 임시조치, 보호처분 수행 • 가정복귀프로그램 진행

출처: 교육부(2023). 아동학대 예방 대응 매뉴얼.

(3) 지자체, 경찰, 아동보호전문기관의 역할

지자체(아동학대전담공무원)

- 피해아동의 발견 및 보호 등을 위한 전반적 업무 수행
- 신고사항 통보) 시 · 군 · 구 긴급전화를 통해 아동학대 의심 사례 경찰통보(경찰 동행출동이 필요한 경우 112 통보 및 동행출동 요청, 경찰 동행출동 불필요한 경우 APO에게 유선 통보)
- 현장조사 및 사례판단) 아동학대 신고접수를 바탕으로 아동학대 현장조사 및 아동학대 여부 판단
- 피해아동보호계획) 아동에 대한 조치 및 아동학대행위자에 대한 조치 등 피해아동보호계획 수립. 경찰에 아동학대행위자에 대한 임시조치 신청 요청 및 수사 의뢰, 고소/고발
- 피해아동 응급조치 및 즉각 분리, 아동 입소 가능 시설 파악 및 인도, 법원에 피해아동보호명령 청구
- 사례점검 및 종결) 아동보호전문기관과의 정기적 협의를 통해 사례관리 종결 실시

경찰

- 아동학대(의심)사례 통보) 신고 및 현장경찰(지구대)의 초동조치 결과 등의 정보를 국가아동학대정보시스템을 통해 48시간 내 관할 지자체(아동학대 전담공무원)에 통보
- 사건 모니터링) 사건 진행 중인 피해아동을 학대우려아동으로 선정, 월 1회 이상 모니터링 및 수사 모니터링 실시(사건 송치 전까지)
- 전수합동조사) 아동학대 사건에 대한 재발 위험성, 추가 보호조치 필요성 등의 검토를 위해 시·군·구-경찰-아동보호전문기관 합동점검
- 유관기관 협업) 경찰-아동학대전담공무원과 현장 동행출동 및 정보 공유, 유관기관·학교 등 합동, 피해아동 보호 사례 회의 참여
- 시설점검·교육) 복지부·교육부·지자체 등 합동, 보호시설 점검 및 인식전환 교육

아동보호전문기관

- 조사지원) 아동학대전담공무원의 원활한 업무 수행을 위해 동행 조사 및 의견 공유, 아동학대전담공무원 미배치 지역은 2022. 9. 30.까지 아동학대전담공무원의 아동학대 관련 업무 수행 지원
- 사례관리계획) 아동학대전담공무원으로부터 통보받은 사례에 대한 전문적·다각적 분석, 안전·특성·욕구 등 종합적으로 고려한 사례관리계획 수립
- 서비스 제공) 재학대 예방 및 후유증 감소를 위해 피해아동 및 아동학대 행위자에 대한 교육·상담·치료, 가족구성원에 대한 지원 등 심층적·전문적 사례관리 업무 수행
- 상담 및 교육 위탁) 아동학대행위자에 대한 임시조치(「아동학대처벌법」 제19조 제1항 제5호 아동보호전문기관 등에의 상담 및 교육 위탁), 보호처분(아동학대처벌법 제36조 제1항 제8호 아동보호전문기관, 상담소 등에의 상담 위탁) 수행, 상담 및 교육 결과보고서 판사와 검사에게 제출
- 가정복귀 프로그램) 학대 피해아동이 분리된 후 가정으로 복귀 시, 가정 복귀 프로그램 진행 및 가정복귀프로그램 이수 확인서 발급
- 사건 모니터링 및 수사 협조) 사건 모니터링 실시 및 수사 협조 요청에 따른 사례관리 내용 공유 등

2) 아동학대범죄 신고의무의 이해

(1) 아동학대범죄 신고의무제도

교육현장 직무수행 중 아동학대범죄를 알게 된 경우나 의심이 있는 경우 수사기관에 즉시 신고해야 하며 아동학대 신고 후 학대 증거를 확보하고 신고내

용에 대한 비밀을 엄수해야 한다.

- 누구든지 아동학대범죄를 알게 된 경우나 그 의심이 있는 경우에는 시・도, 시・군・구 또는 수사기관에 신고할 수 있다(「아동학대처벌법」 제10조 제1항).
- 신고의무자는 직무를 수행하면서 아동학대범죄를 알게 된 경우나 그 의심이 있는 경우에는 시・도, 시・군・구 또는 수사기관에 즉시 신고하여야 한다(「아동학대처벌법」 제10조 제2항).
- 누구든지 아동학대범죄를 알게 된 경우나 그 의심이 있는 경우에는 시・도, 시・군・구 또는 수사기관에 신고할 수 있다(「아동학대처벌법」 제10조 제1항).
- 교원은 신고의무자로서 아동학대범죄를 알게 된 경우나 그 의심이 있는 경우에는 시・도, 시・군・구 또는 수사기관에 즉시 신고하여야 한다(「아동학대처벌법」 제10조 제2항).
- 신고의무자는 직무상 알게 된 비밀을 누설하여서는 아니 된다(「아동학대처벌법」 제35조 제1항).

(2) 신고의무자의 아동학대범죄 미신고 시 과태료 부과

신고의무자는 아동학대범죄를 알게 되었거나 '의심만 되어도' 신고하여야 하고 정당한 사유 없이 신고하지 않을 경우 1천만 원 이하의 과태료가 부과된다. 과태료는 기관 단위가 아닌 사람 단위로 부과한다(「아동학대처벌법」 제63조).

① 아동학대범죄 신고의무자

아동학대범죄의 처벌 등에 관한 특례법에서는 아동학대를 쉽게 발견할 수 있는 업무에 종사하는 사람들을 신고의무자로 지정한다.

〈표 11-25〉 직군별 신고의무자(총 25개 직군)

법률명(약칭)	신고의무자	법률명(약칭)	신고의무자
아동복지법	• 아동권리보장원, 가정위탁 지원센터장과 종사자 • 아동복지시설의 장과 종사자	영유아보육법	• 육아종합지원센터의 장과 종사자
가정폭력 방지법	• 아동복지전담공무원 • 취약계층 아동에 대한 통합서비스지원 수행인력	유아교육법	• 유치원장과 종사자
건강가정 기본법	• 가정폭력 관련 상담소 및 보호시설의 장과 종사자	초중등교육법	• 학교의 장과 종사자
다문화가족 지원법	• 건강가정지원센터의 장과 종사자	학원법	• 학원의 운영자 강사 직원 • 교습소의 교습자 직원
한부모가족 지원법	• 다문화가족지원센터의 장과 종사자	의료법	• 의료기관의 장과 의료인 • 의료기사
사회보장 급여법	• 한부모가족복지시설의 장과 종사자	청소년기본법	• 청소년시설 및 청소년단체의 장과 종사자
사회복지 사업법	• 사회복지전담공무원	청소년보호법	• 청소년 보호 · 재활센터의 장과 종사자
성매매피해자 보호법	• 사회복지시설의 장과 종사자	장애인복지법	• 장애인 복지시설의 장과 종사자로서 시설에서 장애아동에 대한 상담 치료 훈련 또는 요양업무를 수행하는 사람
성폭력방지법	• 성폭력피해상담소 및 성폭력피해자보호시설의 장과 종사자 • 성폭력피해자통합지원센터의 장과 종사자	정신건강증진 및 정신질환자복지 서비스지원에 관한 법률	• 정신건강복지센터, 정신의료기관, 정신요양시설 및 정신재활시설의 장과 종사자
119구조구급법	• 119 구급대의 대원	아이돌봄 지원법	• 아이돌보미
응급의료에 관한 법률	• 응급의료기관 등에 종사하는 응급구조사	입양특례법	• 입양기관의 장과 종사자

② 신고에 필요한 내용

- 아동의 인적사항: 성명, 성별, 추정 연령, 주소, 전화번호 등 연락처
- 학대행위(의심)자의 인적사항: 성명, 성별, 추정 연령, 주소, 전화번호 등 연

락처, 아동과의 관계, 아동과의 동거 여부, 학대행위(의심)자의 특성 및 성향
- 피해(의심)아동의 상황: 안전 여부, 심신 상태, 가정 상황 등
- 기타 사항: 추가 아동 존재 여부(집단 내 다른 아동 또는 아동의 형제·자매 존재 여부), 아동학대행위(의심)자의 현재 상황(심신 상태 등)

3) 아동학대 신고 및 사후 조치 흐름도

아동 학대 신고

아동학대 최초 인지

↓

수사기관(112) 신고 / 학교장 및 교육(지원청)에 보고

- 112 또는 시·도, 시·군·구 아동학대 긴급전화, 아이지킴콜앱으로 즉시 신고
  - 학대행위자가 보호자로 의심되는 경우 보호자에게 미리 알리지 않음
    ※ 학교 또는 학교장 명의로 신고 가능
- 응급상황 시 아동의 안전 및 보호
  - 경찰, 아동학대전담공무원 도착 전 학교 차원의 보호 방안 강구
- 학교장에게 보고, 교육(지원)청에 사안 보고
  - 피해아동 보호를 위한 긴급 대책 마련 및 사안 보고
  - 보고 과정에서 최소한의 필수 관계자 외에 피해아동 및 신고자 정보가 노출되지 않도록 철저한 주의
    ※ 사안에 따라 처리 순서는 다소 다를 수 있음

현장 활동

- 아동학대전담공무원, 경찰의 현장출동 및 조사 시 피해아동이 편안한 분위기에서 상담을 받을 수 있도록 독립적인 공간 제공 등 협조
- 아동학대(의심) 사안 조사 시 담임교사·상담교사 등은 필수면담 대상자에 해당

사후 조치

- 사후지원, 사례관리 및 서비스 협조

- 사법기관 조치: 피해아동에 대한 응급조치, (일시)보호조치, (임시)보호명령, 학대행위자에 대한 긴급임시조치 및 임시조치

↓

피해아동에 대한 지속적 경과 관찰 및 다각적 지원 방안 마련

↓

최초 신고·보고 후 변동사항 발생 시, 교육(지원)청에 수시 보고

[그림 11-12] 아동학대 신고 및 사후 조치 흐름도

5. 피해아동의 이해와 대처법

1) 학대 피해아동의 특성

학대피해아동의 인지 · 정서 · 행동적 특성에 따른 이해를 돕기 위해 해당 내용에 대해 살펴보고자 한다.

첫 번째 인지적인 특성으로는 학대 책임과 비난을 자기 자신에게 귀인하며 자기 자신을 비하 또는 자기 경시한다. 이러한 특징으로 자기개념에 손상을 주게 되어 낮은 자존감을 갖게 된다. 인지 능력 또한 저하되고 대인에 대한 예민성도 저하되기도 하고 부정적인 사회적 판단을 하기도 한다.

두 번째 정서적인 특성으로는 감정 조절과 인식이 잘되지 않고 감정에 둔해지게 된다. 감정을 억압하는 대처방식을 쓰고 부정적 정서에 민감하게 된다. 이외에도 애착 형성에서의 문제가 있었거나 충동 조절에 대한 어려움이 있을 수 있다. 우울한 감정과 불안이 고조되어 위축되거나 긴장감을 잘 느낄 수 있다.

세 번째 행동적 특성으로는 자기파괴적 행동과 주변에 대해 공격적이거나 폭력적인 행동을 나타내기도 한다. 이러한 문제들로 또래관계에서의 어려움이 있을 수 있고 이는 학교 부적응의 원인이 되기도 한다.

2) 피해아동과 대화하기

교사는 조사를 목적으로 하는 것이 아닌 피해아동의 심리적 · 신체적 안전 확인 및 보호 등을 목적으로 하는 대화를 진행하기 때문에 피해아동의 상황 및 심리 · 신체적 상태에 대한 이해를 바탕으로 아동은 현재 어려움을 이겨낼 수 있는 강점과 자원이 많은 사람이라는 것을 전제하는 해결 중심적[3] 관점으로

---

3) 해결 중심적 접근은 어려움에 처한 대상자도 그 어려움을 이겨나갈 수 있는 강점과 자원이 많은 사람이라는 것을 전제하여 다양한 해결책을 대상자에게서 이끌어 내는 것을 의미함. 따라서 현재는 어려운 상황이지만, 과거에 경험했던 크고 작은 경험 속에서 현재를 극복할 수 있는 개인 고유의 강점 및 자원(해결방안)을 발견할 수 있다는 것을 뜻

접근할 필요가 있다. 또한 학대 피해아동과 사안에 대한 민감한 내용이나 전문적인 상담은 전문기관에 연계하는 것이 바람직하다. 학교 현장에서 피해아동에 대한 심리 상담 지원 및 연계는 위(Wee)센터와 위(Wee)클래스, 상담교사, 보건교사, 외부 전문기관 등 피해아동의 상황에 맞추어 연계 및 지원할 수 있다.

(1) 학대 피해아동과의 초기 대화법

대화 초기에는 상황이나 어려움보다 일상적이고 긍정적인 주제로 대화를 시작하는 것이 필요하다.

> "쉬는 시간에 선생님과 이야기를 나누게 되었네요. 원래는 무엇을 하려 했었나요?"
> "요즘에는 어떤 것에 흥미가 있나요? / 재미있는 것이 무엇인가요?"
> "학교생활에서 괜찮은 것/즐거운 것이 무엇인가요?"
> "무엇을 하는 것을 좋아하나요/잘하나요?"

이러한 대화법은 피해아동에게 학대 상황에 대한 직접적인 질문이나 이야기를 꺼내는 것보다 학생의 일상생활에 대한 교사의 관심을 전달함으로써 학생의 긴장감을 낮출 수 있다.

피해아동은 교사가 자신에게 어떤 이야기를 하게 할지 예상을 못 하기 때문에 불안한 감정, 자신의 어렵고 고통스러운 이야기를 할 수 있다는 상황에 대한 두려움, 수치스러움을 느낄 수 있기 때문에 다음과 같은 대화법이 도움이 될 것이다.

> "지금까지 이야기를 잘 해줘서 고마워요. 몇 가지 물어보고 싶은 것이 있어요."
> "최근에 힘도 없어 보이고 몸도 피곤해 보여서 걱정했어요. 선생님이 도움이 되고 싶은데…"
> "학교에서 어떻게 지내는지 궁금해요."

함. 따라서 피해아동의 이야기의 거짓 없음을 믿어주고 경청하여 격려하면서 현재를 극복하고 회복하도록 도울 수 있음.

"집에서는 어떻게 지내는지 궁금해요."
"어떤 (힘든/실망스러운/어려운) 경험이 있나요?"
"여기에 1점부터 10점까지 있는 작은 자가 있어요. 10점은 너무 힘들어서 속상한 마음이고, 1점은 모든 일이 편안하여 즐거운 마음이라면, 오늘 몇 점 정도 되나요?"
"(8점이라고 대답하면) 어떤 점이 힘들어서 8점인가요? 선생님에게 설명해줄 수 있나요?"
"그렇게 힘이 없어 보일 때에는 그럴만한 충분한 이유가 있을 것이라고 생각되는데, 좀 더 이야기해줄 수 있나요?"
"이런 경험이 (언제/누구와/어디에서) 있었나요?"

피해아동이 학교생활에서 흥미 있거나 잘하는 것 등 일상적인 부분에 대해 질문하며 이야기를 시작하는 것이 필요하고, 피해아동이 안정감과 편안함을 느끼게 되면, 상황에 대해 도움이 되고 싶다는 교사의 마음을 담아 질문을 하는 과정이 도움 될 것이다. 혹여 피해아동이 어려움에 대해 간단히 말해도 이를 수용하며, 아동 주변에 도움을 줄 사람이 많이 있음을 깨닫도록 질문하는 과정이 도움 된다. 또한 교사가 관심을 갖고 있고 도움을 줄 수 있다는 것을 알리며 대화를 진행하는 것이 효과적이다.

"○○이가 힘들 때 같이 있어 주는 사람(친구 등)은 누구인가요?"
"어려울 때 도움이 되는 사람(친구 등)은 누가 있나요?"
"그 사람(친구 등)이 어떻게 도움이 되었나요?"
"혹시 더 이야기하고 싶은 것이 있나요?"
"쉬는 시간에 선생님하고 이야기해줘서 고마워요."
"우리 다시 만나서 이야기 나눠 볼까요?"
"앞으로 또 무슨 일이 있으면 선생님에게 와서 이야기해주세요."

(2) 아동학대 사안 진행 단계에서의 대화법

사안이 진행되는 동안 피해학생이 심리적으로 불안정할 수 있음을 이해하고 학교 등교, 학업 진행, 일상생활을 하는 모습에 지지와 격려를 하여 회복할 수 있도록 지원해야 한다. 또한 학생에게 지금 힘든 이후에는 다른 상황이나 미래가 있을 수 있고, 이에 대해 지지하고 힘을 주는 대화를 이어나가는 접근이 필요하다.

① 시작하기

"오늘 하루는 어떻게 보냈나요?"
"오늘 재미있었던 혹은 집중할 수 있었던 일(수업)은 무엇이었나요?"
"오늘 친구들과는 어땠나요?"

② 피해학생의 대처에 집중하고 인정하기

"어떻게 오늘 학교에 등교할 수 있었나요?"
"그렇군요. 힘들었을 수도 있었을 텐데…."
"그런데도 어떻게 학교에 와서 (지낼 수/견딜 수) 있었나요?"
"어떻게 오늘 그렇게 수업에 집중할 수 있었나요?"
"어떻게 오늘 친구들과 그런 좋은 시간을 가질 수 있었나요?"
"쉽지 않았을 텐데, 어떻게 그렇게 할 수 있나요?"

여기에서 '어떻게'는 피해학생이 등교하고, 수업하고, 친구와 지낼 수 있는 강점과 자원을 갖고 있음을 전제하여, 그것이 무엇인지를 이끌어 내고 자원으로 활용하는 데 도움이 되도록 사용하는 단어이다.

③ 원하는 미래 이야기하기

"요즘은 힘든 상황을 어떻게 대처하고 있나요?"
"어떤 것이 조금 (나아지면/달라지면/좋아지면) 학교생활이 어떻게 달라질까요?"
"어떤 것이 조금 (나아지면/달라지면/좋아지면) 집에서 가족과의 생활이 어떻게 달라질까요?"
"그것이 ○○의 생활에 어떤 변화를 가져올까요?"

(3) 재학대 예방을 위한 대화법

재학대 예방을 위해 피해아동과 대화를 시도할 때 피해아동이 이미 어려움을 극복하고 지내 온 경험에 대하여 지지하고 격려하며 해결 및 회복을 돕는 대화 과정이 필요하며 재학대가 발생하지 않도록 교사의 관심과 면밀한 관찰이 중요하다.

> "(이전과 다르게)지금은 어떻게 지내고 있나요?"
> "(지금 상황이 이전보다 괜찮다면) 어떻게 하면 괜찮은 상황을 지속할 수 있을까요?"
> "(지금 상황이 이전보다 괜찮지 않다면) 무엇이 달라지면 나아질 것 같나요?"

만약 피해아동이 도움받길 원한다면, 상황만 자세히 묻기보다 앞으로 학교와 집에서 지내는 것이 어떻게 달라지기를 기대하는지, 자신이 원하는 것이 무엇인지 이야기를 나눠 본다. 또한 전에 좋았던 경험에 관해 이야기하고, 긍정적 경험에 대해 구체적으로 탐색하는 등 대화를 진행하는 과정이 도움이 될 것이다.

> "예전에도 지금처럼 잘 지냈던 때는 언제였나요?"
> "그때는 그것이 어떻게 가능했나요?"
> "이전과 지금이 어떻게 다른가요?"

피해아동이 자신의 강점과 능력을 이야기한다면 교사는 이를 인정하고 칭찬하여 아동의 강점과 자원을 깨닫게 하는 것이 효과적이며 이런 경험은 변화를 격려하는 데 중요한 역할을 하게 된다.

> "주변에서는 (아동의) 어떤 점이 이전보다 좋아졌다고 이야기하나요?"
> "그것이 어떻게 가능했나요?"
> "현재의 그런 모습을 어떻게 유지할 수 있었나요?"

피해아동의 이전 경험을 토대로 앞으로 삶에 도움이 될만한 것을 제안하면, 아동은 자신이 원하는 변화를 위해 더 빠르게 힘을 얻고 나아갈 수 있게 될 것이다.

> "(이전 경험 중) 도움이 되었거나 효과가 있었던 것은 무엇이었을까요?"
> "그걸 계속해보는 건 어떨까요?"

(4) 장애아동과 대화 시 유의점

특히 상습적 학대 시 시제 또는 주어는 일관되지 않으나 일관되고 반복적인 언어적·행동적 표현에 주의하고 특정 인물에 대한 과민한 반응 또는 우월시하는 감정 표현도 주의해야 한다. 큰 사건이 발생한 것처럼 대응하여 장애아동이 불안에 빠지지 않도록 평정심을 가지고 일상적으로 대하는 태도가 필요하다.

(5) 학대 피해아동의 보호자와 대화 시 유의사항

- 부모가 교사와의 대화에 우호적이 아닐 수도 있다는 것을 가정한다.
- 판단을 중지하고 부모의 조심스러운 말과 행동 이면에 있는 부모의 감정에 공감한다.
- 부모가 화가 나 있고 비판적인 경우라도 그들이 중요하게 여기는 것이 무엇인지 알아내기 위해 경청한다.
- 부모가 노골적으로 화를 내거나 비판적인 경우에는 기분을 상하게 한 사람이나 기관이 그들에게 좀 더 도움이 되기 위해서 어떻게 해야 했는지에 대해서 질문하여 협력 사항을 발견한다.
- 부모가 원하는 것이 무엇인지 경청한다.
- 부모가 사용하는 단어를 면담하는 동안 적절하게 사용한다.
- 부모와 면(상)담을 나눌 때 '학대'라는 단어 사용을 유의한다.
  - 위축되거나, 반대로 방어하고 대화가 단절될 수 있다.

- 타 기관에서의 말을 전달하지 않는다.
  - 상호 간의 신뢰감 형성에 방해가 될 수 있다.
- 부모를 비난하거나 지적하지 않고, 잘못된 행동에 대해 교육적 또는 지시적인 언어를 많이 사용하지 않는다.

(6) 이주배경(다문화) 아동 보호자 대상 대화 시 유의점

- 이주배경 아동 보호를 위한 법적·행정적 처리 과정은 국민인 아동과 다르지 않으며, 모든 절차는 동일하게 진행될 수 있다(「아동복지법」과 「유엔아동권리협약」 근거).
- 피해아동 가정 형태에 대한 이해·배려가 부족한 경우가 많으므로 해당 용어나 폄하하는 표현에 주의한다. 예) "한국에선 이 정도는 교육 목적으로 해요", "그 나라에선 애를 이렇게 때리면서 교육하나 보죠?"
- 이주배경 대상자들은 언어와 문화 차이 등으로 표현에 어려움을 가질 수 있으므로 통역 등 도움을 받을 수 있도록 한다.

장애 유형별 상담 시 유용한 TIP

출처: 경찰청, 보건복지부, 중앙장애인권익옹호기관(2021). 경찰관을 위한 장애인 학대 대응 안내서.

- 지적장애 아동
  - 질문은 짧고 단순하며 개방형으로 함
  - 계속해서 “예”라고만 답하는 경우 질문의 형태를 변경하여 형식적으로 반복적인 대답을 하고 있음을 확인함
  - 장애아동이 단어의 뜻을 알고 있는지 확인함
  - 장애아동이 일반적 의미와 다르게 사용하는 단어가 없는지 확인함
  - 주의집중력이 짧을 수 있으므로 적절히 휴식 시간을 제공함
- 자폐성 장애아동
  - 자폐성 장애아동은 나이, 지적 수준, 언어 능력과 같은 여러 요인에 따라 다양하게 나타날 수 있고 편차가 매우 크므로, 흥분하거나 통제되지 않을 때 대처하는 방법을 보호자에게 미리 확인하거나 지원 인력의 배치가 필요
  - 자폐성 장애아동은 새로운 장소나 갑작스러운 상황 전개, 익숙한 일상을 뒤엎는 사건이나 낯선 사람이 등장하는 상황에서 불안을 느끼는 경향이 있으므로 조사가 진행되는 장소, 절차, 과정을 미리 안내하고 환경에 적응할 시간을 주어야 함
  - 대부분의 자폐성 장애아동은 사람들과의 의사소통 및 상호작용에 어려움이 있으며 말을 전혀 하지 못하거나 언어 지연, 말에 대한 이해력 부족, 반향어 등이 나타나므로 진술조력인 또는 신뢰관계인, 동석인 동반 필요
- 뇌병변 장애아동
  - 개인의 장애 특성에 따라 의사소통 방식이 다양하므로 의사소통 방식을 사전에 확인하고 필요한 경우 의사소통 조력인이 참여하도록 함
  - 상담 과정에서 아동이 의사 표현할 수 있도록 충분히 기다려주어야 함
  - 언어장애가 있는 경우, 예 / 아니오를 설정하고 약속하여 직접 대답할 수 있도록 함
    예) 눈 깜빡임-예 / 고개 젓기-아니오

CHAPTER 12

학교폭력과 상담

1. 학교폭력 상담의 기초

1) 학교폭력 상담의 개념

학교폭력 상담은 개입 시기에 따라 학교폭력 발생 전 예방상담과 학생폭력이 발생한 위기 상황에 개입하는 위기상담, 이후 추수상담으로 구분된다. 보통 학교상담이라고 하면 위기상담을 말하는 것이 대부분이다. 이때의 상담은 현재 벌어진 폭력상황의 해결을 위한 개입과 장기적 재발방지의 측면에서 원인이 되는 요인을 상담·지원해주는 전반적인 위기 개입이 이뤄져야 한다. 이는 피해학생의 신변보호에서부터 피·가해학생에 대한 원활한 합의 유도를 거쳐 대상자인 피해학생 및 가해학생에 대한 상담까지를 포함한다(문용린 외, 2005).

2) 학교폭력 상담의 목표

학교폭력 상담은 일반 상담보다 더욱더 위기적 상황에 처한 상담활동이기 때문에 실질적인 문제해결과 효과를 기대할 수밖에 없다. 우선적으로 학교폭력이 발생하면 가해자와 피해자 측을 상대로 원활한 합의의 과정을 통해 문제를 해결해야 하며, 아울러 가해자 및 피해자 학생의 심리적, 정서적, 행동적 치료를 통해 학교생활을 원만히 할 수 있도록 하는 것이 그 목적이라 할 수 있다. 따라서 학교폭력 상담은 학교폭력 문제 사안에 대한 해결에 그치는 것이 아니라 좀 더 복합적이고 심층적인 해결과 지원에까지 관련되어 있음을 알 수 있다.

3) 학교폭력 상담의 특수성

학교폭력 상담은 우선 학교상담의 한 분야이다. 다시 말하면 학교폭력 상담의 대상자는 혼자가 아니라 대부분 반대의 입장에 선 상대방이 존재한다. 학교폭력 상담을 계획하여 개입하고 진행을 할 때 이 점을 유의해야 성공적인 상담을 할 수 있다. 다시 말하면 보복에 대한 두려움, 위협적 상황이 존재한다는 것을 염두에 두어야 한다.

학교폭력 상담은 피해자를 우선적으로 보호하고 치유해야 한다는 점이 매우 중요하다. 일차적인 상담의 목표라고 할 수 있다. 하지만 가해자 역시 상담의 대상이며 학교에서나 사회에서 치유하고 보살펴야 할 대상이다. 그런 의미에서 가해자에 대한 특별한 학교상담도 매우 중요한 활동이다. 이때 가해자의 상담 목표는 심리적 치유와 아울러 문제행동에 대한 재발 방지도 포함한다. 마지막으로 학교폭력 상담의 특수성으로서 전문상담교사를 포함한 많은 인적 자원이 상담자로서 개입할 수 있다는 점이다. 즉 전문상담교사, 담임교사, 학부모, 교육청 담당자, 관련 기관 전문가 등이 그 상담자가 될 수 있다는 의미이다. 따라서 그 어떤 상담보다 이런 인적 자원 간의 협력을 바탕으로 전문성을 발휘한다면 더 큰 효과를 얻을 수 있을 것이다.

4) 학교폭력 상담의 원칙

성공적인 학교폭력 상담을 위해서는 몇 가지 지켜야 할 원칙들이 있다. 이 원칙들을 잘 준수하면 좀 더 효과적으로 상담을 할 수 있다. 따라서 학교폭력 상담을 하는 상담자는 필히 이 원칙들을 잘 숙지하는 것이 중요하다.

첫째, 학교폭력 상담은 집단상담보다는 개별상담을 하는 것이 바람직하다. 따라서 가해자와 피해자 상담은 각각 개별적으로 상담하는 것이 좋다.

둘째, 객관적인 상담을 위해서는 상담 초기에 학교폭력과 관련된 모든 객관적인 정보를 구체적으로 상세하게 수집하는 것이 좋다.

셋째, 내담자가 원하는 것이 무엇인지, 즉 욕구를 우선적으로 파악하는 것이 중요하다.

넷째, 내담자에게 필요한 정보를 제공할 경우에는 가능한 한 구체적이고 객관적인 정보와 자료를 제공하는 것이 좋다. 아울러 학교폭력과 관련된 전문적인 자료를 제공하는 것이 효과적이다.

다섯째, 상담과정은 기록으로 남겨서 문서화하는 것이 좋다. 특히 상담자는 상담일지에 상담내용과 과정을 세세히 기록해 두어야 한다.

여섯째, 상담목표를 설정할 때에는 단기목표, 중기목표, 장기목표 등 구체적으로 계획하는 것이 좋고, 목표는 구체적이고 현실적이며 실천 가능한 것으로 설정하는 것이 바람직하다.

일곱째, 상담을 하는 과정에서 학부모, 담임교사 등의 협조를 통해 상담하는 것이 도움이 된다.

여덟째, 필요에 따라서는 외부 전문기관과 연계하는 것도 바람직하다. 보통 교육지원청 Wee센터와 연계하여 상담을 하는 것도 효과적이다.

아홉째, 학교폭력 상담은 대부분이 위기상담이기 때문에 학교 차원의 단기 상담으로 끝나는 것이 아니라 지속적인 장기 상담을 계획하고 관리하는 것이 좋다. 따라서 차후 추수상담을 통해 내담자가 학교생활을 안정적으로 잘 하고 있는지를 파악하고 점검해야 한다.

5) 학교상담에 대한 학생들의 기대

학교폭력 예방 및 대처, 추수 관리를 위한 학교상담의 역할이 매우 크다고 할 때, 성공적인 상담활동이 되기 위해서는 우선 주요 내담자가 될 수 있는 학생들의 상담에 대한 기대가 무엇인지를 파악하는 것이 매우 중요하다. 학교폭력과 관련하여 학생들의 상담에 대한 기대를 올바로 파악해야 상담활동에 대한 방향이 설정되기 때문이다. 아울러 방향이 올바로 설정되면, 목표 성취를 위한 기술과 전략 등이 잘 전개될 수 있기 때문이다.

학교폭력과 관련한 학생들의 상담에 대한 기대는 크게 세 가지로 나누어 볼 수 있는데, 우선 자기 자신에 대한 탐구와 이해나 수용이 잘 되지 않아 이것에 대한 올바른 정체성을 형성하기 위해 도움을 필요로 한다. 그 다음으로, 현재 자신의 문제로 인해 심리적으로 많은 고통을 받고 있을 때 심리적 고통을 해소하고 싶은 기대를 갖는다. 마지막으로, 다양한 문제해결과정에 직면했을 때 효과적인 문제해결능력에 대한 기대를 갖는다.

이상과 같은 학교상담에서 학생들이 갖는 세 가지 기대는 학교폭력 예방과 사안처리 과정, 추수 과정에서도 중요한 목표이자 지도 방향으로 이어지게 된다.

6) 효과적인 학교상담을 위한 교사의 능력

(1) 학생에 대한 올바른 믿음과 신념

학교상담에서 상담의 성공 여부는 내담자와의 관계를 얼마나 잘 맺는가에 따라 결정된다고 해도 과언이 아니다. 내담자는 자신의 존재를 인정받기를 원하고 자신의 모습을 있는 그대로 수용해 줄 수 있는 사람을 원하기 때문에 상담자가 이것을 파악하여 잘 수용할 수 있는 능력은 매우 중요하다. 특히 학교폭력과 관련하여 상담을 하게 되는 경우는 더욱 그러하다. '상담관계'라는 것은 '신뢰로운 관계'를 의미하는데, 이 관계를 형성하기 위해서는 우선 내담자의 가능성과 내담자 그 자체를 수용하는 것이 매우 중요하다. 그렇다고 내담자가 진술하는 말을 그대로 믿으라는 것은 아니다. 그렇게 되면 자칫 내담자로 하여금 상담자가 이용당할 수도 있기 때문이다.

학교현장에서의 상담, 특히 학교폭력과 관련한 상담에서는 무조건적인 수용보다는 올바른 믿음[1])을 바탕으로 한 수용이 필요하다. 이것을 바탕으로 학생과 상담활동에 대한 신념이 확고해야 한다. 그렇지 않으면 상담 방향과 상담활동의 의미가 흔들리기 쉽다.

(2) 학생들의 발달단계에 대한 이해

내담자에 대한 올바른 이해, 상담목표 설정과 상담과정의 구조화를 위해서는 학생들의 발달단계에 대한 특징을 잘 이해하는 것이 중요하다. 청소년들의 인지적 수준, 심리적 상태, 도덕적 수준, 생물학적 특성 등을 잘 이해한다면 문제 발생 배경과 욕구, 경과 등을 잘 이해할 수 있다. 학생들이 현재 처해 있는 심리적 상태, 즉 자유와 독립에 따른 발달단계적 욕구를 잘 이해하고 수용할 수 있는 상담이 되어야 한다. 특히 학교폭력과 관련된 학생들은 이런 욕구들을 잘 파악하고 수용하는 것이 매우 중요하다.

(3) 이상행동과 임상심리에 대한 이해

학교폭력 관련 학생들을 대상으로 상담을 하다 보면 단순한 학교폭력 문제 수준에서 처리해야 할 대상이 아닐 때가 많다. 다시 말하면 학교폭력이 발생하기 전에 교사들이 학생의 이상행동과 임상심리에 대한 이해가 있다면 문제를 예방할 수 있다는 의미이다.

학교현장에서 교사들의 임상심리와 이상행동에 대한 이해는 아무리 강조해도 무리한 것이 아니다. 이제는 학생들의 전인적인 발달을 도모하고 정신적 건강을 유지하기 위해서는 학생 정신건강에 대한 지식을 가지고 있어야 한다. 그래야 올바른 환경을 제공하고 적절하게 반응할 수 있기 때문이다. 다행히

---

1) 인간 중심 상담기법에서는 '무조건적 존중 및 수용'이라는 용어를 사용하지만 실질적으로 학교상담에서는 이 용어에 오해도 있고 그 활용에 있어 한계가 있어 그것과는 상관없이 '올바른 믿음'이라는 용어를 별도 사용한다. 청소년기의 학생들의 인지적, 도덕적, 심리적 발달단계를 고려한다면 무조건적으로 수용하는 데에는 학교상담에서는 많은 어려움과 한계가 있어 '올바른 믿음'이라는 용어를 사용한다.

몇 년 전부터 교육부에서는 전국의 모든 초·중·고교 학생들을 대상으로 '학생 정서행동발달 선별검사(CPSQ, AMPQ)' 사업을 실시하여 학생들의 정서행동문제를 예방하고 학생들의 정서행동 발달을 지원하고 있다. 이 사업에서도 학교 구성원들 간의 협조적인 체제 구축과 효율적인 운영이 매우 중요하다. 특히, 이상행동과 임상심리에 대한 이해가 더욱 중요하다. 교사들은 단순한 사업의 일환으로 생각할 것이 아니라 학교폭력 예방 및 대처의 중요한 요소라는 인식을 가질 필요가 있다. 상담의 효과성을 높이고 성공적인 상담을 위해서는 반드시 내담자에 대한 심층적인 이해가 필요한데, 특히 내담자의 이상행동과 임상심리에 대한 이해 능력[2)]은 반드시 필요하다.

〈표 12-1〉 초등학교 학생 정서행동발달 선별검사(CPSQ)

CPSQ(Child Problem-Behavior Screening Questionnaire)	
유 형	내 용
내재화 문제	불안, 우울, 스트레스, 교우관계
외현화 문제	주의력결핍과 과잉행동장애(ADHD), 반항적 행동장애, 품행장애
인지적 문제	학습
오·남용	약물, 인터넷
정신신체화 문제	경련, 틱장애, 식이장애

〈표 12-2〉 중등학교 학생 정서행동발달 선별검사(AMPQ)

AMPQ-II(Adolescent Mental-Health Problem-Behavior Questionnaire)	
유 형	내 용
내재화 문제	정신증, 우울증, 기분장애, 불안, 신체화, 의존성, 식이장애, 학습이해
외현화 문제	주의력결핍과 과잉행동장애(ADHD), 강박증, 비행, 품행장애, 성, 대인관계, 폭력피해

출처: 교육부(2013). 학생 정서·행동발달 선별검사 및 관리 매뉴얼.

2) 필자는 임상심리 및 이상행동에 대한 전문적인 소양을 증진하기를 원하는 분들을 위하여 DSM-5(Diagnostic and Statistical Manual of Mental Disorders) 정신장애의 진단 및 통계 편람을 참고하기를 권한다.

(4) 상담기법 및 이론에 대한 전문성

학교폭력 관련 학생과 상담을 할 때 성공적인 상담을 위해서는 일상적인 대화보다는 좀 더 전문적인 지식과 개입 전략이 필요하다. 따라서 교사들은 상담이론을 기반으로 한 기법과 전략을 잘 숙지하고 활용해야 한다. 상담이론과 기법 등은 내담자 파악과 문제 파악에 대한 통찰력과 방향감각을 제시해 주기 때문이다. 상담은 전문적인 활동이라는 점을 기억하면서 여기서는 학교폭력 상담을 할 때 학교 현장에서 많이 사용하고 있는 필수 기법 및 기술 몇 가지를 소개한다.

7) 학교폭력 상담의 기본 기술

(1) 상담반응 기술

상담반응 기술은 내담자의 현재 느낌을 놓치지 않고 따라갈 수 있는 능력과 내담자가 좀 더 분명하고 정확한 이해를 할 수 있도록 도와주는 능력을 말한다. 상담자는 내담자의 말, 생각, 감정의 흐름을 놓치지 않고 따라가면서 내담자로 하여금 자신과 자신의 문제에 대하여 정확한 이해를 할 수 있도록 돕는 반응 기술을 갖고 있어야 한다.

〈표 12-3〉 상담단계별 상담반응기술

상담의 단계	상담반응기술
관계형성	구조화, 래포 형성
문제탐색	공감, 반영, 질문하기
문제해결	조언과 충고, 자기개방

출처: 한국청소년정책연구원(2011). 학생상담 및 생활지도 매뉴얼(교사용).

학교폭력 상담 시 내담자와 교사와의 래포(rapport) 형성은 기본적인 유대를 토대로 좀 더 깊이 있는 만남을 뜻한다. 학교장면에서 교사와 학생 간의 상담을 위한 관계 맺기는 상담의 구조화와 래포 형성을 의미한다고 할 수 있다.

① 관계형성 단계

상담의 구조화는 상담자와 내담자가 상담목표나 상담목표를 성취하기 위한 과제에 대해 서로 합의하는 과정을 의미한다. 상담 초기에 상담자가 내담자에게 실시하는 상담에 대한 교육, 상담의 개념, 상담진행과정, 다루는 문제(주호소문제), 성과, 상담목표 설정, 상담이론 및 전략, 기법, 역할과 규범, 담당상담자, 시간, 장소 등에 대한 교육과 설정이 구조화된다. 상담의 구조화단계에서는 내담자의 태도, 즉 상담활동에 대한 구조화 등을 탐색해야 한다. 학교폭력 상담 초기에 구조화가 잘 되지 않으면 상담자와 내담자 모두에게 혼란을 야기할 수 있어 성공적인 상담을 할 수 없게 된다.

래포 형성은 신뢰의 관계라고 했다. 즉 상담자와 내담자 간에 서로를 믿을 수 있다는 친밀감, 안전감, 신뢰감이 형성된 상태를 말한다. 여기서는 래포 형성을 위한 SOLER 기법을 소개한다.

〈표 12-4〉 Egan의 SOLER 기법

S	내담자를 바로(Squarely) 바라본다. 대화 시 고개는 항상 내담자 쪽으로 향하게 해야 한다. 만일 바로 쳐다보는 것에 대해서 내담자가 위협으로 느낀다고 생각된다면 약간 비스듬히 보아도 좋다.
O	개방적인(Open) 자세를 취한다. 팔짱을 끼거나 다리를 꼬고 앉는 것은 관심이나 도울 태세가 아닌 자세이다. 일종의 저항과 거부를 표현하는 비언어적인 자세이기도 하다.
L	이따금 상대방 쪽으로 몸을 기울인다(Lean). 상대방을 향해 앞쪽으로 몸을 기울여 상대방의 말에 그만큼 관심이 많음을 보일 수 있다.
E	자연스러운 시선의 접촉(Eye contact)을 유지한다. 자연스럽게 눈을 마주치는 것이 좋으며 상체에 시선을 유지하는 것이 좋다.
R	편안하고(Relaxed) 자연스럽게 내담자를 대한다. 조바심 내거나 주의를 흩트리는 표정을 짓지 않고 몸짓을 편안하고 자연스럽게 한다.

출처: Egan, G.(1994).

② 문제탐색 단계

학교폭력 상담 시 문제탐색 단계에서는 공감과 반영, 질문하기가 매우 중요한 기술이 된다. 공감은 내담자로 하여금 생각이나 감정을 자유롭게 표현할 수 있도록 해주어, 내담자 자신을 더 많이 노출함으로써 관계가 더욱 촉진되고, 자신의 방식으로 문제를 탐색하고 상담에 대한 책임감을 느끼게 된다. 그리고 내담자는 상담자가 자신의 말에 관심을 가지고 경청하고 있으며 자신의 이해받고자 하는 마음을 충분히 수용받는다고 느낀다.

〈표 12-5〉 공감적 이해의 5수준 예시

"선생님! 제 짝이 자꾸 저를 때리고 욕을 해서 참을 수가 없어요."		
수준 1	상대방의 언어 및 행동표현의 내용으로부터 벗어나거나 내용에 주의를 기울이지 않기 때문에 감정 및 의사소통에 있어서 상대방이 표현하는 것보다는 훨씬 못 미치게 의사소통하는 수준으로 상대방과의 의사소통이 손상되는 수준.	"친구끼리 그럴 수도 있는 것이지, 너는 그게 무슨 문제라고…."
수준 2	상대방이 표현한 감정에 반응은 하지만 상대방이 표현한 것 중에서 주목할 만한 감정을 제외시키고 의사소통하는 수준. 상대방이 표현하거나 의도하는 것과는 거리가 있는 감정 및 의미에 반응하는 수준.	"네가 좀 더 참고 이해하면 되지 않겠니?"
수준 3	상대방이 표현한 것과 본질적으로 같은 정서와 의미를 표현하여 상호교류적인 의사소통을 하는 수준. 대인관계 기능을 촉진할 수 있는 기초수준.	"그래~ 네 짝이 자꾸 괴롭혀서 힘들겠구나."
수준 4	상대방이 스스로 표현할 수 있었던 것보다 더 내면적인 감성을 표현하면서 의사소통하는 수준. 수준 4부터는 의사소통이 촉진된다. 상담자가 상대방이 표현한 것 외에 좀 더 깊은 감정과 의미를 첨가하여 의사소통하는 수준.	"네 짝이 지속적으로 너를 괴롭혀서 불안하고 이제는 참을 수 없이 힘들어서 도움을 받고 싶겠구나."
수준 5	상대방이 표현할 수 있었던 감정의 내면적 이면들을 정확하게 표현하거나 상대방의 내면적 자기 탐색과 완전히 같은 수준에서 상대방이 표현한 감정과 의미에 첨가하여 의사소통하는 수준.	"짝이 너를 괴롭히는 행동이 없어진다면 너의 마음이 평안해지겠구나."

반영은 내담자의 감정을 놓치지 않고 전달해주는 것을 의미한다. 내담자의 감정은 겉으로 드러나는 표면 감정과 보이지는 않으나 중심적인 내면 감정이 있다. 상담자는 내담자의 행동 속에 숨어있는 내면적 감정을 정확히 파악하여

내담자에게 전달해 줄 필요가 있다. 적절한 반영을 위해서는 내담자의 민감성이 필요하다.

반영은 내담자가 실제로 말한 핵심내용을 짧고 간단하게 재진술하거나 바꾸어 말하기를 함으로써 내용을 반영할 수 있다(내담자가 말한 내용을 새로운 방식으로 간략하게 요약하는 것). 그리고 감정, 즉 내담자가 자신의 정서적 메시지를 표현하는 진술도 반영할 수 있다. 감정의 반영은 이면에 있거나 말로 표현하지 않은 메시지에 초점을 둔다.

반영의 효과는 우선, 적절한 반영 반응은 내담자가 자신의 감정을 파악하고 수용할 수 있도록 돕는다는 점과, 반영에 의해 내담자가 자신의 감정을 명료하게 파악하고 수용하게 되면 이후 자신에 대해 보다 깊은 탐색을 시도하게 된다는 점이다. 그리고 상담의 반영으로 내담자가 자신의 감정을 충분히 경험하게 되므로 카타르시스를 느끼게 된다.

〈표 12-6〉 반영 기법의 예시

내담자	"학교 가기가 싫어요. 친구들이 자꾸 저를 따돌리고 험담하는 것 같아요."
반영 1	"친구들이 너를 험담하고 따돌리는 것 같아 학교 가기 싫다는 말이구나."
반영 2	"친구들이 너와 친하게 지내지 않아서 많이 외롭겠구나."

질문하기는 상담에서 문제를 탐색할 때 많이 사용하는 반응기법이다. 효과적인 질문하기를 통해 내담자의 문제를 탐색하는 데 많은 도움을 받을 수 있다. 따라서 질문하기를 잘하기 위해서는 질문의 종류를 잘 이해해야 한다. 질문하기는 내담자의 표현을 유발하기 위해서 매우 중요한 기법이다. 특히 학교폭력 상담에서는 가해자 및 피해자의 반응이 매우 소극적이며 비협조적일 수 있기 때문에 질문하기 기법을 잘 활용하면 효과적인 상담을 이끌 수 있다. 질문은 가능하면 폐쇄적 질문보다는 개방적 질문을, 직접 질문보다는 간접 질문을 사용하는 것이 일반적으로 좋다고 볼 수 있다.

〈표 12-7〉 질문하기의 예시

폐쇄적 질문	"친구를 때리고 났을 때 기분이 좋았니?"
개방적 질문	"친구를 때리고 났을 때 기분이 어땠니?"
간접 질문	"네가 친구를 때린 이유가 궁금하구나."
직접 질문	"친구를 왜 때렸니?"
이중 질문	"선생님과 상담을 할래, 아니면 수업을 받으러 교실로 가겠니?"

③ 문제해결단계

문제해결단계에서는 조언과 정보제공, 자기개방 등의 기법을 사용할 수 있다. 위기적 상황에서 조언이나 정보제공이 필요하다. 생활의 주기가 무너지고 심한 긴장과 갈등을 겪는 위기적 상황에서 상담자의 설득적인 조언이 필요하다. 위기적 상황에는 가족의 사랑, 이혼, 입원, 구속, 학교폭력, 경제적 곤란 등이 포함될 것이다. 이런 경우에는 환경적 지원이나 여러 필요한 조력자를 찾을 수 있는 조언이나 문제해결 방안을 제시할 수 있는 것이 우선적으로 필요하다. 이때, 조언이나 정보제공은 매우 간단하고 구체적이어야 하며, 상담자의 조언이나 정보제공, 지시 등을 말한 후에 그것에 대하여 내담자가 어떻게 생각하고 있는지를 물어보아야 한다. 그리고 조언, 정보 제공, 지시를 한 다음에는 내담자가 실제 상황에서 그것을 실행해보고 얼마 후에 상담자에게 그것이 효과가 있었는지, 문제 해결에 도움이 되었는지를 알려주도록 해야 한다.

자기개방은 자신의 인간적인, 개인적인, 사적인 면을 드러내는 것으로 자신의 있는 그대로의 모습을 나타내는 것이다. 즉 나의 생각, 느낌, 선호, 사상 등 모든 것에 대해서 있는 그대로 솔직하게 상대방에게 나타내 보이는 것이다.

〈표 12-8〉 자기개방의 예시

자기개방 1	"선생님도 학창 시절 친구에게 학교폭력을 당한 적이 있어서 많이 힘들었단다."
자기개방 2	"네가 선생님에게 그런 말을 하니 조금 조심스러워지는구나."
자기개방 3	"선생님도 모르게 학생들에게 말로 상처를 준 적이 있는 것 같구나."

(2) 학교폭력 상담의 과정과 점검내용

학교폭력 상담의 진행과정은 크게 상담 초기, 상담 중기, 상담종결, 추수상담으로 이뤄진다. 상담 초기에 해야 할 일은 래포와 신뢰감 형성, 주 호소문제 및 원인 파악, 사례 개념화 및 상담목표 수립 등이다. 상담 중기에 해야 할 일은 내담자의 변화를 위한 구체적인 노력, 내담자의 노력에 대한 상담자의 조력, 불안과 저항 다루기, 내담자에 대한 심리적 지지와 지원 등이 이뤄진다. 상담종결에서는 상담을 통한 긍정적 효과의 최대화와 지속적인 변화 유도를 위한 노력 등이 이뤄진다. 마지막으로 추수상담에서는 상담효과 지속 여부 확인, 상담 종결 후 생활 탐색 등이 이뤄진다. 각 과정별 구성내용과 점검 사항을 구체적으로 살펴보면 다음과 같다.

〈표 12-9〉 학교폭력 상담과정과 점검내용[3)]

단계	과정	활동 내용	점검
초기	관계형성	• 래포 및 신뢰감 형성, 편안하고 허용적인 분위기, 기대감 형성	
	상담구조화	• 상담 개념, 규칙, 회기, 빈도, 역할과 기대 이해, 비밀보장	
	문제이해 및 평가	• 내담자에 대한 이해(신체, 인지, 적성, 학업, 지능 등)	
		• 자아와 자기평가/학부모 및 담임교사와의 행동관찰 정보	
		• 문제해결에 도움(방해)이 되는 개인 내적 특성과 환경특성	
	사례 개념화	• 상담자가 파악한 내담자 문제의 성격, 문제의 원인	
		• 문제를 지속시키는 내외적 역동	
		• 문제해결을 위해 내담자에게 필요한 것, 상담전략	
	상담목표 설정	• 1단계: 목표설정의 목적과 필요성에 대해 설명	
		• 2단계: 내담자와 함께 목표 설정	
		• 3단계: 목표달성에 장애가 될 수 있는 요인 파악	
		• 4단계: 주 호소문제와 적합한 상담목표 설정	

3) 여기서 의미하는 상담은 장기적인 상담으로서 학교폭력 사안이 발생한 후 일차적으로 문제가 해결된 뒤 가해자와 피해자의 심리적 안정을 위한 상담과정이라고 할 수 있다.

단계	과정	활동 내용	점검
중기	내부의 변화에 초점 맞추기	• 내담자의 자신의 문제를 외재화시킴	
		• 수용과 반영, 공감 활용	
	인지적 변화 촉진	• 또 다른 삶의 해석/대안탐색/브레인스토밍	
	행동적 변화 촉진	• 문제 행동의 정의, 강화, 연습과 반복	
	정서적 변화 촉진	• 정서적 변화를 위한 기법 적용(미래투사, 빈 의자 기법 등)	
		• 정서적 지지와 격려	
	변화 저해 요인의 탐색과 대응 전략수립	• 상담목표를 어렵게 하는 요인 탐색	
		• 문제 행동을 유지시키고 있는 요인 탐색	
		• 변화를 유지하기 어렵게 하는 요인 탐색	
		• 그 요인들을 어떻게 제거하고 극복(대응전략)할 것인가를 탐색	
종결	종결의 단서	• 합의한 상담목표를 달성했을 때	
		• 갈등 상황에 적절하게 반응할 수 있을 때	
		• 내담자가 지속적으로 감정이 좋아졌다고 할 때	
		• 주변 사람들이 내담자가 변화하였다고 할 때	
	내담자와 함께 파악해야 할 내용	• 구체적인 행동으로 지금까지 실현했는가	
		• 상담과정을 되돌아봄/상담관계를 종료하는 것을 알림	
		• 다른 상담프로그램 추천	
	도움이 되는 질문	• 상담을 받으면서 도움이 되는 것은 무엇인가	
		• 상담을 받아서 생긴 삶의 변화에는 어떤 것들이 있는가	
		• 상담에 얼마나 적극적이었는가	
		• 과거와 달리 새롭게 시행해 볼 수 있는 행동은 무엇인가	
추수상담	추수상담 형태 및 일정 확정	• 형태(상담, 짧은 만남, 전화, 문자, 쪽지 등)와 일정 결정(상담 종료 후 2~4주 이내 등)	
	상담효과 지속 여부 확인	• 상담 종결 후의 생활 탐색	
	상담 종결 확정	• 변화 유지 시 상담종결 확정 • 필요한 경우 상담목표를 재구성하고 상담 재개	

〈표 12-10〉 학교폭력 면접상담의 기본과정과 내용(푸른나무재단)[4]

1단계: 상담 시작 단계
• 래포 형성하기: 정서적 지지를 통해 내담자에게 신뢰감과 안정감 제공 • 위기상황의 여부와 피해 정도 파악: 신체손상 여부, 정신적 피해 여부 • 응급조치가 필요한 상황의 경우: 신체손상의 경우 병원 방문 및 진단서 등의 증거 자료를 첨부하도록 함. 정신적 피해의 경우 심리상담 및 정신과 치료를 받을 수 있도록 전문기관과 연계 • 내담자의 상담 및 해결에 대한 욕구 파악하기: 내담자의 욕구가 공감인지, 정보제공인지, 대처방법 조언인지, 심리치료 등 기타 서비스 연계인지를 파악
2단계: 학교폭력 사건과 관련된 구체적 정보 수집 단계
• 피해학생 및 가해학생 등 관련자 기초적 신원 확인: 학년, 성별, 내담자 관계 등 • 피해 및 가해 상황 파악하기: 학교폭력 유형, 피해 정도, 사건 배경 및 원인 등 • 학교폭력 가해 및 피해의 사실 확인: 피해 및 가해의 기간, 횟수, 집단성 여부, 주범과 방관자 가려내기 • 학교폭력 발생의 객관적인 사실에 대한 증거 자료 확보 확인 및 정보 수집: 사진, 일기장, 진술서, 목격자, 사건의 배경 및 발생원인과 관련된 정보를 수집
3단계: 학교폭력 3주체의 현 상태 파악
• 피해학생의 현 상태에 대한 이해(대처능력, 적응능력 파악) • 피해학생 측(학부모 포함)의 현재까지의 대처상황 확인 • 가해학생 측의 대응방법에 대한 파악 • 내담자의 바람직한 대응방안에 대한 탐색 • 내담자의 대처 내용 및 이후 대처 예정 내용 확인
4단계: 내담자의 욕구 파악 및 현실성 평가 단계
• 피・가해학생과 학부모의 욕구를 구체적으로 파악 • 내담자의 욕구에 대한 현실적인 가능성을 평가 • 학교폭력 사안 자체에 대해서는 상대방에 대한 구체적인 욕구 확인 (진정한 사과, 처벌 수위, 치료비 합의 문제, 재발 방지 등 우선 욕구 파악)
5단계: 사건의 해결방안 탐색 단계
• 해결을 위한 상담자의 방안 공유 및 제시: 내담자의 욕구와 대처에 초점 • 내담자 상황에 맞는 상담자의 적절한 해결방안을 공유하면서 결정적인 부분은 제시 • 피해자 및 가해자 본인의 대처 태도 및 방법과 요령 조언 • 상담 후 실현할 대처방법 및 태도 등에 대해서 내담자와 상담자가 공유, 결정
6단계: 종결 단계 및 연계
• 상담 내용에 대한 요약 및 정리 • 내담자에게 제시된 해결방안에 대한 실현 가능성을 확인하고 느낌 공유 • 사후관리를 위한 연속상담의 가능성 열어놓기 • 필요시 면접 상담 및 집단 프로그램 실시 연계 및 안내

4) 문용린 외(2007). 푸른나무재단(구 청예단) 학교폭력SOS지원단 직원교육 자료집. 이 자료의 내용을 학교실정에 맞게 수정・재구성하여 제시함.

현재 우리나라의 학교폭력 예방 전문 기관인 푸른나무재단에서도 학교폭력 면접상담의 기본과정과 내용에 대해 언급을 하고 있다. 여기서 주의할 것은 앞서 언급한 학교폭력 상담과정과 점검내용은 학교폭력 학생을 대상으로 하는 일반적인 상담 차원의 것이라면 푸른나무재단의 모델은 학교폭력 발생 시 당사자 간의 합의와 문제해결에 중점을 두고 있다는 점이 조금 다르다. 학교폭력 상담을 계획하고 실시할 때 참고로 활용하면 많은 도움이 될 것이다.

2. 학교폭력 상담의 실제

1) 학교폭력 상담과 전문상담교사(전문상담사)의 역할 기능

현재 중등학교에는 대부분 Wee클래스가 설치되어 있고, 전문상담교사나 전문상담사가 전문적인 상담활동을 하고 있다. 초등학교의 경우에도 점차 Wee클래스를 확대하고 있는 실정이며 많은 학교에서 전문상담사를 고용하여 전문적인 상담활동을 실시하고 있다. 따라서 현실적으로 학교폭력 상담은 대부분 전문상담교사가 전문적으로 실시하고 있다고 할 수 있다. 학교폭력 상담은 예방활동도 중요하지만 학교폭력이 발생했을 때 관련 대상자를 상담하는 것은 매우 중요하다. 그리고 무엇보다도 학교폭력 상담은 대부분 위기상담이기 때문에 전문성을 요하는 활동이기도 하다. 학교폭력 상담에서의 전문상담교사의 역할과 기능이 무엇인지 살펴보자.

(1) 학교폭력대책자치위원회 회의 참가

학교폭력 사안이 발생하면 전문상담교사는 학교폭력 전담기구의 일원으로서 사안처리를 위한 회의에 참가하여 의사결정과정에 영향력을 미친다. 여기서 전문상담교사는 해당 학생에 대한 정보와 사건의 경과(사태파악)에 대한 정보를 수집하게 된다. 그리고 가해자에 대한 징계 항목에 대부분 상담활동이 포함되기 때문에 학교폭력 전담기구 회의에 참가하는 것은 매우 큰 의미가 있다. 상담활동은 처벌이 전부는 아니지만 매우 중요한 부분을 차지하고 있다는 것을 명심해야 한다. 자칫 '상담'이라고 하면 가벼운 처벌 정도로 생각하는 경우가 있는데 전문상담교사의 신념과 가치관이 확고하지 않으면 상담의 효과를 거둘 수 없다. 아울러 피해자에게는 신변보호와 심리적 안정 유지 차원에서 상담활동을 지원하게 된다.

(2) 상담의 준비: 접수면접

〈표 12-11〉 접수면접 구성 내용

• 기본 인적사항(학년, 반, 번호, 이름, 가족 관계, 연락처, 나이 등)
• 접수면접 구조화
• 행동변화에 대한 동기(상담동기, 의뢰사유)
• 호소문제
• 호소문제와 관련된 개인사 및 가족관계, 발달력
• 현재 및 최근 주요 기능상태(사고, 정서, 행동)
• 정서상태 평가(불안, 공포, 분노, 슬픔, 죄의식 등)
• 사회적, 심리적 자원
• 대인관계 특성(교우관계 등)
• 이전 상담 경험의 유무
• 내담자가 보는 문제의 심각성과 긴급성
• 심리검사 종류 결정
• 차후 상담계획
• 타 기관 연계 여부

출처: 한국청소년상담원(2008).

징계가 내려지면 전문상담교사는 Wee클래스에서 해당 학생을 대상으로 접수면접을 실시한다. 접수면접에서는 면접을 통해 내담자의 개인정보, 환경정보, 호소문제 및 배경 등을 파악하고, 상담의 긴급성 정도 파악 및 조치, 외부기관의 의뢰 필요성 여부 및 조치 등을 기대목표로 한다.

전문상담교사는 가능한 한 구체적이고 다양한 정보를 수집하는 것이 바람직하다. 접수면접을 체계적으로 잘해야 상담구조화 및 사례개념화, 상담목표 및 상담방향 설정에 유용한 정보를 얻을 수 있기 때문이다. 따라서 학교폭력 상담을 하는 상담자는 반드시 접수면접에 신중을 기해야 함을 강조한다.

(3) 학교폭력 상담의 시작: 상담 초기 접근방법

첫째, 학교폭력 상담의 초기에는 무엇보다도 상담교사와 내담자 간의 관계 형성을 잘 맺는 것이 아주 중요하다. 학생들은 전문상담교사도 일반 교사와 같은 존재로 생각하기 쉽고, 상담활동을 일종의 징계로 생각하는 경향이 많기 때문에 형식적인 만남으로 흐를 수 있다. 따라서 상담 초기 내담자와의 신뢰하는 친밀한 관계 형성은 매우 중요하다. 상담 초기 관계 형성이 잘 되지 않으면 그 상담은 방향을 잃고 성공적인 상담이 될 수 없다.

학교폭력 상담 내담자는 주로 비자발적인 학생들이 대부분이기 때문에 신뢰 형성을 우선으로 하며, 내담자의 불편한 마음을 표현하고 수용할 기회를 제공하는 것이 바람직하다. 그리고 교사나 학부모가 학교폭력 상담을 의뢰한 이유를 밝히는 것이 좋다. 대부분의 내담자들은 자신이 왜 상담실에 가게 되는지를 이미 알고 있기 때문이다.

둘째, 상담을 효과적으로 하기 위해 상담구조화를 실시하여야 한다. 이 상담구조화는 일종의 계획표라고 보면 이해가 빠를 것이다. 상담구조화는 일종의 틀이기 때문에 이것을 잘 설정해야만 상담일정이 원활하게 진행될 수 있다.

우선 전문상담교사는 상담의 의미를 설명하고, 상담에 대한 내담자의 생각을 탐색해야 한다. 앞서 언급한 바와 같이 학교폭력 상담은 주로 비자발적이며 위기상담이 대부분이기 때문에 학교폭력 상담에 대한 의미를 잘 설명해야 한다. 그리고 내담자는 학교폭력 상담에 대해서 어떤 생각을 가지고 있는지도 탐색해야 한다. 이때 내담자가 잘못 인식하고 있는 경우에는 수정해 주거나 올바로 설명해 주는 것이 바람직하다.

상담구조화에 또 포함되어야 할 것은 상담시간, 빈도, 회기, 상담자의 역할 등에 대하여 설명하여 정하는 것이다. 이때에는 학교 실정에 맞게 조절을 잘

하여야 하며 내담자의 상담자에 대한 기대도 살펴보아야 한다. 마지막으로 비밀보장에 대한 규칙도 언급할 필요가 있다. 학교폭력 내담자는 주로 가해자나 피해자이기 때문에 대부분 비밀유지에 대해서는 매우 민감한 반응을 보인다.

셋째, 내담자에 대한 올바른 이해와 정확한 심리평가가 이뤄져야 한다. 학교폭력 가해자의 경우는 대부분 표면적으로 공격성과 분노성향을 가지고 있고, 주의집중력과 인내심이 부족하다는 특성을 보이기도 한다. 반대로 표면적이지는 않지만 우울감이나 무기력감 등도 동반하는 모습을 많이 나타내고 있다. 피해자의 경우는 대인관계능력 저하, 낮은 자존감, 불안 등의 심리적 증상도 많이 발견되고 있다. 따라서 내담자의 이런 다양한 특성을 이해하기 위해서는 인지, 정서, 학업, 사회적 기능, 대인관계, 성격 등의 영역에 해당하는 전문적인 심리검사를 실시하는 것이 좋다.

각 학교에 설치된 Wee클래스에 근무하는 전문상담교사는 영역별 주요 심리검사 도구를 다룰 수 있는 소양과 자격을 갖춘 인력들이다. 따라서 보통 Wee클래스에는 영역별로 다양한 심리검사 도구를 구비하여 내담자의 정확한 파악과 이해를 위해서 적극 활용하고 있다. 전문적인 심리검사를 거친 보고서는 상담과정 내내 매우 중요한 자료가 된다. 따라서 학교폭력뿐만 아니라 상담에 관심이 많은 교사들은 반드시 심리평가를 위한 전문적인 소양을 갖추어야 한다. 내담자에 대한 올바른 이해와 정확한 심리평가를 위해서는 반드시 심리검사에 대하여 전문적인 소양을 갖추어야 함을 거듭 강조하고 싶다.

그리고 내담자에 대한 올바른 이해를 위해서 담임교사, 친구, 학부모 등의 내담자에 대한 행동관찰 정보도 매우 중요한 자원이다. 마지막으로 학교폭력 문제 해결에 도움이 될 수 있는 내담자의 내적 환경(자원)과 문제를 야기하거나 유지시키게 만드는 외적 환경들을 잘 탐색해야 한다. 이런 모든 요소들을 잘 통합해야만 내담자에 대한 올바른 이해를 얻을 수 있다.

학교폭력 내담자를 평가할 때에는 심리평가 외에 학교폭력 유형 평가, 위험요소 평가, 보호요소 평가도 함께 이루어져야 한다. 현재 내담자가 처해있는 학교폭력 유형을 잘 평가해야 학교폭력 발생원인과 형태를 이해할 수 있기 때문이다. 그리고 위험요소는 내담자가 학교폭력을 가하거나 당하게 되는 근본적인 요인이 될 수 있다. 마지막으로 보호요인은 바로 내담자가 성장하고 개선할 수 있는 중요한 요인들이 될 수 있다. 따라서 성공적인 학교폭력 상담을 위해서는 반드시 이 작업을 수행해야 한다.

넷째, 내담자에 대한 이해와 1차적인 심리평가가 이뤄지면 상담 사례를 개념화해야 한다. 상담자가 파악한 내담자 문제의 성격과 문제가 발생하게 된 경로나 원인, 문제를 지속시키고 있는 내적, 외적 역동이 무엇인지 파악하게 된다. 따라서 본 상담에서 내담자의 문제를 해결하기 위하여 내담자에게 필요한 것이 무엇인지를 파악해야 하며, 상담자는 상담 장면에서 무엇을 할 것인지를 결정해야 한다. 이 모든 과정을 사례개념화라고 한다. 사례개념화가 이뤄졌다는 것은 대체적으로 상담의 전략이 설정되었다는 의미와도 같다. 학교폭력 상담을 할 때에는 특히 사례개념화 작업을 잘 해야 상담 방향을 잘 설정할 수 있다.

다섯째, 상담 초기의 마지막 과제로서 가장 중요한 상담목표 설정이 있다. 학교폭력 가해학생과 피해학생의 상담목표는 분명히 다르지만 목표를 설정해 나가는 과정은 거의 흡사하다. 상담 활동의 목적은 결국 상담목표를 달성하기 위한 것이기 때문에 사례개념화에서 비롯된 상담목표를 설정하는 데에도 집중해야 한다.

상담목표는 상담자 개인적으로 설정하는 것이 아니라 내담자와 합의하여 목표를 설정할 수 있다. 그러기 위해서는 상담목표 설정의 목적과 필요성에 대해 설명하고, 내담자와 함께 목표를 설정하게 된다. 목표를 설정할 때에는 목표 달성이 가져다줄 이점과 손실을 함께 검토해야 하며, 목표 달성의 장애 요인을 파악하는 것이 중요하다. 그리고 때에 따라서는 필요한 경우 상담과정 중 상담목표를 수정하거나 새로운 목표를 설정할 수 있다. 이것은 상담자의 능력이며 재량이라고 볼 수 있다.

여기까지가 학교폭력 상담의 시작인 초기 단계에서 해야 할 과제이다. 하지만 여기서 주의해야 할 사항들이 몇 가지 있다. 우선 의뢰된 학생의 의견을

〈표 12-12〉 내담자의 평가 요소

학교폭력의 유형 평가		평가
사회적	• 비행의 하위문화로서 비행을 저지른다. • 단독으로 비행을 잘 저지르지 않는다. • 집단의 영향을 많이 받고 있다. • 비교적 정상적인 대인관계를 맺는다. • 소속감에 대한 욕구가 크다.	
성격적	• 어린 시절부터 문제행동을 보여 왔다. • 공감능력이 부족하다. • 죄의식 및 양심과 도덕성이 부족하다. • 타인에 대한 인간적인 신뢰의 결핍이 심하다. • 특별한 배려, 친절에 대해 감사할 줄 모른다.	
신경증적	• 타인의 관심을 받고자 노력한다. • 혼자서 주로 비행을 저지른다. • 비행행동 이외 평소 행동이 잘 통제되는 편이었다. • 타인의 인정, 칭찬, 수용을 받고자 한다. • 비행을 저지르게 된 특정 상황의 촉발요인이 있다.	
위험요소 평가		평가
개인 관련	• 충동성/공격성/무력감 • 부적절한 감정처리/부정적 자기평가 • 조망능력 부족/흡연, 음주경험	
가족 관련	• 가족 간 대화 부족/가정불화/구조적 결손 • 부모의 무관심, 편애/엄격, 학대적 양육 • 건강하지 않은 가족, 경제적 어려움	
또래/학교 관련	• 신뢰 부족/방과 후 시간낭비 • 일탈적 또래와 어울림/학교와 학업에 흥미 상실 • 낮은 성적/교칙위반, 교사의 무관심, 부적절한 대우	
지역사회 관련	• 유해환경/술과 담배 구입 용이/관심 주는 어른 부재	
보호요소 평가		평가
개인 관련	• 긍정적 자아개념/분명한 장래희망 • 적극적/긍정적 태도/공격성 조절 능력	
가족 관련	• 긍정적 형제 관계/부모의 지지/부모의 대화 • 자상하고 엄격한 교육/긍정적 부모관계	
또래/학교 관련	• 친한 친구 있음/건전한 과외 활동/친구들과 건전활동 • 교사의 관심과 지지/학교생활의 흥미 • 높은 성적/학업욕구/교사에 대한 긍정적 태도	
지역사회 관련	• 지역주민의 관심/지역사회 프로그램	

출처: 한국청소년상담원(2005). 학교폭력 어떻게 도와 줄 것인가.

존중해주어야 하며 사례개념화를 할 때 내담자의 환경적 요인인 가족, 친구관계 등에 대한 정보도 잘 수집하여 활용해야 한다. 그리고 내담자에게서 나타나는 기능적 요인(자원)과 역기능적 요인(장애)도 잘 파악해야 한다.

(4) 학교폭력 상담의 절정: 상담 중기 접근 방법

상담 중기에서는 무엇보다도 내담자의 문제를 외현화하여 내담자의 변화를 촉진하고 지지하는 활동이 중요하다.

첫째, 내담자 자신의 문제를 외현화시켜서 내부의 변화에 초점을 맞추어야 한다. 학교폭력과 관련한 구체적인 문제 사항들을 외재적으로 표출하는 활동이 여기에 속한다.

예
- 나는 화가 나면 참지 못하고 아무 이유 없이 친구를 때린다.
- 습관적으로 욕을 하고 친구의 물건을 마음대로 사용한다.
- 친구가 때리면 겁이 나서 아무 말도 못하고 참고만 있다.

이때 상담자는 내담자의 말을 경청하면서 내담자의 불평을 수용한다. 내담자의 입장을 충분히 공감하면서 내담자의 초점을 외부나 타인에서 내담자 자신에게로 전환시켜야 한다. 즉 학교폭력의 문제를 다룰 때 타인 등의 외부적 환경이 아니라 내담자 자신의 내부에 초점을 두어야 한다는 말이다. 환경보다는 자신의 내부에 초점을 두어야 효과적인 변화를 기대할 수 있다.

여기서 중요한 것은 가해자는 학교폭력의 문제점과 자신의 행동에 대한 비판적 통찰을 해야 하고, 피해자는 학교폭력 발생에 대한 원인과 현재 자신의 심경에 대한 이해가 전제되어야 한다는 것이다.

둘째, 인지적 변화를 촉진하기 위한 다양한 방법을 적용한다. 보통 학교폭력 발생 사안을 보면 가해학생들 대부분이 잘못된 사고, 즉 비합리적 사고로 인해 많은 문제를 야기하고 있음을 알 수 있다. 따라서 잘못된 인지 상태를 변화시키고 그것을 촉진하기 위해서는 또 다른 삶의 해석을 위한 기회를 제공해야 한다.

ABCDE기법이나 브레인스토밍 등을 통하여 내담자의 인지상태를 점검하고 변화시킬 수 있다.

사실 인지변화 촉진단계는 매우 중요하다. 왜냐하면 학교폭력에 대한 잘못된 사고가 합리적 사고 수준으로 변화하지 않으면 학교폭력에 대한 심각성이나 발생 원인을 제대로 수용할 수 없기 때문이다.

셋째, 상담교사는 행동적 변화 촉진을 위해 전략을 세워야 한다. 학교폭력 상담에서는 인지적 전환도 중요하지만 그것을 통하여 행동으로 이행하는 것이 매우 중요하다. 행동적 변화 촉진을 위해서는 우선적으로 문제 행동에 대한 구체적 정의가 중요하다. 문제 행동을 구체적으로 정의하는 것이 중요한 이유는 구체적일수록 행동수정이 효과적이고 빠르기 때문이다. 바람직한 행동에 대해서 강화를 하여야 하는데 상담자는 강화 기술을 필히 익히는 것이 중요하다. 학교폭력 상담의 내담자는 청소년이 대부분이기 때문에 강화기법을 잘 활용하면 쉽게 상담 목표에 도달할 수 있다. 가해자와 피해자 모두 행동수정과 행동 강화를 통해 학교폭력 예방과 재발 방지, 그리고 대처 행동을 할 수 있게 된다.

보통 행동적 변화 촉진은 학교폭력 가해 학생에게 특히 중요한 활동이 된다. 가해학생을 대상으로 상담을 할 때에는 특히 이 점을 집중적으로 연습하고 강화해야 할 것이다.

넷째, 정서적인 부분에도 변화를 촉진해야 한다. 정서적인 부분은 우선적으로 안정성을 찾을 수 있도록 해야 한다. 가해자나 피해자나 모두 심리적으로 불안정한 상태에 있기 때문에 정서적인 지지를 효과적으로 제공해야 한다. 정서적인 지지를 위한 상담기법으로 빈 의자 기법이나 미래투사기법 등을 활용한다. 정서적 변화 촉진 활동은 특히 피해학생에게 많은 도움을 줄 수 있다. 학교폭력 상담에서 정서적 변화 촉진 활동에서 내담자들의 감정이 주체할 수 없을 정도로 솟아오르는 장면을 많이 맞이하게 될 것이다.

다섯째, 마지막으로 내담자 스스로는 변화를 위해 노력하지만 변화를 저해하는 방해 요인이 있다. 이것을 잘 탐색해야 한다. 즉 상담목표 달성을 어렵게 하는 요인, 문제 행동을 유지시키고 있는 요인, 변화를 유지하기 어렵게 하는 요인 등을 잘 파악해야 한다. 상담자는 내담자와 작업을 할 때 이런 요인들을 스스로 탐색하고 통찰할 수 있도록 조력하는 것이 바람직하다. 일방적으로 알려주는 것은 크게 효과적이지 못하다.

예 • 상담목표 달성을 어렵게 하는 요인: 소극적인 상담 참여, 낮은 기대심
• 문제 행동을 유지시키고 있는 요인: 부모님의 구타, 분노 조절, 비행청소년과 어울림
• 변화를 유지하기 어렵게 하는 요인: 무(無)계획성, 친구들의 무관심, 의지가 약함

상담효과를 극대화시키거나 성공적인 상담을 위해서는 특히 위에서 언급한 요인들을 잘 탐색하고 그것을 제거하거나 개선해 가는 것이 중요하다. 특히 문제 행동을 유지시키고 있는 요인을 탐색하고 제거하는 활동은 가장 중요하다. 왜냐하면 이 요인이 바로 문제 행동 유발 요인이 되기도 하고 아무리 개선의 의지가 있다 하더라도 이 요인이 개선되지 않으면 원점으로 돌아오기 때문이다. 이 요인은 학교폭력의 발생 요인과도 아주 흡사하기 때문에 반드시 이 요인들을 집중적으로 개선하기 위한 활동이 이뤄져야 한다.

여섯째, 마지막으로 저해 요인들을 어떻게 제거하고 극복할 것인가를 탐색하고, 나아가 변화가 내담자와 주변 사람들에게 미치는 영향을 예견하여 대응 전략을 수립하는 것이다.

이 단계에서는 내담자와 많은 생각과 대화를 하게 된다. 개선을 위한 전략을 세우는 단계이기 때문에 아주 중요한 시간이다. 변화에 대한 청사진을 그려보고 긍정적인 면과 부정적인 면을 함께 고려한다. 결과가 좋으면 그 방향으로 집중적인 전략을 세우게 된다. 이때 전략은 아주 구체적이고 실천 가능한 것으로 설정하는 것이 좋다. 이때에는 과제도 제시하고 구체적인 계획안을 작성하기도 한다. 실천의지를 북돋우기 위해 때론 상담자와 내담자 간의 계약이나 강력한 지지도 필요하다. 이때 적절한 강화활동이 적용된다.

(5) 학교폭력 상담 마무리: 상담 종결기 접근방법

학교폭력 상담을 어느 정도 진행하다 보면 상담을 종결하기 위한 단서들이 나타나게 된다. 이를테면, 합의된 목표를 달성했을 때, 내담자의 증상이 보이지 않거나 감소했을 때, 상담 원인이 되었던 스트레스 유발 감정이 제거되었을 때, 갈등 상황에 적절하게 반응할 수 있을 때, 내담자가 지속적으로 감정이 좋아졌다고 할 때, 내담자의 주변 사람들이 내담자가 변화하였다고 할 때 등이다. 그러면 서서히 상담을 마무리하고 종결할 준비를 하게 된다. 물론 학교폭력 상담에서는 가해자와 피해자 모두 학교생활에 기능적으로 잘 적응할 수 있게 하는 데 큰 의의가 있기 때문에 상담을 종결할 때는 담임교사, 친구들, 학부모의 의견도 참고해야 한다.

이제 상담 종결기가 되면 상담자는 내담자와 함께 파악해야 할 내용들이 있다. 지금까지 구체적인 행동으로 실현했는가를 점검하고 지금까지의 상담과정에 대해서 되돌아보는 시간을 가져야 한다. 그리고 상담관계를 종료하는 느낌을 공유하고 종료 후에도 도움을 줄 수 있다는 것을 안내해야 한다. 또는 다른 프로그램을 추천하거나 외부 기관에 연계할 수도 있음을 알려야 한다.

(6) 지속적인 관리 상담: 추수상담

일단 학교폭력 상담이 종결되면 모든 상담이 다 종결되는 것은 아니다. 내담자들이 학교에서 건강한 학교생활을 위해서 언제나 관리하고 관심을 가져야 한다. 따라서 추수상담 및 추수지도는 불가피한 것이다. 사실 학교폭력 상담에서 매우 중요한 것이 바로 추수상담 활동이다. 왜냐하면 학교폭력이라는 것이 언제 재발할지 아무도 모르는 일이며, 가해자와 피해자는 같은 학교, 같은 공간에 공존할 확률이 높기 때문이다. 따라서 일시적인 학교폭력 상담을 넘어서 지속적인 추수관리 상담이 병행되어야 함을 강조한다.

상담효과가 지속적으로 유지되고 있는지를 파악해야 하고, 상담종결 후 내담자의 생활을 탐색하는 것이 중요하다. 추수상담의 형태로는 상담, 간단한 만남,

전화, 문자, 쪽지 상담 등이 있고, 일정은 상담 종료 후 자율적으로 적절하게 운영하면 된다. 내담자뿐만 아니라 내담자의 생활에 대해 담임교사, 교과교사, 학부모 등으로부터 내담자에 대한 정보를 꾸준히 수집해야 한다.

필요한 경우 상담목표를 재구성할 수도 있지만 어느 정도 문제가 호전되고 변화가 유지되면 그때 상담을 완전히 종결하는 것이 좋다.

종결 후에는 상담경과에 대한 상담종결보고서를 작성하여 담임교사 및 학부모 등에게 공지하여야 한다.

〈표 12-13〉 개인상담 종결보고서

개인상담 종결보고서					
사례번호		상담자		상담일자	
종결구분	□ 내부종결(□ 일반종결 □ 의뢰 취소 □ 본인 거절 □ 보호자 거절 □ 기타) □ 외부이관(□ 치료 지원 □ 사회적 지원 □ 경제적 지원 □ 기타)				
종결설명					

■ 학생

이름		성 별		생년월일	
소속(학교)				학년/반	
집전화				휴대전화	

■ 의뢰 접수 정보

의뢰일자		접수자		면접일자	
의뢰자		관계		연락처	
보호자 성명		관계		연락처	
사례유형	□ 내방상담 □ 이동상담 □ 특별교육 □ 집단상담 □ 심리검사				

■ 종결보고

주 호소문제	
상담목표 및 전략	1. 2. 3.
종합의견	
개입내용 및 서비스종류	□ 특별교육: (　　)회　□ 개인상담: (　　)회 □ 학부모상담: (　　)회　□ 학습: (　　)회 □ 진로: (　　)회　□ 지원: (　　)회 □ 심리검사: (　　) □ 연계기관: (　　)　□ 집단상담: (　　)
만족도	

(7) 학교폭력예방 및 대책을 위한 연간 운영계획

전문상담교사는 학교폭력예방 및 대책의 일환으로 학년 초 Wee클래스 운영 연간계획을 작성한다. 이를 바탕으로 학교폭력 예방을 위한 교육과 상담이 이루어진다. 물론 전문상담교사는 학교폭력 상담 외에도 다양한 영역의 상담을 하기 때문에 언제나 학교상담을 위한 계획을 하고 있어야 한다.

〈표 12-14〉 학교폭력예방 및 대책을 위한 연간 운영계획 예시

영역	추진내용	목표	실시시기(월)												비고
			3	4	5	6	7	8	9	10	11	12	1	2	
상담실 환경 정비	상담실 환경조성	2	O						O						
	학교폭력 관련 자료 비치 및 안내	4	O			O			O			O			
학생 이해자료 및 분석활용	학교폭력 실태조사	6	O		O		O		O		O			O	
	주 관심 학생조사	12	O	O	O	O	O	O	O	O	O	O	O	O	
	표준화검사 실시 및 활용	2	O						O						
학교폭력 상담활동 전개	학교폭력 예방 상담	연중	O	O	O	O	O	O	O	O	O	O	O	O	
	학교폭력 가해자 및 피해자 상담	연중	O	O	O	O	O	O	O	O	O	O	O	O	
	학교폭력 상담 통신문 발송	4	O		O				O		O				
	또래상담부 운영	연중	O	O	O	O	O	O	O	O	O	O	O	O	
	학교폭력 집단상담	4		O		O			O		O				
	심리검사	연중	O	O	O	O	O	O	O	O	O	O	O	O	
	타 기관 연계	연중	O	O	O	O	O	O	O	O	O	O	O	O	
평가	학교폭력 상담 평가 및 계획	3	O				O					O			

출처: 전라남도 한울고등학교(2015).

2) 학교폭력 상담과 담임교사 및 일반교사의 역할[5)]

지금부터는 학교폭력이 발생하였을 때 담임교사나 일반교사가 위급한 상황에서 취할 수 있는 상담과정과 대처방법을 설명하고자 한다.

5) 교육부(2007). 학교폭력상담매뉴얼, pp.193-205.

(1) 피해학생과의 상담

① 상담과정

가. 상담을 요청한 사실에 대해 적극적으로 칭찬을 한다.

나. 래포 형성을 위해 정서적인 공감대를 형성한다. 신체적, 정서적으로 안전에 대한 지지가 무엇보다도 중요하다.

다. 피해상황을 정확하게 파악하되 피해학생의 신체적, 정신적 피해가 어느 정도인지, 어떤 도움이 필요한지를 구체적으로 파악한다. 피해자가 심리적으로 크게 위축된 경우 당당하게 자신의 마음과 의견을 주장할 수 있도록 지지한다.

라. 보복에 대한 두려움이 큰 경우 사건에 대한 적극적인 대처가 보복 및 사건 재발을 방지하는 데 도움이 된다는 것을 알리고 상담자와 함께 문제를 해결하도록 지지한다.

마. 피해 상황을 구체적으로 파악한 후 피해를 얼마나 어떻게 당했는지 피해의 원인을 탐색한다.

바. 향후 피해학생이 학교폭력을 당하지 않도록 피해학생이 취할 수 있는 방법을 탐색한다.

사. 부모에게 사실을 알리고 주변의 도움을 요청하는 것이 사건 해결의 열쇠임을 안내한다.

아. 합리적인 사건 해결을 위해서 피해 사실에 대한 증거자료를 충분히 준비하도록 안내한다.

② 주의사항

가. 사실을 은폐하거나 축소하지 않고 있는 그대로 솔직하게 알리는 것이 중요함을 설득한다.

나. 또래로부터의 소외나 배신으로 인한 정서적 충격이 상당히 큰 상태이다. 이에 대한 심리상담이 위주가 되어야 하며 피해 후유증이 치유될 수 있도

록 해야 한다.

다. 피해학생의 부족한 사회기술 부분에 대해서는 훈련이 필요하다.

라. 피해학생이 잘못하고 못난 탓으로 문제가 발생했다는 자기 패배의식에서 벗어날 수 있도록 상담자는 도와야 한다.

마. 심리적인 피해가 심각한 상황일 경우 필요한 심리검사 등을 실시하여 결과에 따라 전문상담을 권유하는 등 전문적인 조치를 취해야 한다.

③ 피해학생을 위한 지침(상담을 통해 피해학생이 해야 할 사항)

가. 피해학생이 자기패배 의식을 버리고 도움을 요청한다.

나. 신고를 통하여 자신을 보호하고 권리를 찾는 것이라는 강한 의지를 가진다.

다. 보복을 두려워하지 않는다.

라. 일단 부모 및 담임교사에게 사실을 알린다.

마. 학교폭력대책자치위원회에서 문제를 해결할 수 있도록 공식 요청한다.

바. 사건을 주변에 알릴 경우 구체적으로 사건을 말한다.

사. 증거 자료를 확보한다.

아. 등하굣길은 혼자 다니지 말고 친구, 부모, 선생님 등의 도움을 받는다.

자. 자신에게도 문제가 있다고 생각될 경우 근본원인을 탐색하고 전문가의 도움을 받는다.

(2) 피해학부모와의 상담

① 상담과정

가. 피해상황에 대한 학부모의 정서적인 놀람과 분노의 감정을 충분히 지지함으로 공감대를 형성한다.

나. 사건상황을 구체적으로 파악한다.

다. 사건 이후의 상황을 파악한다. 피해자의 상황과 가해자의 상황, 학교 측의 태도 및 조치에 대해 확인한다.

라. 피해자가 원하는 도움이 무엇인지 파악한다.

마. 사건 해결을 위한 방법을 탐색하고 관련 정보를 제공한다.

바. 위원회에 공식 요청할 것인가를 결정한다.

② 주의사항

가. 가해 측과 학교 측에 감정적으로 대응하지 않도록 하고 감정적으로 대응할 경우의 불이익을 설명한다.

나. 피해의 원인이 피해자의 성격적인 것에 있는 것으로 추정될 경우 부모의 양육 태도나 가정의 분위기가 학생의 성격과 정서적인 측면에 어떠한 영향을 미치는지 안내하고 근본적인 문제해결을 위해 가족들이 함께 도움을 주도록 설득한다. 이때 부모의 입장에서 오해할 수도 있기 때문에 충분히 설득하고 조심스럽게 접근해야 한다.

다. 사건해결을 위해 피해사실에 대한 증거자료를 충분히 준비하도록 안내한다.

라. 피해자 측의 요구사항이 가해학생의 처벌보다는 피해학생의 학교적응을 위한 것이 되도록 한다.

마. 피해자의 요구가 가해자 처벌 및 치료비와 합의금의 문제일 경우 현실적으로 가능한 수준에서 제시하고 한계를 수용할 수 있도록 설득한다.

바. 이성적으로 진행하기 어렵다고 판단되는 경우는 심리적인 부분에서 안정을 취할 수 있도록 전문적인 상담이나 치료 전문가에게 연계하는 것이 좋다.

(3) 가해학생과의 상담

① 상담과정

가. 가해당사자로서 상담을 요청한 것에 대해 용기를 칭찬하고 지지한다.

나. 사건상황을 구체적으로 파악한다.

다. 가해학생이 상담을 통하여 어떤 도움을 원하는지 객관적으로 파악한다.
라. 사건의 해결을 위해 주변의 도움이 있음을 알리고 함께 해결하도록 한다.

② 주의사항

가. 학교폭력법에서는 가해학생을 불러서 그런 사실이 있는지에 대해 답변할 기회를 주도록 하고 있으므로 반드시 피해사실과 가해사실을 객관적으로 확인하는 절차를 필요로 한다.

나. 왜 폭력을 하게 되었는가에 대한 이유, 심리 내적 요인과 외적 요인을 면밀히 탐색하며 듣고 공감한다.

다. 훈계나 행위에 대한 평가는 가해학생에게 오히려 역효과를 줄 수 있으므로 비난하거나 심문조의 상담은 금한다. 가급적이면 부드러운 어조로 하는 것이 좋다.

라. 사실을 은폐하거나 축소하는 것보다는 있는 그대로 인정하고 자신의 잘못에 대해 책임을 지는 것이 미치는 긍정적인 측면을 강조한다.

마. 가해학생에게 어떤 과정을 거쳐 어떤 조치를 받게 되는지 현실적인 처벌 부분도 직시하도록 해야 한다.

바. 가해학생을 둘러싼 환경적인 요인이 제거될 수 있도록 돕는 부분도 가해학생을 상담하는 상담자의 중요한 역할이다.

사. 폭력성의 근본적 원인을 탐색하고 특성상 내재된 분노가 많은 가해학생의 경우 분노표출과 분노조절에 초점을 맞추는 등 가해행동의 원인 해결에 초점을 두고 상담을 진행한다.

아. 장래목표를 설정하여 내재된 에너지를 긍정적인 방향으로 사용할 수 있도록 한다.

자. 가해행동 패턴의 원인이 가족체계의 문제로 파악될 경우 부모상담과 가족치료적 접근을 통해 가해행동의 원인을 근본적으로 치료하는 것이 효과적이다.

③ 가해학생을 위한 지침(상담을 통해 가해학생이 해야 할 사항)

가. 먼저 감정을 가라앉히고 침착하며 진지하게 원인과 자신의 행동에 대해 생각해 본다.

나. 어떠한 이유든 폭력은 인간의 존엄성을 파괴하고, 생명의 소중함을 무시하는 행위임을 기억한다.

다. 피해학생의 입장을 이해하도록 하고, 진심 어린 사과를 통한 합리적인 해결 방법을 이해한다.

라. 가해행동은 범죄행위로서 법적 처벌이 가능함을 안다.

마. 보호자에게 자신의 가해 상황을 있는 그대로 구체적으로 알리되 사실을 축소하거나 은폐하는 것은 사건 해결에 방해가 됨을 기억한다.

바. 평소 감정조절하기가 어려운 경우, 근본적인 문제해결이 무엇인지 생각한다. 이때 전문적인 심리상담을 통해 스트레스 해소방법을 찾고 화난 마음을 건강하게 표출하는 방법을 찾는 것이 도움이 된다.

(4) 가해학부모와의 상담

① 상담과정

가. 가해학부모로서의 불안과 갈등에 대하여 정서적인 공감대를 형성하고 충분히 지지하도록 한다.

나. 사건 상황을 정확하고 구체적으로 파악한다.

다. 사건해결을 위해 내담자가 필요로 하는 도움이 무엇인지를 파악한다.

라. 중립적이고 객관적인 태도로 필요한 정보를 제공한다.

마. 사건처리 절차와 예상되는 결과를 알려준다.

② 주의사항

가. 대부분의 가해학생 부모의 심리가 당황스러움, 의심, 혼란, 합리화, 사건의 축소, 염려, 미래에 대한 불안감을 호소하므로 가해학부모의 심정을

잘 듣고, 공감하고, 치료동맹 관계를 잘 맺어 나가는 것이 중요하다.

나. 상담자는 가해학생의 부모가 피해학생의 부모와 입장을 바꿔 생각해보고 상대방의 입장을 공감할 수 있도록 도와야 한다.

다. 가해부모로서의 심적 부담감과 불안감이 안정되면 자녀의 가해행동에 대한 책임을 분명히 밝히고 가해행위에 대한 적절한 보상과 반성의 자세가 중요함을 알린다.

라. 문제해결을 위해서도 가능하면 피해학생 부모와의 충돌 없이 협의를 통해 원만한 해결책을 찾을 수 있도록 이끌어 주는 것이 중요하다.

마. 향후 치료비 및 정신적 피해 보상금 등의 합의금 문제가 있을 경우 합의금 수준은 어느 정도가 적당한지 등을 함께 논의하고 현실적으로 가능한 수준을 제시한다.

바. 가해학생의 폭력 발생 요인 중 강력한 요인으로 가족관계 맥락을 들 수 있다. 그러므로 문제해결을 위한 위기상담과 자녀양육을 위한 부모교육 상담이 함께 이루어져야 한다(이병환 · 김경선, 2020).

CHAPTER

부록

1. 학교폭력 관련 양식 〈자료출처: 2023년 개정판 학교폭력 사안처리 가이드북〉

양식 1-1

학교폭력 신고 접수 대장

* (   )학교

사안 번호	신고 접수 일시	신고자 (연락처) 또는 신고기관	신고내용	접수 사실 통보		가해자와 피해학생 분리	작성자 (책임 교사)
				피해관련 학생/보호자	가해관련 학생/보호자		
2023-1						*분리 시행*	
2023-2						*분리 미시행 (피해학생 반대의사 표명)*	

[참고] 사안번호는 모든 관련 서류에 동일하게 작성

양식 1-2

가해자와 피해학생 분리의사 확인서

■ **사안 번호:** *(학교에서 작성, 학교폭력 신고 접수 대장의 사안 번호)*

아래 내용을 확인하여 해당 칸에 표시하여 주시기 바랍니다.

「학교폭력예방법」제16조제1항에 따른 '가해자와 피해학생 분리'를

□ 희망합니다. □ 희망하지 않습니다

○ **제도 도입 취지:** 피해학생의 심리적 불안감 해소 및 2차 피해 방지, 고조된 학교폭력 갈등 상황 완화를 위해 동일 학교에서 발생한 학교폭력 발생 초기에 학교장이 학교폭력을 '인지'한 경우 가해자와 피해학생을 일시 분리합니다(법률 제16조제1항).

※ 사안조사 전 단계이므로, 가해자-피해학생은 가해 추정자-피해 추정학생의 의미입니다.

○ **'가해자와 피해학생 분리'는 최대 3일 범위 내*에 실시**하되, 제16조제1항 또는 제17조 제4항에 따라 긴급조치가 시행되어 가해자와 피해학생이 분리되면 **종료**됩니다.

※ 가해자와 피해학생의 분리 시행일 당일은 분리 기간에 포함(초일 포함)되며, 공휴일이나 토요일이 분리 기간에 포함되더라도 이를 기간에 포함하여 계산함

○ 관련학생 **쌍방이 서로 피해를 주장**하며 **분리를 요청**하는 경우 양측의 의사를 모두 반영하여 상호분리를 하여야 합니다.

○ 가해자와 피해학생의 분리 기간 중에도 제16조제1항 또는 제17조제4항에 따라 긴급조치를 시행할 수 있습니다.

○ 학교는 해당 기간 동안 관련학생의 학습권 보장을 위해 학교 내에 별도 공간을 마련하고 교육자료 제공, 원격 수업 등을 실시합니다.

○ 학교 내에 별도 공간 마련이 어려워 가정 또는 기타 학교 외의 장소를 이용하여 분리조치를 시행한 경우, 분리 기간은 「학교생활기록 작성 및 관리지침」의 '기타 부득이한 사유로 학교장의 허가를 받아 결석하는 경우'로 **출석인정 결석**으로 처리됩니다.

2023 년 월 일

피해학생: (서명 또는 인)

○○○○학교장 귀중

양식 1-3

학교폭력 사안 접수 보고서

* 사안번호: (   )학교   2023-(   )호

<table>
<tr><td rowspan="2">학교명</td><td rowspan="2"></td><td rowspan="2">교감</td><td>성명</td><td></td><td rowspan="2">담당자
(책임
교사)</td><td>성명</td><td></td></tr>
<tr><td>휴대전화</td><td></td><td>휴대전화</td><td></td></tr>
<tr><td>접수 일시</td><td colspan="7">년 월 일 (오전/오후) 시 분</td></tr>
<tr><td>신고자
(성명, 신분)</td><td colspan="3">* 신고자가 익명을 희망할 경우 익명 처리</td><td>접수·
인지경로</td><td colspan="3">* 피해자 직접신고
* 담임, 보호자 신고
* 주변 학생 신고</td></tr>
<tr><td rowspan="3">가해자와
피해학생 분리
여부</td><td colspan="3">분리 시행 여부</td><td colspan="4">가해자와 분리학생 예외</td></tr>
<tr><td colspan="2">시행</td><td>미시행</td><td colspan="4" rowspan="2">* 피해학생 반대의사 표명(   )
* 교육활동 중이 아님(   )
* 학교장이 긴급 선도조치를 시행하여 가해학생이 이미 분리됨(   )</td></tr>
<tr><td colspan="2">*분리기간: 2일 (예시)</td><td></td></tr>
<tr><td>신고·인지
내용</td><td colspan="7">* 육하원칙에 의거 접수한 내용을 간략히 기재</td></tr>
<tr><td rowspan="4">관련학생</td><td>성명</td><td>학교명</td><td>성별</td><td>학번</td><td>보호자
통보
여부</td><td colspan="2">비고
(가해(관련)/ 피해(관련)/ 장애학생/ 다문화학생)</td></tr>
<tr><td></td><td></td><td></td><td></td><td></td><td colspan="2"></td></tr>
<tr><td></td><td></td><td></td><td></td><td></td><td colspan="2"></td></tr>
<tr><td></td><td></td><td></td><td></td><td></td><td colspan="2"></td></tr>
<tr><td>기타 사항</td><td colspan="7">(경찰신고, 고소, 소송 여부 등)

* 아동·청소년 대상 성범죄 사안은 반드시 수사기관(112 또는 117) 신고(신고 일시 기재)</td></tr>
<tr><td rowspan="2">타학교 관련
여부</td><td>관련학교명</td><td colspan="6">* 신고 접수 시 타학교 관련성이 확인되지 않은 경우에는 공란으로 처리</td></tr>
<tr><td>통보여부</td><td colspan="6">(통보 일시, 방법)
(통보 받은 사람)   (연락처)</td></tr>
</table>

[참고] 학교폭력 접수 사안을 학교장 및 교육(지원)청에 보고 (48시간 이내 보고)

양식 2-1

학생 확인서

* 사안번호: (   )학교   2023-(   )호

<table>
<tr><td>성명</td><td></td><td>학년 / 반</td><td>/</td><td>성별</td><td>남 / 여</td></tr>
<tr><td>연락처</td><td>학생</td><td colspan="2"></td><td>보호자</td><td></td></tr>
<tr><td colspan="2">관련학생</td><td colspan="4"></td></tr>
<tr><td colspan="2">사안 내용</td><td colspan="4">※ 피해 받은 사실, 가해한 사실, 목격한 사실 등을 육하원칙에 의거하여 상세히 기재하세요. (필요한 경우 별지 사용)</td></tr>
<tr><td colspan="6"></td></tr>
<tr><td colspan="2">필요한 도움</td><td colspan="4"></td></tr>
<tr><td>작성일</td><td colspan="2">2023 년 ___월 ___일</td><td>작성 학생</td><td colspan="2">(서명)</td></tr>
</table>

양식 2-2

보호자 확인서

* 사안번호: (   )학교   2023-(   )호

> 1. 본 확인서는 학교폭력 사안 조사를 위한 것입니다.
> 2. 자녀와 상대방 학생에 관련된 객관적인 정보를 제공해 주셨으면 합니다.
> 3. 사안 해결을 위해 학교는 객관적이고 적극적인 자세로 임할 것입니다.

<table>
<tr><td>학생 성명</td><td colspan="2"></td><td>학년 / 반</td><td>/</td><td>성별</td><td>남 / 여</td></tr>
<tr><td colspan="2">사안 인지 경위</td><td colspan="5"></td></tr>
<tr><td colspan="2">현재
자녀의 상태</td><td colspan="5">신체적 -
정신적 -</td></tr>
<tr><td rowspan="3">자녀
관련
정보</td><td>교우 관계</td><td colspan="5">(친한 친구가 누구이며, 최근의 관계는 어떠한지 등)</td></tr>
<tr><td>학교폭력 경험 유무
및 내용</td><td colspan="5">(실제로 밝혀진 것 외에도 의심되는 사안에 대해서도)</td></tr>
<tr><td>자녀 확인 내용</td><td colspan="5">(사안에 대해 자녀가 보호자에게 말한 것)</td></tr>
<tr><td colspan="2">현재까지의 보호자 조치</td><td colspan="5">(병원 진료, 화해 시도, 자녀 대화 등)</td></tr>
<tr><td colspan="2">사안 해결을 위한
관련 정보 제공</td><td colspan="5">(특이점, 성격 등)</td></tr>
<tr><td colspan="2">현재 보호자의 심정</td><td colspan="5">(어려운 점 등)</td></tr>
<tr><td colspan="2">본 사안 해결을 위한 보호자
의견, 바라는 점</td><td colspan="5">(보호자가 파악한 자녀의 요구사항 등)</td></tr>
<tr><td>작성일</td><td colspan="3">2023 년 ____월 ____일</td><td>작성자</td><td colspan="2">(서명)</td></tr>
</table>

양식 2-3

(피해·가해학생) 긴급조치 보고서

* 사안번호: (   )학교   2023-(   )호

<table>
<tr><td>대상학생</td><td>학년 / 반</td><td></td><td>성명</td><td></td></tr>
<tr><td>사안 개요
(조치원인)</td><td colspan="4">※ 접수한 사안 내용을 육하원칙에 의거 간략히 기재</td></tr>
<tr><td rowspan="4">조치 내용</td><td rowspan="2">피해학생</td><td>조치 사항</td><td colspan="2"></td></tr>
<tr><td>법적 근거</td><td colspan="2">「학교폭력 예방 및 대책에 관한 법률」 제16조제1항</td></tr>
<tr><td rowspan="2">가해학생</td><td>조치 사항</td><td colspan="2"></td></tr>
<tr><td>법적 근거</td><td colspan="2">「학교폭력 예방 및 대책에 관한 법률」 제17조제4항</td></tr>
<tr><td>조치일자</td><td colspan="4">년   월   일</td></tr>
<tr><td>긴급 조치의
필요성</td><td colspan="4"></td></tr>
<tr><td>관련학생 또는
보호자 의견청취
여부</td><td colspan="4">① 의견청취 완료 (일시: __________ , 방법: __________)
② 의견을 들으려 하였으나 이에 따르지 않음
※ 출석정지 조치를 하고자 할 경우 의견청취는 필수 절차임</td></tr>
<tr><td rowspan="2">관련학생 및
보호자 통지</td><td>통지일자</td><td colspan="3"></td></tr>
<tr><td>통지방법</td><td colspan="3"></td></tr>
<tr><td colspan="5">작성자 :
확인자 :   학교장</td></tr>
</table>

[참고] 피해학생 긴급 보호조치는 법률 제16조제1항에 의거 즉시 심의위원회에 보고
가해학생 긴급 선도조치는 법률 제17조제4항에 의거 즉시 심의위원회에 보고 및 추인을 받아야 함

양식 2-4

학교폭력 사안조사 보고서

* 사안번호: (　　　　　　　　)학교　2023-(　)호

<table>
<tr><td>신고 접수 일자</td><td colspan="2">년　월　일</td><td colspan="2">담당자 성명 & 연락처</td><td colspan="3"></td></tr>
<tr><td>사안 유형</td><td colspan="7">유형: 신체폭력/ 언어폭력/ 금품갈취/ 강요/ 따돌림/ 성폭력/ 사이버폭력/ 기타(중요도 순서로 기재)
•</td></tr>
<tr><td rowspan="4">관련 학생</td><td>학교</td><td>학년 반/번호</td><td>성 명</td><td>성 별</td><td>(공동사안인 경우) 관련학교의 사안 번호</td><td>학생선수 여부 (V 표시, 가해(관련)학생에 한함)*</td><td>비고 (가해(관련)/ 피해(관련))</td></tr>
<tr><td></td><td>/</td><td></td><td></td><td></td><td></td><td></td></tr>
<tr><td></td><td>/</td><td></td><td></td><td></td><td></td><td></td></tr>
<tr><td colspan="7">* 국민체육진흥법 개정으로 「학생징계정보 수집」이 시행('22.8.11.)됨에 따라 학교의 학생선수 담당 교사로부터 학생선수 확인 서류를 제출 받은 경우, V 표시</td></tr>
<tr><td>사안 개요 (참석안내서 사안 개요)</td><td colspan="7">※ 신고내용과 관련하여 전담기구에서 확인한 내용을 육하원칙에 의거 구체적으로 기재 (피해(관련)학생의 신고내용이 누락되지 않도록 주의)
•</td></tr>
<tr><td>사안 경위</td><td colspan="7">※ 사안의 전후, 사안 접수, 전담기구 조사, <u>양측의 주장을 포함한 전체 사건 내용</u>, 전담기구 심의 등을 시간의 흐름에 맞춰 구체적으로 기재
•</td></tr>
<tr><td rowspan="3">가해자와 피해학생의 분리 여부</td><td colspan="4">분리 시행 여부</td><td colspan="3">가해자와 피해학생 분리 예외</td></tr>
<tr><td colspan="2">시행</td><td colspan="2">미시행</td><td colspan="3" rowspan="2">* 피해학생 반대의사 표명(　)
* 교육활동 중이 아님(　)
* 학교장이 긴급 선도조치를 시행하여 가해학생이 이미 분리됨(　)</td></tr>
<tr><td colspan="2">*분리기간: 2일 (예시)</td><td colspan="2"></td></tr>
<tr><td>자체해결 요건 충족 여부</td><td colspan="4">객관적 요건(4가지) 충족 여부(O/X)</td><td colspan="3">피해학생 및 그 보호자 자체해결 동의 여부(O/X)</td></tr>
</table>

<table>
<tr><td></td><td colspan="2">※ 4가지 요건 :▲ 진단서 미제출함 ▲ 재산상 피해가 없거나 즉각 복구함 ▲ 지속적이지 않음 ▲ 보복행위가 아님</td><td></td></tr>
<tr><td rowspan="6">쟁점 사안</td><td>주요 쟁점 1.</td><td>•
※ 기타 쟁점 사안이 있는 경우 추가 작성</td><td>근거자료
※ 작성날짜 포함</td></tr>
<tr><td>피해(관련) 학생의 주장 내용</td><td>•</td><td></td></tr>
<tr><td>가해(관련) 학생의 주장 내용</td><td>•</td><td></td></tr>
<tr><td>목격학생의 진술</td><td>•</td><td></td></tr>
<tr><td>주요 쟁점 2.</td><td>※ 위와 동일</td><td>근거자료
※ 작성날짜 포함</td></tr>
<tr><td>....</td><td>....</td><td>....</td></tr>
<tr><td colspan="4">시행령 제19조 판단요소 관련 확인 사실 기재
※ 학교는 작성 시 참고사항에 따라 각 판단요소별 구체적으로 사실을 기재(점수를 기재하는 것이 아님)</td></tr>
<tr><td>가해학생이 행사한 학교폭력의 심각성·지속성·고의성</td><td colspan="3">•</td></tr>
<tr><td>가해학생의 반성 정도</td><td colspan="3">•</td></tr>
<tr><td rowspan="3">가해학생 및 보호자와 피해학생 및 보호자간 화해 정도</td><td colspan="3">•</td></tr>
<tr><td colspan="3">관계회복 프로그램·갈등조정 등을 진행하였는지, 진행할 의사가 있는지</td></tr>
<tr><td colspan="3">•</td></tr>
<tr><td>해당 조치로 인한</td><td colspan="3"></td></tr>
</table>

가해학생의 선도 가능성	•	
피해학생이 장애학생인지 여부	•	
긴급조치 여부	피해학생	
	가해학생	
가해학생 학교폭력 재발 현황	*※ 학교폭력 가해학생 조치사항 관리대장을 통해 확인될 수 있는 가해학생의 학교폭력 횟수 기재*	
특이사항 및 고려사항	*※ 성 관련 사안 여부, 치료비 분쟁, 피해학생이 다문화학생인지 여부, 관련 학생 및 그 보호자의 요구사항, 언론보도 등 특이사항 기재* •	

	기타 사항(학교 의견 등)
	• (자유롭게 기술, 없으면 공백)

[참고]

1. 「학교폭력 예방 및 대책에 관한 법률」 제14조제5항에 의거 전담기구는 학교폭력에 관련된 조사결과 등 활동결과를 보고하여야 함
   ※ 학교장 자체해결이 되지 않은 경우, 학교장 결재 후 심의위원회 보고
2. 시행령 제19조 판단요소 확인 시 참고 사항

학교폭력 사안조사 시 판단사항	작성 시 참고 사항
1. 심각성 판단 요소	성폭력인지 여부, 폭행·상해의 정도, 진단서 제출 여부, 집단폭력인지, 피해학생의 수, 위험한 물건을 사용했는지, 폭력이 발생한 장소 및 시간 등
2. 지속성 판단 요소	전담기구 심의결과, 해당 학교폭력이 지속된 기간 및 횟수
3. 고의성 판단 요소	이전에 피해학생과 마찰이 있었는지, 비슷한 행동을 행사한 적이 있는지, 폭력이 발생한 장소에 모이게 된 이유, 만류가 있음에도 행사한 것인지, 교사의 지도가 있음에도 그렇게 행동했는지, 비난받을 행동임을 알고 있는지 등
4. 반성 정도 판단 요소	전담기구 조사 협조 여부, 사안접수 이후의 태도 변화, 확인된 내용을 인정하는지 등
5. 화해 정도 판단 요소	고소·고발 여부, 화해가 되었는지, 합의서가 제출되었는지, 화해의 노력을 하고 있는지, 학생 및 보호자에게 갈등조정 등에 대한 의지가 있는지 등
6. 가해학생의 선도 가능성 판단 요소	가해학생이 이전에 학교폭력으로 조치를 받은 적이 있는지, 평소의 생활 태도, 사안접수 이후의 태도 변화, 해당조치로 가해학생 선도와 피해학생 보호가 충분한지 등
7. 피해학생이 장애학생인지 여부	장애유형(영역) 및 정도 등

양식 2-5

피해 · 가해학생 보호자 개인정보

* 사안번호: ( )학교 2023-( )호

연번	사안번호	학생 성명	보호자			
			성명	학생과의 관계	연락처	(우편번호) 주 소

[참고] 보호자 개인정보 수집시, 별도의 동의를 요하지 않음

양식 2-6

학교폭력대책심의위원회 개최 요구 공문

○○중학교

수신 ○○교육지원청(○○교육지원과)

(경유)

제목 ○○교육지원청 학교폭력대책심의위원회 개최 요청

1. 관련
   가.「학교폭력예방 및 대책에 관한 법률」제13조제2항
   나. ○○○○학교-○○○○(2023.00.00.)호*(※관련 내부공문)*
2. ○○교육지원청 학교폭력대책심의위원회 개최를 다음과 같이 요청하오니, 협조하여 주시기 바랍니다.

구분	소속학교	학년/반	이름	학교 사안번호	학생선수 여부 (가해(관련)학생에 한함)	비고
피해학생	○○중학교	3-1	○○○	○○중 2023-1		예시
가해학생	○○중학교	3-1	○○○	○○중 2023-1	V	학생선수의 생년월일
가해학생	○○고등학교	1-2	○○○	○○고 2023-2		예시

붙임 1. 피해·가해학생 확인서 ○부.
2. 보호자 확인서 ○부.
3. 목격학생 확인서 ○부.
4. 학교폭력 사안조사 보고서 1부.
5. 피해·가해학생 긴급조치 보고서 ○부.
6. 전담기구 심의결과 보고서 ○부.
7. 피해·가해학생 보호자 개인정보(우편번호, 주소, 보호자명, 학생과의 관계, 휴대폰번호 등)
8. 학생선수 확인을 위한 관련 서류(학교장 확인서, 선수등록증명서, 학생선수 확인서 중 1가지 이상)
   ※ 교육부 교수학습평가과-3822(2022.8.3.) 참조, 학생선수가 아닐 경우 필요하지 않음
9. 기타 심의위원회 심의·의결에 필요한 서류 각 1부. 끝.

기안자 검토자 결재자

협조자 (학생선수 사안일 경우 학생선수 담당자 협조 결재)

양식 3-1

학교폭력 전담기구 심의결과 보고서

* 사안번호: (   )학교   2023-(   )호

1. 일　시 :　　　년　　월　　일(　요일)　　시　　분
2. 장　소 :
3. 참 석 자

○○○ ○○○　　○○○　○○○

○○○ ○○○　　○○○　○○○

4. 심의 주제 : 사안번호 2023-00호 (   )에 대한 학교장 자체해결 요건 충족 여부 심의

5. 심의 내용

※ 전담기구 사안 조사 내용

-
-
-

※ 필수 확인 사항

- 법률 제13조의2 제1항 제1호~제4호 판단하여 해당 여부 체크

학교장 자체해결 가능 요건	해당 여부 (O, X)
1. 2주 이상의 신체적·정신적 치료를 요하는 진단서를 발급받지 않은 경우	
2. 재산상 피해가 없거나 즉각 복구된 경우(추후 재산상 피해를 복구해 줄 것을 확인한 경우)	
3. 학교폭력이 지속적이지 않은 경우	
4. 학교폭력에 대한 신고, 진술, 자료제공 등에 대한 보복행위가 아닌 경우	

6. 결정 사항

-
-

양식 3-2

학교장 자체해결 동의서
(학교폭력대책 심의위원회 개최 요구 의사 확인서)

* 사안번호: (　　　　　　　　　)학교　　2023-(　　)호

피해학생	소속학교	학년/반	학생성명	보호자성명
가해학생	소속학교	학년/반	학생성명	보호자성명
사안 조사 내용	사안 내용을 사안조사 보고서를 참고하여 구체적으로 기록 (발생 일시, 사안 내용 등)			

위 사안 조사 내용을 확인하였으며, 이 사안에 대해서 학교폭력대책심의위원회를 개최하지 않고 학교장 자체해결에 동의합니다.

2023 년　　월　　일

피해학생:　　　　　　(인)

피해학생 보호자:　　　　　　(인)

○○학교장 귀중

양식 3-3

학교장 자체해결 결과 보고서

* 사안번호: (   )학교 2023-( )호:

피해학생	소속학교	학년/반	학생성명	보호자성명
가해학생	소속학교	학년/반	학생성명	보호자성명
사안 조사 내용	사안조사 보고서를 참고하여 사안 내용을 구체적으로 기록 (발생 일시, 사안 내용 등)			
학교장 자체해결 결과	학교폭력 전담기구 심의결과 및 피해학생과 가해학생 사이에 합의된 결과를 기록 (예 : 객관적 요건(4가지) 충족 여부, 피해학생 및 그 보호자의 동의 여부, 양자 간에 화해, 가해학생의 사과와 피해학생의 용서, 관계회복 프로그램 적용 등의 내용)			
학교장 자체해결 결과를 보고합니다. 2023.00.00 **○○학교장**				

양식 3-4

학교폭력대책심의위원회 개최 요청서(보호자)
(학교장 자체해결로 종결 후 심의위원회 개최를 요청할 수 있는 경우)

* 사안번호: (   )학교 2023-( )호

<table>
<tr><td rowspan="2">신청인</td><td>소속학교</td><td>학년/반</td><td>학생성명</td><td>보호자성명</td></tr>
<tr><td></td><td></td><td></td><td></td></tr>
<tr><td rowspan="2">신청사유</td><td colspan="4"><table><tr><th>요건</th><th>해당 여부
(O, X)</th></tr><tr><td>1. 해당 학교폭력사건으로 인한 재산상 손해를 가해학생 및 그 보호자가 복구하기로 약속하였으나 이행하지 않은 경우</td><td></td></tr><tr><td>2. 해당 학교폭력 사건의 조사과정에서 확인되지 않았던 사실이 추가적으로 확인된 경우</td><td></td></tr></table></td></tr>
<tr><td colspan="4">구체적 사유를 기술</td></tr>
<tr><td colspan="5">위와 같이 신청합니다.

2023.00.00.
피해학생: (서명 또는 인)
피해학생 보호자: (서명 또는 인)</td></tr>
</table>

[참고] 해당 요청서는 학교장이 접수하여 개최 요구 공문에 첨부함

양식 3-5

학교폭력대책심의위원회 개최 요구 취소 요청서

* 사안번호: (   )학교   2023-(   )호

신청인	소속학교	학년/반	학생성명	보호자성명

이 사안에 대해서 학교폭력대책심의위원회 개최 요구를 취소하며 학교장 자체해결에 동의합니다.

2023.00.00.

피해학생: (서명 또는 인)

피해학생 보호자: (서명 또는 인)

[참고] 해당 요청서는 학교장이 접수하여 개최 요구 취소 요청 공문에 첨부함

양식 4-1

학교폭력 아닌 사안의 종결 보고서

* 사안번호: (   )학교   2023-(   )호

1. 일 시 :   년   월   일(요일)   시   분
2. 장 소 :
3. 참 석 자

   ○○○ ○○○   ○○○ ○○○
   ○○○ ○○○   ○○○ ○○○

4. 회의 주제 : 사안번호 2023-00호 (   )에 대한 학교폭력 아닌 사안인지 여부 확인

5. 회의 내용

※ 전담기구 사안 조사 내용

•
•
•

※ 필수 확인 사항

학교폭력 아닌 사안으로 종결 가능한 경우	해당 여부 (O, X)
1. 제3자가 신고한 사안에 대한 조사결과, 학교폭력이 아니었던 경우 (오인신고)	
2. 학교폭력 의심사안(담임교사 관찰로 인한 학교폭력 징후 발견 등)에 대한 조사결과, 학교폭력이 아니었던 경우	
3. 피해학생(보호자)이 신고한 사안에서 피해학생(보호자)이 오인신고였음을 스스로 인정하고, 조사결과 학교폭력이 아니었던 경우	

6. 확인 사항

•
•

[참고]

- 전담기구는 학교폭력 아닌 사안으로 확인되는 경우, 동 보고서를 첨부하여 교육지원청에 보고
- 피해학생 및 보호자가 심의위원회 개최를 요청할 경우 반드시 심의위원회를 개최하여 처리해야 함. 단, 심의위원회에서 '학교폭력 아님'으로 결정할 경우 '조치없음'으로 처리함.

양식 4-2

학교폭력대책심의위원회 미개최 동의서
(가해자가 학생이 아니고 피해학생 보호조치를 원하지 않는 경우)

* 사안번호: (   )학교 2023-(   )호

피해(관련)학생	소속학교	학년/반	학생 성명	보호자 성명
신고 내용				

가해자가 학생이 아니고, 피해학생 보호조치를 원하지 않아
학교폭력대책심의위원회 미개최에 동의합니다.

2023.00.00.

피해학생 (서명 또는 인)

피해학생 보호자 (서명 또는 인)

○○학교장 귀중

[참고]

- 가해자가 학생이 아니고, 피해학생과 그 보호자가 피해학생 보호조치를 원하지 않는 경우, 학교장은 학교폭력대책심의위원회 개최를 요청하지 않을 수 있음
- 피해학생과 그 보호자의 미개최 동의서(본 양식)을 받아 교육지원청에 보고

양식 5-1

학교폭력 가해학생 조치사항 관리 대장
(20△△학년도 입학생)

인적사항				조치 일자	졸업 예정일 (월)	학교폭력 조치사항 (기재유보 조치 포함)	졸업 2년 후 삭제 사항	
학년	반	번호	성명				전담기구 심의 사항 (제4호,제5호, 제6호, 제7호)	삭제 시기(월)
6	1		A	2023. 3.12.	2024. 2.	제3호		
6	1		A	2023. 6.23.	2024. 2.	제1호·제2호·제3호		
6	1		A	2023. 8. 4.	2024. 2.	제2호·제5호	(2건 이상의 학교폭력 사안으로 제5호는 심의 대상 아님)	2026 2.
6	4		B	2023. 12.12.	2024. 2.	제1호·제7호 (제1호 기재유보)	(졸업학년도 2월말까지 6개월이 경과되지 않아 제7호는 심의 대상 아님)	

※ 보존기간: 졸업 후 2년 뒤 2월 말에 폐기

※ 학교폭력 가해학생 조치 조건부 기재유보 관리대장을 참고하여 학교폭력 조치사항 관리대장에 기재

※ 전출교에서는 전입교에 학교폭력 가해학생 조치사항 관리대장을 송부

양식 5-2

학교폭력 가해학생 조치(제1호·제2호·제3호) 조건부 기재유보 관리대장(20△△학년도 입학생)

인적사항				조치일자 (이행기간)	조치사항	이행 완료일	비고
학년	반	번호	성명				
3	1	25	김삿갓	2023.4.5. (2023.00.00)	제1호	2023.00.00.	
~~3~~	~~2~~		~~홍길동~~	~~2023.5.12.~~ ~~(2023.00.00)~~	~~제3호~~ (0시간)	~~2023.00.00.~~	다른 학교폭력 사안으로 조치를 받음

※ 조치일자는 교육장 내부결재일(교육지원청에서 학교로 통보함)

※ 조치이행 기간 내에 이행하지 않은 경우와 동일학교급에서 다른 학교폭력 사안으로 가해학생 조치를 받은 경우에는 해당란에 취소선을 그음

※ 보존기간: 졸업학년도 2월말에 폐기

[참고] 학교폭력 가해학생 조치(제1호·제2호·제3호) 조건부 기재유보

- 가해학생 조치사항(제1호·제2호·제3호)을 이행한 가해학생이 동일 학교급에서 다른 학교폭력 사안으로 가해학생 조치를 받지 않은 경우(초등학생은 조치를 받은 날로부터 3년이 경과한 경우)에 한해서 조건부로 기재하지 않음.
- 다만, 해당 학생이 동일 학교급(초등학생은 조치를 받은 날로부터 3년 내)에서 다른 학교폭력 사안으로 가해학생 조치를 받은 경우에는 이전에 적지 않은 조치사항을 포함하여 기재함.
- 심의위원회가 정한 이행기간 내에 조치사항을 이행하지 않으면 조치사항을 기재하고 이후 조치사항을 이행하여도 기재내용은 유지됨.

양식 5-3

학교폭력 피해학생 관련 정보 제공 동의서

제공받는 자	■ 전입교 및 상급학교
제공받는 자의 이용목적	■ 전입교 또는 상급학교에서의 피해학생 보호 및 지원
제공할 개인정보 항목	■ 학교폭력 피해학생 성명, 학번 ■ 학교폭력예방 및 대책에 관한 법률 제16조제1항에 따른 피해학생 보호조치 사항
제공받는 자의 개인정보 보유·이용기간	■ 전입교 또는 상급학교에 재학하는 동안
동의를 거부할 권리 및 동의를 거부할 경우 불이익	■ 동의를 거부할 수 있으며, 거부하는 경우 전입교 및 상급학교에서 피해학생 보호를 위한 자료의 이용이 제한됨
개인정보 제공 동의 여부	■ 상기의 제공받는 자에게 개인정보를 제공하는 것에 대한 동의 여부 동의함 □ 동의하지 않음 □

2023년 월 일

피해학생: (서명 또는 인)

피해학생 보호자: (서명 또는 인)

○○○○학교장 귀중

※ 본 양식은 현재 학교에서 보관하며, 전입교 및 상급학교에는 <양식 4-4>를 첨부하여 송부

양식 5-4

학교폭력 피해학생 관련 정보 카드

<table>
<tr><td colspan="2">학교명</td><td colspan="6">□□중학교</td></tr>
<tr><td>학년</td><td>2</td><td>반</td><td>2</td><td>번호</td><td>2</td><td>성명</td><td>김□□</td></tr>
<tr><td colspan="2">피해학생
보호조치</td><td colspan="6">1호 학내·외 전문가에 의한 심리상담 및 조언
3호 치료 및 치료를 위한 요양</td></tr>
<tr><td colspan="2">조치 결정</td><td colspan="6">○○교육지원청 교육장 (2000.00.00)</td></tr>
<tr><td colspan="8">전입교 및 상급학교에서의
피해학생 보호 및 지원을 위하여
관련 정보를 제공합니다.

○○○○학교장</td></tr>
</table>

양식 5-5

분쟁조정 신청서

* 사안번호: (   )학교   2023-(   )호

<table>
<tr><td rowspan="3">학 생</td><td>성명</td><td colspan="5">(남 / 여)</td></tr>
<tr><td>주소</td><td colspan="5"></td></tr>
<tr><td>소속</td><td colspan="5">학교   학년   반</td></tr>
<tr><td rowspan="2">보호자</td><td>성명</td><td></td><td>관계</td><td></td><td>전화번호</td><td></td></tr>
<tr><td>주소</td><td colspan="5"></td></tr>
<tr><td colspan="7">신청사유</td></tr>
<tr><td colspan="7">위와 같이 분쟁조정을 신청합니다.

신청일 :   년   월   일
신청인 :   (서명)</td></tr>
</table>

【참고문헌】

강은희 · 이은희 · 임은정(2002). 집단따돌림 행동유형과 심리적 특성. 한국심리학회지: 상담 및 심리치료. 14(2), 445-460.

경찰청 · 보건복지부 · 중앙장애인권익옹호기관(2021). 경찰관을 위한 장애인 학대 대응 안내서.

곽금주(2006). 한국의 왕따 및 학교 폭력: 특징과 한국형 예방프로그램. 한국심리학회 연차대회 논문집.

교육부(2007). 학교폭력 상담 매뉴얼. pp.193-205.

교육부(2013). 학생 정서 · 행동발달 선별검사 및 관리 매뉴얼.

교육부(2023). 개정판 학교폭력 사안처리 가이드북.

교육부(2023). 아동학대 예방 대응 매뉴얼.

교육부(2023). wee센터 홈페이지(https://www.wee.go.kr/).

국가법령정보센터 홈페이지(https://www.law.go.kr/).

김규태(2013). 생태학적 관점에서의 학교폭력 실태와 원인에 대한 학생, 학부모 및 교원의 인식 차이. 중등교육연구. 61(1), 29-57.

김의철 · 박영신(2004). 청소년과 성인의 삶의 질 인식에 대한 토착심리 분석: 가정, 학교, 직장, 여가생활을 중심으로. 한국심리학회지: 건강. 9(4), 973-1002.

김정인(2000). 성희롱 행동의 이해와 실제: 심리학적 접근. 서울: 교육과학사.

김현주(2003). 집단따돌림에서의 동조집단 유형화 연구. 숙명여자대학교 대학원 박사학위논문.

문용린 외(2005). 학교폭력 예방과 상담. 학지사.

문용린 외(2007). 푸른나무재단(구 청예단) 학교폭력SOS지원단 직원교육 자료집. 푸른나무재단.

박영신 · 김의철 · 한기혜(2003). 아동과 청소년의 부모에 대한 지각: 토착심리학적 접근. 한국심리학회지: 문화 및 사회문제, 9(2), 127-164.

보건복지부(2021). 아동학대 주요 통계, 발행일 2022년 8월.

보건복지부(2023). 아동학대 대응매뉴얼 2권.

서울특별시 아동복지센터 홈페이지(https://child.seoul.go.kr/).

안현의(2007). 복합외상(complex trauma)의 개념과 경험적 근거. 한국심리학회지: 일반. 26(1), 105-119.

여성가족부(2019). 제3차 청소년보호종합대책: 2019~2021.

여성가족부(2022). 인터넷·스마트폰 이용습관 진단 조사.

오인수 외(2014). 사이버 폭력의 이해와 효과적 대처방안. 학교폭력예방연구소 이슈리포트.

유국화(2011). 초등학생의 집단따돌림 방관 태도 개선을 위한 집단상담 프로그램 개발. 한국교원대학교 석사학위논문.

이병환 · 강대구 · 김부태 · 손종현 · 엄재춘(2018). 대안교육 발전 방안 모색을 위한 연구. 2018 대구광역시교육청 교육정책연구보고서.

이병환 · 김경선(2020). 학교폭력예방의 이론과 실제. 파주: 교육과학사.

이욱범 · 채명수(2002). 제3주제 발표: 고등학생의 학교 부적응 청소년을 위한 교육체제의 연계. 한국교육실천연구학회(한국교육포럼) 학술대회 자료집, 53-86.

이은주(2004). 집단괴롭힘과 자아존중감의 관계에 대한 단기종단적 연구, 청소년학 연구. (11), 141-165.

이춘재 · 곽금주(2000). 집단 따돌림 경험 유형에 따른 자기개념과 사회적지지. 한국 심리학회지: 발달. 13(1), 65-80.

인천해바라기센터 홈페이지(sunflowericn.or.kr//http://www.sunflowericn.or.kr).

전라남도 한울고등학교(2015). 학교폭력예방 및 대책을 위한 연간 운영계획.

전라남도교육청(2023). 학업중단숙려제, 정보연계운영지침.

청소년상담사(2022). 국가자격연수 2급 청소년 위기개입 I 연수교재.

학교폭력 종합정보 홈페이지 '도란도란'(https://doran.edunet.net).

한국여성인권진흥원(2019). 디지털 성폭력 피해지원 안내서: 디지털 성폭력 바로보기.

한국인터넷진흥원(2013). 사이버폭력의 특징.

한국청소년상담원(2005). 학교폭력, 어떻게 도와줄 것인가: 학교폭력 상담자용 지침서. [KYCI] 교육 및 프로그램 자료.

한국청소년상담원 편(2008). 상담사례연구집.

한국청소년정책연구원(2011). 학생상담 및 생활지도 매뉴얼(교사용).

한국형사정책연구원(2018). 온라인 성폭력 범죄의 변화에 따른 처벌 및 규제방안.

허정은(2017). 아동기 성학대 피해자의 성적 재피해자화에 대한 변인 연구. 서울여자대학교 특수치료전문대학원 박사학위논문.

황성숙(1998). 학교 내 집단 괴롭힘에 대한 일 연구: 실태 및 피해-가해의 중첩성을 중심으로. 고려대학교 대학원 석사학위논문.

Alexander, P. C., Anderson, C. L., Bran, B., Schaeffer, C. M., Grelling, BZ, & Kretz, L. (1998. 45-61). 근친상간 생존자의 성인 애착 및 장기적인 영향. 아동 학대 및 방치, 22(1).

Bronfenbrenner, U. (1979). Contexts of child rearing: Problems and prospects. *American Psychologist*, 34(10), 844-850.

Coloroso, B. (2003). *The bully, the bullied, and the bystander: From preschool to highschool, how parents and teachers can help break the cycle of violence*. Boys Town, NE: Boys Town Press.

Egan, G. (1994). *The skilled helper: A systematic approach to effective helping*. Books/Cole Publishing Co.

Eron, L. D. (1997). The development of antisocial behavior form learning perspective. In D. Stoff, & J. D. Maser (Eds.), *Handbook of antisocial behavior*. NY: Wiley.

Gilmartin, B. G. (1987). Peer group antecedents of severe love-shyness in males. *Journal of personality*, 55, 467-489.

Herman, J. L. (1992). Complex PTSD: A syndrome in survivors of prolonged and repeated trauma. *Journal of Traumatic Stress*, 5, 377-391.

Olweus, D. (1994). Annotation: bullying at school. *Journal of child psychology and psychiatry*, 35, pp.1171-1190.

Prinsloo, J., & Neser, J. (2007). Operational Assessment Areas of Verbal, Physical and Relational Peer Victimization in Relation to the Prevention of School Violence in Public Schools in Tshwane South. *Acta Criminologica*, 20(3), 46-60.

Salmivalli, C., Lagerspetz, K., Bjorkqvist, K., Osterman, K., & Kaukiainen, A. (1996). Bullying as a group process: Participant roles and their relations to social status within the group. *Aggressive Behavior*, 22(1), 1-15.

〈보도자료〉

SBS News(2019. 6. 8.), "범죄를 장난처럼…사이버성폭력에 멍드는 청소년들."

여성신문(2019. 4. 1.), '불법촬영의 나라'…처벌 사각지대, 피해자 두 번 운다.

【찾아보기】

[ㅇ]

[ㅈ]

[기타]

공저자 약력

▶ 이병환(책임저자)

경북대학교 대학원에서 교육학 석사 및 박사학위를 받았으며 교육부 교육연구사와 국가전문행정연수원 교수요원을 거쳐 현재 국립순천대학교 사범대학 교직과 및 동 대학원 교육학과 교수로 재직 중이다. 주요 저서로는 『교육사회학(번역서)』(교육과학사: 2006년 문화체육관광부 우수추천도서), 『대안교육의 실천과 모색』(학지사: 2009년 대한민국 학술원 우수추천도서), 『새로운 교육사회학』(태영출판사), 『학교폭력 예방의 이론과 실제』(교육과학사), 『교육행정 및 교육경영 신강』(태영출판), 『교직실무』(동문사) 등이 있으며, 『사교육 발생 요인과 대책』, 『학교부적응 학생의 행동 분석과 지원 방안』, 『혁신학교의 쟁점 탐색』, 『열린교육과 대안교육의 개념 비교』, 『문화다양성 교육정책 분석과 발전 방안 탐색』, 『학교성 평등교육의 동향과 과제』 등 90여 편의 논문을 발표하였다.

이외에도 교육부와 각 시도교육청의 학교부적응 학생 지원과 대안교육 관련 정책 용역 연구를 다수 수행하였다. 『대안교육 활성화를 위한 국가수준 교육과정 운영 방안 연구』(교육부), 『대안학교 교육과정 평가 및 질 관리 방안 연구』(교육부), 『컨설팅 장학 모형 및 평가지표 개발 연구』(교육부), 『컨설팅 장학 활성화를 위한 시도별 교육전문직 직무분석 연구』(교육부), 『교육 논술 출제 모형 개발 연구』(교육부), 『학생맞춤형 행복한 교육복지 시스템 구축방안 연구』(교육부), 『지역별 여건에 따른 통학버스 서비스 모델 개발 연구』(교육부), 『학업중단 학생을 위한 방송고 학사운영 및 특별활동 운영방안 연구』(한국교육개발원), 『학업중단숙려제 운영 방안 연구』(전라남도교육청), 『광주광역시 대안교육 실태 분석과 발전적 대안교육체제 정착 방안』(광주광역시교육청), 『경남지역 청소년들의 학교부적응 실태조사와 지원 방안』(경상남도교육청), 『자유학기제의 안정적 정착 방안』(경상북도교육청), 『빛고을 혁신학교 중장기 발전 방안 연구』(광주광역시교육청), 『지역수요를 고려한 평생교육대학 설립방향 및 활성화 방안 연구』(순천대학교), 『대안교육 발전 방안 모색을 위한 연구』(대구광역시교육청), 『한국교원대 종합교육연수원 사업 개편 방향 연구』(한국교원대학교) 등 여러 정책연구과제의 연구책임자로 성공적인 연구를 수행한 바 있다. 현재 서울특별시교육청 민주시민교육 자문위원장으로 위기학생 지원과 교육제도 개선 관련 연구를 지속적으로 수행하고 있다.

▶ 김경선

호남신학대학교 대학원에서 상담학 석사학위를 받았으며 순천대학교 대학원 교육학과 박사과정을 수료하였다. 순천이수초등학교 학교폭력대책자치위원회 위원장을 역임했으며 순천시청소년상담복지센터, 순천대학교 학생상담센터 전임상담원을 거쳐 광주가정법원 위탁보호위원, 법무부 보호관찰 위원으로 활동을 하고 있으며 현재 전남아동보호전문기관 거점심리지원팀 심리치료사로 재직 중이다. 한국상담학회와 집단상담학회 정회원으로 주요 관심 분야는 청소년 상담, 학교상담, 학교폭력 예방과 대처이며 논문으로는 『청소년이 지각한 부모공감이 청소년의 사회적 관심에 미치는 영향』을 비롯한 여러 논문들이 있다.

학교폭력예방 및 학생의 이해

2023년 8월 30일 제1판 1쇄 발행
2025년 4월 15일 제1판 2쇄 발행

공저자와
협의하에
인지생략

공저자: 이 병 환 · 김 경 선
발행인: 한 정 주
발행처: 교 육 과 학 사

경기도 파주시 광인사길 71
전화(031)955-6956~8/팩스(031)955-6037
Home-page: www.kyoyookbook.co.kr
E-mail: kyoyookbook@daum.net
등록: 1970년 5월 18일 제2-73호

낙장 · 파본은 교환해 드립니다. 정가 22,000원

Printed in Korea. ISBN 978-89-254-1817-9